O CAPITALISMO ESTÉTICO NA ERA DA GLOBALIZAÇÃO

Título original:

L'Esthétisation du monde

© Éditions Gallimard 2013

Tradução: Luis Filipe Sarmento

Revisão: Marcelino Amaral

Capa: FBA

Imagem de capa: © Corbis / VMI

Depósito Legal n.º 377690/14

Biblioteca Nacional de Portugal – Catalogação na Publicação

LIPOVETSKY, Gilles, 1944-

O capitalismo estético na era da globalização. – (Extra colecção)
ISBN 978-972-44-1814-8

CDU 7.05

Paginação:
MA

Impressão e acabamento:
DPS – DIGITAL PRINTING SERVICES, LDA.

para
EDIÇÕES 70
em
Agosto de 2020
(Junho de 2014)
Direitos reservados para Portugal por Edições 70

EDIÇÕES 70, uma chancela de Edições Almedina, S.A.
LEAP CENTER – Espaço Amoreiras
Rua D. João V, n.º 24, 1.03 - 1250-091 Lisboa - Portugal
e-mail: geral@edicoes70.pt

www.edicoes70.pt

Esta obra está protegida pela lei. Não pode ser reproduzida,
no todo ou em parte, qualquer que seja o modo utilizado,
incluindo fotocópia e xerocópia, sem prévia autorização do Editor.
Qualquer transgressão à lei dos Direitos de Autor será passível
de procedimento judicial.

GILLES LIPOVETSKY
JEAN SERROY
O CAPITALISMO ESTÉTICO
NA ERA DA GLOBALIZAÇÃO

Índice

INTRODUÇÃO	13
As quatro idades da estetização do mundo	18
A artialização ritual	19
A estetização aristocrática	21
A estetização moderna do mundo	24
A idade transestética	31
Poderá a beleza salvar o mundo?	37
Viver com o capitalismo artístico: estética contra estética	40
CAPÍTULO I – O CAPITALISMO ARTÍSTICO	43
O complexo económico-estético	45
A inflação do domínio estético	54
O estilo como novo imperativo económico	54
Uma diversificação prolífica	57
A intensificação do efémero	60
A explosão dos lugares de arte	62
A subida dos preços na arte moderna e contemporânea	65
Um hiperconsumo estetizado	69
Os quatro círculos do capitalismo artístico	71
Artes de consumo de massas e capitalismo artístico	79
Grande arte e arte comercial	83
Arte, moda e indústria: o tempo das hibridações artísticas	88
O sistema hipermoda	89

Estilo, hibridação e co-branding 91
Mistura de géneros 93
Quando a arte e a moda casam 100
A hibridação hipermoderna 104
A expansão económica dos mundos transestéticos 106
Corrida para a concentração:
as multinacionais do capitalismo artístico 108
Uma economia de extremos 115
Investimentos financeiros e capitalismo artístico 119
O ímpeto da comunicação: a máquina promocional 122
A arte como profissão 125
Banalização e sonho da identidade artística 127
Profissionalização e especialização das atividades artísticas 132
O brilho das estrelas e os trabalhadores da sombra 135
O espírito do capitalismo artístico:
força da crítica ou poder do mercado? 138
Capitalismo artístico e crítica artística 138
Capitalismo artístico e mitologia da felicidade 143
O capitalismo artístico no desafio da exigência ecológica 147

CAPÍTULO II – AS FIGURAS INAUGURAIS
DO CAPITALISMO ARTÍSTICO 149
As três fases do capitalismo artístico 154
A invenção do grande armazém: os palácios do desejo 156
Arquitetura: o comércio em espetáculo faraónico 157
Ambientes e encenações: o grande espetáculo 163
As catedrais do consumo 168
O reino da alta costura 172
Uma instituição meio artística, meio industrial 175
Produção em massa e gostos estéticos: de Ford a Sloan 179
O modelo e a cópia 180
Série industrial e capricho estético 183
Design, primeiro ato: funcionalismo e mercado 186
Arte, artesanato e indústria 186
A estética industrial ao serviço do mercado 192

Índice | 9

A segunda era do design	196
Os *Trinta Gloriosos do* design	198
«O *complot da moda»*	203
Estilistas e criadores	209
O *ligeiro, o descontraído e o juvenil*	211
Dos grandes armazéns aos centros comerciais	214
A *estética pobre das grandes superfícies*	214
A *poesia das* passages	216
A *invenção do centro comercial*	217
Espaço kitsch, *shopping liso*	219
O *tempo suspenso*	222
Cinema e música: o nascimento das artes de consumo de massas	223
A *indústria do cinema*	223
A *sétima arte*	228
Padrão e singularidade	231
Star System	234
A *estrela como obra de arte*	238
A *música na era da indústria de massa*	241
Do reclame à publicidade	247
A *primeira era da publicidade moderna*	247
Uma poesia da rua	253
Um novo espírito publicitário	255
CAPÍTULO III – UM MUNDO *DESIGN*	261
Design e economia da variedade	264
Em todos os continentes	269
Arte, *design* e *star system*	275
O tempo dos híbridos	278
Memória, *design* e *vintage*	283
Um *design* emocional	287
O *design* em todos os sentidos	290
O *design*, expressão e vetor de individualização	292
Pluralismo e ecletismo	295
O *design* sustentável	298

CAPÍTULO IV – O IMPÉRIO DO ESPETÁCULO
E DO DIVERTIMENTO   301
A era do hiperespetáculo   302
O espetáculo por excesso   310
   Gigantismo   312
   Choque visual   315
   Provocação   317
   Escalada da violência   318
   Celebridades   319
   Espetáculo dentro do espetáculo   321
   O sensacional e o abjeto   323
Extensão do hiperespetáculo   326
   A realidade «show»   326
   Exposições-espetáculo   330
   O desporto como grande espetáculo   334
   O hipershow das passerelles   336
   O videoclip ou a hiperestimulação visual 338
Fim do excesso espetacular?   340
   Requiem para a publicidade-espetáculo? 342
   O belo futuro do hiperespetáculo comunicacional 345
Um mundo *kitsch*   347
   Kitsch, o mundo é kitsch   348
   Do kitsch *aos* kitsch(s)   355

CAPÍTULO V – O ESTADO ESTÉTICO DO CONSUMO   363
A cidade para consumir   363
   Arquiteturas comerciais e paisagens urbanas 364
   A gestão do património   372
O consumidor transestético   377
   A expansão social do consumo estetizado 379
   Estetização ou empobrecimento do consumidor? 384
O quadro de vida e as suas ambivalências estéticas   390
   Para uma cidade sensível   391
   A miséria da paisagem urbana   392
   A home *personalizada*   395

Os requintes de boca	397
Cuidados pessoais	402
Ditadura da beleza	405
Homens e mulheres	409
Beleza e mundialização	413
Progresso na beleza?	415
Modas e *looks*	417
Juvenilismo, androgenia e individualismo	420
O *look* e o corpo	423
Tatuagem e piercing	425
O internauta transestético	429
Consumo cultural: do *homo festivus* ao *homo aestheticus*	434
A dissonância das preferências individuais	435
Tédio e deceção	439
A relação turística com a Arte	440
Homo festivus *como* homo aestheticus	443

CAPÍTULO VI – A SOCIEDADE TRANSESTÉTICA: ATÉ ONDE? 447

Uma ética estética de massas	447
Uma hipermodernidade desunificada	451
As contradições da cultura hipermoderna	455
Valores hedonistas e medicamentação da vida	455
Valores ecológicos contra a ética estética?	458
A educação contra a permissividade	460
Hedonismo e performance	462
Os paradoxos da sociedade transestética	464
Qualidade de vida e ativismo	465
O virtual e o sensual	468
O falso e o autêntico	470
Todos criativos	472
Amenidade e violência	474
Via estética e valores morais	475
Sociedade de aceleração e estética da vida	479

ÍNDICE ONOMÁSTICO	487

Introdução

O capitalismo não goza, é o mínimo que se pode dizer, da melhor imagem. Se se fizesse uma lista dos termos e apreciações que se atribui mais frequentemente ao liberalismo económico, tanto na opinião pública como na de muitos intelectuais, não haveria dúvida de que os de maior valor negativo seriam muito mais do que os de valor positivo. Era verdade ontem e continua a sê-lo hoje, mesmo que as diatribes do anticapitalismo revolucionário tenham perdido a sua antiga credibilidade. Capaz de aumentar riqueza, de produzir e difundir em abundância bens de todo o tipo, o capitalismo só consegue gerar crises económicas e sociais profundas ao exacerbar desigualdades, provocando grandes catástrofes ecológicas, reduzindo a proteção social, aniquilando as capacidades intelectuais e morais, afetivas e estéticas dos indivíduos. Favorecendo apenas a rentabilidade e o reino do dinheiro, o capitalismo surge como um rolo compressor que não respeita nenhuma tradição nem venera qualquer princípio superior, seja ele ético, cultural ou ecológico. Sistema dirigido por um imperativo de lucro, não tendo outro objetivo senão ele próprio, a economia liberal apresenta um aspeto niilista cujas consequências não são apenas o desemprego e a precarização do trabalho, as desigualdades sociais e os dramas humanos, mas também o desaparecimento de formas harmoniosas de vida, o desvanecimento do encanto e o prazer da vida social: um processo a que Bertrand de Jouvenel chamava «a perda da amenidade»[1]. Riqueza do mundo, empobrecimento da existência; triunfo do capital, liquidação das boas maneiras; grande poder da finança, «proletarização» dos modos de vida.

O capitalismo aparece, assim, como um sistema incompatível com uma vida estética digna deste nome, com a harmonia, com a beleza, com uma vida boa. A economia liberal arruína os elementos poéticos da vida social; ela traça, em todo o planeta, as mesmas paisagens urbanas frias, monótonas e sem alma, instala por todo o lado as mesmas explorações comerciais, homogeneizando os modelos dos centros comerciais, os loteamentos, as cadeias hoteleiras, as redes de autoestradas, os bairros residenciais, as áreas balneares, os aeroportos: de leste a oeste, de norte a sul, temos a sensação de que tudo é igual em todo o lado. A indústria cria fancaria e não para de lançar produtos descartáveis, intercambiáveis, insignificantes; a publicidade gera «poluição visual» dos espaços públicos; os *media* vendem programas dominados pela futilidade, vulgaridade, sexo, violência, por outras palavras, «do tempo do cérebro humano disponível»[2]. Ao construir megalópoles caóticas e asfixiantes, ao pôr em perigo o ecossistema, ao debilitar as sensações, condenando as pessoas a viver como rebanhos estandardizados num mundo de banalidades, o modo de produção capitalista está estigmatizado como barbárie moderna que empobrece o sen-

---

[1] Bertrand de Jouvenel, *Arcadie. Essais sur le mieux-vivre* [1968], Paris Gallimard, coll. Tel, 2002, pp. 149-151.

[2] Segundo a expressão de Patrick Le Lay (então diretor-geral da TF1) que criou polémica em 2004. Esta entrevista encontra-se em Executive Interim Management, *Les Dirigeants face au changement. Baromètre 2004*, Paris, Éditions du Huitième Jour 2004.

sível, como ordem económica responsável pela devastação do mundo: «desfigura a Terra inteira», tornando-a inabitável sob todos os pontos de vista([3]). A opinião é amplamente partilhada: a dimensão da beleza recua, a da fealdade espalha-se. O processo engrenado com a revolução industrial continua inexoravelmente: é um mundo desagradável que, dia a dia, se desenha. Um quadro tão implacável não terá falhas? Estaremos nós condenados a aceitá-lo em bloco? Se o reino do dinheiro e da cupidez tem efeitos inegavelmente calamitosos no plano moral, social e económico, tê-lo-á no plano estético propriamente dito? Reduzir-se-á o capitalismo a esta máquina de decadência estética e de fealdade do mundo? Andará a hipertrofia das mercadorias lado a lado com a atrofia da vida sensível e das experiências estéticas? Como pensar o domínio estético no momento da expansão mundial da economia de mercado? São muitas as questões às quais nos propomos responder aqui.

Os aspetos devastadores da economia liberal impõem-se com tal evidência que já não se trata de os pôr em causa. Ainda que existam também realidades mais agradáveis que convidem a corrigir o que se joga no palco do capitalismo de consumo altamente desenvolvido. Temos de radiografar uma ordem económica cujos efeitos são menos unidimensionais, mais paradoxais, como afirmam os seus mais ferozes detratores.

Ao longo da sua história secular, as lógicas produtivas do sistema mudaram. Já não se está no tempo em que produção industrial e cultura remetiam para universos separados, radicalmente inconciliáveis; estamos no momento em que os sistemas de produção, de distribuição ou de consumo são impregnados, penetrados, remodelados

---

([3]) Jean-Paul Dollé, *L'inhabitable capital. Crise mondial et expropriation*, Fécamp, Lignes, 2010, p. 99.

por operações de natureza fundamentalmente estética. O estilo, a beleza, a mobilização dos gostos e das sensibilidades impõem-se cada vez mais como imperativos estratégicos das marcas: é um modo de produção estética que define o capitalismo do hiperconsumo. Nas indústrias do consumo, o *design*, a moda, a publicidade, a decoração, o cinema, o *show business* criam em massa produtos plenos de sedução, veiculam afetos e sensibilidade, construindo um universo estético prolífico e heterogéneo pelo ecletismo dos estilos que se desenvolvem. Com a estetização da economia, vivemos num mundo marcado pela abundância de estilos, de *design*, de imagens, de narrações, de paisagismo, de espetáculos, de músicas, de produtos cosméticos, de lugares turísticos, de museus e de exposições. Se o capitalismo cria um mundo «inabitável» ou «o pior dos mundos possíveis»([4]), está igualmente na origem de uma verdadeira economia estética e de uma estetização da vida quotidiana: por todo o lado o real constrói-se como uma imagem que integra uma dimensão estético-emocional que se tornou central na competição que travam entre si as marcas. É o que nós chamamos o *capitalismo artístico* ou *criativo transestético*, que se caracteriza pelo peso crescente dos mercados da sensibilidade e do *design process*, por um trabalho sistemático de estilização dos bens e dos lugares comerciais, de integração generalizada da arte, do *look* e do afeto no universo consumista. Ao criar uma paisagem económica mundial caótica estilizando o universo do quotidiano, o capitalismo é menos um ogre devorando os seus próprios filhos do que um Jano de duas caras.

É por isso que a expansão do capitalismo financeiro contemporâneo não exclui de maneira alguma o aumento

---

([4]) Este é o título francês de um dos livros de Mike Davis: *Le pire des mondes posibles. De l'explosion urbaine au bidonville global*, Paris, La Découverte, 2006.

em força de um capitalismo de tipo artístico em rutura com o modo de regulação fordiano da economia. Neste sentido, não é necessário entender um capitalismo que, menos cínico ou menos agressivo, voltaria as costas aos imperativos de racionalidade contabilística e de rentabilidade máxima, mas um novo modo de funcionamento explorando racionalmente e de maneira generalizada as dimensões estéticas-imaginárias-emocionais com fins lucrativos e a conquista de mercados. Resulta que nós estamos num novo ciclo marcado por uma relativa desdiferenciação das esferas económicas e estéticas, pela desregulação das distinções entre economia e estética, indústria e estilo, moda e arte, divertimento e cultura, comercial e criativo, cultura de massas e alta cultura: agora, nas economias da hipermodernidade, estas esferas hibridam-se, misturam-se, curtocircuitam-se, interpenetram-se. Uma lógica de desdiferenciação que é menos pós-moderna que hipermoderna, pois inscreve-se na dinâmica de fundo das economias modernas que se caracterizam pela otimização de resultados e pelo cálculo sistemático dos custos e benefícios. Paradoxo: quanto mais se impõe a exigência de racionalidade quantificada do capitalismo, mais este dá uma importância de primeiro plano às dimensões criativas, intuitivas, emocionais. A profusão estética hipermoderna é filha das «águas frias do cálculo egoísta» (Marx), da cultura moderna da racionalidade instrumental e da eficiência económica.

Neste sentido, «a inspeção» (Heidegger), mais do que nunca, é a lei do cosmos hipermoderno, mas à parte isso o domínio da racionalidade produtiva e comercial não elimina de modo algum o dinamismo das lógicas sensíveis e intuitivas, qualitativas e estéticas. E, simultaneamente, a uniformidade planetária do «calcular tudo»([5]) não deve

---

([5]) Martin Heidegger, *Essais et conférences* [1954], Paris, Gallimard, coll. Tel, 1980, p. 109.

esconder a excrescência das criações com objetivo emocional. A lei homogénea da inspeção e da economização do mundo é o que conduz a uma estetização sem limite e ao mesmo tempo pluralista, desprovida de unidade de critérios consensuais. Donde a nova fase de modernidade que nos caracteriza: após o momento industrial produtivista, eis a idade da hipermodernidade, ao mesmo tempo «reflexiva»([6]) e emocional-estética.

AS QUATRO IDADES DA ESTETIZAÇÃO DO MUNDO

Com o capitalismo artístico combina-se uma forma inédita de economia, de sociedade e de arte na História. A atividade estética é, sem dúvida, uma dimensão consubstancial ao mundo humano-social, como Marx dizia nos seus escritos de juventude, que se distingue do universo animal na medida em que pode ser moldada sem ter em conta «as leis da beleza»([7]). Sempre e por toda a parte, mesmo nas sociedades «primitivas» sem escrita, os homens produziram um grande número de fenómenos estéticos, como testemunham os enfeites, as pinturas do corpo, os códigos culinários, objetos esculpidos, máscaras, enfeites para a cabeça, músicas, danças, festas, jogos, formas de *habitat*. Não há nenhuma sociedade que não se envolva, de uma maneira ou de outra, num trabalho de estilização ou de «artialização»([8]) do mundo, aquilo que «singulariza

---

([6]) Ulrich Beck, *La Société du risque. Sur la voie d'une autre modernité*, Paris, Aubier, 2001.

([7]) Karl Marx, *Manuscrits de 1844, économie politique et philosophie* [*Oeuvres completes*, t. VII], Paris, Éditions sociales, 1962, p. 64.

([8]) Este conceito é de Charles Lalo, *Introduction à l'Esthétique*, Paris, A. Colin, 1912. Também sobre este ponto, Alain Roger, *Nus et paysages. Essai sur la fonction de l'art* [1978], Paris, Aubier, 2001.

Introdução | 19

uma época ou uma sociedade»([9]), ao efetuar a humanização e a socialização dos sentidos e dos gostos.

Esta dimensão antropológica e trans-histórica da atividade estética aparece sempre em formas e estruturas sociais extremamente diferentes. Para destacar o que tem de específico a estetização hipermoderna do mundo, adotaremos, numa ótica panorâmica, o ponto de vista a longo prazo, esquematizando ao extremo as lógicas constitutivas dos grandes modelos históricos da relação da arte com o social. A este respeito, podemos destacar quatro grandes modelos «puros» que organizaram, ao longo da História, o processo imemorial de estilização do mundo.

A artialização ritual

Durante milhares de anos, as artes em vigor nas sociedades ditas primitivas não foram de facto criadas com uma intenção estética e tendo em vista um consumo puramente estético, «desinteressado» e gratuito, mas com um objetivo essencialmente ritual. Nestas culturas, o que se prende com o estilo não pode ser separado da organização religiosa, mágica, sexual e do clã. Inseridas em sistemas coletivos que lhes dão sentido, as formas estéticas não são fenómenos de funcionamento autónomo e separado: é a estruturação social e religiosa que por todo o lado pauta o jogo das formas artísticas. São sociedades em que as convenções estéticas, a organização social e religiosa estão estruturalmente ligadas e indiferenciadas. Ao traduzir a organização do cosmos, ao ilustrar os mitos exprimindo a tribo, o clã, o sexo, ritmando os momentos importantes da vida social, as máscaras, os toucados, as pinturas do

---

([9]) Marcel Mauss, «Esthétique», em *Manuel d'ethnographie* [1947], Paris, Payot, col. Petite bibliothèque Payot, 1970, p. 88.

rosto e do corpo, as esculturas, as danças têm primeiramente uma função e um valor ritual e religioso. Porque a arte não tem existência separada, informa a totalidade da vida: rezar, trabalhar, trocar, combater, todas estas atividades implicam dimensões estéticas que são tudo menos fúteis ou periféricas, uma vez que são necessárias ao sucesso das diferentes operações sociais e individuais. O nascimento, a morte, os ritos de passagem, a caça, o casamento, a guerra dão lugar, em todo o lado, a um trabalho de artialização feito de danças, de cânticos, de fétiches, de adereços, de narrativas rituais estritamente diferenciadas segundo a idade e o sexo. Artialização em que as formas não se destinam a ser admiradas pela sua beleza, mas a conferir poderes práticos: curar doenças, opor-se aos espíritos negativos, fazer chover, estabelecer alianças com os mortos. Muitos destes objetos rituais não são fabricados para ser conservados: deitam-nos fora, destruídos após o seu uso ou, então, repintados antes de cada nova cerimónia. Nada de artistas profissionais ilustres, nada de obras de arte «desinteressadas» nem mesmo muitas vezes termos como «arte», «estética», «beleza». E, no entanto, como sublinhou Mauss, «a importância do fenómeno estético em todas as sociedades que nos precederam é considerável»([10]).

Semelhante controlo do todo coletivo sobre as formas estéticas não exclui certamente, numa ou noutra circunstância, alguma liberdade de criação ou de expressividade individual. Mas são fenómenos limitados e pontuais, assim como as práticas estéticas, nestas sociedades, são basicamente exigidas pelas suas funções cultuais e sociais e são acompanhadas de regras extremamente precisas. Por toda a parte, as artes são executadas no respeito de regras draconianas e fidelidade à tradição. Não se trata de ino-

---

([10]) *Ibid.*, p. 87.

var e de inventar novos códigos, mas obedecer aos cânones recebidos dos antepassados ou dos deuses. É uma artialização ritual, tradicional, religiosa, que marcou o mais longo período da história dos estilos: uma artialização pré-reflexiva, sem sistema de valores essencialmente artísticos, sem intenção estética específica e autónoma.

A estetização aristocrática

Herdeiro da Antiguidade clássica[11], como o humanismo da Renascença reabilita e reivindica expressamente, no fim da Idade Média surge um segundo momento que se estende até ao século XVIII. Constitui as premissas da modernidade estética com o aparecimento do estatuto de artista separado do de artesão, com a ideia do poder criador de o artista-génio assinar as suas obras, com a unificação das artes particulares no conceito unitário de arte no seu sentido moderno, aplicando-se a todas as belas-artes, com obras destinadas a agradar a um público afortunado e instruído e já não simplesmente a comunicar os ensinamentos religiosos e a responder às exigências dos dignitários da Igreja. A missão propriamente estética da arte ganha relevo, o artista deve esforçar-se por eliminar

---

[11] Não é este o lugar para desenvolver o que é a Antiguidade grega nas suas relações com a arte. Sublinhemos apenas a excecional importância deste período na história da arte, as suas obras constituíram um modelo de perfeição estética da Renascença até aos nossos dias: o que Renan chamava «o milagre grego». São impostos os princípios de harmonia, de equilíbrio das proporções, de simetria, de justa medida. O processo de estetização já não se separa do projeto de purificação das formas, da aspiração de uma beleza idealizada e equilibrada, sinónima de elegância e de graça. A arte não imita a natureza, ela deve sublimá-la, transfigurá-la exprimindo a beleza ideal, a perfeição harmoniosa que é a do próprio cosmos.

todas as imperfeições e procurar imagens que estejam de acordo com o que há de mais belo, de mais harmonioso na natureza. Com a emancipação progressiva dos artistas relativamente às corporações, estes vão beneficiar, através dos seus contratos com os patrocinadores, de uma margem de iniciativa desconhecida até então: a aventura da autonomização do domínio artístico e estético está em marcha.

Este momento secular é contemporâneo da vida de corte, do aparecimento da moda e dos seus jogos de elegância, dos tratados de «boas maneiras», mas também de uma arquitetura que oferece a própria imagem do refinamento e da graça, de um urbanismo de inspiração estética, de jardins que parecem quadros com esplanadas, esculturas, lagos, fontes, vastas perspetivas, destinados a encantar e a maravilhar o olhar. Não só apenas a *commoditas*, mas a graça das formas harmoniosas, o prazer estético, a *venustas* (Alberti), em cidades agradáveis, belas, «de aparência aprazível e de agradável estadia» (Francesco di Giorgio Martini). Os artistas são solicitados e convidados para as cortes europeias para criar cenários magníficos, ornamentar o interior de castelos e a planificação de parques. As igrejas, querendo seduzir e atrair os fiéis, oferecem, com o período barroco, um espetáculo teatral exuberante com fachadas sobrecarregadas de esculturas, estruturas que desaparecem sob as ornamentações, efeitos de ótica, jogos de sombra e luz, baldaquinos, tabernáculos, púlpitos, custódias, cálices, cibórios abundantemente decorados: é exibida toda uma arte exuberante para criar um espetáculo grandioso, valorizar a beleza da decoração e o esplendor dos ornamentos. Os monarcas, os príncipes, as classes aristocráticas lançam-se em grandes obras que se destinam a tornar as suas cidades e as suas residências mais admiráveis; mandam edificar castelos marcados pela elegância do estilo, constroem palácios, hotéis, *villas* sumptuosas, enquadrados por parques imensos cheios de estátuas e confiados aos melhores arquitetos. Remodelam cidades segundo um ponto de vista estético, criando praças compostas por edifícios alinhados de fachadas harmoniosas, ruas que oferecem grandes efeitos de perspetiva: o embelezamento das cidades tornou-se um objetivo político de grande importância. Impõe-se uma «arte urbana», uma encenação teatral da cidade e da natureza, enobrecendo o ambiente habitado e aumentando o prestígio, a magnificência, a glória de reis e príncipes.

A partir da Renascença, a arte, a beleza, os valores estéticos adquiriram um valor, uma dignidade, uma importância social novos, o que é testemunhado pelo planeamento urbano, pelas arquiteturas, jardins, mobiliário, obras de cristal e faiança, pelo nu em pintura e escultura, pelos ideais da harmonia e proporção. Gosto pela arte e vontade de estilização do enquadramento da vida que funciona como um meio de autoafirmação social, maneira de fazer marcar o estatuto e ampliar o prestígio dos mais poderosos. Durante todo este ciclo, o intenso processo de estetização (elegância, refinamento, graça das formas) em vigor nas altas esferas da sociedade não é impulsionado por lógicas económicas: tem subjacente lógicas sociais, estratégias políticas da teatralização do poder, o imperativo aristocrático de representação social e o primado das competições pelo estatuto e pelo prestígio constitutivos das sociedades holísticas em que a importância da relação com os homens vence a da relação dos homens com as coisas[12]. O eclipse do universo cavaleiresco, o desarmamento dos grandes senhores, a constituição de uma sociedade e do homem de corte, a laicização de um certo

---

[12] Ver Louis Dumont, *Homo aequalis. Genèse et épanouissement de l'idéologie économique* [1977], Paris, Gallimard, col. Tel, 2008, p. 13.

número de valores tornaram possível um processo elitista de estilização das formas, de estetização das normas de vida e dos gostos (refinamento da decoração, interesse crescente pela música, «bela galantaria», arte da conversação, elegância da linguagem e da moda): uma primeira forma de sociedade estética que nasce no coração das sociedades aristocráticas do Antigo Regime. As primeiras palavras de *A Princesa de Clèves*, romance emblemático desta sociedade de corte e desta «civilização dos costumes»([13]), constatam-no como uma evidência: «A magnificência e a galantaria nunca surgiram em França com tanto esplendor...»([14]).

A estetização moderna do mundo

O terceiro grande momento histórico que organiza as relações de arte e da sociedade corresponde à idade moderna no Ocidente. Encontrando a sua plenitude a partir dos séculos XVIII e XIX, coincide com o desenvolvimento de uma esfera artística mais complexa, mais diferenciada, libertando-se dos antigos poderes religiosos e nobiliários. Enquanto os artistas se emancipam progressivamente da tutela da Igreja, da aristocracia e, depois, da encomenda burguesa, a arte impõe-se como um sistema de alto grau de autonomia ao possuir as suas instâncias de seleção e de consagração (academias, salões, teatros, museus, comerciantes, colecionadores, editoras, críticos, revistas), as suas leis, valores, e os seus próprios princípios

---

([13]) É o título francês da obra fundadora de Norbert Elias: *La Civilisation des moeurs* [1939], Paris, Calmann-Lévy, coll. Archives des sciences sociales, 1973.

([14]) Madame de Lafayette, *La Princesse de Clèves* [1678], Paris Gallimard, coll. Folio Classique, 2000, p. 37.

de legitimidade. À medida que o campo da arte se autonomiza, os artistas reivindicam em voz alta uma liberdade criativa para obras que apenas têm de prestar contas a si próprias e que deixam de se vergar aos pedidos que vêm do «exterior». Uma emancipação social dos artistas muito relativa, na medida em que é acompanhada por uma dependência de um novo género, a dependência económica em relação às leis do mercado.

Mas enquanto a arte propriamente dita reivindica a sua orgulhosa soberania no desprezo pelo dinheiro e no ódio pelo mundo burguês, constitui-se uma «arte comercial» que, voltada para o lucro, para o sucesso imediato e temporário, tende a tornar-se um mundo económico como os outros ao adaptar-se à exigência do público e ao oferecer produtos «sem riscos», de obsolescência rápida. Tudo opõe estes dois universos da arte: a sua estética, os seus públicos, assim como a sua relação com o «económico».

A idade moderna organiza-se na oposição radical entre arte e comercial, cultura e indústria, arte e divertimento, puro e impuro, autêntico e *kitsch*, arte de elite e cultura de massas, vanguardas e instituições. Um sistema de dois modos antagónicos de produção, de circulação e de consagração, que se desenvolveu no essencial dentro dos estritos limites do mundo ocidental.

Esta configuração social-histórica traz consigo uma reviravolta geral dos valores, a arte investida de uma missão mais alta do que nunca. No fim do século XVIII, Schiller afirma que é pela educação estética e prática das artes que a humanidade pode avançar para a liberdade, para a razão e para o Bem. E para os românticos alemães, o belo, via de acesso ao Absoluto, é posto, com a arte, no cume da hierarquia dos valores. A idade moderna constituiu o quadro no qual se efetuou uma excecional sacralização da poesia e da arte, únicas reconhecidamente capazes de exprimir as verdades mais fundamentais da vida e do mundo. Enquanto, no seguimento do criticismo kantiano, a filosofia deve renunciar à revelação do Absoluto e a ciência deve contentar-se com enunciar as leis da aparência fenoménica das coisas, atribui-se à arte o poder de fazer conhecer e contemplar a própria essência do mundo. Agora, a arte é posta acima da sociedade, traçando um novo poder espiritual laico. Não uma esfera destinada a dar o consentimento, mas o que revela as verdades últimas que escapam à ciência e à filosofia: um acesso ao Absoluto, ao mesmo tempo que um novo instrumento de salvação. O poeta entra em concorrência com o padre e toma o seu lugar em matéria de revelação última do ser[15]: a secularização do mundo foi o trampolim da religião moderna da arte[16].

Sacralização da arte que se ilustra tão bem na invenção e desenvolvimento da instituição dos museus. Ao extrair as obras do seu contexto cultural de origem, ao cortar o seu uso tradicional e religioso, ao não limitá-las ao uso privado e à coleção pessoal, mas oferecendo-as ao olhar de todos, o museu encena o seu valor especificamente estético, universal e intemporal; transforma objetos práticos ou cultuais em objetos estéticos para serem admirados, contemplados por si próprios, pela sua beleza que desafia o tempo. Lugar de revelação estética destinado a fazer conhecer obras únicas, insubstituíveis, inalienáveis, o museu tem a responsabilidade de as tornar imortais.

---

[15] Para Victor Hugo, ele é um mago, como se pode ver: «Povos! Escutem o poeta! / Escutem o sonhador sagrado! [...] Só ele é iluminado. [...] Ele irradia! Ela lança a sua chama / sobre a eterna verdade», «Fonction du Poète», em Les Rayons et les ombres [1840], v. 277-280 e 297-298.

[16] Deve acrescentar-se, no entanto, que a sacralização da arte realizada pelo romantismo e pelo simbolismo foi seguidamente combatida ferozmente por diversos movimentos vanguardistas, como o construtivismo, o dadaísmo e o surrealismo.

Introdução | 27

Enquanto dessacraliza os objetos culturais, dota-os, por outro lado, de um estatuto quase religioso, as obras-primas devem estar isoladas, protegidas, restauradas, como testemunhos do génio criativo da humanidade. Espaço de adoração consagrado à elevação espiritual do público democrático, o museu está marcado por ritos, solenidade, por um certo ambiente sacro (silêncio, recolhimento, contemplação): impõe-se como um templo laico da arte[17].

A arte supostamente proporciona o êxtase do infinitamente grande e do infinitamente belo, faz contemplar a perfeição, ou seja, abre as portas da experiência do absoluto, de algo para além da vida comum. Tornou-se o lugar e o próprio caminho da vida ideal outrora reservada à religião[18]. Nada é mais elevado, mais precioso, mais sublime do que a arte, a qual permite, graças ao esplendor que produz, suportar a hediondez do mundo e a mediocridade da existência. A estética substituiu a religião e a ética: a vida apenas vale pela beleza, diversos artistas afirmam a necessidade de sacrificar a vida material, a vida política e familiar à vocação artística: trata-se, para eles, de viver pela arte, consagrar a sua existência à sua grandeza.

Ao afirmar a sua autonomia, os artistas modernos insurgem-se contra as convenções, investem incessantemente em novos objetos, apropriam-se de todos os elementos do real para fins puramente estéticos. Impôs-se o direito de tudo estilizar, de tudo transmutar em obra de arte, sejam o medíocre, o trivial, o indigno, as máquinas,

---

[17] Sacralização do museu que ao mesmo tempo desencadeou a ira das correntes de vanguarda denunciando a instituição simbólica pela excelência da arte antiga a destruir: «Nós queremos demolir os museus, as bibliotecas [...] Museus, cemitérios!...» (Filippo Tommaso Marinetti, «Manifesto Futurista» em Le Figaro, 20 de fevereiro de 1909).

[18] Tzvetan Todorov, Les aventures de l'absolu, Paris, Robert Laffont, 2005.

as colagens resultantes do acaso, o espaço urbano: a era da igualdade democrática tornou possível a afirmação de igual dignidade estética de todos os temas, a liberdade soberana dos artistas de qualificar como arte tudo o que criam e expõem. Perante a soberania absoluta do artista já não há realidade que não possa ser transformada em obra e perceções estéticas. Depois de Apollinaire e Marinetti, os surrealistas lançam o lema «A poesia está em toda a parte». Ao romper com toda a função heterogénea da arte, ao afirmar-se na transgressão dos códigos e das hierarquias estabelecidas, a arte moderna pôs em marcha uma dinâmica de estetização sem limites do mundo, qualquer objeto podia ser tratado de um ponto de vista estético, ser anexado, absorvido na esfera da arte somente por decisão do artista.

Mas a ambição dos artistas modernos foi muito mais além do horizonte exclusivamente artístico. Com as vanguardas nasceram as novas utopias da arte, tendo esta como objetivo último ser um vetor de transformação das condições de vida e das mentalidades, uma força política ao serviço da nova sociedade e do «homem novo». Em oposição à arte pela arte e ao simbolismo, Breton declara que é «um erro considerar a arte como um fim» e Tatline proclama: «A arte morreu! Viva a arte da máquina». Ao recusar a autonomia da arte, não reconhecendo nenhum valor à estética decorativa «burguesa», os construtivistas proclamam a glória da técnica e o primado dos valores materiais e sociais sobre os valores estéticos. O belo funcional deve eliminar o belo decorativo e as construções utilitárias (imóveis, vestuário, mobiliário, objetos...) substituir-se ao luxo ornamental, sinónimo de esbanjamento decadente. A arte já não deve ser separada da sociedade e apenas um agradável passatempo para os ricaços: a estética do engenheiro deve poder reajustar num «*design* total» a integralidade do ambiente quotidiano dos homens.

Já não os projetos de embelezamento do quadro de vida, mas «a máquina para habitar» (Le Corbusier), respondendo às necessidades práticas dos homens e a custo mínimo. A era moderna vê assim afirmar-se, por um lado, a «religião» da arte, por outro, um processo de desestetização produzido muito particularmente pela arquitetura e pelo urbanismo, que condenam o ornamento e o embelezamento artificial do edifício, preconizando construções geométricas totalmente despojadas, a substituição da composição harmoniosa dos jardins clássicos por «espaços verdes».

Ao mesmo tempo, em diversas correntes surge um novo interesse pelas artes ditas menores. Enquanto se multiplicam as críticas dirigidas à indústria moderna – acusada de disseminar a fealdade e a uniformidade – florescem os projetos de embelezamento da vida quotidiana de todas as classes, a vontade de introduzir a arte por toda a parte e em todas as coisas pela regenerescência e difusão das artes decorativas. De Ruskin à Arte Nova, de William Morris ao movimento Arts & Crafts e, depois, à Bauhaus, não faltam correntes modernistas que denunciaram «a conceção egoísta da vida de artista» (Van de Velde), a distinção nefasta entre «Grande Arte» e «artes menores», preconizando a igual dignidade de todas as formas de arte, uma arte útil e democrática sustentada pela reabilitação das artes aplicadas, das artes industriais, das artes de ornamentação e de construção. Já não se quer quadros e estátuas reservados a uma classe social alta, mas uma arte que investe no mobiliário, nos papéis de parede, nas tapeçarias, nos utensílios de cozinha, nos têxteis, nas fachadas arquitetónicas, nos cartazes. Com a época democrática, a arte assume como missão salvar a sociedade, regenerar a qualidade da *home* e a felicidade do povo, «mudar a vida» de todos os dias: o Modern Style foi batizado por Giovanni Beltrami como *«socialismo della Belleza»*.

A estetização própria da idade moderna seguiu, assim, duas grandes vias. Por um lado, a estetização radical da arte pura, da arte pela arte, de obras libertas de todos os fins utilitários, não tendo outros fins senão elas próprias. Por outro, precisamente no oposto, os projetos de uma arte revolucionária «para o povo», uma arte útil que se faz sentir nos mais pequenos detalhes da vida quotidiana e orientada para o bem-estar da maioria.

Assim sendo, os projetos modernistas fracassaram notoriamente no plano estético. O paradigma funcionalista aplicado à cidade, cujo resultado é a Carta de Atenas, concretizou-se, após a Segunda Guerra Mundial, com a construção de grandes conjuntos geométricos, cidades--dormitórios, torres e arranha-céus, marcados pelo anonimato, pela homogeneidade fria, pela fealdade triste. As «renovações buldózer», ao aplicar ao urbanismo os princípios fordianos-taylorianos do mundo industrial, apenas criam, com a sua planificação urbana, a sua especialização funcional do espaço, o seu planeamento monofuncional, uma paisagem de subúrbios «desumanizados» e sinistros. Ninguém ignora igualmente que a estetização do âmbito doméstico, durante todo este período, ficou muito limitada nas camadas mais baixas da pirâmide social. A uma produção de luxo de alto valor criativo opõe-se então uma produção industrial em série, sem estilo nem originalidade, destinada às massas. Este longo ciclo é marcado, por toda a parte, por um sistema dicotómico insuperável opondo estilo e indústria, arte e produção de massas, vanguarda e fancaria *kitsch*.

Défice de estilo próprio da modernidade industrial inaugural que não impediu, no entanto, uma nova etapa de estetização de massas sustentada principalmente pelas indústrias culturais emergentes e pelas transformações da grande distribuição. A este respeito, é necessário reconhecer que são mais as lógicas industriais e comerciais que tornaram possível o processo de estetização de massas do que a esfera da arte propriamente dita. Com o advento das artes de massas e das estéticas comerciais ilustradas pelo cinema, a fotografia, a publicidade, a música gravada, o *design*, os grandes armazéns, a moda, os produtos cosméticos, é posta em marcha pela primeira vez uma dinâmica de produção e de consumo estético em grande escala. Iniciada no século XIX, esta dinâmica aumentou bastante a partir da segunda metade do século passado: com a sociedade de consumo de massas impôs-se uma cultura estética de massas, tanto através dos novos valores celebrados (hedonismo, ludismo, divertimento, moda...) como através da proliferação dos bens materiais e simbólicos carregados de valor formal e emocional. Com efeito, o universo industrial e comercial foi o principal artesão da estilização do mundo moderno e da sua expansão democrática.

A idade transestética

Na presente obra avança-se a ideia de que uma quarta fase de estetização do mundo é estabelecida, remodelada no essencial, por lógicas de comercialização e de individualização extremas. A uma cultura modernista, dominada por uma lógica subversiva em guerra contra o mundo burguês, sucede um novo universo no qual as vanguardas são integradas na ordem económica, aceites, procuradas, apoiadas pelas instituições oficiais. Com o triunfo do capitalismo artístico, os fenómenos estéticos já não regressarão aos pequenos mundos periféricos e marginais: integrados nos universos de produção, de comercialização e de comunicação dos bens materiais, constituem imensos mercados moldados por gigantes económicos internacionais. Acabou o mundo das grandes oposições redibitórias, arte contra indústria, cultura contra comércio, criação contra

divertimento: em todas estas esferas esta deve ser a mais criativa.

No momento da estetização dos mercados de consumo, o capitalismo artístico multiplica os estilos, as tendências, os espetáculos, os lugares de arte; lança continuamente novas modas em todos os setores e cria em grande escala o sonho, o imaginário, emoções; artializa o domínio da vida quotidiana no mesmo momento em que a arte contemporânea, por seu lado, está comprometida num largo processo de «desdefinição»[19]. É um universo de superabundância ou de inflação estética que se combina aos nossos olhos: um mundo *transestético*, uma espécie de hiperarte em que a arte se infiltra nas indústrias, em todos os interstícios do comércio e da vida vulgar. O domínio do estilo e da emoção passou ao regime *hiper*: isto não quer dizer beleza perfeita e acabada, mas generalização das estratégias estéticas com fim comercial em todos os setores das indústrias de consumo.

Uma hiperarte igualmente no que já não simboliza um cosmos nem exprime narrativas transcendentes, já não é a linguagem de uma classe social, mas funciona como estratégia de marketing, valorização distrativa, jogos de sedução sempre renovados para captar os desejos do novo consumidor hedonista e aumentar o volume de negócios das marcas. Estamos no momento do estado estratégico e comercial da estetização do mundo. Depois da arte-para-os-deuses, da arte-para-os-príncipes, e da arte-pela-arte, estamos agora na arte-para-o-mercado que triunfa.

Cada vez mais, as indústrias culturais ou criativas funcionam em modo hiperbólico, com filmes com orçamentos colossais, campanhas de publicidade criativas, séries de televisão diversificadas, emissões de televisão que misturam o erudito e o *music-hall*, arquiteturas-esculturas de

---

[19] Uma desdefinição da arte que, no entanto, implica uma forma inédita de experiência estética.

grandes efeitos, videoclipes delirantes, parques de diversão gigantescos, concertos *pop* com encenações «extremas». Nada mais escapa à rede da imagem e do divertimento e tudo o que é espetacular cruza-se com o imperativo comercial: o capitalismo artístico criou um império transestético fecundante onde se misturam *design* e *star system*, criação e *entertainment*, cultura e *show business*, arte e comunicação, vanguarda e moda. Uma hipercultura comunicacional e comercial que vê degradar-se as oposições clássicas da famosa «sociedade do espetáculo»: o capitalismo criativo transestético que não funciona com a separação, com a divisão, mas com o cruzamento, com a trama dos domínios e dos géneros. O antigo reino do espetáculo desapareceu; foi substituído pelo do hiperespetáculo que consagra a cultura democrática e comercial do divertimento.

As estratégias comerciais do capitalismo criativo transestético já não poupam nenhuma esfera. Os objetos comuns são invadidos pelo estilo e pelo *look*, muitos deles tornam-se acessórios de moda. Os *designers*, os artistas plásticos, os criadores de moda são convidados a redesenhar o aspeto dos produtos básicos industriais e dos templos de consumo. As marcas de moda do grande público copiam os códigos do luxo. As lojas, os hotéis, os bares e os restaurantes investem na sua imagem, na decoração, na personalização dos seus espaços. O património é reabilitado e encenado à maneira dos cenários cinematográficos. Os centros urbanos são retocados, encenados, «disneyficados» com o intuito do consumo turístico. A publicidade quer-se criativa e os desfiles de moda parecem *performances*. As arquiteturas de imagens florescem, valem por si mesmas, pela sua atração, pela sua dimensão espetacular e funcionam como vetor promocional nos mercados concorrenciais do turismo cultural.

Os termos utilizados para designar as profissões e as atividades económicas têm igualmente a marca da ambição estética: os jardineiros tornaram-se paisagistas, os cabeleireiros *hair designers*, os floristas artistas florais, os cozinheiros criadores culinários, os tatuadores artistas tatuadores, os joalheiros artistas joalheiros, os costureiros diretores artísticos, os construtores de automóveis «criadores de automóveis». Frank Gehry é celebrado por todo o lado como um arquiteto artista. Mesmo alguns *businessmen* são descritos como «artistas visionários» (Steve Jobs). Enquanto se desencadeiam as competições económicas, o capitalismo trabalha para construir e difundir uma imagem artística dos seus atores, para artializar as atividades económicas. A arte tornou-se um instrumento de legitimação das marcas e das empresas do capitalismo.

A extraordinária extensão das lógicas transestéticas vê-se também no plano geográfico. Estamos no momento do capitalismo globalizado a impulsar uma estilização dos bens de consumo de massas que já não está circunscrito ao Ocidente. Nos cinco continentes estão a trabalhar indústrias criativas, criando produtos com estilo, moda, *entertainment*, uma cultura de massas mundializada. Houve sempre culturas particulares que deixam as suas marcas em diferentes produções; temos agora um processo de estilização que adota, nos quatro cantos do mundo, os mesmos registos de sedução, de *design*, de divertimento comercial e cujos atores estão em competição económica feroz. O monopólio ocidental da criação industrial e cultural acabou: a era transestética em marcha é planetária, uma vez que é suportada por firmas gigantescas que têm o mundo por mercado.

Mas o processo de estetização hipermoderno extravasa em muito as esferas da produção: conquistou o consumo, as aspirações, os modos de vida, a relação com o corpo, o olhar sobre o mundo. O gosto pela moda, pelos espetáculos, pela música, pelo turismo, pelo património, por cosméticos, pela decoração da casa generalizou-se em todas as camadas da sociedade. O capitalismo artístico impulsionou o reino do hiperconsumo estético no sentido do consumo superabundante de alguns estilos, mas mais largamente, no sentido etimológico da palavra – o αισθησις dos gregos – de sensações e de experiências sensíveis. O regime hiperindividualista de consumo que se desenvolve é menos estatutário do que experiencial, hedonista, emocional, ou seja, estético: o importante agora é sentir, viver os momentos de prazer, de descoberta ou de evasão, não estar conforme aos códigos de representação social.

É assim que o capitalismo artístico não criou apenas um novo modo de produção: favoreceu, com a cultura democrática, o advento de uma sociedade e de um indivíduo estético, ou mais exatamente transestético, porque já não se prende com o estetismo à antiga, compartimentado e hierarquizado. Vivemos num universo quotidiano transbordante de imagens, de músicas, de concertos, de filmes, de lojas, de montras, de museus, de exposições, de destinos turísticos, de bares na moda, de restaurantes que oferecem todas as cozinhas do mundo. Com a inflação da oferta consumidora, os desejos, os olhares, as apreciações propriamente estéticas tornaram-se fenómenos presentes em todas as classes sociais ao mesmo tempo que tendem a subjetivar-se. O consumo de componente estética ganhou um tal relevo que constitui um vetor importante de afirmação identitária dos indivíduos. Coisa quotidiana, o consumo transestético toca agora mais ou menos todos os aspetos da vida social e individual: à medida que regula a influência dos imperativos de classe, comer, beber, vestir, viajar, habitar, ouvir música, tudo isto torna-se uma questão de gostos subjetivos, de emoções pessoais, de escolhas individuais, de preferências mais ou menos heterogéneas: é uma estética autorreflexiva que estrutura o consumo hiperindividualista. Há que reconhecer: o capitalismo levou não tanto a um processo de empobrecimento ou de deliquescência da existência estética mas à democratização de massas de um *homo aestheticus* de um género inédito. O indivíduo transestético é reflexivo, eclético e nómada: menos conformista e mais exigente do que no passado, aparece ao mesmo tempo como um «drogado» do consumo, obcecado com o descartável, a celeridade, os divertimentos fáceis.

Um hiperconsumidor certamente apressado, praticante do *zapping*, bulímico de novidades, mas que não deixa de ter um olhar estético, não utilitário, do mundo. Nos museus de todos os géneros que se multiplicam, cada coisa é, de facto, estetizada e adquire um «valor de exposição» em vez dos valores rituais e funcionais. O mesmo se passa com o olhar turístico que apenas vê por todo o lado paisagens para admirar e fotografar como cenários ou quadros. Com o crescimento do consumo, somos testemunhas de uma grande estetização da percepção, da sensibilidade pela paisagem, de uma espécie de fetichismo e de voyeurismo estético generalizado. Enquanto o *homo aestheticus* presentemente está em grande parte despojado de referências da sua própria cultura, o consumo estético-turístico do mundo continua a espalhar-se.

E neste rasto constituiu-se um modelo estético da vida pessoal; e tanto assim é que os valores inicialmente preconizados pelos artistas boémios do século xix (hedonismo, criação e realização própria, autenticidade, expressividade, busca de experiências) se tornaram os valores dominantes celebrados pelo capitalismo de consumo. A ética puritana do capitalismo original deu lugar a um ideal estético da vida centrada na busca de sensações imediatas, do prazer dos sentidos e de novidades, do divertimento, da qualidade de vida, da invenção e autorrealização. A vida pessoal estetizada aparece como o ideal mais commummente partilhado da nossa época: isto é, a expressão e a condição do desenvolvimento do hiper-individualismo contemporâneo. À estetização do mundo económico responde uma estetização do ideal de vida, uma atitude estética para com a vida. Já ninguém quer viver e sacrificar-se por princípios e bens exteriores a si, mas inventar-se a si mesmo, criar as suas próprias regras com vista a uma vida melhor, intensa, rica em sensações e espetáculos.

PODERÁ A BELEZA SALVAR O MUNDO?

Mas se os princípios de uma existência estética ganharam uma legitimidade de massas, é necessário sublinhar que não são os únicos a exercer a sua influência. De facto, nas nossas sociedades, estes estão em confronto ou em conflito, por vezes frontal, com todo um conjunto de outros valores, como a saúde, o trabalho, a eficácia, a educação, o respeito pelo ambiente, as exigências superiores da moral e da justiça. Multiplicam-se por toda a parte tensões geradas pelas exigências sociais antinómicas. Contradições intraculturais que tornam possíveis mudanças permanentes, a par de uma intensificação da dinâmica de individualização das escolhas, dos gostos, dos comportamentos. Mediante a qual nos dedicamos a uma existência cada vez mais reflexiva, problemática, conflitual em todas as suas dimensões, sejam elas íntimas, familiares, profissionais. O ideal estético que triunfa é o de uma vida feita de prazeres, de novas sensações, mas ao mesmo tempo temos de fazer prova de excelência, de eficiência, de prevenção. A sensação da qualidade de vida parece recuar à medida que se intensificam os imperativos de saúde, de eficácia, de mobilidade, de rapidez, de *performance*. A ética estética hipermoderna mostra-se impotente para criar uma existência reconciliada e harmoniosa: sonhamo-la voltada para a beleza, mas ela está virada para a competição. O presente é, assim, o eixo temporal preponderante, mas continua a ser minado pelas inquietudes relativas ao futuro do planeta, ao futuro individual e coletivo ameaçado por uma economia cuja dimensão caótica se mostra diariamente de maneira gritante. A indiferença e a ligeireza de viver são prejudicadas pela miséria social e pelo destino trágico de todos aqueles que continuam à beira da estrada. Claramente, a vida na sociedade estética não corresponde às imagens de felicidade e de beleza que difunde em abundância no quotidiano. É um *homo aestheticus* reflexivo, ansioso, esquizofrénico, que domina o palco das sociedades hipermodernas. As produções estéticas proliferam mas a vida boa está ameaçada, prejudicada, ferida. Consumimos sempre mais beleza, mas a nossa vida já não é bela: é aí que se encontra o sucesso e o fracasso profundo do capitalismo artístico[20]. E é assim que temos de fazer o luto de uma bela utopia, agora que sabemos que é uma ilusão acreditar que «a beleza salvará o mundo».

As belezas são muitas, mas nós não nos aproximamos, de maneira nenhuma, de um mundo com maiores virtudes, com mais justiça ou mesmo com mais felicidade. O capitalismo hipermoderno artializa em grande escala o nosso ambiente quotidiano, mas nós não sentimos de facto maior harmonia, uma vez que o sistema produz ao mesmo tempo «mau gosto», banalidades, estereótipos. Acrescentemos que, por causa desta sobre-estetização, os gostos se diversificam, se individualizam e os consumidores se mostram mais exigentes e mais críticos. É por esta razão que a sociedade transestética aumenta inevitavel-

---

[20] Gilles Lipovetsky, *Les Temps hypermodernes*, Paris, Grasset, coll. Nouveau collège de philosophie, 2004, reed., LGF, coll. Le Livre de poche/Biblio Essais, 2006 [*Os Tempos Hipermodernos*, trad. Luís Filipe Sarmento, Edições 70, Lisboa, 2011]; e *Le Bonheur paradoxal. Essai sur la société d'hyperconsommation*, Paris, Gallimard, coll. NRF Essais, 2006, reed. Coll. Folio Essais, 2009 [*A Felicidade Paradoxal. Ensaio sobre a Sociedade do Hiperconsumo*, trad. Patrícia Xavier, Edições 70, Lisboa, 2007].

mente as sensações de fealdade do mundo: quanto mais há belezas sensíveis, estilos, espetáculos, mais se desenvolvem as deceções, as rejeições, as aversões que se relacionam com um número crescente de produtos culturais. A sociedade contemporânea da profusão estética já não é veículo de um culto da arte, investida das mais altas missões emancipadoras, pedagógicas e políticas: ela deixou de ser considerada uma educação à liberdade, à verdade e à moralidade. E as estéticas comerciais que triunfam não têm, de maneira nenhuma, a ambição de nos fazer tocar no absoluto em rutura com a vida quotidiana. É de uma estética de consumo e de divertimento que se trata: as artes já não estão destinadas a comunicar com poderes invisíveis ou fazer elevar a alma pela experiência extática do Absoluto, mas a ter «experiências» consumistas, lúdicas e emocionais aptas para divertir, para procurar prazeres efémeros, para estimular as vendas. Quanto mais a arte se infiltra no quotidiano e na economia, menos está carregada de alto valor espiritual; quanto mais a dimensão estética se generaliza, mais ela aparece como uma simples ocupação da vida, um acessório sem outra finalidade que a de animar, decorar, sensualizar a vida vulgar: o triunfo do fútil e do supérfluo. A sociedade transestética não tem nada de sagrado ou de aristocrático: é uma etapa suplementar no avanço da época comercial e democrática que, desregulando as culturas de classe, leva a uma individualização dos gostos ao mesmo tempo que a uma ética estética do consumo. Quanto mais estéticas comerciais há, mais o estetismo à antiga se eclipsa em benefício de um transestetismo em que se sobrepõem arte e divertimento, estilo e prazer, espetáculo e turismo, beleza e *gadget*. Estamos na época da desabsolutização da arte, das suas missões como da sua experiência vivida.

Neste contexto, paradoxal e ambivalente, abstemo--nos de entoar o refrão maniqueísta da desfiguração do mundo tanto como o do «reencantamento do mundo». O aumento de gamas de todo um conjunto de consumos não elimina o espetáculo da nova pobreza, das cidades sem estilo, de corpos desagradáveis, de criações culturais pobres e vulgares, da desculturação dos estilos de existência. O que se anuncia é tão-só uma comercialização a todo o custo dos modos de vida na qual a dimensão estética ocupa, certamente, um lugar primordial, mas que não esboça por isso um universo cada vez mais radiante de sensualidades e de belezas mágicas. No mundo fabricado pelo capitalismo transestético coabitam hedonismo dos costumes e miséria quotidiana, singularidade e banalidade, sedução e monotonia, qualidade de vida e vida sem sabor, estetização e degradação do nosso ambiente: quanto mais se exerce a astúcia estética da razão comercial, mais os seus limites se impõem cruelmente às nossas sensibilidades.

VIVER COM O CAPITALISMO ARTÍSTICO:
ESTÉTICA CONTRA ESTÉTICA

À escala da História, não é o Belo que, evidentemente, será capaz de «salvar o mundo». Perante os imensos problemas económicos, sociais e ecológicos que se anunciam ruidosamente, é patente que não se encontrará nenhuma solução sem a mobilização da inteligência dos homens, sem o investimento na pesquisa e na inovação, nas ciências e nas técnicas que, certamente, não resolverão tudo, longe disso, mas sem as quais a humanidade não escapará às catástrofes em cadeia. Será necessário reconhecer: neste plano, a nossa salvação espera menos da arte do que da inteligência racional e técnica.

Nestes tempos órfãos de grandes promessas religiosas e políticas, não está menos presente o ideal de vida estética, revestido mais do que nunca de uma importância capital. Porque se a estética sem inteligência racional é impotente para determinar os desafios do futuro coletivo, a razão tecnocientífica sem a dimensão estética é incapaz de nos meter no caminho de uma vida bela e saborosa. O capitalismo artístico conseguiu certamente criar um ambiente estético fértil; ao mesmo tempo difunde incessantemente normas de existência de tipo estético (prazer, emoção, sonho, evasão, divertimento). Mas o modelo estético de existência voltado para o consumo que promove está longe de ser sinónimo de vida boa, seja acompanhado de dependência e de febrilidade, de sujeição aos modelos comerciais, de uma relação com o tempo e com o mundo dominada pelos imperativos da velocidade, do rendimento, da acumulação. Uma vida estética digna deste nome não pode estar aprisionada nos limites das normas do mercado e cumprir-se num universo tomado pela precipitação e urgência. A este respeito, a vida consumista exige inúmeras críticas: não em nome de uma ética ascética revisitada mas, pelo contrário, em nome de um ideal estético superior que se quer ao serviço da riqueza da existência individual, um ideal que privilegie a sensação de si e do mundo, a concentração no tempo interior e a emoção do momento, a disponibilidade para o inesperado e para o instante vivido, o prazer de coisas belas de fácil acesso, o luxo da lentidão e da contemplação.

Não há um ideal estético único e o mercado não pode ser o vetor único, exceto para mutilar os modos de existência dos indivíduos. Donde a exigência para assegurar que viver na época do capitalismo transestético não consista em alinhar nas únicas ofertas prementes e vertiginosas do mercado. Hoje, é necessário colocar duas formas ou duas versões da vida estética muito diferentes: uma dominada pela submissão às normas aceleradas e ativistas do consumismo, a outra pelo ideal de uma existência capaz de escapar às rotinas da vida e das compras, de suspender a «ditadura» do tempo apressado, de provar o sabor do mundo demorando o tempo da descoberta. À estética do acelerado é necessário opor uma estética da tranquilidade, uma arte da lentidão que é uma porta aberta aos prazeres do mundo que permita «levar uma melhor existência»[21]. O capitalismo artístico aparece como um vetor importante de estetização do mundo e da existência. Mas, evidentemente, esta dinâmica não é de todo positiva, tanto no que diz respeito às criações como às formas de consumo: a sociedade, o consumidor, o indivíduo transestéticos não estão à altura do ideal que possamos conceber de uma «boa vida». Dever-se-á também sublinhar os limites, as contradições que estão no centro da sociedade de mercado transestético, assim como as vias que conduzem a uma vida estética mais rica, menos insignificante, menos formatada pelo consumismo. Reconhecer a contribuição do capitalismo artístico, assim como os seus fracassos, será o objeto deste livro[22].

---

[21] David Le Breton, *Marcher. Éloge des chemins et de la lenteur*, Paris, Métaillé, coll. Suites, 2012, p. 153.

[22] Se o objetivo deste trabalho é teórico, abre, no entanto, um espaço amplo à aproximação empírica dos factos estéticos ligados ao mercado. Em vez de nos determos numa leitura puramente conceptual ou teoricista, dedicámo-nos deliberadamente a apoiar as teses avançadas através das análises «descritivas» dos múltiplos domínios da estética hipermoderna. Na medida em que a ordem do capitalismo artístico se infiltra em todos os setores relativos ao mundo consumista, seria necessário mostrar a coerência do conjunto do sistema e do seu funcionamento concentrando-se o mais próximo possível da diversidade das realidades criativas e imaginárias, organizacionais e individuais. Daí os cruzamentos entre o macroscópico e o microscópico, o «abstrato» e o «concreto», o teórico e o descritivo, mas também entre a longa duração e o contemporâneo.

CAPÍTULO I

O Capitalismo Artístico

Arquiteturas-espetáculo assombrosas que redesenham museus, estádios e aeroportos, ilhas artificiais com o desenho de uma palmeira gigante, galerias comerciais que rivalizam em luxo decorativo, botiques que parecem galerias de arte, hotéis, bares e restaurantes com decorações cada vez mais «tendência», objetos correntes que a sua beleza transforma em quase-peças de coleção, desfiles de moda concebidos como encenações e quadros vivos, filmes e música em profusão a qualquer hora e qualquer lugar: será que o capitalismo, acusado há muito de tudo destruir e desfigurar, seja outra coisa além do espetáculo aflitivo do horror e funcione também como empresário de arte e motor estético?

Se a idade hipermoderna do capitalismo, que é a do mundo desde há cerca de três décadas, é a da planetarização e da financeirização, da desregulação e da excrescência das suas operações, também é a que está marcada por uma outra espécie de inflação: a inflação estética. Não são apenas as megalópoles, os objetos, a informação, as transações financeiras que são envolvidos numa escalada hiperbólica, mas o próprio domínio estético. Eis os mundos da arte envolvidos por sua vez nas redes do *hiper*, o capitalismo contemporâneo que incorpora em grande escala as lógicas do estilo e do sonho, da sedução e do divertimento, nos diferentes setores do universo consumista. Se há uma bolha especulativa, existe um outro tipo de bolha cujo extremo inflado não conhece, no entanto, nem crise nem *crash*[23]: vivemos o tempo do *boom* estético sustentado pelo capitalismo do hiperconsumo. Com a época hipermoderna erige-se um novo período estético, uma sociedade sobre-estetizada, um império onde os sóis da arte nunca se põem. Os imperativos do estilo, da beleza, do espetáculo adquiriram uma tal importância nos mercados de consumo, transformaram de tal maneira a elaboração dos objetos e dos serviços, as formas de comunicação, de distribuição e do consumo que se torna difícil não reconhecer o advento de um verdadeiro «modo de produção estética» que chega, agora, à maturidade. Chamamos este novo estado da economia comercial liberal: capitalismo artístico ou capitalismo criativo, transestético.

No momento da financeirização da economia e dos seus danos sociais, ecológicos e humanos, a própria ideia de um capitalismo artístico pode parecer, não o ignoramos, oximórica e mesmo radicalmente chocante. Contudo, este é o rosto do novo mundo que, ao esbater as fronteiras e as antigas dicotomias, transforma a relação da economia com a arte como Warhol transformara a relação da criação artística com o mercado, defendendo uma *art business*. Depois da época moderna das disjunções radicais, temos a idade hipermoderna das conjunções, desregulações e hibridações, onde o capitalismo artístico constitui uma figura particularmente emblemática.

---

[23] Com a exceção notável do domínio circunscrito do mercado de arte contemporânea, cuja bolha especulativa, como vimos, podia explodir em diferentes momentos.

O COMPLEXO ECONÓMICO-ESTÉTICO

O capitalismo artístico não é certamente de hoje, as suas primeiras manifestações aparecem a partir da segunda metade do século XIX. Mas, e aqui está a novidade, a era hipermoderna desenvolveu esta dimensão artística ao ponto de a tornar um elemento principal do desenvolvimento das empresas, um setor criador de valor económico, uma mina cada vez mais importante de crescimento e de emprego. A atividade estética do capitalismo era pequena ou periférica: tornou-se estrutural e exponencial. É esta incorporação sistemática da dimensão criativa e imaginária nos setores do consumo comercial, assim como a formidável dilatação económica dos domínios estéticos que permitem falar num regime artístico do capitalismo.

É necessário fazer dissipar já um mal-entendido: o que consistiria em equiparar o capitalismo artístico ao reino triunfal da beleza no mundo pela via miraculosa que seria a economia de mercado. A dimensão artística do capitalismo é da ordem do objetivo e das estratégias empresariais, não dos resultados obtidos. Se este sistema produz beleza, produz igualmente mediocridade, vulgaridade e «poluição visual». O capitalismo artístico não faz passar do mundo hediondo ao da beleza radiante e poética. Além disso, as operações que o caracterizam são essencialmente as da encenação e do espetáculo, da sedução e do emocional cujas manifestações podem ser diferentemente apreciadas no plano estritamente estético. Este não pode ser o critério da beleza, necessariamente subjetivo, que permite qualificar o estado do capitalismo artístico, mas a organização objetiva da sua economia na qual as operações de estilização e de moda, de sedução e de cosmetização, de divertimento e de sonho se desenvolvem em grande escala a níveis da elaboração, da comunicação e da distribuição dos bens de consumo. O capitalismo artístico não é designado como tal devido à qualidade estética das suas realizações mas pelos processos e estratégias que implementa de maneira estrutural com vista à conquista dos mercados. Não é de modo nenhum o apogeu da beleza no universo da vida, mas a sua reorganização sob o reino da artialização comercial e da fábrica industrial das emoções sensíveis. Muitas novas estratégias implementadas pelas empresas e que contribuem para constituir um novo modelo económico em rutura com o capitalismo da era industrial. Ao contrário da regulação fordiana anterior, o complexo económico-estético está menos centrado na produção em massa de produtos estandardizados do que nestas estratégias inovadoras que são a diferenciação de produtos e serviços, a proliferação da variedade, a aceleração do lançamento de produtos novos, a exploração das expetativas emocionais dos consumidores: um capitalismo centrado na produção é substituído por um capitalismo de sedução focalizado nos prazeres dos consumidores por intermédio de imagens e de sonhos, de formas e narrativas. Agora, a competitividade das empresas já não assenta tanto na redução de custos, na exploração das economias de escala, nos ganhos permanentes de produtividade, mas nas vantagens concorrenciais mais qualitativas, imateriais ou simbólicas. Ao aproveitar novas fontes de criação de valor, as empresas contemporâneas, nomeadamente através de estratégias focalizadas nos gostos estéticos-afetivos dos consumidores, forjaram o que se chama um modelo pós--fordiano ou pós-industrial da economia liberal.

Um outro mal-entendido deve ser evitado. Falar de capitalismo artístico não significa o surgimento de uma preocupação criativa que faça recuar os imperativos de comercialização e de rentabilidade. Na verdade, as dimensões criativas e imaginárias afirmam-se à medida que se intensificam a financiarização da economia, a «ditadura» do mercado e dos seus objetivos a curto prazo. Com o triunfo do regime artístico ou criativo, o capitalismo não se torna «menos» capitalista: antes pelo contrário, é-o cada vez mais e a uma escala muito vasta, como o testemunha o nível crescente dos investimentos financeiros, a mundialização dos mercados de consumo, da moda e do luxo, o desenvolvimento das multinacionais da cultura, a preeminência do marketing e da comunicação, os consideráveis benefícios que são gerados. Quanto mais o capitalista se mostra artístico, mais a concorrência económica se desencadeia e mais se impõe a hegemonia dos princípios empresariais, comerciais e financeiros. Evidentemente, este não se converteu de maneira nenhuma a um qualquer *ethos* romântico: ao integrar nas suas realizações uma «parte criativa» crescente, persegue irresistivelmente o seu empreendimento de colocar no mercado qualquer coisa, maximização do benefício, racionalização das operações económicas.

Se o capitalismo é este modo de produção fundado na aplicação do cálculo racional à atividade económica, deve-se notar que na sua versão artística não pára de criar produções destinadas a gerar prazer, sonhos e emoções nos consumidores. Na nova economia do capitalismo, já não se trata apenas de produzir os bens materiais ao custo mínimo, mas solicitar as emoções, estimular os afetos e os imaginários, fazer sonhar, sentir e divertir. O capitalismo artístico tem esta característica que criou valor económico através do valor estético e experiencial: afirma-se como um sistema que concebe, produz e distribui prazeres, sensações, encantamentos. Mediante o qual uma das funções tradicionais da arte é suportada pelo universo empresarial. O capitalismo tornou-se artístico no sentido em que está sistematicamente envolvido em operações que, ao fazer apelo aos estilos, às imagens, ao divertimento, mobilizam os afetos, os prazeres estéticos, lúdicos e sensíveis dos consumidores. O capitalismo artístico é esta formação que liga o económico à sensibilidade e ao imaginário; assenta na interconexão do cálculo e do intuitivo, do racional e do emocional, do financeiro e do artístico. Sob o seu reino, a busca racional do lucro apoia-se na exploração comercial das emoções através de produções de dimensões estéticas, sensíveis, distrativas. A idade hipermoderna, a «jaula de ferro» (Weber) da racionalidade instrumental e burocrática conseguiu a proeza de assimilar, de integrar o seu contrário: a dimensão pessoal e intuitiva, imaginária e emocional.

A este respeito, a economia artística participa ao mesmo nível do desenvolvimento da nova economia fordiana da produção, constitui uma mutação dos fatores de crescimento e dos paradigmas de competitividade e de criação de valor. O dinamismo da economia desmaterializada não assenta unicamente na informação e no conhecimento, mas também na engenharia do estilo, dos sonhos, das narrativas, das experiências significantes, ou seja, nas dimensões imateriais do consumo. A uma «economia cognitiva» acrescenta-se uma economia intuitiva ou estética: as duas ilustram a subida do registo imaterial típico do modelo pós-fordiano do capitalismo hipermoderno. Fundado numa economia sustentada nas narrativas, imagens e emoções, o capitalismo artístico impõe-se como um dos componentes do novo «capitalismo imaterial»([24]), impulsionado por «mercados individualizados de experiências subjetivas» sempre mais heterogéneas([25]) e cujas alavancas de criação de valor são o saber, a inovação, a imaginação.

---

[24] Daniel Cohen, *La prosperité du vice. Une introduction (inquiète) à l'économie*, Paris, Albin Michel, 2009, cap. XV; também Philippe Moati, *La nouvelle révolution commerciale*, Paris, Odile Jacob, 2011, pp. 39-41.
[25] Olivier Bomsel, *L'Économie immatérielle. Industries et marchés d'expériences*, Paris, Gallimard, col. NRF, Essais, 2010, p. 25.

O capitalismo artístico está assim englobado no capitalismo hipermoderno centrado na valorização do capital dito imaterial ou ainda qualificado como «capital inteligente», «capital humano», «capital simbólico». André Gorz tem razão quando sublinha a flutuação em torno dos termos «capitalismo cognitivo» e «sociedade do conhecimento», como se tudo assentasse na ciência, no conhecimento técnico, nos conteúdos formalizados e matematizáveis. Na verdade, o conhecimento não é a única forma de «capital» geradora de valor; o que conta agora em matéria de criação de riqueza é muito mais a «inteligência», a qual inclui as capacidades de inovação, de imaginação, as qualidades expressivas e cooperativas, as competências emocionais, o conjunto dos saberes humanos, incluindo os intuitivos[26]. Neste sentido, o capitalismo artístico é menos relacionável *stricto sensu* com o capitalismo «cognitivo» do que com a nova sociedade de cultura ou «sociedade da inteligência».

Dizer que há uma aliança do capitalismo e da arte não significa o surgimento de um modo de produção idealmente criativo, sem dificuldades nem desenfreadamente. De facto, existem contradições entre estes dois polos, que remetem para sistemas de referências, de objetivos, de profissões diferentes. Por um lado, os investidores, os gestores, as pessoas do marketing voltadas para a eficácia e rentabilidade económicas. Por outro, os criativos em busca de autonomia e animados por ambições artísticas. Exigências de liberdade criativa que vão contra os processos de racionalização e os controlos exercidos pelas empresas sobre as narrações, cenários, argumentos, *design* e *castings*, no sentido de assegurar o maior sucesso comercial e os maiores lucros. As empresas devem puxar pelos talen-

---

[26] André Gorz, *L'Immatériel. Connaissance, valeur et capital*, Partis, Gallimard, coll. Débats, 2003.

tos e estimular a inovação, mas ao mesmo tempo, para diminuir riscos, dedicam-se a travar as criações audaciosas, a reproduzir as fórmulas que «andam» mais facilmente. As lógicas financeiras e organizacionais podem assim vir contrariar a criatividade que devem, por outro lado, favorecer imperativamente: esta é uma das contradições do sistema que faz com que as empresas do capitalismo artístico possam apresentar graus de criatividade muito diferentes segundo o seu modo de organização e segundo os momentos.

Se o casamento da economia e da estética criativa é agora estrutural, os dispositivos institucionais que o personificam, assim como o peso crescente do mundo da finança, dão frequentemente prioridade ao primeiro polo, mais do que ao segundo. Não sem consequências por vezes nefastas: assim, um gigante como a Disney, nos anos 1990 e 2000, com a sua financeirização e a sua pesada máquina burocrática, foi lento a reagir; enquanto muitos artistas saíam da companhia, ela não soube antecipar o crescimento do digital e atrasou-se na área dos desenhos animados([27]). Além deste exemplo, é no conjunto do mundo da moda e das indústrias criativas que se encontra a tensão mais ou menos intensa do comercial e do criativo. Não é uma anomalia, é constitutivo da organização bipolar do capitalismo artístico para que a moda, o *design*, o cinema, a música «sejam apenas arte».

Sejam quais forem as tensões e contradições no trabalho, o capitalismo artístico não deixa de funcionar como um sistema no qual o peso do mercado e das lógicas financeiras e do marketing se impõe com uma intensidade sem precedentes. Isto observa-se nas indústrias culturais, na moda, no luxo e até no mundo da arte. A importância das

---

([27]) Alexandre Bohas, *Disney. Un capitalisme mondial du rêve*, Paris, L'Harmattan, coll. Chaos International, 2010, pp. 152-156.

lógicas mercantis no mundo da arte não é nova, mas evidentemente, no momento da globalização, é um novo patamar que se atinge, como o testemunham particularmente o crescimento dos investimentos dos colecionadores e os aumentos vertiginosos a que chegam os preços das obras. A arte aparece cada vez mais como uma mercadoria entre outras, como um tipo de investimento do qual se espera uma alta rentabilidade. A idade romântica da arte deu lugar a um mundo no qual o preço das obras é mais importante e mediatizado do que o valor estético: é agora o preço comercial e o mercado internacional que consagram o artista e a obra de arte. Estamos no momento da «arte *business*» que vê triunfar as operações de especulação, de marketing e de comunicação. Se o capitalismo incorporou a dimensão estética, esta encontra-se cada vez mais canalizada ou orquestrada por mecanismos financeiros e comerciais. Donde o sentimento muitas vezes partilhado de que quanto mais o capitalismo artístico domina, menos haverá arte e mais haverá mercado.

Se tentarmos agora determinar os traços mais gerais que especificam o capitalismo artístico, estes podem ser reduzidos a quatro lógicas principais.

Primeira: a integração e generalização da ordem do estilo, da sedução e da emoção nos bens destinados ao consumo comercial. O capitalismo artístico é o sistema económico que funciona para a estetização sistemática dos mercados de consumo, dos objetos e do contexto quotidiano. Agora, o paradigma estético já não é exterior às atividades industriais e comerciais, mas incorporado nestas. Resulta de um modo de produção marcado pela osmose ou pela simbiose entre racionalização do processo produtivo e do trabalho estético, espírito financeiro e espírito artístico, lógica contabilística e lógica imaginária. Nesta configuração, o trabalho artístico é mais frequentemente coletivo, confiado a equipas com uma autonomia criativa limitada, enquadrado por gestores e integrado no seio de estruturas hierárquicas mais ou menos burocráticas. O facto é que se trata de criar beleza e espetáculo, emoção e *entertainment* para conquistar mercados. Neste sentido, é uma *estética estratégica* ou uma «engenharia do encantamento»[28] que caracteriza o capitalismo artístico.

Segunda: a generalização da dimensão empresarial das indústrias culturais e criativas. Agora, os mundos da arte constituem cada vez menos um «mundo à parte» ou uma «economia às avessas»[29]: são regidos pelas leis gerais da empresa e da economia de mercado, com os seus imperativos de concorrência e de rentabilidade. No universo do cinema e da televisão, os operadores, que investem por vezes somas consideráveis, exigem uma rentabilidade igual à de outros setores: com o capitalismo artístico triunfa o *management* das produções culturais. Mesmo os museus devem ser geridos como empresas, implementando políticas de comercialização e comunicação, fazendo aumentar o número de visitantes e encontrar novas fontes de receita. No capitalismo artístico, as obras são julgadas em função dos seus resultados comerciais e financeiros, muito mais do que pelas suas características propriamente estéticas.

Terceira: uma nova superfície económica dos grupos comprometidos nas produções dotadas de uma componente estética. O que era uma esfera marginal tornou-se num setor importante da atividade económica, envolvendo capitais gigantescos e realizando negócios de verbas colossais. Já não estamos no tempo das pequenas unidades de produção de arte mas no dos mastodontes da cul-

---

[28] Steven Watts, *The Magic Kingdom. Walt Disney and the American Way of Life*, Boston, Houghton Mifflin, 1997, p. 183.

[29] Pierre Bourdieu, *Les Règles de l'art. Genèse et structure du champ littéraire* [1992], Paris, Éditions du Seuil, 1998, p, 234.

tura, dos gigantes transnacionais das indústrias criativas, da moda e do luxo, tendo o globo como mercado.

Quarta: o capitalismo artístico é o sistema no qual são desestabilizadas as antigas hierarquias artísticas e culturais, ao mesmo tempo que se interpenetram as esferas artísticas, económicas e financeiras. Onde funcionavam universos heterogéneos desenvolvem-se, agora, processos de hibridação que misturam de uma maneira inédita estética e indústria, arte e marketing, magia e negócio, *design* e *cool*, arte e moda, arte pura e divertimento.

São muitos os processos que impedem a redução da dimensão artística do capitalismo a um simples enfeite ou embalagem do sistema. Longe de ser uma variável periférica ou episódica, o paradigma estético contribuiu, paralelamente ao desenvolvimento da produtividade industrial, para criar uma verdadeira mutação económica: de um capitalismo centrado na produção passámos a um capitalismo de consumo de massas. Até aos últimos dias da Segunda Guerra Mundial, a massa da população trabalhava apenas para satisfazer as suas necessidades fundamentais; e tudo o que era supérfluo, frívolo, fantasista, era considerado pelas classes populares como coisas a proscrever, pois eram sinais de esbanjamento condenável. Isto muda com o desenvolvimento do capitalismo artístico, o qual vai-se empenhar, pela sua oferta estética, a incitar os consumidores a comprar por prazer, a divertir-se, a dar rédea livre aos seus impulsos e aos seus desejos, a descobrir o prazer de mudar de panorama de vida, a libertar-se dos complexos puritanos da sobriedade e da economia.

Através das estratégias de obsolescência dos produtos, do estilo e da sedução, o capitalismo transformou radicalmente as lógicas de criação e de produção, de distribuição e de consumo. O seu próprio sentido oscilou: já não se trata de um simples sistema económico racional, mas de uma máquina estética produtora de estilos, de emoções, de ficções, de evasões, de desejos, e não o fazendo tanto, como era antes o caso, para uma elite social restrita, mas para o conjunto dos consumidores: o capitalismo artístico não pára de construir ao mesmo tempo universos comerciais e imaginários. Agora, os produtores põem a tónica nos bens suscetíveis de tocar a sensibilidade estética dos consumidores; já não propõem apenas produtos de que temos necessidade, mas produtos diferenciados que desejamos, que nos agradam e que fazem sonhar. O capitalismo artístico forjou uma economia emocional de sedução, assim como um consumidor sedento de novidades permanentes e desculpabilizado pela ideia de desfrutar ao máximo da vida imediatamente. A conversão é profunda e histórica: o consumidor minimalista foi substituído por um consumidor transestético ilimitado.

A INFLAÇÃO DO DOMÍNIO ESTÉTICO

A excrescência dos domínios estéticos constitui o aspeto mais imediatamente reconhecível do capitalismo artístico. As suas manifestações são inúmeras. Pode-se, contudo, usar para construir o modelo de inteligibilidade a partir de cinco lógicas importantes que tocam tanto os objetos industriais como a cultura, a distribuição e o consumo.

O estilo como novo imperativo económico

A generalização do *design* nas indústrias de consumo surge como o aspeto mais evidente do avanço espetacular do capitalismo transestético. Nenhum objeto, seja ele o mais banal, escapa agora à intervenção do *design* e do seu trabalho estilístico. Mesmo os produtos que antes eram estritamente utilitários e tinham pouco a ver com a dimensão estética (telefones, relógios, óculos, material de desporto ou de escritório, roupa interior, transportes públicos) são agora redesenhados por *designers*, mesmo por artistas de vanguarda, atualizados continuamente, transformados em acessórios de moda. Um estilismo que investe até os territórios dos odores, dos sons, das sensações tácteis. É todo o universo dos objetos de consumo que agora é penetrado, alimentado, envolvido por processos de tipo artístico como o *design*, a embalagem, a promoção visual de vendas, a publicidade, o grafismo.

Esta dinâmica não é absolutamente nova mas, sem nada em comum com o passado, adquiriu uma importância estratégica primordial na gestão das marcas e da competição económica. O capitalismo artístico funciona como um sistema marcado pela intensificação dos investimentos em matéria estética e na generalização do imperativo do estilo nas indústrias de consumo. Já não há produção de bens de consumo fora dos processos de *design* e não só nos países ricos mas nos próprios países emergentes.

Todo o produto dedicado aos mercados de consumo está aureolado, nimbado por uma dimensão de estilo. Começa-se mesmo a propor embalagens decorativas, conjuntos de autocolantes personalizados para caixotes de lixo particulares e para os contentores dos imóveis. Não somente os produtos industriais, mas também a publicidade, as revistas, os estúdios de televisão, os sítios da internet são objeto de um trabalho estilístico (encenação, procura de ambiente e de originalidade, decoração de moda, renovação rápida das formas e dos estilos) realizado por profissionais especializados. Na época do capitalismo transestético não se vende unicamente um produto, mas também estilo, elegância, beleza, o que seja *cool*, emoções, imaginário, personalidade. O mundo comercial tornou-se ao mesmo tempo valor de uso, valor de troca e valor estético: o capitalismo artístico é o sistema no qual indústria e arte, mercado e criação, utilidade e moda, marca e estilo já não estão separados.

Ninguém escapa às operações de *design-déco*, tudo é pensado e realizado para parecer «tendência» para seduzir, criar imagem e novidade, para produzir efeitos visuais e emocionais. As lojas, os hotéis, os bares e os restaurantes são objeto de um trabalho de decoração personalizado, de exibição comercial, de teatralização em matéria de ambiente, de conceito, de cor, de iluminação([30]). As fábricas, os entrepostos, as prisões, os mosteiros que deixaram de o ser, são reconvertidos em hotéis chiques ou em centros de arte. As cidades históricas são arranjadas e requalificadas com encenações, efeitos de luz, itinerários patrimoniais, arranjos de zonas dedicadas aos prazeres urbanos e turísticos. A beira-mar, os lugares de montanha, todos os tipos de paisagem são remodelados no sentido de fazer realçar a sua beleza e a sua «autenticidade». Ao mesmo tempo, multiplicam-se os parques de diversão temáticos com espetáculos, encenações arquitetónicas, recriação de aldeias, cenarizações temáticas, ambientes encantados, cenários *kitsch*.

Tudo no nosso ambiente de objetos, de imagens e de signos é agora retocado, desenhado, ambientado com vista à conquista dos mercados: o capitalismo do hiperconsumo é o da artialização exponencial de todas as coisas, da extensão do domínio do belo, do estilo e das atividades da arte ao conjunto dos setores no que toca ao consumo([31]). Quanto mais a lógica mediático-comercial

---

([30]) Veja-se nomeadamente os letreiros luminosos das farmácias com apresentações diversificadas, cinéticas e criativas.

([31]) A este respeito, Virginia Postrel evoca justamente uma «nova idade estética» onde o *design* está por todo o lado e onde tudo é «desi-

triunfa, mais a oferta comercial é objeto de um trabalho de estilo: com o capitalismo criativo e transestético, o que se combina não é tanto o recuo do belo mas um crescendo da arte, uma animação estética sem fronteiras, uma cosmetização ilimitada do mundo. Sob este reino se desenvolve «a estetização total da vida quotidiana» ([32]), a erosão das fronteiras entre arte e indústria, estilo e divertimento, a arte é a vida de todos os dias, a arte da elite e a arte de massas.

No seu famoso *Manifesto Futurista* (1909), Marinetti escrevia: «magnificência do mundo enriqueceu-se de uma nova beleza: a beleza da velocidade. [...] um automóvel rugidor [...] é mais belo que a *Vitória de Samotrácia*» ([33]). Tudo se passa como se o capitalismo tivesse conseguido realizar em grande, à escala da sociedade, a provocação de Marinetti, tantas são as produções comerciais que retomaram a arte «elevada». Há, hoje, mais beleza no universo tecnocomercial do que na arte contemporânea que, de resto, renunciou em grande parte ao ideal de beleza clássica.

Uma diversificação prolífica

O segundo aspeto que indica a explosão artística hipermoderna remete para o processo de multiplicação e heterogeneização estéticas observável não unicamente na arte, no *design* ou na decoração, mas também na moda e nas indústrias culturais. O domínio da arte propriamente

---

nhado»; *The Substance of Style. How the Rise of Aesthetic Value is Remaking Commerce, Culture, and Consciousness*, Nova Iorque, HarperCollins, 2003, pp. 1-33.

([32]) Mike Featherstone, *consumer Culture & Postmodernism*, Londres/Newbury Park, SAGE Publications, 1991, p. 71.

([33]) Filippo Tomaso Marinetti, *op. cit.*

dito é contemporâneo da sua desdefinição, assim como de uma onda de formas, de práticas, de experiências basicamente heteróclitas: um regime de arte neste ponto excecional que se pôde qualificar como «pós-histórico», a ideia de busca da essência da arte, do exclusivismo e da «linha histórica correta» já não fazem sentido([34]). O *design*, que deixou de se reger por um funcionalismo estrito, vê coabitar, ao mesmo tempo, os estilos mais disparatados. Já se perdeu a conta às marcas de moda que oferecem, a qualquer preço e para todas as idades, os *looks* mais variados, étnico ou *vintage*, *sexy* ou *hip-hop*, clássico ou barroco, BCBG (Bon Chic Bon Genre) ou *sportswear*. Nunca se produziu tantos filmes, séries de televisão, espetáculos e músicas de todos os géneros: a plataforma iTunes Store da Apple tem vinte milhões de títulos musicais, os sítios de música à disposição Deezer e Spotify propõem respetivamente 13 e 15 milhões de títulos. Ao clicar no YouTube ou noutra plataforma de música na *web* é uma hipertrofia de grupos, de títulos musicais, de ritmos, de estilos, que compõem uma esfera estética estrondosa, quase ilimitada. Após os tempos da unidade estética, eis a época plural onde tudo é possível, onde tudo pode coexistir, sobrepor-se, misturar-se como num grande bazar caleidoscópico.

Houve, sem dúvida, em todas as sociedades históricas diferenciadas, diversos tipos de estéticas: a oposição entre cultura de elite e cultura popular ofereceu durante séculos uma ilustração exemplar. Mas é a outra escala e com outra significação que se desenvolve agora o fenómeno: já não estamos no modelo convencional de uma oposição dicotómica enquadrada por uma hierarquia de critérios estabelecidos, mas numa nebulosa brilhante, aberta, domi-

---

[34] Arthur Danto, *Après la fin de l'art*, Paris, Éditions du Seuil, coll. Poètique, 1996.

nada por um pluralismo estético reivindicado e generalizado. O que é notável, hoje em dia, é que nós estamos desprovidos de referências consensuais, de um centro dominante que fixe uma hierarquia estável. Já não dispomos de um polo hegemónico que exerça suficiente autoridade para impor de cima uma hierarquia incontestada de critérios e de normas. A idade da inflação estética está descentrada, des-hierarquizada, estruturalmente eclética.

Estamos numa cultura fragmentada, balcanizada, onde se multiplicam as mestiçagens mais diversas, onde coabitam os estilos mais dissemelhantes, onde as tendências *cool* proliferam sem ordem, sem regularidade temporal, sem unidade de valor. Com o capitalismo transestético triunfa uma profusão caótica de estilos num imenso supermercado de tendências e de *looks*, de modas e de *design*. É uma proliferação dissonante, desregulada, que caracteriza o domínio estético contemporâneo, paralelamente às desregulamentações económicas, constitutivas do turbocapitalismo.

Assim sendo, sublinhando desde logo este ponto, a inflação da variedade que se desenvolve é de tipo paradoxal. Porque se os estilos mais heterogéneos na moda, na música, no cinema, na arte passam a destacar-se, não é menos verdade que o fenómeno é acompanhado por uma muito grande concentração de sucessos que cria um grande sentimento de monotonia, de coisa muito vista, de sempre igual. A oferta musical é imensa, mas são sempre os mesmos êxitos e os mesmos cantores que ouvimos nas rádios. Os desfiles de moda oferecem o espetáculo de uma grande variedade de estilos, mas o da rua não apresenta surpresas e está cada vez mais parecido em todo o mundo. E encontramos em todos os grandes museus do mundo as obras ou exposições dos mesmos artistas contemporâneos em voga. O capitalismo artístico e a sua ordem mediático- -publicitária é um sistema que produz «diversidade homogénea»([35]), repetição da diferença, o mesmo na pluralidade.

A intensificação do efémero

Um terceiro aspeto define a excrescência do capitalismo artístico: o processo de aceleração das mudanças de estilos que se exprime na moda, nos produtos culturais, na publicidade, nos objetos, na decoração das lojas. Com a primeira modernidade, a moda aparece como paradigma do efémero. Esta lógica conquistou agora todos os outros setores: *design*, decoração, cosméticos, desporto, mobiliário, hotelaria, restauração, agro-alimentar, já não é o domínio que escapa ao fenómeno da moda e das tendências, mas além disso o ritmo do processo acelerou-se bastante. Num mundo em aceleração crescente([36]), o universo do estilo não pôde escapar à dinâmica de fluidificação intensiva da era hipermoderna, a produção, o consumo, a distribuição, a comunicação em matéria estética transformam-se *non stop*. Ainda aqui, nada é absolutamente novo, o domínio do estilo está desde há muito dedicado à mudança. Contudo, a generalização e aceleração do ritmo das renovações são patentes.

Nos anos de 60, um filme fazia a sua carreira nas salas em dois ou três anos: presentemente, segundo o Centre National de Cinématographie, os filmes em França realizam 80% das suas receitas nos 15 primeiros dias da sua

---

([35]) Yves Michaud, *L'Artiste et les commissaires. Quatre essais non pas sur l'art contemporain mais sur ceux qui s'en occupent*, Nîmes, Jacqueline Chambon, coll. Rayon art, 1989, pp. 77-78.

([36]) Hartmut Rosa fala de «hiperaceleração da modernidade avançada», de «sociedade da aceleração levada ao limite»: *Accélération, une critique sociale du temps*, Paris, La Découverte, coll, Théorie critique, 2010, pp. 290 e 296.

exibição em sala. Inflação de novidades, diminuição da duração de exploração, retraimento extremamente rápido do mercado no caso de fraca afluência do público: o sistema está em sobreaquecimento. A exacerbação dos sucessos efémeros abrange da mesma maneira o universo da música gravada. Segundo os profissionais do setor, torna--se cada vez mais difícil imaginar carreiras de artistas capazes de durar trinta ou quarenta anos. O mais frequente é ver o imenso sucesso de um álbum que não se confirma a seguir: a queda ou a degradação das vendas depois de um primeiro sucesso tende a tornar-se uma regra. Onde os sucessos efémeros representavam há pouco 10 a 15% do mercado, representam hoje, pelo menos, um terço([37]).

Enquanto a duração de vida dos produtos industriais é mais ou menos curta, o seu visual, o seu *design*, não param de mudar a grande velocidade. O mesmo se passa com a decoração dos bares, restaurantes, boutiques, sítios da *web*. Muitas vezes a Google faz evoluir o seu logotipo, que por vezes é modificado de maneira pontual por um só dia por ocasião de eventos particulares. Ultrapassámos mesmo o momento das grandes tendências bianuais que organizam o mundo da moda: eis o tempo da *fast fashion*, da criatividade e da inovação em fluxo tenso, mas também das *microtrends*, das mil e uma novas tendências apresentadas todos os dias, quase em tempo real, nos sítios e blogues de *coolhunting* que proliferam pela *web*.

Quem quiser informar-se das tendências à antiga compreende rapidamente que este mundo institucionalizado, estabelecido, em ritmo bem definido, desapareceu. Sem dúvida, as grandes agências de estilos revelam, nos seus cadernos de tendências, a um ou dois anos de distância, os motivos, as cores, as texturas das próximas estações.

([37]) Pascal Nègre, *Sans contrefaçon*, Paris, Fayard, 2010, p. 229.

Mas, ao mesmo tempo, os *trend firms* e outros *trends briefings* não param de anunciar, à custa de muitos neologismos, novidades criativas, os *looks* na moda. E todas as informações e fotos são despejadas continuamente, disponíveis instantaneamente. Tornou-se possível fazer a radiografia precisa das tendências a par e passo da sua mudança diária, constantemente conhecida pelos analistas do *cool*. No universo da moda adolescente, já não é a tendência sazonal que conta, mas a do instante. E cada um, na época do ciberespaço, pode anunciar a todo o momento o surgimento de uma enésima tendência. Donde uma incrível profusão de *looks* imediatamente «ultrapassados»: a velocidade das tendências, das criações de todos os géneros, a informação em contínuo, é tal que ultrapassa os limites da capacidade de assimilação do consumidor.

A explosão dos lugares de arte

A dinâmica inflacionista não diz unicamente respeito aos objetos, estilos e tendências, mas também aos monumentos classificados([38]) e lugares de exposição de arte. Em primeiro lugar, os museus e os centros de arte contemporânea: em todo o mundo, o número de museus aumenta 10% de cinco em cinco anos; havia nos Estados Unidos, antes de 1920, 1200 museus e cerca de 8000 no início da década 80([39]). Diz-se por vezes, por graça, que se cria um museu por dia na Europa: mais de 30 000 museus estão hoje inventariados nos 27 países da União Europeia. Paris conta por si só com mais de 150 museus. O número de

---

([38]) França conta com 38 000 monumentos históricos e 500 aldeias pitorescas.

([39]) Dominique Poulot, «L'Avenir du passé: les musées en mouvement», *Le Débat*, n.º 12, Maio de 1981, pp. 105-115.

museus em França é objeto de debate: em 2003, a Direção de Museus de França declarava 1200 museus na categoria de «museus de França», mas além desta categoria alguns guias publicam listas que vão dos 5000 aos 10 000 museus. Agora, os novos museus abrem não somente nas grandes metrópoles, mas nas cidades medianas e até em pequenas localidades. Dificilmente se encontra uma comunidade que não queira ter o «seu» museu, como sinal de afirmação identitária e, o que não é menos importante, como centro de atração turística suscetível de gerar visitantes e, portanto, repercussões comerciais.

No decorrer da década de 80, o número de galerias de arte conheceu um grande aumento, tendo praticamente duplicado([40]). Muitas destas galerias tiveram uma duração muito breve, o que fez com que, sendo a sua taxa de mortalidade compensada por uma taxa de natalidade elevada, o seu número permaneça relativamente estável([41]). Ainda assim, é importante: contavam-se 330 em 1990, em Paris, e cerca do mesmo número em Nova Iorque em diferentes momentos. A edição do guia *Bill'art 2004* apresentava 590 galerias de arte moderna e contemporânea e estimava cerca de 6000 lugares «abertos ao público com a vocação de apresentar todas as formas de arte». Galerias que, de facto, continuam a multiplicar-se ao mesmo tempo que o mercado da arte, saindo dos limites do Ocidente, se mundializa. Presentemente são milhares de galerias e de lugares de arte que apresentam em Xangai, São Paulo, Istambul, Abu Dhabi, milhares de exposições e dezenas

---

([40]) Em 1988, o número de galerias em França elevou-se para 848. Raymonde Moulin, *L'Artiste, l'instituition et le marche* [1992], Paris, Flammarion, coll. Champs, 1997, p. 185.

([41]) Françoise Benhamou, Nathalie Moureau, Dominique Sagot--Duvauroux, *Les Galeries d'art contemporain en France et enjeux dans un marche mondialisé*, Paris, La Documentation française, coll. Questions de culture, 2001, p. 37.

de milhares de obras de artistas, eles próprios agora inúmeros.

Vaga que revela ainda a multiplicação de bienais, salões e feiras de arte internacional em todo o mundo. Depois da Documenta de Kassel e da Bienal de Veneza, contamos agora com mais de cem bienais, que apresentam centenas e milhares de artistas. Mais de 260 feiras são anualmente organizadas em todo o mundo([42]), às quais se juntam as feiras paralelas ou em «off», que juntam galerias mais jovens, menos estabelecidas e que apresentam artistas menos conhecidos e mais baratos. Em Paris, em 2009, a FIAC apresentou 203 galerias de 210 países, e ainda mais 4 feiras *off* e 75 exposições. Em 2010, a Art Basel Miami recebeu 2000 artistas, 29 países e 250 galerias, enquanto uma multitude de feiras e de manifestações paralelas se desenrolava um pouco por todo o lado na cidade. Feiras que se organizam agora em rede e que funcionam como multinacionais de arte: a Art Basel, depois de Basileia investiu em Miami e Hong-Kong, e a feira inglesa Frieze estendeu-se a Nova Iorque. E o processo de expansão ampliou-se ainda com VIP Art Fair, a primeira feira de arte em linha que reuniu em 2011, durante uma semana, 138 galerias internacionais que apresentaram 7500 obras de 2000 artistas.

Com o capitalismo artístico, o pequeno mundo da arte à antiga deu lugar à *hiper-arte*, superabundante, proliferante e globalizada, onde desaparecem as distinções entre arte, negócio e luxo. Aqui, a profusão (obras e manifestações) nada tem a ver com o esbanjamento da «parte maldita», cara a Georges Bataille; ela mostra a nova face do capitalismo artístico que, ao adaptar-se com eficácia à

([42]) A Ásia participa já em pé de igualdade: a feira Art Stage Singapor reuniu em 2012 140 galerias e o HK Art, de Hong-Kong, o dobro.

multiplicação planetária das grandes fortunas e de colecionadores, de investidores e outros especuladores, criou um sistema de comercialização e de difusão da arte à escala internacional.

A subida dos preços na arte moderna e contemporânea

Depois das obras e dos lugares da arte, é a esfera dos preços que, no domínio da arte moderna e contemporânea, concretiza com mais evidência a lógica inflacionista do capitalismo artístico. Desde a década de 80, o mercado mundial de arte conhece um crescimento sem precedentes, ao passar, segundo um estudo de The European Fine Art Foundation, de 27,7 mil milhões de euros em 2002 para 43 mil milhões de euros em 2010, registando um aumento de 52% em relação a 2009, ano negro devido à crise financeira. Mais concretamente, o mercado de arte contemporânea está preso numa espiral inflacionista que só abranda em tempos de crise. Até à crise financeira de 2008, os preços das obras de arte contemporânea dispararam, graças nomeadamente a compras especulativas: os preços da arte contemporânea aumentaram 85% entre 2002 e janeiro de 2008 e os leilões milionários foram multiplicados por seis entre 2005 e 2008. Esta euforia delirante foi certamente refreada pela crise aberta com a falência do Lehman Brothers, mas os preços estabilizaram, imediatamente antes de retomar a sua progressão, ainda que mais ligeira.

E se a última crise reduziu as mais-valias, não afundou de maneira nenhuma os preços das obras raras e reconhecidas, que representam um valor seguro face ao caos financeiro e económico. Novamente, o mercado de arte moderna e contemporânea voa de recorde em recorde: a escultura *Pink Panther* de Jeff Koons foi vendida por

16,8 milhões de dólares pela Sotheby's de Nova Iorque, em 2011; o quadro de Joan Miró, *O Corpo da Minha Morena*, foi leiloado em 2012 pela soma recorde de 20,2 milhões de euros. Já não é excecional ver os preços dos artistas contemporâneos ultrapassarem os dos antigos mestres clássicos ou modernos([43]). Estamos no momento em que os preços das estrelas da arte contemporânea atingem valores inigualáveis, em que os recordes de venda são constantemente batidos por novos recordes ainda mais retumbantes, onde os remates em salões de venda são cada vez mais altos. Preços exorbitantes que permitiram a um Damien Hirst estar classificado no *top* 50 das maiores fortunas de Inglaterra([44]).

Igualmente notável, nesta explosão de cotações, é a velocidade com que se produz. Apresentada pela primeira vez em venda pública, em 1991, uma obra de Liu Xiaodong foi vendida por 7851 euros: quinze anos mais tarde, a sua obra *New Displaced Population* foi arrematada por cerca de dois milhões de euros. Desde 1998, os preços dos artistas asiáticos foram multiplicados em média por 40 e por vezes por 100([45])! E este aumento de preços toca cada vez mais setores, incluindo aqueles que antes eram considerados «menores», vídeo, *design*, fotografia: o produto de vendas de fotografias foi multiplicado por treze entre 1998 e 2008. Uma prova fotográfica de Andreas Gursky foi arrematada, em 2011, por 4,3 milhões de dólares na Christie's de Nova Iorque. Esta verba estratosférica, e

---

([43]) Em 2010, o quadro do pintor chinês Zhang Xiaogang, *Nascimento da República Popular da China*, foi arrematado por 4,7 milhões de euros enquanto *Bestiaire et musique* de Marc Chagall foi vendido, no mesmo ano, por menos de três milhões de euros.

([44]) A fortuna de Damien Hirst foi avaliada recentemente pelo *Sunday Times* em 388 milhões de dólares.

([45]) Florence de Changy, «Le marche international de l'art s'installe à Hongkong», *Le Monde*, 15 de outubro de 2010.

recorde mundial neste domínio, destrona os recordes precedentes de Cindy Sherman (3,8 milhões de dólares) e de Richard Prince (3,4 milhões de dólares). O mercado de arte contemporânea é impelido por lógicas do superlativo e de hiper-aceleração.

O crescimento do mercado hipermoderno de arte tem também uma outra característica que se deve ao crescimento do mercado dos leilões no comércio de arte. Não há muito tempo, este mercado era essencialmente orquestrado pelas galerias: mas agora é-o cada vez mais pelos leilões públicos. Estamos num momento em que as transações efetuadas nos leilões públicos continuam a crescer; depois do pequeno mundo mais ou menos confidencial das galerias, assiste-se a um forte aumento dos jogos de oferta e procura, da globalização das transações, de um mercado capitalista à escala planetária dominado por duas multinacionais, a Christie's e a Sotheby's([46]), que substituem uma lógica artesanal por uma lógica empresarial que visa controlar o conjunto das operações: multiplicação das salas de vendas, política de promoção, diversificação dos serviços financeiros, o papel dos especialistas e conselheiros dos colecionadores, organização de exposições([47]).

As razões da subida em flecha dos preços não são misteriosas. Devem-se a um aumento da procura que tem a ver com um crescimento importante do número de compradores ricos, de novos colecionadores asiáticos, russos, do Médio Oriente, mas também pela multiplicação dos especuladores e dos fundos de investimento atraídos pela rapidez das mais-valias. Desde 2011, a China impôs-se

---

([46]) Este duopólio realizou, em 2011, 47% do produto de vendas mundiais em leilões. Uma quota em regressão: há dez anos era de 73%.
([47]) Raymonde Moulin, *Le Marché d'art. Mondialisation et nouvelles Technologies*, nova edição revista e aumentada, Paris, Flammarion, coll. Champs, 2003, pp. 88-97.

como número um mundial no mercado de arte, à frente dos Estados Unidos. Explosão da procura que pôde criar uma bolha especulativa ao mesmo tempo que uma vaga de novas assinaturas para responder às novas condições do mercado. A fuga financeira da arte para a frente é apenas o eco de uma economia que se tornou mundial e financeirizada. Subida fulgurante dos preços e cotações, explosão da procura, loucura especulativa, oferta excessiva de artistas que se convertem por vezes em «produtores de arte»: o mercado de arte contemporânea ilustra, assim como o *design*, a moda ou as indústrias culturais, o novo lugar da arte no capitalismo artístico planetário e financiarizado.

Já não é, como no tempo das vanguardas históricas, um setor que se quer revolucionário e «anti-económico», mas um sistema que participa de pleno direito no sistema mediático, económico e financeiro. O que caracteriza a arte contemporânea já não é a transgressão, mas a sua conformidade com as realidades do mercado mundializado e com a sua matemática financeira. O sistema produtivo do capitalismo integra a arte enquanto esta se torna *art business*, estratégia de investimento, suporte de especulação, colocação de produtos considerados segundo as suas *performances* de rendimento. É neste contexto que surge um novo perfil de colecionadores de arte, menos «conhecedor» e atento às obras em si, mais recetivo aos movimentos de moda, menos preocupado em fazer uma coleção do que em especular ou diversificar a sua carteira. O que é particularmente evidenciado pela rapidez com que circulam as obras de arte: se no passado as obras voltavam ao mercado de vinte em vinte ou de trinta em trinta anos, presentemente o tempo de duração de detenção é, em média, menos de dez anos. Como o resto, o «amor» pela arte não escapa às redes da sociedade da velocidade e do efémero.

Um hiperconsumo estetizado

Um quinto aspeto caracteriza a proliferação estética: tem a ver com a dinâmica exponencial do consumo. O capitalismo artístico destaca-se tanto pela artialização em grande escala da esfera da oferta como por uma espiral consumista estetizada que gera para a maioria. É agora um consumidor cada vez mais apreciador do *design*, de *gadgets*, de jogos, de modas, de decoração de interiores, mas também de produtos cosméticos, de spas, de cirurgia estética que se abre ao capitalismo artístico([48]). Também cada vez mais sequioso de descobertas, de exotismos, de viagens: o turismo, segundo a Organização Mundial de Turismo, tornou-se, com os seus 900 milhões de viajantes internacionais, a primeira indústria do mundo, representando cerca de 12% do PIB mundial. Nunca as exposições e os museus atingiram tais recordes de frequência([49]); e nunca se consumiu tanta música, concertos, séries de televisão, filmes, festivais (dois mil festivais anualmente em França). O capitalismo artístico não tem unicamente desenvolvido uma oferta proliferante de produtos estéticos, criou um consumidor bulímico de novidades, de animação, de espetáculos, de evasões turísticas, de experiências emocionais, de prazeres sensíveis: por outras palavras, um consumidor estético ou, mais exatamente, transestético.

Da mesma maneira que o capitalismo artístico multiplica as criações estilísticas, também desenvolve um consumo cada vez mais abundante de experiências estéticas

---

([48]) O perfil deste hiperconsumidor é analisado no capítulo V.

([49]) 8,8 milhões para o Louvre, 6,5 milhões para o Palácio de Versalhes, 3,6 milhões para o Centro Pompidou, em 2011. Contou-se, em 2008, com mais de 70 milhões de entradas nos cinquenta principais sítios culturais de Paris. Deve notar-se, no entanto, que esta profusão não é de maneira alguma sinónimo de democratização da cultura.

no sentido original de sensações, de experiências sensíveis e de emoções: o αισθητικος dos gregos. Ao democratizar o consumo, o capitalismo artístico produziu um olhar ou um modo de perceção «desinteressado», uma certa «distância do olhar», um consumidor estético à coca destas «impressões inúteis» que, segundo Paul Valéry, são inseparáveis da experiência estética([50]). A estética hipermoderna do consumo não corresponde ao estetismo ou ao dandismo à moda antiga: assim, e para dar um só exemplo, se é verdade que a arte move multidões, também é verdade que estas apenas prestam uma atenção dispersa, fugitiva ou turística às obras de arte. O consumo transestético remete para a nova relação hedonista o consumo orientado para o «sentir» com vista às emoções e «experiências» renovadas, é tão-só um consumo estético desdiferenciado, alargado, generalizado, que procura em todos os domínios, na arte propriamente dita mas também fora da arte, novas perceções, o *fun*, descobertas, sensações, vibrações hedonistas e emocionais. É assim que o individualismo possessivo deu lugar a um individualismo consumista experiencial e transestético.

A estética entrou, assim, na era do hiperconsumo de massas. Não é o snobismo formalista e cerimonial tal como o analisava Kojève([51]) que se perfila no horizonte, mas o emocionalismo consumista, a dependência das mudanças que fornecem sensações e experiências renovadas: um modelo de vida transestética centrado nos prazeres dos sentidos, no desfrute da beleza, na animação perpétua de si.

([50]) Paul Valéry, «Notion générale de l'art», em *Oeuvres*, t. I, Paris, Gallimard, coll. Bibliothèque de la Pléiade, 1957, pp. 1404-1412.

([51]) Alexandre Kojève, *Introduction à la lecture de Hegel* [1947], Paris, Gallimard, coll. Tel, 1980, pp. 436-437 («Note de la seconde édition»).

Assim, o próprio capitalismo que se dirige para a racionalização das atividades ao desenvolver técnicas tecnocientíficas e para uma lógica contabilística é também o que levou a um processo de artialização em todos os sentidos, uma espécie de excrescência estética que aparece como facto social total, tanto que implica os lazeres e a comunicação, os interesses económicos e nacionais, a relação com os objetos, com o meio, consigo e com o corpo. Não deixa de ser um paradoxo que o próprio sistema económico que assenta no cálculo racional dos custos e dos benefícios seja também o que desenvolve o sentido e a experiência estéticos de muitos, ainda que sejam de um novo tipo.

OS QUATRO CÍRCULOS DO CAPITALISMO ARTÍSTICO

Vários autores têm-se esforçado por descrever os deslizamentos progressivos do capitalismo para o seu regime artístico, criativo ou transestético. Luc Boltanski e Ève Chiapello têm, assim, mostrado a importância crescente, a partir da década de 90, do modelo artístico no mundo da empresa([52]). Em reação às críticas à alienação, à inautenticidade, ao formalismo burocrático, à mecanização das relações humanas, uma neogestão afirmou-se com valores historicamente assumidos pela boémia. Ao celebrar os valores da mobilidade e do desenvolvimento individual, de compromisso e de identificação pessoal no trabalho, o capitalismo conseguiu recuperar as denúncias artísticas do capitalismo. No capitalismo novo estilo, a arte, os artistas e o mundo ideal que personificam (criatividade, mobilidade, autenticidade, motivação, compromisso, autodeterminação) tornaram-se um modelo de ges-

---

([52]) Luc Boltanski e Ève Chiapello, *Le Nouvel esprit du capitalisme*, Paris Gallimard, coll. NRF Essais, 1999, reed. Coll. Tel, 2011.

tão para o mundo empresarial da *performance* e da inovação. Agora, alguns dirigentes de empresas reivindicam-se «artistas» e multiplicam-se os livros que sublinham os paralelismos ou as similitudes entre o artista e o empresário([53]): assunção de risco, exigência de criatividade constante, contexto cada vez mais concorrencial.

Pode-se igualmente reconhecer nas artes o laboratório do mercado do trabalho tal como ele se desenvolve no neocapitalismo desregulado. Com efeito, o que domina a organização dos ofícios da arte é o trabalho como *free--lance*, o emprego intermitente, a flexibilidade contratual; ora, é esta dinâmica que encontramos agora nos setores dos empregos menos qualificados como nos mais qualificados. Multiplicam-se os empregos atípicos, os empregos a tempo parcial, temporários, trabalho independente: o momento é de individualização e de multiplicação das formas do salariado. Pierre-Michel Menger sublinha, assim, justamente a ironia da nossa época na qual as artes, que durante muito tempo fizeram figura de realidade oposicional à hidra capitalista, aparecem hoje como vanguarda da hiperflexibilidade do mercado de trabalho([54]).

Ainda que sejam exatas, as mudanças relativas à organização do trabalho, às metamorfoses da gestão, aos novos princípios de legitimação e de mobilização do mundo do trabalho, não são o que privilegiaremos aqui. O capitalismo artístico ou transestético não é unicamente o sistema que aclimata no mundo da empresa os valores ou a ideologia artística, é, antes de mais, o que dilata e incorpora no seu próprio funcionamento as atividades do

---

([53]) Por exemplo, José Frèches (dir.), *Art & cie. L'art est indispensable à l'enterprise*, Paris, Dunod, 2005.

([54]) Pierre-Michel Menger, *Portrait de l'artiste en travailleur. Métamorphoses du capitalisme*, Paris, Éditions du Seuil, coll. La République des idées, 2002.

mundo da arte, a ponto de o tornar uma dimensão importante da vida económica. A arte tal como se analisa aqui é menos modelo de organização destinado a mobilizar a criatividade dos quadros do que vetor de desenvolvimento económico e cada vez mais de processo penetrante do universo de produção e de serviços. O capitalismo artístico apresenta-se como sistema ou inovação criativa que tende a generalizar-se ao infiltrar-se num número cada vez maior de outras esferas. Ao transformar o universo da produção pela hibridação estética, remodela ao mesmo tempo a esfera do lazer, da cultura e da própria arte.

É por esta razão que a nossa perspetiva se aproxima mais daquelas que sublinham a deslocação do capitalismo de produção para um capitalismo de tipo cultural. Nesta nova economia que assenta nas tecnologias de comunicação, de marketing, nas indústrias culturais e no turismo, a prioridade já não é tanto apenas a fabricação material dos produtos, mas a criação de imagens, de espetáculos, de lazer, de cenários comerciais, permitindo distração e experiências excitantes. Segundo Pine e Gilmore, o mercado da experiência aparece como a nova fronteira do capitalismo, a quarta idade económica que sucede à das matérias-primas, dos produtos e dos serviços[55]. É assim que o nosso mundo surge como um vasto teatro, um cenário hiper-real destinado a divertir os consumidores. Presentemente, são os estilos, os espetáculos, os jogos, as ficções que se tornam a principal mercadoria, por todo o lado são os «criativos» que se impõem como os novos criadores de valor e incrementadores de mercados. A economia transestética apresenta-se como capitalismo experiencial, capitalismo do sonho orientado para as produ-

---

[55] B. Joseph Pine e James H. Gilmore, *The Experience Economy. Work is Theatre and Every Business a Stage*, Boston, Harvard Business School Press, 1999.

ções do divertimento, de ambiências, de emoções. Num sentido, «toda a gente trabalha agora no espetáculo» e no *show-business* com vista à estetização do consumo: «A fase cultural do capitalismo rege-se por uma lógica de *performance* no sentido artístico do termo»[56].

Contudo, é necessário fazer retrodecer ainda as fronteiras deste «supercapitalismo», dos seus territórios, incluindo os produtos suscetíveis de fazer viver experiências e emoções estéticas. No sulco traçado por Becker, deve considerar-se os «recursos materiais», as técnicas concebidas para um uso estético como parte integrante dos «mundos da arte»[57]. As indústrias que trabalham para os artistas e para os consumos estéticos são peças constitutivas dos mundos da arte e, portanto, do capitalismo artístico. Assim, por capitalismo artístico não entendemos apenas o sistema em que a economia é cada vez mais puxada pelas produções culturais, mas também um sistema que produz em massa cada vez mais produtos *high-tech* que permitem práticas de consumo estético. Os instrumentos musicais, os jogos de vídeo, as câmaras, as máquinas de fotografia e as aparelhagens, leitores de *e-book*, ecrãs digitais para desenhar, marcadores, *tablets* e outros objetos digitais «pertencem» ao campo do capitalismo artístico, assim como o turismo, o cinema, a publicidade, a moda, os artigos de luxo, as edições musicais. Consequentemente, as suas fronteiras não delimitam sempre os domínios homogéneos e exclusivos: muitos bens de consumo têm ao mesmo tempo um uso utilitário e cultural.

Deste ponto de vista, a revolução das tecnologias de informação, longe de fazer recuar o reino do capitalismo

---

[56] Jeremy Rifkin, *L'Âge de l'accès. La révolution de la nouvelle économie*, Paris, La Découverte, coll. Cahier libres, 2000, p. 212.

[57] Howard S. Becker, *Les Mondes de l'art*, Paris, Flammarion, coll. Art, histoire, société, 1988, pp. 91-96.

artístico, apenas alarga o seu império ao permitir uma produção em massa de produtos digitais destinados ao consumo cultural e estético do maior número de pessoas: o «capitalismo informacional»[58] alimenta o crescimento exponencial do capitalismo artístico. Note-se, com efeito, que presentemente o setor cultural e o das novas tecnologias de informação e de comunicação estão bastante interdependentes. Estes são os principais vetores do crescimento das atividades das indústrias culturais, dos *media* e da Internet. Reciprocamente, o dinamismo destas tecnologias *high-tech* depende em grande parte da existência de conteúdos sedutores e criativos (música, jogos, imagens, séries, filmes).

Obviamente, nestas condições não se pode reduzir o capitalismo artístico ao sistema do mercado de arte: este apenas representa uma pequena parte dos seus territórios, os quais incluem as próprias indústrias de consumo, na medida em que elas estilizam sistematicamente os seus produtos e vendem mais prazer e emoções do que puros produtos utilitários. O capitalismo artístico, criativo ou transestético, já não deve ser reduzido a um setor da vida económica – no sentido em que se fala de setor primário, secundário ou terciário – ou então a um ramo especializado, tal como o automóvel, a construção ou o agroalimentar. Ao incluir atividades tão variadas como algumas produções de forte componente tecnológica, o *design*, os produtos cosméticos ou a publicidade, mas também as artes do espetáculo, a moda, o luxo, o turismo, os parques de atrações, os jogos de vídeo, a música, o cinema, a arquitetura, o capitalismo transestético é difícil de circunscrever: ele apresenta um carácter multiforme e multipolar, manifesta-se numa multitude de setores e de ramos e apo-

---

[58] Manuel Castells, *La Société en réseaux. L'éra de l'information*, Paris, Fayard, 1998, p. 42.

dera-se incessantemente de novos domínios mais ou menos heterogéneos que atravessa ao redesenhar os produtos e as imagens, ao integrar a dimensão do gosto, do prazer e do divertimento dos consumidores que trata de seduzir. O capitalismo artístico é o sistema que produz em grande escala bens e serviços com fim comercial mas carregados de uma componente estético-emocional, que utiliza a criatividade artística com vista à estimulação do consumo comercial e do divertimento de massas. Engloba produtos industriais e produtos culturais, bens raros e bens de *mass market*, «produtos singulares»([59]) e produtos intercambiáveis. À interseção da produção material e da criação cultural, do comércio e da arte, da indústria do divertimento e da moda, resiste de uma vez por todas uma cartografia estabelecida.

Um exemplo particularmente emblemático é dado pela Apple, tal como a concebeu o seu fundador e guru Steve Jobs, o casamento concertado da alta tecnologia e do *design*, da *performance* e do lúdico, com a prioridade dada na empresa aos gabinetes de conceção gráfica e ergonómica encarregues de imaginar os mais belos objetos possíveis e os mais inovadores: Jonathan Ive, o chefe do *design*, trabalhava diretamente com Steve Jobs. A fusão da informática e da elegância, do ecrã e do gestual, do móvel e do táctil (ampliar a imagem do iPhone ao abrir dois dedos no ecrã, deslizar o polegar sobre o controlo do iPod) criou um universo particular, um universo transestético no qual milhões de adeptos do Mac se diferenciam dos utilizadores comuns pelo sentimento de pertença a uma comunidade em que o computador não é apenas uma máquina, mas uma cultura, uma *cool attitude*, um estilo de vida.

([59]) Sobre este tipo de mercado, Lucien Karpik, *L'Économie des singularités*, Paris, Gallimard, coll. Bibliothèque des Sciences humaines, 2007.

O próprio Steve Jobs, enquanto coqueluche dos mercados financeiros, foi muitas vezes considerado um «artista», um visionário genial que introduziu um estilo de vida, quase uma filosofia, cujo *slogan* publicitário indicava bem o caminho: «Think different». Não foi somente objeto de devoção como um artista, contribuiu para transformar o utilizador comum em «esteta do digital»[60]. Uma empresa em que a preocupação estética conta tanto como a inovação tecnológica, uma marca seguida por milhões de adeptos em todo o mundo, o patrão de uma multinacional comparado mais com um «diretor artístico» do que com um líder da indústria, produtos adulados porque «mudaram a vida»[61]: a marca da maçã e o seu criador iconoclasta aparecem como símbolos perfeitos do capitalismo artístico contemporâneo.

Se se considera agora o capitalismo artístico ou criativo no seu conjunto para determinar as áreas de extensão, podemos distinguir quatro círculos fundamentais de natureza heterogénea cujos territórios, no entanto, não deixam de ter cruzamentos e interconexões. O primeiro designa o que amiúde se chama «as indústrias da cultura e da comunicação» (música, cinema, edição, criações televisivas, jogos de vídeo, BD, portais, sítios de internet, plataformas de partilha de vídeos na *web*). O segundo círculo remete para todos os elementos «concretos» que constroem um tipo de vida, uma existência quotidiana mais estética e recreativa (arquitetura, decoração, *design*, moda, produtos cosméticos, luxo, gastronomia, lugares comerciais,

---

[60] Milad Doueihi, «L'esthète du numérique», *Le Monde*, 8 de outubro de 2011.

[61] É realmente um mestre da sabedoria, que tornou a vida mais bela, a quem se dirigiram os autores de milhões de mensagens que, via internet, varreram a 5 de outubro de 2011 as redes sociais com o anúncio da sua morte. A expressão que mais se repetia era, com «Thank you», «He changed the world».

parques de atrações, lugares do património, jardins e paisagens). O terceiro círculo remete para o universo da arte propriamente dita (galerias, museus, centros de arte, exposições, bienais, feiras de arte, sociedades leiloeiras). O quarto círculo, o menos «puro», o mais distante do núcleo central do sistema, engloba as indústrias manufatureiras cujos produtos técnicos permitem produções e consumos culturais de artistas e do público. Todos estes círculos, ao cruzarem-se, criam diariamente crescentes sinergias.

Acrescentemos este ponto. O capitalismo artístico é constituído por empresas que combinam um polo económico e um polo criativo. É preciso observar, contudo, que este casamento se concretiza em formas e orientações que podem ser muito diferentes. Por vezes realiza-se através de políticas inovadoras ambiciosas, com investimentos enormes na criatividade e no reconhecimento da centralidade do trabalho efetuado pelas equipas encarregues da realização das imagens, do *design* ou das narrativas. Por vezes a exigência de rentabilidade é tal que sufoca a dimensão estética, reduzida ao mínimo. Assim, se as empresas do capitalismo de consumo dependem do regime artístico, nem todas estão nele empenhadas da mesma maneira([62]). A dimensão artística das empresas está longe de ser igualmente distribuída no sistema: é uma questão de graus numa escala que admite os mais e os menos.

([62]) Algumas podem está-lo também de maneiras sucessivas, em função da estratégia da empresa: o caso da Disney é um exemplo: ao negligenciar durante algum tempo a dimensão criativa devido a uma burocracia excessiva, voltou, através da sua aliança com Pixar, a privilegiar o polo artístico e a busca inovadora.

ARTES DE CONSUMO DE MASSAS E CAPITALISMO ARTÍSTICO

Sistema de essência transestética, o capitalismo artístico mistura estruturalmente arte e indústria, arte e comércio, arte e divertimento, arte e lazer, arte e moda, arte e comunicação. A arte nunca se apresenta aqui numa forma pura ou autónoma, mas sempre associada e misturada com as lógicas do comercial, do utilitário, do *entertainment*; mediante as quais o capitalismo artístico deve ser entendido como o estado de ordem económica que, já não estando centrado fundamentalmente na produção de bens de equipamento, investe cada vez mais nas indústrias criativas para colocar no mercado uma multitude de produtos e serviços de consumo atrativos, bens que gerem prazer, distração e experiências emocionais.

Num texto de 1928, Paul Valéry defendia que havia razão para pensar que as grandes alterações ligadas à modernidade «transformam toda a técnica das artes, agem por isso na própria invenção, indo talvez até modificar maravilhosamente a própria noção de arte»[63]. Nós estamos aí. Com o capitalismo artístico, a arte já não se limita às obras «desinteressadas» destinadas aos museus e às galerias: alia-se, como se vê, ao comércio, à indústria, ao consumo comercial, ao divertimento da maioria. Arte híbrida tornou-se «arte de massas»[64], acessível sem esforço ou sem cultura erudita e visando o grande público, potencialmente planetário. E, mais precisamente ainda, *arte de consumo de massas*, cujos primeiros grandes protótipos foram os cartazes publicitários e o cinema. Artes

---

[63] Paul Valéry, «La conquête de l'ubiquité», em *Oeuvres*, t. II, Paris, Gallimard, coll. Biliothèque de la Pléiade, 1960, p. 1284.

[64] Roger Pouivert, *L'Oeuvre d'art à l'âge de sa mondialisation. Un essai d'ontologie de l'art de masse*, Bruxelas, Le Lettre volée, coll. Essais, 2003. Também Noël Carroll, *A Philosophy of Mass Art*, Nova Iorque, Oxford University Press, 1998.

de consumo de massas que constituem uma invenção sem precedentes, uma rutura importante em relação às definições clássicas ou românticas da arte. A arquitetura é certamente uma arte de massas, mas o cinema ou a música de variedades são artes de consumo de massas no sentido de serem inseparáveis de lógicas do efémero, da mudança permanente, da novidade sistematicamente produzida com a maior acessibilidade possível ao divertimento da maioria. Já não se trata de uma arte ao serviço dos grandes ideais, mas uma arte destinada à comercialização de massas e voltada para a busca do sucesso, dos *hits*, de «êxitos» incessantemente renovados. O objetivo não é de maneira nenhuma a elevação espiritual do homem ou a realização da essência da arte, mas um consumo sempre novo de produtos culturais suscetíveis de oferecer prazer, criar sonhos, proporcionar uma satisfação imensa para todos. A arte de consumo de massas é incólume à arte pela arte: apenas existe para a sedução dos consumidores e como produto para ser vendido ao mais vasto público. Com a arte de consumo de massas, a relação da criação com o consumo não pode ser pensada segundo o simples modelo temporal da diferença entre antes e depois. Na verdade, o princípio do consumo está imediata e intrinsecamente presente no próprio processo de produção, uma vez que se trata de obter o maior sucesso comercial possível. A arte de consumo de massas é a arte na qual o trabalho do autor não é autónomo mas organizado em função do plebiscito do público. É um misto de produção-consumo-distribuição[65] que caracteriza o modo de produção da arte de consumo de massas.

---

[65] «Na arte de massas, a obra é *ontologicamente* determinada pela difusão de massa. Ela só *existe* pela e na sua difusão», esclarece Roger Pouivert, *ibid.*, p. 23.

O capitalismo transestético inventou este tipo de arte, inédito na sua história, que integra na sua ordem estes princípios: a lógica económica, o mercado de massas, o marketing, a série, o múltiplo, a obsolescência acelerada, a renovação permanente. Uma arte de massas cujo objetivo não é criar a experiência elitista do Absoluto, da veneração ou do recolhimento, mas ter lucro, estimular o consumo de todos através de prazeres passageiros e imediatos, fáceis, sempre renovados e que não exigem nenhuma aprendizagem, nenhuma competência, nenhuma radicação ou impregnação culturais particulares. Neste sentido, a arte do consumo de massas é antes a arte sem cultura, esta implica sempre uma tradição comunitária determinada[66]. Épocas anteriores conheceram as artes rituais, artes populares e tradicionais, artes religiosas, artes de elites: único no seu género, o capitalismo artístico gerou uma arte de consumo de massas que não requer qualquer cultura especializada. Já não se trata de estar ao serviço da moral ou da religião, nem mesmo da Ideia de Beleza, mas de vender sonhos e emoções à maioria, de comercializar obras procurando uma satisfação fácil e imediata aos consumidores cujo prazer e divertimento constituem as principais motivações. É um engano denunciar esta arte como sub-arte ou não-arte: trata-se de arte de terceiro tipo, a arte dominante da hipermodernidade.

É verdade, contudo, que muitos empresários criativos adotam uma postura deliberadamente antiartística ao afirmar que as suas produções não são arte, mas entretenimento. Semelhante posição é dominante particularmente em Hollywood, onde os profissionais do cinema negam frequentemente a dimensão artística dos seus filmes. Já Walt Disney declarava que desejava simplesmente «diver-

---

[66] Este ponto é bem sublinhado por Roger Pouivert, *ibid*, pp. 101--103.

tir e fazer rir as pessoas... fazê-las felizes, mais do que preocupar-se em exprimir-se ou realizar criações obscuras». Mais recentemente, Steven Spielberg e Jeffrey Katzenberg afirmaram: «O essencial reside numa boa história, nós somos narradores». A finalidade última não é a criatividade artística mas o sucesso comercial, a rentabilidade dos filmes. Num contexto em que os orçamentos aumentam constantemente, os criativos têm uma liberdade artística cada vez mais reduzida, uma vez que estão limitados por responsáveis de direção, de gestão e de marketing. E tudo parece indicar o reforço da exigência comercial: assim, os gigantes do cinema preocupam-se em reproduzir fórmulas anteriormente conseguidas em «sequências» cujo universo imaginário é explorado à maneira de uma franquia ou a privilegiar tudo o que permite a inserção de marcas comerciais nos filmes([67]).

É inegável que as decisões que dizem respeito às artes de consumo de massas são muito fortemente e talvez cada vez mais orientadas para a rentabilidade. Mas isso não é suficiente para lhes recusar toda a dimensão artística. Existem no capitalismo artístico tensões, mesmo contradições, entre organização empresarial e criação, marketing e arte, mas estas não são desvantajosas, não eliminam as orientações propriamente criativas e estilísticas. Por todo o lado, o objetivo do lucro cruza-se com tratamentos de tipo artístico. Se o capitalismo artístico funciona com contradições, implementa igualmente mecanismos de conciliação ou de aliança dinâmica entre racionalização e magia cultural, economia e arte, estratégia de desenvolvimento e imaginação criativa, donde resultam universos de sonho de valor artístico. E tanto assim é que as produções da Disney foram apresentadas numa exposição do Grand

---

([67]) Sobre as citações acima, Alexander Bohas, *Disney, op. cit.*, pp. 38-39.

Palais de Paris, em 2007, segundo uma perspetiva histórica, esforçando-se por ligar a arte dos estúdios às correntes artísticas dos séculos XIX e XX. E enquanto os jogos de vídeo ganharam um estatuto estético, como mostra a exposição que lhe foi dedicada no mesmo Grand Palais em 2011-2012([68]), já não temos grandes exposições de *design* industrial nos maiores museus do mundo.

Grande arte e arte comercial

Falar de capitalismo artístico transestético implica não falar só do conceito de arte como Grande Arte, mas incluir também as artes comerciais e industriais, a moda, o *kitsch*, a indústria do entretenimento. Ninguém negará que existem manifestas diferenças entre estas esferas distintas: no entanto, continuam a ser membros da mesma família «estética», na medida em que todas se caracterizam pelas operações de «artialização» do mundo, estilização das formas, «reformação da natureza» (Baudelaire), criação e difusão de modelos e, neste sentido, através de um trabalho social de transformação dos olhares, das apreciações e das sensibilidades estéticas. Já Baudelaire, ao afastar-se da Grande Arte e tomando em consideração objetos tidos como insignificantes (pó de arroz, adereços), sublinhava «a alta espiritualidade da *toilette*», o parentesco da arte, da moda e da maquilhagem([69]). É necessário melhorar um

---

([68]) «Game-story. Une histoire du jeu vidéo», Grand Palais, novembro de 2011-janeiro de 2012.

([69]) Charles Baudelaire, *Le Peintre de la vie moderne* [1863], em *Critique d'art suivi de Critique musicale*, Paris, Gallimard, coll. Folio Essais, 1992 pp. 374-378. Baudelaire defendia que a maquilhagem «aproxima imediatamente o ser humano da estátua, ou seja, de um ser divino e superior» (p. 377).

pouco esta abordagem ao recusar a ideia de desigualdade absoluta entre arte de criação e artes comerciais. À escala de uma teoria antropológico-social da arte, lacuna ontológica entre estas diferentes produções: no conjunto, elas forjam o universo das aparências, esculpem as definições do Belo, estilizam as coisas e os sons, os corpos e os sonhos, idealizam os sentimentos e alimentam os imaginários.

Não se pode continuar com a dicotomia categórica que se estabelece tradicionalmente entre as belas-artes e as artes industriais e comerciais, não sendo estas consideradas arte digna deste nome uma vez que têm interesses e visam benefícios através de estratégias comerciais. Não só semelhante divisão torna a arte inacessível à maioria das pessoas como também não faz justiça às artes de massas que proporcionam inegáveis satisfações *estéticas* à maioria. Está longe de ser certo, com efeito, que as emoções sentidas durante um concerto de música *pop* sejam substancialmente diferentes das que se sente na Ópera. Quer se trate de uma sinfonia de Beethoven ou de uma canção de variedades, a emoção criada é do mesmo modo de tipo estético. O prazer sentido em contacto com uma obra «formatada» ou *kitsch* não é menos de natureza estética. Por que razão os afetos, os modos de participação do público, os medos e as lágrimas suscitados por filmes de grande audiência serão de outra natureza do que aqueles gerados pelo teatro «nobre»? A este respeito, nada distingue a arte de massas da Grande Arte. Deve-se reconhecer, ainda que seja menos requintado ou menos subtil, que o que se sente com o *rap*, com o *rock*, com o turismo, com a banda desenhada, com a fotografia de moda, com um telefilme ou com uma série de televisão não deixa de ser uma experiência de arte em relação às outras. O que justifica não considerar as obras comerciais como arte propriamente dita? A sua ausência de qualidade e de criatividade? Mas nem a originalidade([70]) nem mesmo o valor estético são as condições *sine qua non* de uma obra de arte. Um «mau» romance não deixa de ser um romance; e uma canção popular uma obra musical. Mesmo o *rap*, tão denegrido por causa dos seus ritmos barulhentos e palavras grosseiras, pode ser considerado uma forma de arte legítima([71]). O mesmo se passa com as séries de televisão, que retomam por sua vez, o que desde o início dos tempos representa um dos elementos constitutivos, universais, da vida cultural, artística e social: a narrativa. A arte das séries de televisão tem, sem dúvida, menos a ver com a arte das imagens do que com a arte imemorial de contar histórias([72]). A série de televisão criou o seu próprio território, sintonizando a sua própria forma com esta predominância da narrativa. Mesmo se os esmeros formais não estão ausentes das séries mais ambiciosas, conta menos o aspeto visual do que a estrutura narrativa, com todas as possibilidades de incerteza, de cruzamentos, de narrativas alternadas, mas também com a recuperação de grandes temas imemoriais que permite a forma folhetinesca. Contada por episódios, como Xerazade contava as suas mil e uma histórias durante mil e uma noites, a série aparece como forma de arte de consumo de massas cujo sucesso é cada vez maior.

Acrescentemos que nem sempre é verdade que as obras comerciais sejam sempre pobres ou inconsistentes. Atual-

---

([70]) Durante milénios as «obras de arte» obedeceram a regras estéticas convencionais estritamente codificadas.

([71]) Richard Shusterman, *L'Art à l'état vif. La pensée pragmatiste et l'esthétique populaire*, Paris, Éditions Minuit, coll. Le sens commun, 1991, pp. 183-232.

([72]) «A série de televisão, ao contrário do cinema, não é uma arte visual [...] A série de televisão é uma arte verbal, a mais verbal das artes audiovisuais», sublinha Vincent Colonna, *L'Art des séries télé*, Paris, Payot, 2010, p. 26.

mente, muitas séries de televisão e filmes de grande audiência baseiam-se em argumentos complexos (*Short Cuts – Os Americanos, Babel, A Origem*). Os argumentos de um número cada vez maior de séries de televisão americanas são agora escritos pelos melhores autores de romances e de policiais: Michael Chambon (*Hobgoblins*), Stephen King (*Kingdom Hospital*), Salman Rushdie prepara *The Next People*. Sobre as séries, David Simon (autor de *The Wire – A Escuta*) fala de «romances visuais». E a «multiplicidade» no cinema vai-se acentuando, a compreensão clara e imediata da narrativa deixou de ser um imperativo absoluto do cinema comercial. Agora, o caótico, o irreal, o desunificado, a complexidade narrativa encontraram o seu lugar até nos *blockbusters*([73]).

Noutro plano, é esquecer que mesmo as grandes obras de arte nunca foram exteriores à realidade dos contratos comerciais. Os pintores que exerciam a sua arte em Roma no início do século XVII começaram a executar pequenos formatos a partir de *bambochades* (cenas engraçadas) popularizadas por Van Laer (que com isto ganhou a alcunha de Bamboccio), porque estes quadros correspondiam exatamente à dimensão das sacolas de cavalo e podiam ser vendidos mais facilmente aos viajantes que quisessem comprá-los. E nenhum dos grandes pintores dessa época, Caravaggio, La Tour, Poussin, se mostrou indiferente às encomendas e à questão do preço de venda das suas obras. É esquecer também que muitas obras consideradas hoje obras-primas incontestáveis foram, no seu tempo, recusadas pela arte oficial como não pertencendo ao mundo da arte: mesmo as apreciações sobre as manchas dos impres-

---

([73]) Gilles Lipovetsky e Jean Serroy, *L'Écran Global. Culture-médias et cinema à l'âge hypermoderne*, Paris, Éditions du Seuil, coll. La Couleur des idées, 2007, pp. 106-112. [*O Ecrã Global. Cultura Mediática e Cinema na Era Hipermoderna*, Edições 70, Lisboa, 2010.]

sionistas, sobre a vulgaridade de Zola ou, no seu início, sobre o mau gosto do cinema([74]). De resto, por que razão a preocupação pelo dinheiro impediria realizar obras de qualidade estética? A história das artes demonstra permanentemente o contrário: como os casos de Alexandre Dumas ou Picasso! É por esta razão que é necessário alargar a noção de arte incluindo os domínios considerados «menores» como o *design* industrial, as artes decorativas, as modas, a música ligeira, o *rock*, as imagens publicitárias, o cinema, a banda desenhada. Constituem, com as artes «nobres», os diferentes «mundos da arte» do capitalismo artístico transestético.

Ao conquistar todos os setores do consumo quotidiano, a arte não está apenas na arte, estimula o próprio mundo comercial. Donde os paradoxos sublinhados por Yves Michaud: quanto menos há sedução nas obras de arte contemporâneas (na medida em que já não procuram satisfazer os sentidos e desvalorizam o objeto produzido em benefício dos processos e da experiência do público) mais o mundo da quotidianidade se artializa; quanto menos a arte contemporânea visa o Belo, mais o mundo se estetiza. A época na qual se impõe a «arte desestetizada»([75]) é a que vê triunfar um mercado e uma sociedade estéticos generalizados. Mas será que se trata de uma «vaporização da arte», de uma passagem ao «estado gasoso»([76])? Não é certo que esta imagem seja de facto

---

([74]) «Tinha maneiras ordinárias que escandalizavam as pessoas sérias», diz Jean-Paul Sartre, *Les Mots* [1964], Paris, Gallimard, coll. Folio, 1972, p. 110.

([75]) Harold Rosenberg, *La Dé-définition de l'art*, Nîmes, Jacqueline Chambon, 1992.

([76]) Yves Michaud, *L'Art à l'état gazeux. Essai sur le triomphe de l'esthétique*, Paris, Stock, coll. Les Essais, 2003; reed. Hachette Littérature, coll. Pluriel, 2004. O diagnóstico geral do livro é justo; no entanto, não são analisados o aumento progressivo da arte comercial

adequada, não refere, precisamente, a *incorporação estrutural*, imperativa, calculada, da dimensão estética no universo dos bens de consumo. Não se trata da passagem da arte ao «estado gasoso ou de vapor», mas da reestruturação do universo consumista pelo princípio criativo que funciona como estratégia de marketing, processo criador de valor, instrumento de competitividade das empresas. A arte que impregna o mundo comercial não se espalha à maneira de um «éter estético»: procede de um projeto e de uma estrutura organizacional que fixa objetivos e que os criativos enquadram. O *design* não é um simples princípio decorativo que cobre de «bruma» estética um produto, mas uma lógica global que tem por objetivo a sua coerência, a integração ideal de todos os seus elementos.

De qualquer forma, deve-se reconhecer que já não é a arte nobre que despreza o mercado que embeleza o mundo, é o próprio capitalismo armado com o seu novo braço artístico. O império da estética nas sociedades hipermodernas regista, no universo dos produtos e do consumo, a vitória do capitalismo artístico.

ARTE, MODA E INDÚSTRIA:
O TEMPO DAS HIBRIDAÇÕES ARTÍSTICAS

Ao integrar a exigência do estilo no mundo comercial, o capitalismo não assume apenas a missão tradicionalmente destinada à Arte, institui um universo onde se confunde a oposição estrutural e cultural entre economia e arte. O capitalismo artístico coincide com o desenvolvimento de um mundo económico hibridizado pela arte e no qual se apagam as distinções desta e da moda. O uni-

---

e industrial no funcionamento do capitalismo moderno nem os múltiplos dispositivos pelos quais se concretiza o «triunfo da estética».

verso económico que se combina faz cair estas antigas compartimentações estanques: estamos no momento hipermoderno da mistura dos géneros, das transversalidades criativas, das desregulamentações produtoras de ligações ou de sínteses estético-comerciais. No tempo dos cruzamentos hipermodernos, os produtos de grande consumo confundem-se com a moda, a moda imita a arte, a publicidade reivindica a criatividade artística e a arte aproxima-se do produto de moda e de luxo. O capitalismo artístico funciona no *cruzamento* generalizado entre estilo e *business*([77]), moda e mercadoria, arte e tendência de moda: o seu modo de funcionamento é transestético, transgénero, trans-hierárquico.

O sistema hipermoda

O capitalismo transestético define-se pela estetização da mercadoria; não devemos ignorar que este processo se opera através da renovação constante da forma dos produtos e das suas embalagens, através de mudanças cada vez mais rápidas da publicidade, da decoração das lojas e da sua arquitetura interior. Eis um tempo em que o universo da produção, do consumo e da distribuição obedece a um processo de obsolescência estilística acelerada que é a que está em vigor na moda. Nas sociedades redesenhadas pelo capitalismo artístico, a moda deixou de estar associada a uma esfera privilegiada – o vestuário – como foi o caso durante séculos. Ela apresenta-se como um processo generalizado, uma forma transfronteiriça que, apoderando-se constantemente de cada vez mais domínios da vida coletiva, reestrutura os objetos e os lugares, a cultura e as imagens. Os jogos e o desporto, os acessórios, a

---

([77]) Jill Gasparina, *L'Art contemporain et la mode,* Paris, Cercle d'art, coll. Imaginaire, mode d'emploi, 2006.

imprensa e a televisão, a publicidade e o *design*, a higiene e a alimentação, o lazer e o turismo, os museus, os bares e os hotéis: nada disto, e até mesmo o próprio mundo da arte, é exterior aos mecanismos da moda. Estamos numa época da moda generalizada ou hipermoda([78]), ainda que paradoxalmente as famílias tenham cada vez menos despesas com o vestuário.

Nas indústrias do consumo, do lazer e da comunicação, é necessário renovar constantemente os modelos e os programas, inovar, acelerar os ritmos de mudanças: segundo The Innova Database, surgem anualmente 100 000 novos produtos no mercado agroalimentar dos cinco continentes; e mais de 800 novos perfumes são lançados no mercado mundial. A aceleração da obsolescência dos produtos observa-se por todo o lado, grande parte destes tem uma duração de vida que não ultrapassa os dois anos: os telemóveis apenas se mantêm no mercado oito meses; dois terços dos filmes permanecem menos de dois meses em cartaz; mais de 50% dos perfumes desaparecem no primeiro ano; a duração média de um livro numa livraria é presentemente pouco mais de três meses, contra seis meses há uma geração. O imperativo do Novo, exaltado há muito pela moda e desde o fim do século XIX pelas vanguardas, está presentemente incorporado num capitalismo que se tornou, assim, artístico. O capitalismo transestético é aquele em que a produção é remodelada pelas lógicas da moda do efémero e da sedução, por um imperativo de renovação e de criatividade constantes([79]).

([78]) Gilles Lipovetsky, «Art and Aesthetics in the Fashion Society», em Jan Brand, José Teunissen e Anne Van Der Zwaag (dir.), *The Power of Fashion. About Design and Meaning*, Arnhem, ArtEZ Press, 2006.
([79]) Gilles Lipovetsky, *L'empire de l'éphémère. La mode et son destin dans les sociétés modernes*, Paris, Gallimard, coll. Bibliothèque des Sciences humaines, 1987; reed, coll. Folio Essais, 1991. [*O Império do Efémero*, Dom Quixote, Lisboa, 2010.]

O capitalismo transestético coincide com a expansão ilimitada da sedução estética com a encenação total do consumo e do nosso tipo de vida comum. São blocos inteiros da vida quotidiana que mergulham hoje num clima artializado de hedonismo, de lazer, de estilo tendência, de ambiência lúdica e humorística, «jovem» e *cool*. *Design* polissensorial, *concept store* e *fun shopping*, teatralização temática dos *lounge bars* e dos restaurantes: agora, os produtos (e até mesmo o papel higiénico!), os sinais e os espaços obedecem a uma lógica de cosmetização sistemática, de moda estética omnipresente (*relooking*, fantasia, decoração tendência). Com o capitalismo artístico, o princípio de sedução estética já não é um fenómeno socialmente limitado à arte e ao luxo, penetra no conjunto da sociedade do hiperconsumo sob o signo da moda.

Estilo, hibridação e co-branding

O mundo industrial cruza-se todos os dias um pouco mais com o universo da moda. Depois do automóvel, dos utensílios de cozinha e das casas de banho, escovas de dentes, *lingerie*, calçado de desporto, óculos, relógios, não são apenas produtos «técnicos», mas artigos de moda de marca, constantemente renovados e apresentados nas coleções. O iPod foi vestido com capas assinadas pela Dior. A Philips e a Swarovsky colaboraram para fazer *pens* cravadas de cristais em forma de coração, de cadeado ou de animais. Prada, Armani, Dolce & Gabbana assinaram telefones, respetivamente para a LG, Samsung e Motorola. Estamos num momento de mistura transestética entre moda e *high-tech*.

Já não basta lançar produtos de qualidade técnica, é necessário ser «tendência», espectacularizar a oferta comercial, lançar regularmente novas linhas apresentadas como coleções de moda. Com a primeira versão do Twingo, a Renault falou pela primeira vez de «coleção», sendo lançada de dois em dois anos uma nova série. As séries limitadas de modelos de carros concebidos em colaboração com as marcas de moda multiplicam-se para seduzir as condutoras: assim, vemos no mercado o Nissan Micra Lolita Lempicka, o Fiat 500 Gucci, o Lancia Ypsilon Elle (fazendo alusão à revista feminina). O *concept car* Peugeot HX1 foi apresentado com o *Concept Soe* único, assinado pelo criador de calçado Pierre Hardy: a associação de um veículo pensado como modelo de alta costura e de um sapato *high-tech* futurista.

Ao mesmo tempo, as parcerias com celebridades da moda banalizam-se: Karl Lagerfeld redesenhou, para uma série limitada, a garrafa da Coca-Cola Light, dando-lhe um novo aspeto chique e de tendência; Christian Lacroix e Jean-Charles de Castelbajac criaram relógios Swatch; a Renault lançou o Twingo Kenzo, o Twingo Benetton, o Twingo Elite, em colaboração com a agência de manequins Elite; Stella McCartney, Madonna, Jimmy Choo assinaram minicolecções de baixo preço para a H&M. Nem mesmo a informação e o *high-tech* escapam: Karl Legerfeld propôs uma nova imagem para o *Libération*, e Christian Lacroix vestiu as carruagens do TGV. O capitalismo artístico realiza a hibridação hipermoderna da produção industrial e da moda, da *performance* técnica e do estilo.

E o mesmo se passa com as indústrias de material desportivo. Cada vez mais as marcas de desporto chamam designers e criadores reconhecidos para desenvolver coleções com imagem de moda: a Puma dirigiu-se a Jill Sander, Alexander MacQueen, Hussein Chalayan. A Adidas chamou Stella MacCartney. A Reebok e Armani associaram-se para criar uma coleção *sportswear* topo de gama; nesta ocasião foi lançada uma campanha publicitária no maior ecrã do mundo (220 metros por 15).

São muitas as operações de *co-branding*, de casamentos de estilo e de tecnologia, de imagens de luxo e de produtos acessíveis que ilustram o peso da comunicação no marketing contemporâneo, assim como as exigências de diferenciação nos mercados de consumo ultraconcorrenciais do capitalismo artístico. Estamos nos antípodas do estilo «desinteressado», a parte artística funciona como utensílio de promoção e de comunicação, estratégias de diferenciação e de personalização destinadas a reforçar a notoriedade e a imagem de marca. Mais do que nunca, a dimensão do sonho e do estilo está mobilizada ao serviço da gestão das marcas comerciais num tempo em que a pura oferta tecnológica já não é suficiente para se impor nos mercados e conquistar os novos consumidores emocionais sedentos por novidades, por *looks mode*, por singularidades estéticas.

Mistura de géneros

O luxo, que era um setor marcado pela permanência e pela tradição artesanal, enveredou também pelo reino da moda-espetáculo. Em 1994, Tom Ford torna-se diretor artístico da Gucci e incute à marca um espírito provocador, moda e marketing: rejuvenesce a marca através de um estilo *glamour* e de campanhas publicitárias de transgressão que exploravam a veia porno-chique. Marc Jacobs, *fashion designer* desajustado e anticonformista, que ficou célebre pelas suas criações *grunge*, foi contratado como diretor artístico da Vuitton em 1997. Convida artistas de vanguarda a revisitar os produtos Vuitton e contrata *top models* e estrelas para modernizar a imagem de marca, transformando-a no principal farol *hip* do luxo. Também Jean Paul Gaultier se tornou o criador do pronto-a-vestir feminino Hermès em 2004, substituindo Martin Margiela, outro iconoclasta, neste cargo desde 1998. A era da hipermoda é aquela onde se unem tradição e moda, património e vanguarda, a «eternidade» e o efémero, as raízes e a criação contemporânea. À medida que as estratégias de marketing do *mass market* se manifestam na arena do luxo, este aparece como um novo continente da moda. Até então, o casamento do luxo e da moda limitava-se ao vestuário: estamos num momento em que todos os artigos, sejam antigos ou novos, participam em pé de igualdade no funcionamento da moda. Desapareceu uma velha dicotomia no seguimento dos cruzamentos impulsados pelo capitalismo artístico.

A estas interferências acrescenta-se a hibridação transestética do comércio e do artístico propriamente dito, quando as marcas chamam artistas ou criadores de vanguarda para a conceção de alguns produtos ou para fazer a decoração das suas lojas. Takashi Murakami e Stephen Sprouse desenharam bolsas, cachecóis, *badges* para a Vuitton. Murakami criou a sua própria empresa, que organizou uma coleção de moda com Miyake, produziu filmes de animação, lançou campanhas promocionais, realizou *clips*, capas de álbuns, diferentes *gadgets*[80]. A Swatch confiou o projeto de alguns modelos fabricados em séries limitadas a alguns artistas (Victor Vasarely, Pedro Almodóvar, Kiki Picasso, Keith Harring, Sam Francis). Noutro domínio, a nova discoteca parisiense *Silencio*, que é também lugar de apresentação de filmes, de concertos e de debate, foi desenhada por David Lynch.

A atividade artística propriamente dita está cada vez mais incorporada no universo comercial, não sem mistu-

---

[80] Nem sempre é fácil distinguir entre as obras de Murakami e os seus produtos derivados: «Compreendi que o mercado da arte pode ser comparado com o da moda, é variável, muda de seis em seis meses. Sou reativo e respondo a este mercado», citado no *Le Monde*, «Murakami, un cas sur le marché de l'art», 22/23 de outubro de 2006.

rar a tradicional antinomia da vanguarda e do negócio, da arte e da moda. O que aparecia como mundos heterogéneos deu lugar a uma realidade híbrida, transestética, na qual os artistas põem o seu talento ao serviço das estilizações das produções industriais, as empresas criam notoriedade e tiram benefício do trabalho das vanguardas que já não hesitam em solicitar e pôr em cena. Paralelamente, alguns artistas contemporâneos (Murakami, Jeff Koons, Damien Hirst...) transformam eles próprios o seu nome em marca e comercializam produtos de série com o seu nome impresso e fabricados pela sua própria empresa, e que por vezes ultrapassa cem trabalhadores.

Enquanto a indústria se torna moda, o luxo e a moda mostram uma imagem artística. É o momento da mistura de géneros, à desestabilização das distinções tradicionais opõe-se cultura artística e cultura industrial, arte e economia, vanguarda e mercado, criação e indústria: a Renault autoproclamou-se «criadora de automóveis» e lança a sua nova máquina elétrica, o Twizy, não nos standes, mas na loja de maior tendência de Paris, Colette[81]. A Mercedes, ao destacar Gorden Wagener, diretor de *design* da Mercedes Benz, faz uma campanha com o *slogan*: «Os nossos carros são verdadeiros objetos de arte».

E as marcas jogam com esta ambiguidade. Em 1998, a BMW propôs, em série limitada, um descapotável Magritte. Cofinluxe lançou, sob licença mundial, os perfumes Salvador Dali e Andy Warhol. Com o capitalismo hipermoderno, os nomes dos artistas impõem-se como marcas e instrumentos de promoção de marketing para os produtos industriais. Assim, Picasso tornou-se uma ver-

---

[81] O que provoca alguma confusão no público: «Isto anda mesmo ou é um objeto de arte?» perguntava-se um visitante (*Le Monde*, 9 de dezembro de 2011).

dadeira marca([82]) com registo do nome e da assinatura: constituiu-se uma sociedade para gerir os direitos e a venda de licenças comerciais para produtos cunhados com o nome «Picasso». Se Warhol se virou para as marcas, metamorfoseando-as em obras de arte, é agora o capitalismo que transforma os nomes dos artistas em produtos comerciais e vetores publicitários.

Paralelamente, muitas grandes marcas, em especial as do luxo, envolvem meios financeiros importantes em fundações (Cartier, Vuitton, Prada) destinadas a apoiar a criação ou a organização de exposições de diferentes géneros. A Hermès patrocinou a HBOX, concebida por Didier Faustino e Benjamin Weil, um espaço de projeção nómada que difunde criações de artistas realizadores de vídeos: esta exposição foi acolhida pelo Centro Pompidou antes de se prolongar a diversos museus da Europa, Ásia e América. Em 2008, a Chanel lançou uma exposição itinerante, Mobile Art, que junta obras de 15 artistas reinterpretando a célebre bolsa acolchoada Chanel: todas as obras foram apresentadas num Pavilhão de linhas curvilíneas, assinado pela arquiteta Zaha Hadid. A plataforma Prada Transformer, realizada por Rem Koolhaas, abriu as suas portas em 2009 em Seul: esta estrutura flexível tetraédrica, que muda de forma girando sobre si mesma, tem por vocação receber exposições de arte, desfiles de moda, concertos, festivais de cinema([83]). Grandes investimentos que permitem um forte retorno de imagem para as marcas([84]) e libertam

---

([82]) «Em 1999, foram recenseadas 1043 marcas Picasso registadas em todo o mundo, das quais 700 ilegais, 300 registadas por Paloma, 11 registos feitos por indivisão» (Le Monde, 4 de janeiro de 1999).

([83]) Envolvimento em operações artísticas que mobiliza agora até as marcas de grande consumo (Disneyland Paris, JC Decaux, Ariel, Nívea, Unilever, Electrolux...).

([84]) A repercussão mediática faz da Fundação Cartier uma importante fonte de visibilidade: representa 25% de toda a imprensa Cartier em todo o mundo.

o luxo da sua imagem de tradicionalismo burguês e de superfluidade comercial. Enquanto o mecenato cultural «clássico» apresenta sinais de sufoco([85]), os grandes grupos preocupam-se em se tornar operadores de arte e de cultura ao organizar manifestações que financiam para controlar melhor a sua imagem e obter maior visibilidade. Na época do capitalismo transestético, a arte impõe-se como ferramenta de «comunicação factual» que permite enaltecer as marcas, criar uma imagem audaciosa, criativa, menos mercantil. Por esta via, a marca efetua um tipo de transmutação simbólica, mostrando-se do lado da gratuitidade, da dádiva generosa. De acordo com o entusiasmo do público pelas grandes exposições, as operações *arty* são emblemáticas do forte aumento da comunicação na gestão das marcas, uma comunicação que procura outros trampolins além do patrocínio e do marketing agressivo, novos dispositivos que visam dar-lhes sentido e grandeza, participar na vida da cidade, criar uma ligação com o público. O capitalismo artístico é o sistema em que, por intermédio da arte, as marcas ambicionam *reencantar* o mundo, encenando-se, criando emoção e vivência experiencial, posicionando-se no registo da duração «eterna» da criação e da beleza.

([85]) Segundo a Admical, de 2008 a 2010 o mecenato de cultura em França passou de 975 para 380 milhões de euros, acusando assim uma perda de 63%. A cultura já não representa mais do que 19% do orçamento global do mecenato. Neste contexto, as operações de prestígio continuam: como o testemunha, para dar apenas um exemplo, o financiamento por parte da Ferragamo da espetacular restauração da obra-prima de Leonardo da Vinci, *A Virgem e o Menino com Santa Ana*, que deu lugar em abril de 2012 a uma grande exposição no Louvre e que abre em contrapartida, pela primeira vez, as zonas interiores históricas do museu para um desfile, na ala Denon, da coleção do calçado de luxo.

Mas o processo de hibridação e de interferência das esferas é neste ponto constitutivo do capitalismo artístico que se estende até aos maiores atores do mundo da própria arte. É assim que, na época hipermoderna, os grandes colecionadores podem ter ao mesmo tempo um papel de mecenas, de comerciantes, de criadores de exposições, de diretores de galerias, de promotores e comunicadores de arte. Charles Saatchi é à partida um publicitário que se torna colecionador, cria um preço artístico, lança marcas e correntes de vanguarda, organiza exposições de grande ressonância em diversos museus. Jeffrey Deitch foi crítico de arte, criador de uma sociedade de consultores em investimentos artísticos, corretor, consultor, representante dos interesses de Jeff Koons, organizador de exposições sensacionais na sua galeria nova-iorquina. Colecionador de arte contemporânea, François Pinault controla a Christie's e cria fundações e museus (Palazzo Grassi e Punta della Dogana) que apresentam a sua coleção privada e exposições temporárias. Estamos numa época de interpenetração dos papéis artísticos e comerciais, mediáticos e financeiros[86].

E diversos artistas criam eles próprios as suas pequenas «empresas artísticas», sociedades de produção ou de serviços especializados: de Andy Warhol a Jeff Koons, de Engels a Hyber, de Van Lieshout aos *hackers* da net, assistimos ao advento do artista como empresário. Trata-se, por vezes, de fundar uma empresa meio real, meio utópica que permite ao artista adotar uma posição crítica perante a economia real e do mercado de arte, e por vezes tomar por modelo a empresa comercial ou inaugurar novas relações com a empresa (Heger e Dejanov e o seu contrato

---

[86] Nathalie Moreau e Dominique Sagot-Duvauroux, *Le Marché de l'art contemporain*, Paris, La Découverte, coll. Repères, 2006, pp. 104-106.

com a BMW)([87]). Por vezes, ainda, rejeitar a arte pura e a hierarquia cultural ao assumir plenamente a transformação da obra em produto comercial ou «produto de arte» segundo a lei do benefício e da afirmação da arte como negócio (Murakami). Na época hipermoderna, alguns artistas tornam-se operadores de cruzamentos transestéticos entre o mundo da empresa e o da arte. Mas se os mecanismos de hibridação se exercem tanto na economia como na arte, o paralelismo encontra rapidamente os seus limites. Tanto a incorporação do paradigma estético na economia transformou a organização do capitalismo, da cultura e dos modos de vida, como as práticas de *Economics Arts* surgem como epifenómenos de ressonância quase nula. O capitalismo artístico mudou de alto a baixo os objetos e os símbolos da vida quotidiana ao mesmo tempo que o olhar, a sensibilidade e as aspirações da maioria. Já o mesmo não se passa com a preocupação da economia na arte contemporânea, que se revela incapaz de fazer mexer uma única linha e mesmo de suscitar a curiosidade cultural. Num caso, a promoção do modelo transestético permitiu o advento de um novo mundo, no outro, trata-se mais frequentemente de pequenas paródias ou subversões libertárias que não atingem ninguém, jogos de artistas sem consequência económica nem artística: *gadgets* de efeitos perdidos. Agora, há infinitamente mais revolução na economia do que na arte: é o capitalismo artístico que pode reivindicar «mudar o mundo» e já não a arte de vanguarda.

([87]) Para análise detalhada destas correntes artísticas, Paul Ardenne, *Une art contextuel. Création artistique en milieu urbain, en situation, d'intervention, de participation*, Paris, Flammarion, coll. Champs, 2004, pp. 213-229. E também Dominique Baqué, *Pour une nouvel art politique. De l'art contemporain au documentaire*, Paris, Flammarion, coll. Champs, 2006, pp. 85-97.

Quando a arte e a moda casam

Da mesma maneira que os bens de consumo corrente aparecem como produtos de moda, também o mundo da arte se mistura de maneira íntima com a moda. Esta proximidade não é recente, diferentes artistas ao longo do século passado desenharam roupa para espetáculos, criaram motivos para vestuário de moda e cartazes para espetáculos. Contudo, os universos da arte e da moda, pensados como universos heterogéneos, funcionavam também segundo lógicas dissemelhantes. Já não é assim. Podemos considerar Warhol como o primeiro elo e como a figura prototípica da alteração que se operou. Ao proclamar-se *business artist*, Warhol passa do modelo da boémia e do artista «suicidado pela sociedade» (Artaud) ao artista mundano que, obcecado pelo sucesso e pelo dinheiro, vai buscar a sua inspiração ao universo da cultura de massas, da moda, do *jet set* internacional, nas imagens das superestrelas e de todas as formas de celebridade. As suas telas reproduzem dólares, a garrafa da Coca-Cola, os *golden shoes*, mas também o rosto de Marilyn Monroe, Liz Taylor, Elvis Presley. Nos seus autorretratos (feitos com o rosto maquilhado e peruca loira) assim como nas serigrafias de estrelas, Warhol exprime o seu gosto pela encenação teatralizada de si, pelo seu fascínio pela artificialidade e pela aura das divas. O seu *atelier*, a Factory, torna-se o centro da vida *in* e um lugar de festas sem fim onde se encontram as estrelas, gente da moda, do *rock*, dos *media*, as subculturas de vanguarda. Warhol adora a companhia das grandes vedetas e fabrica a sua imagem e a sua obra segundo as condutas espetaculares do *star system* e da publicidade. Para «ser tão conhecido como as latas da sopa Campbell» (Leo Castelli), ele está em todos os eventos e investe todas as áreas que sejam suscetíveis de atrair a atenção dos *media*: pintura, fotografia, cinema, romance gravado em cassete, televisão, *rock*. Não pára de se impor como uma estrela de Hollywood, sendo o produtor e o encenador da sua própria imagem supermediatizada. Ao reivindicar uma pintura sem profundidade, mecânica e superficial, ao introduzir o *glamour* e o comercial na arte, a sua obra assina o triunfo das aparências e do mercado, da publicidade e da moda. Podemos considerá-lo o primeiro artista cuja obra é emblemática das hibridações do capitalismo artístico consumado.

A notoriedade de Warhol é tão grande em 1965 que no «barómetro da moda» de Eugenia Sheppard ele foi classificado logo a seguir a Jacqueline Kennedy[88]. Ao reatar com a lógica espetacular e artificialista da moda, o mundo da arte aproxima-se do *show*, do produto mediático e *hip*. Com Warhol, todas as fronteiras se confundem, as da arte e dos negócios, da cópia e do original, do museu e do supermercado, da *high* e da *low art*, do artista e da estrela, da obra e da publicidade, da arte e da moda.

Desde então, as interpenetrações entre arte e moda não têm fim[89]. Estamos num momento em que a moda é cada vez mais celebrada como a arte. São incontáveis os museus e as galerias de arte que prestam homenagem aos criadores de moda: Jean Paul Gaultier foi consagrado no Museu de Belas-Artes de Montreal, Yamamoto no Victoria & Albert Museum de Londres, Armani no Guggenheim de Nova Iorque e de Bilbau. As coleções de alta costura primavera-verão de 2011 da Dior, Alexis Mabille, Christophe Josse foram apresentadas respetivamente no museu Rodin, no museu Bourdelle, no Palais de Tokio, como se a moda

---

[88] Citado por Irving Sandler, *Le Triomphe de l'art américain*, t. II, *Les Années soixante*, Paris, Carré, 1990, p. 106.

[89] Florence Müller, «Art et mode, fascination réciproque», em *Repères Modes 2003. Visages d'un secteur*, Paris, Institut français de la mode», Éditions du Regard, 2002, pp. 364-377.

seduzisse mais a arte do que o consumo comercial. E os desfiles-espetáculo (Galliano, Chalayan, Margiela...) misturam as disciplinas ao saltarem as fronteiras entre moda, *design*, arquitetura, espetáculo, vídeo, coreografia, *performance*. Já não se trata da moda pura fechada sobre si mesma, mas a moda como arte total que mistura todas as artes, a moda como arte viva e não como mera apresentação de vestuário.

Os artistas mais destacados, fotógrafos, artistas plásticos, realizadores de vídeo, realizadores de cinema trabalham diretamente para as revistas de moda, para as marcas, para as suas lojas, para as suas coleções, para a sua publicidade. Mas a interferência destas esferas vai ainda mais longe. O museu Guggenheim de Bilbau convidou o encenador de teatro Robert Wilson para instalar as criações de Armani; Kamel Mennour, galerista em Paris, e Jêrome Sans, diretor do Palais de Tokyo, desfilaram para a Hermès durante a bienal de Lyon; o fotógrafo Jean-Pierre Khazem assina campanhas publicitárias, reivindicando-as como instrumentos da sua própria promoção. O que era mais ou menos indigno tornou-se uma marca de reconhecimento e de sucesso legítimo. Os artistas já não cultivam o insucesso com orgulho: agora é o inverso. Desde os *sixties*, «estar na moda» é bom; estar fora de moda é esteticamente condenável[90]. Onde havia descontinuidade vemos desenvolver-se uma continuidade inédita entre os mundos da arte e da moda.

Muitos artistas mostram-se agora fascinados pela moda e pela ordem comercial, investem muito na sua criação, no mundo publicitário e mediático, jogam com as imagens do luxo, trabalham no universo do *glamour* das marcas, dos cosméticos, do *shopping*. O tempo do artista

---

[90] A fórmula é de Jack Tworkov, citado por Irving Sandler, *Le Triomphe de l'art américain, op. cit.*, p. 112.

maldito pertence ao passado: estamos no momento transestético em que o importante é menos a criação do que a celebridade, em que os artistas de renome têm um estatuto de estrela reconhecido na imprensa de massas, em que os preços das obras parecem ser o símbolo do seu valor artístico, em que a notoriedade dos artistas se constrói como uma marca. Nesta época de capitalismo artístico, os *media* impõem-se como novas instâncias de consagração de talentos, a notoriedade passa cada vez mais pelas vias do espetáculo, da comunicação, da mediatização: exatamente os mesmos da moda.

Assim vai o mundo transestético do capitalismo criativo: mesmo que a arte, a moda, os *media* e a mercadoria não se misturem, as suas fronteiras tornaram-se menos distintivas, mais permeáveis, e os seus domínios menos hierarquizados. Multiplicam-se por toda a parte pontos de convergência que fazem oscilar os limites entre géneros, minam-se por todo o lado as oposições entre sério e lúdico, arte e moda, criação e divertimento. Estamos num momento em que o cruzamento do capitalismo e da arte corresponde em grande parte ao projeto de Warhol de fazer fundir a arte e o universo comercial. O capitalismo operou uma revolução semelhante à de Warhol no conceito de arte que ele impulsionou. Enquanto se leva a cabo a mestiçagem da produção industrial e da arte, esta reivindica-se como negócio, segundo a célebre fórmula de Warhol: «Being good in business is the most fascinating kind of art. Making Money is art and working is art and good business is the best art»(*).

(*) «Ser bom nos negócios é o tipo mais fascinante de arte. Fazer Dinheiro é arte e trabalhar é arte e os bons negócios são a melhor arte» (N. R.).

A hibridação hipermoderna

Num livro que ausculta as transformações culturais do consumo e da comunicação contemporâneas[91], Pascale Weil sublinha que passámos de um imaginário de antagonismo para um imaginário de reconciliação, de diálogo ou de aliança. O diagnóstico é inegavelmente justo, mas a perspetiva pode ser algo exagerada. Não há apenas conjunção entre domínios outrora opostos, há desregulação de fronteiras, mistura de esferas e de categorias, dissolução de antigas hierarquias de géneros. Estamos num momento em que se misturam arte e indústria, arte e publicidade, arte e moda, moda e desporto, *design* e escultura. Algumas galerias de arte fazem lembrar *boutiques* de presentes *gadget*, os museus e as inaugurações de exposições surgem como lugares e momentos *hip*, as *boutiques* de moda parecem galerias de arte, a publicidade joga a carta da criatividade ostentatória, o artesanato autoproclama-se criação artística; a arte faz moda, a moda e os produtos industrializados são *arty*. A época transestética hipermoderna dirige-se para a desregulação e para a hibridação: os processos de desmantelamento dos limites, que estão a ser implementados no universo financeiro, verificam-se também nos mundos do comércio, da moda e da arte.

Qual a explicação para tal dinâmica de desregulamentação e de hibridação culturais? Sublinhemos em primeiro lugar que esta apenas segue a lógica consubstancial do capitalismo como «destruição criadora» e sistema de desterritorialização, de que Marx dizia que ele não pode existir sem revolucionar constantemente os instrumentos de produção e todo o sistema social. Depois de ter derrubado

---

[91] Pascale Weil, *À quoi rêvent les années 90. Les nouveaux imaginaires, consommation et communication*, Paris, Éditions du Seuil, 1993.

os limites nacionais, o capitalismo ataca as antigas delimitações de géneros e de esferas que travam a inovação e a criação de novos mercados. A hibridação é, neste sentido, apenas uma das figuras do processo de inovação constante e de expansão contínua inscrito no programa genético do capitalismo. Ao arruinar as compartimentações, ao minar as hierarquias tradicionais e ao cruzar os géneros, abrem-se novos caminhos para ganhar novos mercados e novos consumidores.

Em segundo lugar, a máquina de hibridação contemporânea não pode ser separada do perfil da nova cultura consumista centrada nas expectativas de qualidade de vida, de sedução e de emoção, de experiências e de sensações sempre renovadas. As interceções da oferta industrial com a moda e com a arte estilizam as produções e podem assim responder à procura cada vez maior de arte, beleza, experiências estéticas em todos os domínios da existência. Com a nova era do consumo mais emocional que estatutário e diariamente mais qualitativo, afirma-se uma busca constante de experiências hedonistas e sensíveis, renovadas e «surpreendentes» que a hibridação transestética é justamente capaz de fornecer. Numa época dominada pela obsessão da mudança constante, a hibridação artística é o que permite oferecer a diferença, novas formas e experiências. Nada a ver com as estratégias de distinção e das lutas simbólicas de classes: é, plenamente, o culto do Novo assim como a dinâmica da individualização do consumo «intimizado» que fundamentam a multiplicação das operações de hibridação.

Em terceiro lugar, não será inútil sublinhar que estes fatores de fundo não teriam podido produzir tais efeitos fora de uma cultura democrática em que o imaginário da igualdade tende a abater as antigas classificações hierarquizadas de género, as hierarquias entre as diferentes artes. Uma vez que, sob o impulso da cultura igualitária, o princípio hierárquico em que se baseia a oposição entre *high* e *low*, arte maior e arte menor, artes de elite e artes de massas([92]), é atacado, nada mais impede a multiplicação das aproximações e das misturas culturais. Deve-se, assim constatar que mercado e igualdade trabalham no mesmo sentido revolucionário de desterritorialização transestética. As novas hibridações artísticas estão no cruzamento destas duas séries de fenómenos que, neste plano, têm efeitos convergentes.

A EXPANSÃO ECONÓMICA DOS MUNDOS TRANSESTÉTICOS

As relações da arte com o comércio não são de hoje. Mas, no momento do capitalismo artístico triunfante, é a outra escala que se constroem estas ligações: enquanto a indústria incorpora o cultural, este gera-se como uma indústria, desenvolvendo-se nos mercados internacionais. O universo da arte, do belo e da cultura deixou de ser um pequeno mundo à parte: aqui, reestruturado pelas leis do hiper, as das multinacionais, da escalada financeira, da hipertrofia promocional e comercial. O que era uma esfera marginal e periférica tornou-se uma realidade de dimensão planetária que implica investimentos e interesses financeiros gigantescos.

Assim, no capitalismo do último período, o setor cultural constitui, pelos números de vendas e pela quantidade de empregos gerados, uma indústria de pleno direito, uma componente importante da atividade económica. Em rápida expansão, é um dos setores mais dinâmicos do comércio mundial. As trocas internacionais de bens cul-

---

([92]) Sobre esta questão, Georges Roque (dir.), *Majeur ou mineur? Les hiérarchies en art*, Nîmes, Jacqueline Chambon, coll. Rayon art, 2000.

turais duplicaram entre 1994 e 2002. Entre 2000 e 2005, as trocas de bens e serviços criativos aumentaram, em média, 8,7% por ano. Segundo os estudos da Conferência das Nações Unidas sobre Comércio e Desenvolvimento, as exportações mundiais de produtos criativos ascenderam a 424,4 mil milhões de dólares em 2005 (ou seja, 3,4% do comércio mundial total), contra 227,5 mil milhões em 1996. Estima-se hoje o peso das indústrias culturais em 2706 biliões de dólares, ou seja, 6,1 pontos percentuais do PIB mundial, e o seu crescimento, apesar da crise, continua a progredir. As empresas de *entertainment* impõem-se agora como gigantes transnacionais conduzidos por estratégias de diversificação e de expansão planetária: para dar apenas o exemplo da Disney, este gigante emprega 130 000 pessoas e registou uma facturação de 42,3 mil milhões de dólares em 2012 com as suas atividades ligadas ao cinema, à televisão, aos produtos derivados, aos hotéis e parques temáticos.

Os interesses económicos em jogo são colossais, o que traduz o quinhão das indústrias culturais e criativas nos PIB: 2,6% na União Europeia, 2,8% em França, 6,3% nos Estados Unidos. Em 2010, o mercado mundial da televisão representava 289,2 mil milhões de euros. O peso das indústrias culturais no comércio externo ultrapassa, nos Estados Unidos, o dos setores da aeronáutica, da química, da agricultura, do automóvel ou da defesa. Em 2009, o *box-office* acumulado dos filmes projetados nos Estados Unidos, na Europa, na China e no Japão mostrava um volume de negócios de 22,4 mil milhões de dólares[93]. A que se deve acrescentar o volume de negócios da exploração de filmes em DVD, 29 mil milhões de dólares em 2008, o qual é ultrapassado, pela primeira vez, nesse

---

[93] O cinema indiano, com as suas extensões televisivas, gerou em 2009 receitas de 7,7 mil milhões de dólares.

ano pelo dos jogos de vídeo, 32 mil milhões de dólares. Em 2011, o volume de negócios dos parques de atração da Disney em todo o mundo foi de 11,8 mil milhões de dólares. Em termos mais latos, são todas as indústrias relativas aos bens de consumo com uma grande dimensão estética que ilustram a mudança da escala económica dos setores do capitalismo artístico. Moda, acessórios, cosméticos, publicidade, luxo: todos estes setores adquiriram uma dimensão económica tão inédita como considerável. O mercado mundial de cosméticos, marcado pela aceleração sustentada de vendas nos países emergentes, foi estimado, em 2010, em 150 mil milhões de euros. O do luxo mais do que duplicou entre 1995 e 2007, atingindo 170 mil milhões de euros e quase 1 bilião, segundo a avaliação do Boston Consulting Group, se lhe juntarmos ao perímetro clássico (moda, perfumes, espirituosos, marroquinaria, jóias, relógios) o mobiliário de luxo, a decoração de interiores, as obras de arte, os carros de luxo, os jatos e os iates. Uma formidável expansão, inseparável igualmente do aumento da procura nos países emergentes: assim, a parte da China no mercado de luxo passou de 3% em 2007 a 10% em 2011[94].

Corrida para a concentração: as multinacionais do capitalismo artístico

Durante muito tempo os mundos da arte eram constituídos por pequenas unidades económicas: *ateliers* de artis-

---

[94] Se acrescentarmos as compras feitas pelos turistas chineses em todo o mundo, a China é já o primeiro cliente mundial do luxo, com 25% do mercado. E segundo o gabinete McKinsey, a China poderia tornar-se o primeiro mercado mundial do luxo em 2015.

tas, pequenas casas familiares de luxo, pequenas galerias. Já não é assim no capitalismo artístico global. Às pequenas casas independentes e artesanais sucederam megagrupos multimarcas, gigantes financeiros que se constituíram através de uma grande vaga de operações de fusão e de aquisição, particularmente na década de 90.

O setor do luxo é, neste plano, particularmente representativo. Os movimentos de concentração desenvolveram-se como resposta às necessidades consideráveis de financiamento ligadas aos projetos de expansão, aos lançamentos de novos produtos, à abertura de lojas em todo o mundo, necessárias à edificação de marcas internacionais. As muitas barreiras à entrada neste mercado levaram à concentração que conhecemos, dominada por três grandes líderes: LVMH (mais de 60 marcas), Richmont (17 marcas), PPR Luxury Group (14 marcas). Entre 1995 e 1999, este setor conheceu mais de cem fusões e aquisições que permitiram aos líderes crescer mais de 20% por ano. O pronto-a-vestir (Yves Saint Laurent, Donna Karan, Helmut Lang, Jil Sander...), os perfumes e cosméticos (Bliss, Hard Candy...), a marroquinaria (Sergio Rossi, Berluti, Church's...), a relojoaria e a joalharia (Jaeger LeCoultre, Tag Heuer, Ebel, Officine Panerai...): nenhum segmento escapou à vaga de fusões e de aquisições. O movimento de fundo foi este por todo o lado: as pequenas marcas nacionais ou de nichos são absorvidas pelos «mastodontes». E mesmo as grandes marcas são apanhadas neste movimento: em 2011, a LVMH resgatou a Bulgari por 4,3 mil milhões de euros.

Esta concentração de protagonistas criou gigantes económicos que detêm a maior parte do mercado. Em 2012, a PPR anunciou um volume de negócios de 9,7 mil milhões de euros, faturados sobretudo em mais de 800 lojas geridas por si; o grupo Richemont facturou 8,8 mil milhões de euros (resultados de 2011). Entre 2005 e 2009, a LVMH registou um crescimento anual médio de 19% do seu resultado líquido; número um mundial do luxo, o grupo realizou em 2010 um volume de negócios que ultrapassou os 20 mil milhões de euros.

Uma mesma dinâmica governa os setores da cosmética e da moda para o grande público. Em 2012, o gigante L'Óreal realizou um volume de negócios de 22,4 mil milhões de euros. Em 2009, a Procter & Gamble aproximava-se dos 18 mil milhões de dólares e a Unilever dos 10 mil milhões: a Estée Lauder pesava mais de 7 mil milhões e a Shiseido qualquer coisa como 6 mil milhões de dólares. A moda vê igualmente constituírem-se «gigantes» mundiais. Em 2010, o grupo Inditex empregava 100 000 pessoas, contava com mais de 5000 lojas em todo o mundo e apresentava um volume de negócios de 12,5 mil milhões de euros, graças sobretudo à sua marca líder Zara. No mesmo ano, a H&M empregava 60 000 pessoas e tinha 2200 lojas. No setor dos equipamentos de desporto, inseparável agora das lógicas da moda, a concentração atinge o seu pleno. A Nike deitou a mão à Umbro, a Adidas resgatou a Reebok dois anos depois pela soma de 3,1 mil milhões de euros. A PPR adquiriu a Puma. Em 2009, a Adidas apresentava um volume de negócios de 10,4 mil milhões de dólares e a Nike espera um crescimento do seu volume de negócios de 8% por ano, apresentando como objetivo 27 mil milhões de dólares em 2015.

O mesmo tipo de concentração observa-se no mundo publicitário, regido agora pela omnipresença das grandes agências internacionais, nascidas de fusões e de concentrações[95]. Em 2009, num setor tocado diretamente pela

---

[95] Assim, a Eurocom e a RSCG fundiram-se na EuroRSCG; a Publicis resgatou a Saatchi & Saatchi: a Omnicom agrupa as redes TBWA, DDB, BBDO; a britânica WPP, líder mundial, agrupa as agências Grey Global Group, Wunderman, Ogilvy & Mater, Young & Rubican.

crise, os maiores grupos apresentam volumes de negócios que continuam a ser impressionantes: para os quatro primeiros, o britânico WPP 12,8 mil milhões de dólares; o americano Omnicom 11,7; o francês Publicis 6,9; o americano Interpublic 6,03.

Encontramos esta dinâmica nas indústrias culturais: o seu peso económico é acompanhado por movimentos de concentração e de internacionalização, criando marcas culturais de tipo oligopolista com um forte desequilíbrio de fluxos – seja no domínio do cinema, da edição ou da música, o mercado é dominado por grandes grupos económicos, pouco numerosos e de grandeza mundial. Os 15 primeiros grupos audiovisuais representam cerca de 60% do mercado mundial de programas. O livro, setor tradicional e detentor de altos valores da cultura e das letras também não escapa: 13 países apenas partilham entre si o essencial do mercado mundial, no qual os Estados Unidos e a Europa Ocidental contribuem por si só com dois terços. A mesma lógica oligopolista foi implementada no universo da música gravada: 75% a 80% do mercado mundial da música é controlado por quatro grandes multinacionais (que são, desde há pouco tempo, apenas três, porque a Universal comprou em 2011 o catálogo da EMI Music); em França, as quatro grandes do disco partilham entre si 80% do mercado.

Verifica-se a mesma dinâmica no cinema, onde os grandes não param de aumentar a sua influência. Os sete gigantes de Hollywood monopolizam o essencial da produção, da distribuição e difusão de filmes. A nível interno, faturam 90% das receitas em salas, produzem quatro quintos da produção anual do cinema americano e no plano internacional ocupam cerca de 80% dos ecrãs do mundo. Um pequeníssimo grupo de grandes companhias domina, assim, um mercado em volta do qual gravita uma multitude de pequenas e médias empresas independentes que têm a seu cargo a inovação artística que é muito arriscada para os gigantes: os economistas chamam a esta estrutura de mercado um «oligopólio das franjas».

As concentrações nas indústrias culturais são ao mesmo tempo horizontais, para favorecer as sinergias entre os diferentes produtos culturais (filmes, música, livros, produtos derivados), e verticais (produção, distribuição, difusão) para facilitar a difusão destes produtos. Desde a década de 80, multiplicam-se as fusões e aquisições que conduzem à integração dos gigantes em grandes entidades com atividades que ultrapassam o universo do cinema. Um pouco por todo o lado, operam-se uniões entre os gigantes, entre canais de televisão, entre fornecedores de acesso à internet. O grupo Disney controla os Estúdios Disney, a Pixar, Buena Vista, Miramax, Disney Channel, ABC, ESPN e parques temáticos. O grupo Time-Warner está presente no cinema (Warner Bros.), na televisão (CNN HBO), na música (Warner Music), na imprensa (*Time, Fortune*) e na internet (AOL). A News Corporation comprou a 20th Century Fox e a Sony adquiriu a Columbia Tristar. Esta integração dos grandes em grupos económicos gigantescos não aconteceu sem grandes transformações das suas economias e dos seus modos de funcionamento.

Apresentando o mesmo modelo, a partir da década de 80 a união das companhias discográficas com grupos de televisão e de comunicação torna-se regra: o grupo discográfico BMG desenvolve atividades na imprensa, na edição e na televisão; a Sony, que comprou a CBS, desenvolve o standard do CD, expandindo o setor do material eletrónico, do cinema, dos jogos de vídeo. As ligações estabelecidas com a televisão – com programas a promover os artistas da companhia, concursos que revelam jovens cantores, telediscos promocionais, produtos derivados – impulsionam a venda de discos. O sistema oligopolista favorece-se com tais energias, levando, no início dos anos 2000, à integração de companhias discográficas no seio de vastos grupos multimédia, traduzida nas fusões AOL/ /Time Warner ou Vivendi/Universal. A Universal, sendo já líder da música gravada, torna-se igualmente número um mundial da edição musical graças à sua fusão com a BMG Publishing em 2007 (25% do mercado).

O fenómeno prolonga-se no universo do *live* ([96]), antes organizado de maneira mais «artesanal» por empresas independentes. Assistimos, nesta altura, a concentrações sem precedentes de operadores e estruturas que constituem uma verdadeira transformação no setor do espetáculo de variedades. Face à crise do disco provocada pelos *downloads* ilegais([97]), os gigantes diversificam as suas atividades e compram salas de concertos e organizadores de digressões: a partir de 2001, a Universal comprou o Olympia e, depois, o Sanctuary Group, a Warner Music Franc adquiriu a Jean-Claude Camus Productions e Nous Productions, a Sony comprou a Arachnée. A Live Nation Entertainment, agora líder mundial da produção de concertos, tem 5 mil milhões de volume de negócios, com mais de 20 000 espetáculos organizados em 2009, em 57 países. O objetivo perseguido pelos gigantes do *showbiz* é encontrar fontes *multirreceitas*, criar economias de escala, controlar integralmente a rede musical através de «estratégias de 360°» que consistem em gerir o conjunto das atividades dos artistas: organização de concertos, venda de bilhetes, discos, suportes digitais, patrocínios, parcerias de marcas, produtos derivados. Com o capitalismo artístico,

---

([96]) Este conhece, nomeadamente em França, um forte crescimento, com 60% de aumento de bilheteira entre 2005 e 2009.

([97]) Em França, as vendas de música gravada caíram para metade entre 2002 e 2010. O consumo de música representou em 2010 uma despesa total (CD, concertos...) de quase 1,5 mil milhões de euros.

a carreira de um artista torna-se o equivalente a uma marca comercial, objeto de uma gestão global.

É provável, devido à atual crise do disco, que os fenómenos de integração vertical na indústria musical continuem; os gigantes da indústria procuram desenvolver plataformas de *streaming* musical ou aliar-se com os fornecedores de acesso à internet e aos *sites* de música, os quais controlam a difusão da música. O iTunes oferece para *download* concertos organizados pela Live Nation. A Universal Music, a Sony BMG e a Warner Music assinaram contratos com o Myspace, que oferece a sua própria plataforma de música *on-line*. A Apple negociou com as quatro principais editoras de discos para o seu serviço iTunes Store. A Orange aliou-se à Deezer, que assinou com todos os gigantes do disco. O objetivo é, cada vez mais, conseguir sinergias entre os diferentes órgãos dos grandes grupos, mas também concluir alianças entre os criadores de conteúdos e os fornecedores de conteúdos, disponibilizando serviços de *streaming*.

O mercado de arte também não escapa ao fenómeno de concentração oligopolista. Um sistema sobretudo «artesanal» e que subsistiu como tal até à década de 60 é substituído por um mercado mundial centrado num duopólio das casas leiloeiras (a Christie's e a Sotheby's) presentes em mais de 40 países, em alguns grandes colecionadores, num pequeno número de galerias líderes que adotam estratégias mundiais. No mercado de arte como nas indústrias culturais ou do luxo, está a implementar-se um alto grau de concentração do mercado mundial. As grandes galerias de arte organizam-se numa autêntica rede internacional: há 11 galerias Gagosin em todo o mundo. E mesmo alguns museus tornam-se peças emblemáticas do capitalismo artístico global, ao combinar a lógica de marca e a expansão internacional. Desde 1998, a Fundação Guggenheim lançou uma política de «controle» e uma estratégia de internacionalização que resultou numa verdadeira multinacional da arte. A Fundação exporta a sua marca e as suas coleções; abre, depois de Nova Iorque, museus-satélites em Veneza, Bilbau, Berlim, Las Vegas. O processo ganhou adeptos: o Museu Picasso aluga as suas obras-primas e o Louvre, capitalizando o seu nome, que se tornou uma marca, abre Louvres descentralizados, de Lens a Abu Dhabi.

Uma economia de extremos

A lógica de concentração não se aplica unicamente às grandes empresas do capitalismo transestético. Ela tem a ver com os fenómenos relativos aos sucessos e às receitas dos bens culturais, assim como aos rendimentos dos artistas. Estes fenómenos têm uma tal amplitude que fazem parte integrante do que se chamou a «economia dos extremos»[98], representativa do capitalismo hipermoderno.

Assim, a multiplicação de filmes, a hiperpromoção de superproduções de grande orçamento, a redução do tempo em sala levaram a uma concentração do sucesso num número de filmes cada vez mais restrito: numa década, 80% do lucro global de Hollywood foi realizado por 6% do total de filmes produzidos. Em 506 longas metragens projetadas em França, em 2001, 30 filmes faturaram mais de 50% das entradas e uma centena representou 4/5[99]. Em dezembro de 2006, 5 filmes ocupavam 70% dos ecrãs e, num ano, 40% das longas metragens estavam presentes

---

[98] Daniel Zajdenweber, *Économie des extremes*, Paris, Flammarion, coll. Nouvelle bibliothèque scientifique, 2000; reed. Coll. Champs, 2009.
[99] Françoise Benhanou, *L'Économie de la culture*, 3.ª ed., Paris, La Découverte, 2001, p. 67.

unicamente em 4% das salas. A mesma lógica foi implementada nos museus: os 26 museus da Île-de-France atraíram, em 2009, 58% do público([100]). O mesmo se passa na indústria musical. Em França, em 2001, os 5 álbuns de música mais vendidos representavam 3/4 das vendas. Em 2009, 85% dos novos artistas que passavam na rádio estavam concentradas em 15 títulos e em menos de 10 cantores. Quanto mais cresce a oferta mais o sucesso se concentra num número muito limitado de títulos e de artistas([101]).

Note-se que a economia digital não consegue reverter o efeito *superstar* ou *blockbuster*, contrariamente às esperanças que fez nascer a célebre teoria da «cauda longa», desenvolvida por Chris Anderson. Mesmo que o comércio eletrónico seja capaz de multiplicar de maneira considerável a variedade oferecida aos consumidores, as vendas continuam extremamente concentradas num pequeno número de referências([102]). Ainda que exista, o fenómeno «cauda longa» revela-se muito modesto e parece pouco suscetível de poder constituir uma realidade económica efetiva([103]). Há todas as razões para pensar que esta lógica paradoxal – consumo hiperconcentrado, oferta diversificada superabundante – deve continuar. O que poderá guiar o consumidor mergulhado na hiperescolha? De

---

([100]) Mas em 1214 museus de França, um em dois tem menos de 10 000 entradas por ano.
([101]) O fenómeno não diz exclusivamente respeito às indústrias culturais. Para dar apenas um exemplo, a marca Ikea fatura 80% do seu negócio com 20% dos produtos expostos.
([102]) Segundo um estudo britânico, em 13 milhões de títulos musicais disponíveis para *download*, 10 milhões não realizavam qualquer venda, mas 3% dos títulos vendidos representavam 80% do volume global de negócios.
([103]) Pierre-Jean Benghozi, Françoise Benhamou, «Longue traîne: levier numérique de la diversité culturelle?», em Philippe Chantepie (dir.), *Culture Prospective. Production, diffusion et marchés*, Paris, Ministère de la Culture et de la Communication, 2007.

facto, o contexto de diversidade cultural excessiva conduz, a não ser de maneira marginal, não a privilegiar os títulos pouco conhecidos, mas a referir o que tem visibilidade, é deles que se fala mais, é deles que se fala com os outros. O capitalismo artístico é, assim, o sistema no qual se observa uma distribuição muito desigual do sucesso e uma espiral de *performances* extremas. É o que testemunham os recordes de audiência e de receitas, os discos de ouro, as listas de êxitos, os *best-sellers*, as *superstars*. As indústrias culturais lançam cada vez mais produtos, mas só uma pequeníssima proporção conhece o sucesso e permite ter benefícios: em 2005, em França, apenas 4 filmes franceses faturaram mais de 2 milhões de bilheteira. E em 1296 filmes do cinema francês estreados em sala entre 1991 e 2001, 701 tiveram menos de 25 000 espectadores. Neste sistema, um produto ganhador absorve as perdas sofridas pela maioria: é uma lógica de casino que estrutura a economia das indústrias culturais.

E na edição musical estima-se que apenas 10% das obras permitam ter lucro, contra 30% dos filmes([104]). No cinema, a média de resultados registados pelos gigantes de Hollywood e, mais geralmente, pelos estúdios que têm uma grande produção mostra que só um terço dos filmes ganha dinheiro, um terço assegura o retorno e o outro terço é deficitário. Em França, somente 19,3% dos filmes de mais de sete milhões são rentáveis([105]). Mas com um orçamento de 11 milhões de euros, *Bienvenu chez les Ch'tis* gerou 245 milhões de dólares de receitas em todo o mundo. Neste

---

([104]) Serge R. Denisoff, *Tarnished Gold. The Record Industry Revisited*, New Brunswick, Transaction Books, 1986. Também Harold L. Vogel, *Entertainment Industry Economics. A Guide for Financial Analysis*, 5.ª ed., Cambridge/Nova Iorque, Cambridge University Press, 2001.

([105]) Nicole Vulser, «La grande majorité des filmes français sont déficitaires», *Le Monde*, 6 de outubro de 2008.

setor marcado profundamente pela incerteza e imprevisibilidade do sucesso, pela impossibilidade de prever o que resultará junto do público([106]), a lógica económica conduz à multiplicação de produtos, a produzir sempre mais para multiplicar as possibilidades de êxito, o que aumenta ainda mais o poder dos gigantes porque só eles dispõem de meios próprios para assumir esta estratégia.

É igualmente todo o sistema de custos e orçamentos que participa do extremo. Os custos de produção variam fortemente de um álbum para outro, de um filme para outro, de um *spot* publicitário para outro. Nos Estados Unidos, no início dos anos 2000, a gravação de um álbum de qualidade mínima custava cerca de 10 000 dólares, mas o álbum de uma vedeta podia ultrapassar os 500 000 dólares. Os *blockbusters* com orçamentos colossais multiplicam-se: Hollywood produz todos os anos cerca de 15 filmes cujo orçamento ultrapassa os 100 milhões de dólares. E os máximos foram atingidos com os 247 milhões de dólares para o *Titanic* de James Cameron, em 1997, e os 500 milhões de dólares para *Avatar*, do mesmo realizador, em 2009, produzidos pela Fox. Os orçamentos atingem tais valores que a própria economia dos filmes acentua a tendência observada em todos os domínios da produção industrial: por um lado, os gigantes, os *blockbusters* que necessitam de financiamentos enormes e mecanismos pesados de financiamento, e, por outro, os pequenos filmes de custos mais modestos, assumidos por uma produção que reúne mais meios e pequenas indústrias independentes do que grandes grupos internacionais.

Lógica dos extremos que se encontra nos fenómenos de notoriedade e de remuneração, a economia do *star sys-*

([106]) Richard E. Caves, *Creative Industries. Contracts Between Art and Commerce,* Cambridge/Londres, Harvard University Press, 2000.

tem tem por característica concentrar sucesso e ganhos vertiginosos num pequeno número de artistas (as superestrelas) enquanto a imensa maioria dos outros é deixada de lado. As diferenças entre os adiantamentos recebidos pelos músicos é disso testemunha. Nos Estados Unidos, um jovem artista que assine com uma editora independente para gravar um disco poderá receber entre 5000 a 125 000 dólares; um artista estabelecido que assine com um gigante poderá receber entre 300 000 e 600 000 dólares, uma superestrela, mais de 1,5 milhão de dólares[107]. Ao trocar a Warner Music pela Live Nation, Madonna obteve a módica quantia de 120 milhões de dólares, confirmando o seu título da cantora mais bem paga do mundo.

Investimentos financeiros e capitalismo artístico

Algumas casas subsistem, é certo, mas as necessidades de investimento cada vez mais consideráveis levam-nas a procurar novas fontes de financiamento que sejam capazes de assegurar a sua expansão internacional. Por esta razão, algumas marcas decidem entrar em bolsa, outras preferem abrir o seu capital a fundos de investimento, os quais estão cada vez mais interessados em comprar participações ou a totalidade de marcas em pleno desenvolvimento ou em dificuldade. Como o luxo deixa margens líquidas muito elevadas, não é raro ver bancos de investimento apostar neste setor ao lançar fundos especializados. Atraídos pela rentabilização rápida dos seus investimentos, estes fundos são compradores de pequenas e médias casas, mas também de grupos mais importantes. Assim,

---

[107] Donald S. Passman, *All You Need to Know about the Music Business*, 4.ª ed., Londres, Penguin Books, 2004.

Azzaro Couture foi tomada pela Reig Capital Group, a Tommy Hilfiger pela Apax Partners. Jil Sanders foi comprada pela Prada através do fundo de investimento britânico Change Capital Partners e Charles Jourdain pelo fundo de investimento Finzürich. A Permira assumiu o controlo do grupo Valentino, numa operação de mais de 2,5 mil milhões de euros. A Taittinger foi comprada pelo fundo americano Starwood Capital por 2,8 mil milhões de euros.

O teatro de operações desta corrida às aquisições já não é exclusivamente ocidental: é mundial. São muitos os grupos e os fundos asiáticos que agora mostram interesse pelas marcas de luxo europeias. A Lanvin foi comprada pela multimilionária de Taiwan Shaw-Lan Wang. A Lalique por um indiano (Emerisque Capital); Robert Clergerie foi vendido a um fundo chinês, assim como a Cerruti e a ST Dupont. Em 2010, a indiana Megha Mittal comprou a Escada, empresa alemã de pronto-a-vestir feminino.

Os lucros esperados no cinema levam bancos, grupos de investimento, fundos de pensões, a intervir no capital dos gigantes e no financiamento de filmes. Entre 2004 e 2007, cerca de 10 000 milhões de dólares foram investidos no cinema de Hollywood por fundos de investimento. Agora, financiam produtoras como a Weinstein C.ª ou então assumem o controlo de estúdios como a MGM. Em 2004, a Goldman Sachs investiu mil milhões de dólares na Weinstein C.ª; e a MGM é agora propriedade de um consórcio de fundos dirigido pela Providence, TPG e Sony. Em 2006, a Merril Lynch financiou 20% da produção da Paramount, enquanto a JP Morgan e o fundo Perseus Capital investiram 500 milhões de dólares para financiar 25 filmes da Warner por cinco anos([108]).

([108]) Paule Gonzales, «Hollywood fascine les fonds d'investissements», Le Figaro, 18 de maio de 2007. Em França, a Europacorp,

Quer se trate de multinacionais que beneficiam de recursos consideráveis ou de atores mais modestos, em todos os casos afirma-se o lugar preponderante dos objetivos e das estratégias económicas, a centralidade da corrida à rentabilização das atividades e dos capitais. Se há uma estetização da mercadoria, há ainda mais financeirização dos universos de componente estética. À medida que se afirma o imperativo criativo, a ordem financeira impõe-se diariamente um pouco mais como centro de gravidade, a ordem estruturante dos mundos da arte à escala mundial. São as estratégias financeiras e os objetivos comerciais que tomam o poder, que controlam as políticas de grupo e de marca. A criatividade artística só tem lugar se promover as vendas, a rentabilidade financeira, a remuneração máxima dos acionistas. Conquistar segmentos de mercado, internacionalizar a oferta, expandir os territórios da marca: está a ser implementada uma nova fase, radical, da modernização comercial dos mundos da arte. Esta nova subordinação da estética ao económico é de essência hipermoderna, na medida em que se exprime a radicalização ou a exacerbação do «espírito do capitalismo» que marca profundamente o mundo contemporâneo.

Assim como o «turbocapitalismo»([109]) se libertou das antigas regulamentações que enquadravam a atividade económica, também o capitalismo se libertou dos entraves do *ethos* desinteressado que limitava o campo de operações das atividades financeiras. Agora, a arte contemporânea pode aparecer como verdadeiro investimento financeiro, uma mercadoria como as outras, mesmo um objeto de especulação. Fazem-se investimentos enormes na arte

---

que produz filmes internacionais, é uma sociedade cotada em bolsa desde 2007.
([109]) Edward N. Luttwak, *Le Turbo-capitalisme. Les gagnants et les perdants de l'économie global*, Paris, Odile Jacob, 1999.

na expetativa de altos rendimentos. Os fundos de investimento em arte multiplicam-se, baseados em aquisições em parceria com comerciantes de arte ou com compras diretas nos *ateliers* dos artistas. Após a iniciativa da British Rail, um fundo de pensões britânico que criou em 1973 o primeiro fundo de investimento em arte, e o do BNP Art em 1981, a Société Générale implementou o Fine Art Fund em 2004; e, em 2010, A&F Markets lançou Art Exchange, mercado onde se pode comprar e vender partes de obras num modelo bolsista. Com o capitalismo transestético do último período, a arte impõe-se como uma das componentes dos investimentos financeiros em busca de vetores de diversificação e de taxas de rendimento elevadas.

Parece assim que, por um lado, o capitalismo criativo está sempre a erguer novos templos à glória da arte enquanto do outro procede a um trabalho de dessacralização através da sua anexação pelas lógicas de especulação e de *performance* financeira. Toda uma face do capitalismo celebra a originalidade, a criatividade e a personalidade enquanto a outra intensifica a comercialização impessoal do mercado. O culto da arte estende-se a novas atividades (*design*, moda, fotografia, cinema...) paralelamente ao seu desencanto comercial.

O ímpeto da comunicação: a máquina promocional

A constituição destas multinacionais é acompanhada por um novo lugar e um novo peso dos mecanismos de comunicação e de marketing na gestão das marcas. Em trinta anos, os gastos publicitários americanos foram multiplicados por dez; entre 1985 e 1998, as despesas em patrocínios das grandes empresas aumentaram 187% entre 2000 e 2005. O capitalismo artístico testemunha um formidável aumento em flecha das estratégias de marketing e de comunicação, assegurando a notoriedade e o sucesso das marcas. Agora, é através dos *media* e das operações de comunicação que se constrói em grande parte o sucesso das marcas. O papel da comunicação não é, evidentemente, uma descoberta contemporânea e o capitalismo moderno nunca ignorou a sua importância. Mas a mudança de escala nesta esfera é tal que encerra em si uma verdadeira inversão de lógica: este fator, outrora secundário, tornou-se agora preponderante.

Todos os setores são visados. Na Nike, as despesas de promoção-comunicação são tão elevadas como as da produção material de calçado. Encontra-se a mesma tendência nas indústrias do luxo. A Gucci aumentou em mais de 59% o seu orçamento promocional em publicidade de 1994 a 1998. Na TAG Heuer representava, na viragem do ano 2000, 25% do volume de negócios. Estima-se geralmente que os custos em publicidade e comunicação representem entre 15% a 20% dos encargos de uma grande marca de luxo. Presentemente, o orçamento necessário para o lançamento do novo perfume de uma grande casa representa entre 60% e 100% do volume de negócios esperado no primeiro ano. Em 2004, o custo médio de produção de um filme publicitário elevava-se a 300 000 euros. Mas um pequeno número de *spots* tem orçamentos estonteantes: 35 milhões de euros, como já se disse, para o Número 5 da Chanel com Nicole Kidman; 30 milhões de euros para *The Black Mamba* da Nike.

Na indústria musical, segundo os discos e a notoriedade do artista, os orçamentos promocionais representam entre 25% e 50%, e até mais, do custo global de produção. Nos gigantes, não é invulgar que o orçamento para a mediatização (publicidade, promoção, teledisco) de um disco seja quatro ou cinco vezes superior ao da produção. Ainda que, devido à crise que atravessa o setor musical, o momento seja de economizar em matéria de publicidade televisiva, capas e clips, salvo exceções, neste setor produzir é mais barato que promover([110]).

Da mesma maneira, as estratégias comerciais e publicitárias elaboradas pelos gigantes de Hollywood, apertam ao máximo as economias que julgam necessárias para a redução dos orçamentos, mas continuam a exibir os seus grandes meios. A estratégia de cobertura (*blanket strategy*) assegura a saída simultânea do filme em todo o mundo, o que se traduz por um aumento considerável do número de cópias do filme. Se na década de 70 um filme não tinha mais de 300 cópias para os Estados Unidos, hoje são mais de 4000 que asseguram a sua difusão em território nacional, e 5000 a 6000 no mercado internacional. A mesma inflação afeta as campanhas publicitárias. Dos anos 40 aos anos 2000, o orçamento médio de promoção de um filme passou de 7% para 30%, 40%, mesmo 50% dos custos de produção. O orçamento médio de marketing de um filme era de 6,5 milhões de dólares em 1985; em 2003 chega aos 39 milhões. Em França, os investimentos publicitários dos filmes duplicaram entre 2001 e 2004 e o seu crescimento continuou apesar da crise. Atingiu-se mesmo em 2009, com *Avatar*, um montante faraónico, o mais importante dedicado até hoje ao lançamento de um filme: 150 milhões de dólares só para promoção.

Este investimento financeiro excessivo na comunicação tem obviamente uma função explicitamente comercial. Mas visa igualmente criar prestígio, de sentido e de valor simbólico, para dotar os produtos de um valor artístico, cultural, mítico, para além do seu valor utilitário. Estamos num momento em que, através da comunicação, do *design*, da inovação, a marca se esforça por funcionar

---

([110]) Ver sobre estas questões, Pascal Nègre, *Sans contrefaçon*, op. cit.

como a «assinatura de um artista reputado, atestando que o objeto não é uma vulgar mercadoria mas um produto raro, incomparável»([111]). Com *styling*, publicidade e comunicação, os objetos de marca tornam-se «cultura», aparecem como produtos «artísticos», não substituíveis pelos que têm uma função similar. Graças a esta criação transestética, constrói-se um capital imaterial ou simbólico que infunde sonho, excelência, que não é intercambiável com tudo o que produz a marca. Assim como na arte, é agora o nome da marca que faz a diferença e o valor do produto. Já não se vende produtos, mas marcas que se mostram como universos de sentidos e de experiências: nova estratégia empresarial que exige despesas decuplicadas em comunicação ao mesmo tempo que novos registos criativos, emocionais e imaginários([112]). Enquanto o *branding* transestético triunfa, os logos podem transformar-se no principal centro de interesse, em estilo de vida, em estrelas, e mesmo em objeto de desejo([113]).

A ARTE COMO PROFISSÃO

O capitalismo transestético ou criativo é também o sistema que vê crescer de maneira considerável as profissões ligadas à arte e às indústrias culturais. O desenvolvimento da economia criativa e hiperconsumista faz com que muitos profissionais que exercem profissões ligadas à arte atinjam números que já não têm nada em comum com os de não só nos séculos precedentes, mas mesmo em déca-

---

([111]) André Gorz, *L'Immatériel, op. cit.,* p. 63.
([112]) Sobre este ponto, ver capítulo IV.
([113]) Naomi Klein, *No logo. La tyrannie des marques,* Montreal/ /Arles, Leméac-Actes du Sud, 2001; reed. Paris, Flammarion, coll. J'ai Lu, 2004, cap. II.

das recentes. O efetivo total em França de pessoas que trabalham nos setores culturais era, em 2003, segundo as estimativas do INSEE, de 444 000 indivíduos, dos quais 119 000 no espetáculo ao vivo. Entre 1990 e 1999, as profissões culturais aumentaram cerca de 20%, ainda que a população ativa no seu conjunto apenas cresça 4,4%. Hoje, na União Europeia, as indústrias culturais representam 4,6% dos empregos; em França, o setor criativo ocupa 546 000 pessoas, contra 225 000 no ramo automóvel; na Alemanha, 719 000, contra 444 000 na indústria química; e nos Estados Unidos, a indústria do *entertainment* conta com oito vezes mais empregos do que a indústria automóvel.

Este desenvolvimento observa-se nos domínios da pura prática de uma arte, independentemente da dificuldade para quantificar precisamente uma profissão na qual muitas vezes é necessário exercer uma atividade secundária para ganhar a vida([114]). Os Estados Unidos contam com 2 milhões de «artistas» profissionais, o que equivale a 1,5% da população ativa; o seu número foi multiplicado por quatro desde 1965. Recensearam-se 32 000 bailarinos e coreógrafos, 179 000 músicos e cantores, 190 000 escritores e 100 000 artistas só na cidade de Nova Iorque. No conjunto dos Estados Unidos, o número dos artistas plásticos aumentou 60,8% entre 1980 e 2000, passando de 153 000 para 246 000. Em França, em 2008, 162 000 pessoas exerciam uma profissão classificada na rubrica «artes plásticas e ofícios de arte». Cerca de 22 000 artistas-autores estavam filiados na Maison des Artistes em 2005, dos quais 9000 pintores, 6200 gráficos, 2200 escul-

---

([114]) Na Alemanha, mais de um terço das receitas dos artistas visuais provêm de atividades ligadas ao ensino e mais de um quarto de atividades não artísticas. Ver Nathalie Moureau e Dominique Sagot--Duvauroux, *Le Marché de l'art contemporain*, op. cit., p.33.

tores, 1900 ilustradores. Entre 1982 e 1999, o número de artistas plásticos aumentou 25%, o de artistas de variedades 121%, o de atores comediantes e dramáticos 244%. Nas artes do espetáculo, o efetivo foi multiplicado por 2,4([115]). Nos Estados Unidos, em 2002, o Bureau of Labor Statistics (BLS) recenseava 215 000 músicos profissionais. Em França, em 1999, contavam-se 22 934 artistas profissionais da música e do canto (fora variedades) e 8621 artistas de variedades. Um estudo do Ministério da Cultura estimava em mais de 25 000 os músicos intérpretes em França em 2000. Em 2008, contam-se 48 000 arquitetos, 82 000 pessoas ligadas às profissões literárias e 180 000 a trabalharem no audiovisual e no espetáculo ao vivo.

Banalização e sonho da identidade artística

O aumento de profissionais da arte não é o único fenómeno a ter em conta. O capitalismo artístico é também o sistema que contribuiu para democratizar amplamente a ambição de criar; cada vez mais indivíduos exprimem o desejo de exercer uma atividade artística a par do seu trabalho profissional: reivindicam o estatuto de artista ainda que não façam da arte a sua principal profissão, embora muitos amadores tenham, agora, um nível equivalente a alguns profissionais. Estamos num momento em que, graças aos utensílios informáticos e à internet, o fosso entre profissionais e amadores é cada vez mais pequeno([116]). Já

([115]) Pierre-Michel Menger, *Les Intermittents du spetacle. Sociologie d'une exception*, Éditions de l'EHESS, coll. Cas de figure, 2005, p. 35.

([116]) Esta hibridação entre o amador e o profissional é analisada por Patrice Flichy em *Le Sacre de l'amateur. Sociologie des passions ordinaires à l'ère numérique*, Paris, Éditions du Seuil, coll. La République des idées, 2010.

não têm conta os artistas plásticos, os realizadores de vídeo e os fotógrafos amadores; os participantes em coros multiplicam-se([117]); nunca os editores receberam tantos manuscritos; a banda desenhada, a infografia, o guionismo atraem cada vez mais jovens; e os que se apresentam aos concursos de *reality show* são infindáveis: de «Nouvelle Star» à «Star Academy», sonham em tornar-se vedetas.

Um processo que é necessário ligar ao desenvolvimento da nova cultura individualista que dá prioridade aos desejos de autonomia, de realização e de expressão de si. A cultura hedonista e psicológica conduziu a uma grande espiral nas aspirações para sermos nós próprios através de realizações singulares e pessoais. Na cultura «pós-materialista», ganhar dinheiro já não chega: sonha-se em exercer um trabalho não rotineiro e livre, em desenvolver-se, exprimir-se, criar, fazer coisas estimulantes que a atividade profissional não deixa. Desejos artísticos de massa que revelam os limites da via consumista, pois esta não permite a realização de atividades criativas. A arte é o domínio que permite traduzir a singularidade, a diferença, numa época em que a religião e a política já não oferecem, como outrora, a possibilidade de afirmar a nossa identidade. A tudo isto junta-se o desejo narcísico de visibilidade, de reconhecimento, de celebridade, amplamento reforçado pelos *media* e pelo ímpeto de individualização. A arte é precisamente a atividade suscetível de satisfazer estas expectativas, tanto que a sua banalização através de programas de televisão, revistas, reportagens, dá a cada um a ideia de que não é um domínio reservado aos outros, mas que tem toda a legitimidade de se fazer

---

([117]) Segundo um estudo de 2008, existem em França 450 conservatórios, 2500 escolas de música, 10 000 coros e 18% dos franceses com mais de 15 anos são músicos amadores.

ouvir. O artista já não é o outro, o profeta, o marginal, o excêntrico: pode ser também cada um de nós. No capitalismo artístico tardio «todos nós somos artistas». Esta época hipermoderna da condição artística prolonga, ao mesmo tempo que rompe com ela, a dinâmica criada no século XVIII e sobretudo no século XIX, em que se desenvolveu o processo de promoção social dos artistas. A primeira época da igualdade tornou possível a entronização dos artistas na esfera da elite social, na sociedade dos salões, em toda a Paris: ornamentados com novos prestígios, reconhecidos como figuras de grandeza moral e intelectual, até mesmo como magos, guias inspirados, os artistas frequentam então os salões mundanos onde são admitidos em pé de igualdade, acedem ao posto de heróis literários e tornam-se célebres, a tal ponto que se lhes eleva o estatuto ao nível dos homens políticos. Impulsionados pelo regime da igualdade, leva-se a efeito uma ascensão social e uma «aristocratização» dos criadores, que são concretizadas tanto através do seu reconhecimento pela alta sociedade como pela sua reivindicação insolente de uma rebelião boémia([118]).

Uma aristocratização que deve ser pensada como um fenómeno de essência democrática, em que a excelência social dos artistas não está ligada a um estatuto hereditário, mas ao talento individual, ao trabalho, ao mérito independentemente do nascimento. Contudo, a promoção social dos artistas não se explica apenas por obra da revolução democrática. É inseparável de um novo culto, «a religião da arte», que se desenvolveu face à crise metafísica e ontológica aberta pelo Iluminismo. Na idade moderna, a Arte impõe-se como o que deve substituir a

---

([118]) Estes pontos são desenvolvidos por Nathalie Heinich, *L'Élite artiste. Excellence et singularité en régime démocratique,* Paris, Gallimard, coll. Bibliothèque des Sciences humaines, 2005, pp. 219-275.

metafísica debilitada, contrabalançar a seca dos saberes científicos, fazer o contrapeso à alienação ou à inautenticidade da vida quotidiana([119]). É a conjunção da nova posição social do artista e da sacralização moderna da arte que explica, no século XIX, o aumento do número de praticantes e de amadores de arte. Este período inaugural da igualdade moderna que viu afirmar-se a ascensão social dos artistas e o seu reconhecimento enquanto visionários-génios capazes de revelar o Absoluto, o Ser, o Invisível, «as verdades mais fundamentais do Espírito» (Hegel), acabou. Já não se vê nos artistas os gigantes que exprimem as verdades últimas inacessíveis à razão filosófica ou científica: eles tornaram-se estrelas mediáticas, espécies de «comunicantes» ou de animadores da vida cultural cuja função é criar o novo, fazer sentir emoções particulares e variáveis através das obras em que a dimensão subjetiva, por vezes gratuita ou irrisória, triunfa amplamente sobre a dimensão universal e expressão do Absoluto. O culto do novo e da expressão subjetiva substituiu-se à função de revelação ontológica atribuída pelos modernos à arte. Depois da sagração da arte e dos artistas investidos de uma função de revelação «mística» da verdade, eis o tempo mais prosaico dos artistas--vedetas que, reconciliados com o mercado e com os *media*, criam mónadas fechadas sobre si mesmas, eventos mais ou menos contingentes no eco a uma visão ultra--individualista ou narcísica. O poeta romântico podia surgir como «a consciência de si do universo» (Novalis)([120]); o artista tinha a vocação para exprimir o Ser e apresentar o universal no particular; muitos artistas das vanguardas

---

([119]) Jean-Marie Schaeffer, *L'Art de l'âge moderne. L'esthétique et la philosophie de l'art du XVIIIe siècle à nos jours*, Paris, Gallimard, coll. NRF Essais, 1992.

([120]) Citado por Jean-Marie Schaeffer, *ibid.*, p. 109.

históricas (Kandinsky, Mondrian, Malevitch, Arp, Lissitzky) tinham como objetivo atualizar e produzir a própria essência da arte. A época hipermoderna pôs fim a este imaginário ideológico e, ao mesmo tempo, à religião romântica da arte.

Já não há «grandes discursos» da arte, nem objetivo ontológico, nem visão escatológica, nem grandes apostas, nem o sentido pesado. Temos o sentimento de que triunfam o arbitrário individual, o *gadget* desnecessário, a escalada da demagogia, o novo pelo novo, o puro espetacular. Há por todo o lado fantasias pessoais e infinitos pequenos jogos sobre quase nada. Considerada globalmente, a esfera artística tende a identificar-se com uma ordem sem substância, vagamente fútil, sem importância, sem consequência, sem uma grande aposta cultural. A este respeito, há que notar, a arte contemporânea aproxima-se cada vez mais do universo superficial e arbitrário da moda, surge como uma manifestação de supermoda, de hipermoda([121]). No momento da radicalidade hipermoderna desaparece a posição sobre-eminente da arte como «grau supremo do pensamento, da sensação» (Novalis): com o reino hipermoderno do pluralismo, do subjetivismo e do relativismo estético, nós vivemos, não o fim da arte, mas o do fetichismo moderno da arte. A estetização crescente do mundo e a dessacralização da arte assinam conjuntamente a plena maturidade do capitalismo artístico.

A religião da arte foi extinta, mas a magia da vida artística continua, identifica-se com um trabalho rico e formativo, não rotineiro, não burocrático, e que é mais suscetível, numa sociedade mediática em que o artista já não é maldito mas *vedetizado*, de apresentar ganhos elevados e notoriedade aos que conseguem ter êxito. Agora,

---

([121]) Gilles Lipovetsky, «Art and Aesthetichs in the Fashion Society», art. cit.

o trabalho democrático já não se lê no acesso de artistas ao seio de círculos elitistas da sociedade, mas na banalização da reivindicação da identidade de artista, na legitimidade da autoafirmação artística de cada um. E, finalmente, no grande aumento das vocações criativas. O que se dissolve é a excecionalidade artística investida de uma missão superior ou suprema: a igualdade democrática e o capitalismo transestético conseguiram diluir a oposição do criador e do homem comum, do «alto» e do «baixo», do artístico e do comercial, tornando mais banal o estatuto de artista, seja qual for, além disso, a consagração mundial de que beneficiam as divas do mercado. A época do capitalismo artístico tardio é a da dessacralização da criação que corre a par da *vedetização* dos criadores.

Profissionalização e especialização das atividades artísticas

Os artistas já não são identificados com o que podiam ser: indivíduos à margem, de uma boémia social, representados simbolicamente por imagens que faziam deles seres à parte, profetas inspirados ou artistas malditos. Agora são considerados indivíduos que pertencem ao que alguns chamam a «classe criativa» e outros a classe dos «manipuladores de símbolos»[122]. E ao seu lado figura todo um conjunto de profissões que conheceram um grande desenvolvimento no quadro das «indústrias criativas»[123]: críticos de arte, curadores, galeristas, arquite-

---

[122] Richard L. Florida, *The Rise of Creative Class. And How It's Transforming Work, Leisure, Community and Everyday Life*, Nova Iorque, Basic Books, 2004; e Robert B. Reich, *Futur parfait. Progrès tecchniques, défis sociaux*, Paris, Village Mondial, 2001.
[123] Richard E. Caves, *Creative Industries*, op. cit.

tos, fotógrafos, gráficos, designers (¹²⁴), agentes artísticos, animadores, cenógrafos, produtores, estilistas, tradutores, professores de arte.

Esta profissionalização da arte tende a ser uma atividade regida, como as outras, por regras de funcionamento administrativo e jurídico que as integram no sistema geral do funcionamento social. É o que procuram desde há muito os escritores – Corneille foi um dos primeiros a defenderem o incentivo de um direito de autor – ou os pintores, ao negociar as suas telas através de um *marchand* que servisse de intermediário – ou seja, um estatuto social e económico tornou-se norma. A vida artística está agora administrada por contratos, gerida por agentes, julgada por especialistas, submetida a apólices de seguro e a negociações com advogados. O facto de Johnny Halliday ficar doente é imediatamente batalha jurídica, apuramento de responsabilidades, instrução de processo e ainda por cima com centenas de milhões de euros. Os argumentistas e guionistas de Hollywood entram em greve para exigir uma participação nos lucros, e é todo o setor económico do cinema que se vê tocado, porque estão em jogo centenas e centenas de milhões de dólares. No que Howard S. Becker chama «os mundos da arte»(¹²⁵), o criador já não pode existir por si mesmo: está integrado num processo complexo de produção, de distribuição, de comunicação, que faz da produção artística, no sentido mais lato do termo, um setor que implica uma infinidade de técnicos, mas também contratos jurídicos de relações laborais, sistemas de previdência e de reforma, e convenções sindicais.

(¹²⁴) Em 2001, havia em França cerca de 13 000 designers. No início da década de 70, o American Institute of Graphic Artes contava com 1700 membros; trinta anos mais tarde, a associação podia declarar 150 000 designers gráficos.
(¹²⁵) Howard S. Becker, *Les Mondes de l'art*, op. cit.

Agora, o artista bem sucedido na sua carreira é escoltado por representantes, advogados, consultores jurídicos e fiscais. E como todo o setor profissional, o das profissões de arte organiza-se para defender os seus direitos. Vemo-lo através de tensões, reivindicações e lutas sociais. Um conflito como o dos temporários do espetáculo, ao mesmo tempo que sublinha as condições difíceis da profissão, traduz de maneira evidente que o setor artístico faz parte, agora, do sistema económico e social; e no próprio seio da venerável Comédie-Française o pessoal técnico desencadeia uma greve para exigir, em relação aos honorários julgados altamente desiguais dos atores, uma revisão da grelha salarial para todos os funcionários. O número proposto de escolas, de institutos, de formações que preparam para os ofícios da arte, da cultura, da comunicação, da moda, e da diversidade dos ramos é outro exemplo. Na verdade, no espírito das jovens gerações, o desejo de se tornar artista já não revela tanto um sonho romântico da aspiração de viver inteiramente para a sua arte, embora na extrema pobreza, mas um projeto de carreira, levado pela ideia da fortuna rápida e do êxito social: ser cantor como Madona, ou futebolista como Zidane, e rico como os dois...

As possibilidades de trabalhar no domínio artístico são tanto mais importantes que o setor assiste ao desenvolvimento de atividades cada vez mais especializadas e segmentadas. As inovações tecnológicas, a renovação das artes, as transformações das empresas culturais, um desenvolvimento da divisão do trabalho artístico, novos ofícios, novas identidades profissionais, uma diferenciação e uma especialização crescentes das atividades criativas. Antes o artista era um solitário; a atividade estética tal como o sistema a desenvolve presentemente reclama uma multiplicidade de intervenientes. Basta, para se compreender, olhar hoje para o genérico de um filme de Hollywood: o número de participantes e a variedade das tarefas são suportadas por um corporativismo bem codificado, que faz com que só possam intervir na rodagem os operadores, maquilhadores, eletricistas, decoradores, carpinteiros, condutores de veículos, cozinheiros, alugadores de caravanas autorizados por contratos com a produção. O mesmo se passa para os concertos, por muito pequenos que sejam: atrás do cantor, no palco com a sua guitarra, já se perde a conta, além dos músicos que o acompanham, à multitude de indivíduos que fazem parte integrante do espetáculo, dos diversos técnicos aos responsáveis logísticos, dos agentes de segurança aos condutores dos camiões que transportam o material.

O brilho das estrelas e os trabalhadores da sombra

A disparidade dos rendimentos e das cotações acompanha esta dinâmica de diferenciação. Por um lado, há as estrelas internacionais, um número muito reduzido de grandes nomes beneficiam de uma visibilidade extrema; por outro, há os obscuros de estatuto precário, de visibilidade ínfima e com salários a condizer. Artistas como Jeff Koons ou Murakami veem as suas obras ultrapassar os muitos milhões de dólares; mas só 6% dos artistas plásticos declararam em França, em 2001, um rendimento anual superior a 45 000 euros. Não é preciso lembrar as elevadas remunerações astronómicas das superestrelas americanas, a não ser para sublinhar a disparidade extrema que é a realidade da profissão: em 1983, 82% dos membros do sindicato dos atores americanos receberam menos de 5000 dólares pelo seu desempenho em filmes([126]). Em 1994,

---

([126]) Emmanuel Levy, «The Democratic elite: America's movie stars», *Qualitive Sociology*, vol. 12, n.º 1, Primavera de 1989, p. 31.

10% dos atores franceses, grandes nomes do palco e do ecrã, partilhavam 52% das remunerações totais pagas, enquanto metade dos atores atingia somente 11% do montante total dos honorários[127]; e o fenómeno vai-se acentuando.

Os honorários vertiginosos das grandes estrelas não são, evidentemente, uma realidade recente. Mas o nível de remuneração das vedetas, ao longo dos últimos vinte anos, passou a um nível superior devido à mudança de escala dos mercados, da quase desaparição dos contratos estáveis, finalmente na participação das receitas dos filmes. Os honorários recebidos por Bruce Willis em *Sexto Sentido* ascenderam a 20 milhões de dólares, mas o ator ganhou cerca de 100 milhões de dólares graças à participação nos lucros do filme. Com o capitalismo artístico tardio reforçam-se as desigualdades entre categorias, o enriquecimento dos mais célebres, a discrepância entre os supervencedores e os perdedores. Estamos no momento do *star system* exacerbado, da *winner-take-all-society* (onde o vencedor leva tudo)[128]. Se o capitalismo criativo transestético mescla as fronteiras da arte e do comércio, exibe, por outro lado, mais claramente, diferenças exorbitantes no domínio do êxito simbólico e material. É assim que o capitalismo artístico se caracteriza pela «produção de grandes discrepâncias a partir de pequenas diferenças iniciais e o carácter cumulativo das vantagens competitivas precoces»[129].

A consagração tem esta característica que diz respeito agora aos jovens artistas e efetua-se num tempo muito

---

[127] Pierre-Michel Menger, *La Proféssion de comédien. Formations, activités et carrières dans la démultiplication de soi*, Paris, Ministère de la Culture et de la Communication, 1997.

[128] Françoise Benhanou, *L'Économie du star-system*, Paris, La Découverte, 2002, pp. 131-152.

[129] *Ibid.*, p. 85.

curto. Até à Segunda Guerra Mundial, as obras de vanguarda adquiridas pelos museus eram pouco numerosas e só eram compradas por raros colecionadores. Era pouco comum que um artista de vanguarda vendesse ou fosse reconhecido fora do seu meio imediato. Já não é assim. A partir da década de 60, a arte contemporânea é quase imediatamente reconhecida e comprada por públicos burgueses cada vez maiores; os novos talentos são rapidamente adotados pelos mercados, acolhidos pelas instituições públicas e entram cada vez mais precocemente nas coleções privadas. Vemos multiplicar-se retrospetivas de artistas cada vez mais jovens. O intervalo entre o início da carreira e a celebridade reduz-se por vezes a alguns anos. Logo, logo a seguir: o sistema faz acelerar o processo de reconhecimento, de respeitabilidade quase imediata, os rendimentos ganhos muito cedo na carreira por aqueles que são «bem sucedidos». O capitalismo transestético é pressionado para rentabilizar os investimentos, os nomes e as notoriedades. Ao desenvolver a lógica do *star system*, o capitalismo artístico alinhou o funcionamento da arte com a temporalidade curta do imediatismo mediático e da moda.

Finalmente, o que é notável é que nos mundos atuais da arte, as desigualdades extremas em matéria de notoriedade e de ganhos, que suscitam, por vezes, contestação e indignação devido às disparidades gritantes, sobretudo em tempos de crise, entre a enormidade das verbas que ganham as celebridades da arte, do cinema, do desporto e do *showbiz*([130]) e os modestos honorários das massas, apenas geram um certo tipo de curiosidade e até fascinação. Se a inflação dos números é inegavelmente aceite, é, no entanto,

---

([130]) É no universo do desporto e da arte contemporânea – porque acusados de «nulidade» e de «impostura» – que a grandeza dos benefícios é mais «escandalosa». O contraste com o cinema e com o *showbiz* é impressionante.

exibida por todo o lado e avidamente comentada, encenada pelos *media*, que celebram as melhores vendas de livros ou de títulos musicais, o número recorde de espectadores nas salas de cinema, os honorários fabulosos das estrelas, as quantias atingidas nos leilões de obras de arte. Uma espetacularização mediática que, de repente, amplifica ainda as desigualdades de celebridade e de remuneração. O capitalismo transestético não é somente esta formação que verte a arte nos objetos da vida vulgar, é também o sistema que conseguiu fazer dos preços das obras e do rendimento dos artistas a própria marca da sua excelência. Damien Hirst é mais célebre pelo preço das suas obras do que pelo conteúdo artístico destas: foi assim classificado como «o artista vivo mais caro do mundo». Porque a cotação dos artistas tornou-se o sinal último da sua qualidade, o triunfo do mercado é tanto económico como cultural: mudou a maneira de perceber, apreciar e qualificar a arte e os artistas. Neste plano, ganha mais a lógica propriamente económica do capitalismo do que a arte.

O ESPÍRITO DO CAPITALISMO ARTÍSTICO:
FORÇA DA CRÍTICA OU PODER DO MERCADO?

Capitalismo artístico e crítica artística

Pode-se explicar naturalmente esta turbulência do capitalismo sem levar em conta todo um conjunto de novos fatores, económicos, políticos e tecnológicos. Mas outros fatores, mais especificamente ideológicos, podem ser igualmente sublinhados, como particularmente o que Luc Boltanski e Ève Chiapello chamam «crítica artística»[131], na

---

[131] Luc Boltanski e Ève Chiapello, *Le Nouvel esprit du capitalisme*, Paris, Gallimard, coll. NRF Essais, 1999; reed. Coll. Tel, 2011.

qual veem uma de duas grandes forças ideológicas importantes na origem do ponto de viragem do capitalismo contemporâneo.

Desde a sua formação, o capitalismo foi alvo de violentas críticas, que assentavam em diversos motivos de indignação. Entre estes contam-se, por um lado, a miséria e as desigualdades sociais, as quais estão subjacentes à «crítica social»; por outro, a opressão dos seres, o desencantamento, a inautenticidade dos objetos, das pessoas e dos sentimentos que estão na origem da «crítica artística» que se apresenta como contestação radical da racionalização, da coisificação e da mercantilização capitalistas. Esta forma de crítica, que surge na segunda metade do século XIX e que radica no dandismo e na boémia, conheceu uma grande amplificação por volta do fim da década de 60 com a contracultura e com a contestação virulenta da sociedade de consumo, dos modos de vida burgueses, de todas as formas de alienação e de submissão (disciplina do trabalho, familismo, moral sexual, autoridade, hierarquia). Este momento de grandes vagas críticas vê aumentar uma multitude de reivindicações que apelavam ao prazer, à criatividade, à espontaneidade, a uma libertação que passasse por todas as dimensões da vida.

É para responder a esta crítica artística que se forjou um «novo espírito do capitalismo», em particular sob o tipo de uma nova gestão que, denunciando as grandes organizações hierarquizadas, rígidas e planificadas, implementa novos dispositivos administrativos (empresa em rede, equipas autónomas de trabalho, qualidade total, redução dos níveis hierárquicos). Propostas que são o eco das denúncias da crítica artística, das aspirações à autonomia, à autorrealização dos indivíduos, a um mundo «mais humano», mais convivial, mais autêntico.

É igualmente em reação à proliferação dos objetos inúteis e feios, à ditadura do quantitativo, ao reino da inautenticidade e da estandardização, que o capitalismo se envolveu num processo de «comercialização da diferença» através de uma produção em pequena série de bens e de serviços mais singulares, mais diferenciados, destinados a reduzir o mal-estar associado à massificação do mundo industrial. Daí o desenvolvimento dos produtos ditos «autênticos» (paisagem, património, lugares típicos), assim como o formidável investimento nas indústrias culturais, no turismo, na hotelaria, na restauração, na moda, no *design*, na decoração de interiores, como maneira de responder às críticas de inautenticidade da vida quotidiana. É assim que a crítica artística poderia ser a principal força ideológica no princípio do desenvolvimento do capitalismo criativo, surgindo a estetização do mundo como a recuperação pela ordem comercial das denúncias dos seus inimigos([132]).

Se é incontestável (como se verá, a propósito da questão do *design* através das teorias desenvolvidas por Ruskin, William Morris e as vias preconizadas por movimentos como Arts & Crafts) que a era industrial fez nascer qualquer coisa como uma crítica artística, resta saber qual foi a sua influência real na reestruturação transestética do capitalismo. A este respeito, seja qual for a importância do papel que desempenharam as utopias e as críticas sociais da inautenticidade, tudo indica que elas foram muito menos decisivas do que as estratégias especificamente comerciais «que exploram» as disposições estéticas do consumidor, a sedução pelo belo, a fascinação em si da emoção e da distração. Neste sentido, a mutação que constitui o capitalismo artístico está mais ligada à «mão visível dos gestores»([133]), compreendendo todo o potencial

---

([132]) *Ibid.*, pp. 529-546 (coll. Tel, pp. 587-606).
([133]) Alfred D. Chandler, *La Main visible des managers. Une analyse historique*, Paris, Economica, 1988.

de rentabilidade que contêm os sonhos, as ficções e as emoções humanas do que aos movimentos de indignação ou de revolta contra o inautêntico.

A prova disso, o grande armazém(*) e o anúncio publicitário, que são duas grandes manifestações estéticas da primeira fase do capitalismo artístico. Nos dois casos, o trabalho artístico veio em resposta aos objetivos estritamente comerciais, às novas necessidades do grande comércio e dos industriais que compreendiam perfeitamente todo o potencial comercial que podiam representar o «décor», a encenação estética, a sedução dos lugares e das imagens. É para maravilhar o freguês e estimular a compra que Boucicaut se concentrou em transformar o Bon Marché em palácio de sonho. É igualmente para aumentar a notoriedade da sua marca, superar os seus concorrentes, aumentar o seu volume de negócios, que as indústrias confiaram aos gráficos, desenhadores, pintores o cuidado de produzir cartazes de qualidade artística estimulando a imaginação e seduzindo o olhar. Não se trata de recuperação da «crítica artística» moderna, mas lógica comercial que utiliza a atratividade «eterna» e imediata da beleza e da sedução.

O grande armazém e a publicidade não ilustram apenas a implementação de estratégias de sedução no início do capitalismo artístico. Assim, o cinema construiu-se imediatamente como uma indústria de sonho, criando estrelas deslumbrantes, propondo ao público ficções, emoções, riso, prazeres de evasão, ou seja, apoiando-se nas aspirações antropológicas primeiras: prazer, narrar, ima-

---

(*) Optou-se por esta expressão para traduzir *grand magazin* (ou *department store*, em inglês), que remete para um estabelecimento comercial repartido por vários pisos e com todo o tipo de produtos, mas numa óptica diferente da do moderno centro comercial. Em Portugal, os exemplos mais afamados foram os Armazéns do Chiado ou o Grandela; hoje em dia, no comércio apenas o Corte Inglês mantém esta tipologia (N. R.).

gens, emoções, beleza, sonho. Um dos grandes dispositivos do capitalismo artístico nascente, o cinema, nasceu e desenvolveu-se sem nada dever às críticas dirigidas ao capitalismo. Nenhuma resposta às críticas ou aos pedidos de autenticidade, mas a invenção de um misto industrial-arte que assenta na exploração das emoções.

O início do século xx vê igualmente surgir, no mundo industrial, propostas que visam casar intimamente o estilo e a produção, no sentido de conquistar os mercados. Na Alemanha, o industrial Walther Rathenau confia ao arquiteto Peter Behrens a tarefa de dar uma identidade estilística aos produtos da AEG, com a convicção de que a dimensão estética está conforme aos interesses da empresa. A General Electric funda o comité de «estética do produto» no início da década de 20. Ainda nos Estados Unidos, Daniel H. Burnham, ao falar no âmbito do Chicago Commercial Club, defendia que «a beleza foi sempre mais bem paga do que qualquer outra coisa e será sempre assim». E. Calkins publica em 1927 «Beauty, The New Business Tool», um artigo no qual a dimensão estética é apresentada como um instrumento que devia servir para gerar vendas e benefícios: segundo Calkins, o tempo da eficácia faz parte quase do passado, deverá dar lugar ao que ele chama a «beleza», a qual cria um ambiente de estímulo e de compulsão de compras benéfico para os negócios. Raymond Loewy, entre as duas grandes guerras, consegue convencer vários industriais de que «a fealdade se vende mal», pelo que o aspeto atrativo dos produtos facilita o desenvolvimento do comércio. Na mesma altura, Roy Sheldon e Egmont Arens apresentam a mudança de estilo («estilo obsolescência») como o novo Eldorado dos negócios, ao tornar, assim, um bem não durável sempre renovável([134]). A incorporação do

---

([134]) Sobre estes pontos, Stuart Ewen, *All Consuming Images. The Politics of Style in Contemporary Culture*, Nova Iorque, Basic Books, 1988, pp. 41-47.

princípio de estilização na produção de objetos industriais difundiu-se quando os industriais concretizaram o poder comercial da «beleza» e a vantagem competitiva que esta podia proporcionar nos mercados concorrenciais. E mais tarde, a partir da década de 80, não foi tanto para fazer face às «intensas procuras de autenticidade e de desmassificação» que o capitalismo se envolveu na produção diferenciada de séries curtas, mas para travar o abrandamento do consumo ligado à saturação das marcas domésticas de bens de consumo durável. O capitalismo artístico deve menos o seu formidável desenvolvimento às denúncias da economia liberal do que ao seu próprio movimento impulsionado por lógicas de concorrência e de inovação permanente. Foi do próprio interior da máquina económica que nasceu e se desenvolveu o capitalismo artístico: é o filho da economia liberal, mais do que dos seus detratores.

Capitalismo artístico e mitologia da felicidade

Não somente a noção de crítica artística tem em conta as forças reais que levaram às metamorfoses transestéticas do capitalismo, como Luc Boltanski e Ève Chiapello sobrestimam o seu papel nas transformações do «espírito» do capitalismo.

Sabe-se desde Max Weber que o capitalismo tem necessidade de um conjunto de crenças, de um «espírito» que contribua para justificar a sua ordem, para motivar os homens, favorecer a interiorização das pressões e adesão ao sistema. Na sua forma original, o espírito do capitalismo coincidiu com a criação de uma nova relação com a atividade profissional que devia ser realizada como uma «vocação», um dever, um objetivo em si da existência. O espírito primeiro do capitalismo afirma-se na forma de deveres que prescrevem uma conduta racional no próprio seio do trabalho, de uma ética puritana que condena os prazeres da riqueza e as alegrias que a existência pode oferecer. É assim que o espírito do capitalismo não nasceu do interior de si mesmo, a partir de uma lógica utilitarista; a conduta racional prescrita radica nas crenças e práticas religiosas, no espírito do ascetismo cristão([135]).

Já não se passa evidentemente a mesma coisa com o novo espírito do capitalismo, o qual se define por um sistema de legitimidade diametralmente oposto, ao estar centrado na valorização dos prazeres materiais, no hedonismo do bem-estar, do divertimento e dos lazeres. Neste caso, a justificação fundamental do capitalismo artístico não é outra que a melhoria constante do nível de vida, do bem-estar para todos, das satisfações sempre renovadas, da perspetiva de uma vida bela e excitante. Foi assim que um sistema de justificação moral foi substituído por uma legitimação de tipo estético, uma vez que valoriza as sensações, os prazeres do presente, o corpo de prazer, a ligeireza da vida consumista. Note-se que esta ordem de valores não encontra as suas raízes últimas na «crítica artística» radical, mas muito mais profundamente na ideologia individualista dos direitos do homem que afirma a universalidade dos direitos à igualdade e à felicidade. A ideologia do bem-estar consumista não se construiu em resposta às rejeições da modernidade desumanizante do capitalismo, mas ao desenvolver um modelo individualista, materialista e comercial do ideal democrático da felicidade.

Ao mesmo tempo, já não são as argumentações morais que constroem o dia-a-dia da legitimidade do capitalismo, mas as imagens, as simulações, uma ambiência, uma espé-

---

([135]) Max Weber, *L'Éthique protestante et l'esprit du capitalisme* [1964], Paris, Gallimard, coll. Tel 2004.

cie de utopia estética fabricada pelos *media*, os objetos, as montras, a publicidade, o cinema, o turismo. É necessário convencer: o capitalismo artístico não é apenas produtor de bens e serviços comerciais, é, ao mesmo tempo, «o lugar principal da produção simbólica»([136]), o criador de um imaginário social, de uma ideologia, de mitologias significantes. A sociedade de consumo «é ela mesma o seu próprio mito», escrevia justamente Braudillard, um mito sem grandeza, sem exterioridade nem transcendência, mas que constitui «um discurso pleno, autoprofético, que a sociedade tem sobre si mesma, um sistema de interpretação global»([137]), uma constelação inédita de valores capaz de fazer sonhar as massas.

O *ethos* do capitalismo artístico constituiu-se, assim, menos pela incorporação da contestação radical dos valores do capitalismo do que inventando, por pressão do jogo da concorrência, imperativos de inovação e de conquista de mercados, uma cultura materialista, hedonista e individualista da felicidade que lança as suas raízes nos valores democráticos resultantes do Iluminismo. O papel histórico atribuído à crítica artística é sobrestimado: foi principalmente o próprio funcionamento da economia moderna e dos seus mecanismos concorrenciais que criou o conjunto de fins, de valores, de mitologias, ou seja, de «significações sociais imaginárias» (Castoriadis) típicas do novo espírito capitalista. Não se deve reduzi-los às ideias-valores subjacentes à empresa em rede e às operações de recuperação de pedidos de liberdade e de autenticidade, como foi constituído, no seu seio, pelos ideais hedonistas e pela *fun mora-*

([136]) Marshall Sahlins, *Au coeur des sociétés. Raison utilitaire et raison culturelle,* Paris, Gallimard, coll. Bibliothèque de Sciences humaines, 1980, p. 262.

([137]) Jean Baudrillard, *La Société de consommation. Ses mythes, ses structures* [1970], Paris, Gallimard, coll. Folio Essais, 1986, p. 312.

lity: uma ideologia que se generalizou a partir da década de 50, antes mesmo das flechas da contracultura. E este sistema de justificação «estética» deve mais à dinâmica da ideologia individualista e à pesquisa de novas possibilidades de lucro e de mercados do que à crítica artística que estigmatiza a ordem comercial liberal. É necessário observar no novo espírito do capitalismo, não tanto uma recuperação dessa ordem comercial liberal, mas uma invenção do próprio mercado, gerador de razões culturais e significações simbólicas.

É por esta razão que não se pode subscrever a ideia segundo a qual «o operador principal de criação e de transformação do espírito do capitalismo é a crítica»[138]. Foi o capitalismo que permitiu difundir em todas as camadas sociais as normas hedonistas de realização de si mesmo. Se nos distanciarmos um pouco do ponto de vista dos atores dessa época, a crítica artística das décadas 60-70 apenas levou um pouco mais além – ainda que fosse radical – uma lógica estética organizada já, por seu lado, pelo próprio capitalismo de consumo. Não é exato ver na crítica do inautêntico o elemento decisivo que permitiu a viragem do neocapitalismo. Além das suas antinomias evidentes, o capitalismo de consumo e as correntes da crítica artística trabalharam conjuntamente para o descrédito do antigo sistema de legitimação da modernidade disciplinar. A análise de Boltanski e de Chiapello subestima bastante o poder do capitalismo em abalar as configurações ideológicas tradicionais e em inventar o seu sistema de legitimidade. Se os ideais da contracultura conseguiram transformar os costumes e os valores e impor-se no corpo social é porque o capitalismo de consumo tinha já, por seu lado, dissolvido a cultura disciplinar-autoritária à antiga. Deste

---

[138] Luc Boltanski e Ève Chiapello, *Le Nouvel esprit du capitalisme, op. cit.*, p. 585 (Coll. Tel, p. 650).

ponto de vista, a própria obra do capitalismo, sob a pressão permanente da concorrência, foi, sem dúvida, mais significativa do que os valores em nome dos quais foi radicalmente criticado e contestado.

O capitalismo artístico no desafio da exigência ecológica

Relativizar o papel da crítica artística no desenvolvimento do capitalismo transestético não significa negar o papel da crítica. Estamos, em particular, no momento em que precisamente um tipo de consciência crítica está em processo de reajustamento da ideologia do capitalismo. O processo já começou: cada vez mais empresas jogam agora a carta do respeito pelo ambiente; só se fala em economizar energia, preservar os recursos naturais, reduzir o CO_2, reciclar os detritos, lutar contra a desflorestação. O *design* e a arquitetura ecológica estão a florescer; mesmo as marcas da moda fazem profissão de fé ecológica. Celebra-se por todo o lado os ecoprodutos: o respeito pelo ambiente tornou-se um argumento de vendas dos especialistas de marketing.

A este respeito, a mudança é notável. O capitalismo, que se desenvolveu sob o signo da ligeireza, do culto do presente, do esbanjamento, do lúdico, está agora constrangido, em resposta às novas exigências relativas à preservação da ecosfera, a incorporar o que lhe era estranho, ou seja, o princípio de responsabilidade aplicado ao futuro, a preocupação pelo planeta, a consideração do impacto da produção no ambiente. É evidente que um novo sistema de legitimidade se constrói por pressão da crítica ecológica: esta é e será cada vez mais um agente importante de transformação tanto do espírito do capitalismo como das suas realizações concretas.

Mas não tenhamos ilusões: a nova ideologia que se constrói não reata com a ética ascética à antiga. Não esperemos do capitalismo artístico que ponha num pedestal os valores da frugalidade. Integra certamente agora uma nova dimensão ética – o respeito pelo ambiente ou o desenvolvimento sustentável – mas sem renunciar por isso à dimensão estética (hedonismo, ludismo, beleza, imagem, criatividade) que o constitui enquanto capitalismo de consumo. É assim que vemos aparecer estas novas orientações mistas que são, por exemplo, o consumo responsável, o luxo sustentável, o turismo verde. Estamos no momento da hibridação da estética e da ética, da arte e da ecologia: é esta aliança que vai constituir o centro das justificações do capitalismo transestético que se anuncia.

CAPÍTULO II

As Figuras Inaugurais do Capitalismo Artístico

O capitalismo artístico não é de hoje, nem mesmo de ontem. A sua carreira histórica começa de facto com a industrialização, com a produção em série e com a economia moderna de consumo. E se ele atinge a plena maturidade no decorrer da segunda metade do século XX, não deixa de estar presente um século mais cedo, desde a sua origem, embora de uma maneira muito mais limitada, através de diversos dispositivos que posteriormente ganharão toda uma outra amplitude económica e social.

Com o capitalismo artístico inventam-se uma dinâmica e um funcionamento económicos de tipo radicalmente novo. Não é, evidentemente, a primeira vez na história que se desenvolvem mercados estéticos, lógicas económicas que casam com a arte e com as artes. Havia, nomeadamente antes da época industrial, uma grande diversidade de produções estéticas e de estilos: os objetos de artesanato, os produtos da moda, as criações dos *ateliers*. Mas estas atividades apresentavam uma dupla característica. Em primeiro lugar, elas estavam «encastradas» no seu tecido social([139]), enquadradas pelos costumes,

---

([139]) Karl Polanyi, *La Grande Transformation. Aux origines politiques et économiques de notre temps*, Paris, Gallimard, coll. Biblio-

pelas regulamentações estritas promulgadas pelas cidades e corporações. Em segundo lugar, estas produções de tipo artesanal efetuavam-se em mercados locais e isolados, portanto de dimensão reduzida: pequena produção que vinha de pequenas unidades – marcenaria, joalharia, relojoaria, costura – e que intervinha num universo mercantil extremamente fragmentado, onde jogavam, não a livre concorrência([140]), mas a especificidade da experiência e da proximidade dos que, formados pela aprendizagem em *atelier* e enquadrados pelas regras corporativistas, possuíam a arte adequada. Por outras palavras, os mercados que existiam não tinham nada a ver com *economia de mercado* característica do capitalismo moderno. Para que surjam as primeiras formas de capitalismo artístico, é necessário que sejam concretizadas as condições gerais que permitam o desenvolvimento de uma economia liberal: autonomização da esfera económica em relação às outras esferas da vida social, advento de uma economia dominada pelos preços de mercado, e só por eles, constituição de mercados para todos os elementos da indústria, crescimento de uma procura de massas, indiferenciada e anónima, preeminência do indivíduo sobre a comunidade.

Estas condições só se puderam concretizar no século XIX. O capitalismo industrial e liberal alterou de alto a baixo o antigo mundo regulamentado no qual o económico é absorvido no sistema social. A partir das décadas de 70-80 do século XIX é implementado um regime inédito de produção e de distribuição que funciona nos mercados

---

thèque des Sciences humaines, 1983; reed. Coll. Tel, 2009 [*A Grande Transformação. As Origens Económicas do Nosso Tempo*, trad. Miguel Serras Pereira, Lisboa, Edições 70, 2009].

([140]) Quanto ao domínio artístico propriamente dito, dependia, da Idade Média ao século XVIII, não de leis do mercado, do sistema imperfeito da procura e da oferta, mas da aristocracia e da Igreja através do sistema de mecenato.

de grande amplitude. Estes já não são locais nem mesmo regionais, mas sim nacionais, pelo surgimento de uma produção industrial de bens de consumo assim como de meios modernos de transporte e de comunicação. Estes, combinados com as novas máquinas de processo contínuo que debitam produtos em grande quantidade e de maneira automática, estão na origem direta da era da produção de massas e do mercado de massas([141]). Ao pôr ao alcance de todos e em todo o território um conjunto de produtos estandardizados (cigarros, fósforos, cereais para o pequeno-almoço, sopas, leite condensado em lata, carne de conserva, filmes fotográficos...), as empresas industriais modernas criaram os primeiros mercados de massas, a primeira idade da sociedade de consumo.

A revolução da produção de massas reforçou-se com uma dupla revolução nas formas de comercialização e de comunicação das mercadorias. A primeira, a mais espetacular, consiste na invenção dos grandes armazéns; a segunda, na do *design*, da embalagem e da publicidade moderna. Estas revoluções implementaram dispositivos importantes do capitalismo artístico nascente, pelos quais o poder das empresas de formar e modelar o mercado se viu consideravelmente aumentado.

O novo regime de produção tornou possível o aparecimento da grande distribuição moderna. É com esta que o capitalismo artístico começa verdadeiramente a sua aventura histórica «em grande», ao dar um lugar central e inédito à teatralização do lugar de venda, à encenação das mercadorias: a lógica de sedução imiscuiu-se no próprio funcionamento do comércio de consumo. Um capitalismo inédito é implementado e cria, casando comércio e emoção estética, um mundo de imagens e de sonhos

---

([141]) Alfred. D. Chandler, *La Main visible des managers. Une analyse historique*, Paris, Economica, 1988.

comerciais como escreveu Benjamin ao analisar as *passages* parisienses: «O capitalismo foi um fenómeno natural pelo qual um novo sono, pleno de sonhos, se abateu sobre a Europa, acompanhado por uma reativação das forças míticas»([142]).

O aumento em flecha do processo de sedução estética manifesta-se igualmente através da invenção e do desenvolvimento da embalagem. No sentido de escoar a produção das novas máquinas de alta produção, os industriais começaram a condicionar os seus produtos em vez de vendê-los a granel como era anteriormente regra. A partir desse momento, o consumidor já não pôde apreciar os produtos vendo-os diretamente, tocando-lhes ou saboreando-os, mas unicamente pela embalagem e pela marca que exibiam: ao acesso táctil e polissensorial sucedeu um modo de avaliação indireto, abstrato, imaginário dos bens de consumo. Donde a exigência de cuidar do visual das embalagens (desenho, grafismo, cor) no sentido de captar a atenção e o desejo dos consumidores. Com a embalagem, os produtos de grande consumo já não estão afastados de uma dimensão de pequena teatralidade decorativa e sugestiva: tornam-se elementos de espetáculo do quotidiano. Ao impedir o contacto físico com os produtos, a embalagem, paradoxalmente, só acentua o seu poder de estimulação dos gostos ao permitir, através de jogos cenográficos, pôr em movimento projeções imaginárias do consumidor([143]).

A época de produção em grande série viu desencadear-se as críticas contra o mau gosto e a fealdade da produ-

---

([142]) Walter Benjamin, *Paris, capitale du xixe siècle. Le Livre des Passages,* Éditions du Cerf, 1989, p. 408.

([143]) Franck Cochoy, «Tasting, testing, teasing. L'emballage ou comment (faire) goûter avec les yeux», em Olivier Assouly (dir.), *Goûts à vendre. Essais sur la captation esthétique,* Paris, Institut français de la mode – Éditions du Regard, 2007, pp. 151-158.

ção industrial. É neste âmbito que aparecem diversas correntes que ambicionam melhorar a qualidade estética dos objetos fabricados em série, reconciliar criação e estandardização, beleza e indústria, arte e técnica moderna. Tornar mais puros e sobretudo mais belos, mais atrativos, os objetos industriais começou a impor-se como um desafio para algumas empresas. Com o primeiro capitalismo moderno de consumo iniciou-se, assim, um processo de estilização do mundo industrial e comercial através de dois grandes dispositivos que são o *design* de objetos, por um lado, e o esplendor decorativo dos novos espaços de venda que constituem os grandes armazéns, por outro.

O imperativo estético intervém rapidamente como meio para dar toda a sua força à venda e aumentar os lucros dos industriais; e esta lógica conquistou também o mundo da comunicação comercial através da publicidade moderna. Esta vai substituir os tradicionais anúncios de função puramente informativa e o seu primeiro objetivo será proporcionar uma imagem espetacular, distrativa, do produto e da marca.

Lógica de distração que é ainda concretizada em grande escala com o desenvolvimento do cinema, que a par da publicidade, da alta costura e dos grandes armazéns constitui uma das figuras mais emblemáticas do capitalismo artístico inaugural. Se Boucicaut quis transformar o Bon Marché em «palácio de conto de fadas», Hollywood impôs-se nas primeiras décadas do século XX como um misto de arte e indústria, uma indústria de divertimento de massas, uma «fábrica de sonhos». Ao produzir constantemente novos filmes de diferentes géneros e ao criar estrelas de beleza sublime, o cinema afirma-se ao mesmo tempo como indústria e como arte. Enquanto indústria exige, por vezes, grandes investimentos e procura o maior sucesso comercial possível, no sentido de rentabilizar os capitais mobilizados; enquanto arte, cria protótipos, narrativas, imaginários, estrelas que fazem sonhar a maioria dos espectadores. O capitalismo artístico nascente inventou inteiramente uma arte de consumo de massas, indústrias de sedução, assim como um mundo de sonho sustentado pelo produto.

Embelezar, seduzir, inovar, distrair: estes são os pilares do capitalismo artístico. A partir do segundo terço do século xix, toda uma série de fenómenos tecnológicos, económicos e estéticos transformaram, mais ou menos, os pontos de venda, o universo da publicidade, dos objetos, do cinema e da música a partir destas vias inéditas. Nasceu uma nova civilização que se entrega, com sucessos muito desiguais, a casar arte e indústria, sedução e comércio, divertimento e negócio, estética e comunicação. O código genético do capitalismo artístico está na origem do desenvolvimento de uma arte comercial, de uma arte industrial, de uma arte da distração que assenta em princípios de mudança constante, de sedução estética, do divertimento de massas. Capitalismo de consumo e capitalismo artístico andam juntos.

AS TRÊS FASES DO CAPITALISMO ARTÍSTICO

Nesta perspetiva, podemos distinguir três grandes períodos do capitalismo artístico que correspondem às três fases históricas do capitalismo de consumo[144]. São estes grandes momentos que nos propomos analisar aqui, ao privilegiar, neste capítulo, as figuras estruturantes que marcam o nascimento e os primeiros desenvolvimentos

---

[144] Gilles Lipovetsky, *Le Bonheur paradoxal. Essai sur la société d'hyperconsommation,* Paris Gallimard, coll. NRF Essais, 2006, pp. 24-34; reed. Coll. Folio Essais, 2009, pp. 27-39. [*A Felicidade Paradoxal. Ensaio sobre a Sociedade do Hiperconsumo,* Edições 70, Lisboa, 2007].

históricos do capitalismo artístico. Para o descrever em grandes linhas apenas nos deteremos nos elementos básicos, nos grandes traços simbólicos, mas seguros, para entender a evolução do que é um movimento geral e crescente de estetização do mundo da produção, da distribuição e do consumo de massas.

A primeira fase, que cobre o primeiro século do capitalismo de consumo até à Segunda Guerra Mundial, vê nascer os princípios mas também algumas das importantes estruturas do capitalismo artístico: os grandes armazéns, *industrial design*, alta costura, publicidade, cinema, indústria musical. Este ciclo é marcado por um capitalismo artístico *restrito*.

Na segunda fase, que cobre as décadas «gloriosas» dos anos de 50 a 80, a lógica artística ganha em força económica e em superfície social; ela difunde-se no *design*, na moda, na publicidade nas indústrias culturais, mesmo que a organização fordiana das empresas limite ainda estritamente a dimensão estética. Constituiu-se então um capitalismo artístico *estendido*.

A terceira fase, que corresponde ao capitalismo dos últimos trinta anos, é a da excrescência dos mundos da arte, das multinacionais da cultura, da planetarização do sistema artístico. Mas, igualmente, da multiplicação das estéticas, da desregulação da antiga oposição entre arte e economia, das hibridações em todos os géneros onde se cruzam indústria, comércio, arte, moda, *design*, publicidade: o capitalismo artístico vê triunfar a sua dimensão *transestética*. Outrora menor, funciona hoje em regime maior, hiper e planetário: o seu papel no funcionamento do capitalismo de hiperconsumo é cada vez mais poderoso.

O capitalismo artístico é levado, agora, para um destino *mundial*. Mas guarda os traços das suas figuras inaugurais: são os mais emblemáticos, constitutivos das fases I e II, que são o objeto do presente capítulo.

A INVENÇÃO DO GRANDE ARMAZÉM: OS PALÁCIOS DO DESEJO

A figura mais imediatamente visível, referenciada, observada, comentada, que coloca o capitalismo na sua aventura artística, é inegavelmente o grande armazém[145]. A grande distribuição, com a tarefa de fazer escoar os artigos estandardizados, impôs-se rapidamente através dele como um espetáculo cintilante de beleza, teatralidade e luxo. O capitalismo de consumo inventou e multiplicou novos espaços estéticos; os «templos» do *shopping* que, combinando comércio e encenação, deram o pontapé de saída do capitalismo artístico.

No sistema tradicional, a distribuição efetuava-se através de pequenas lojas, sem influência nacional e chegando apenas a uma clientela reduzida. Os produtos apresentados podiam certamente oferecer qualidades estéticas, mas os bazares, as *boutiques*, as bancas de mercado de tempos anteriores ignoravam no essencial o princípio da encenação decorativa dos pontos de venda: o que dominava era o armazenamento, a acumulação de produtos, o empilhamento mais ou menos ordenado das mercadorias sem esforço de estilo nem preocupação pelo consumidor. O que fazia uma pequena loja «rica» era a qualidade dos produtos ou o luxo dos artigos apresentados, não a teatralidade ou a elegância do espaço comercial.

Face ao mundo do pequeno e do obscuro que era o do comércio lojista, os grandes armazéns criam, pelo seu

---

[145] Este apenas foi precedido pelas famosas *passages* surgidas na década de 20 do século XIX e apresentadas por Walter Benjamin como sendo «as precursoras dos grandes armazéns». Apesar da novidade da sua forma arquitetónica e das «fantasmagorias» que geraram, as *passages* não tiveram nem o brilho monumental nem a dimensão revolucionária mercantil, nem a importância comercial e imaginária dos grandes armazéns.

gigantismo, pela sua arquitetura e pela sua decoração, um mundo mágico e teatral, uma atmosfera de fascínio e de festa, de lugares cheios de cores e sensações fustigando a imaginação. Zola ilustrou esta transformação profunda em *O Paraíso das Damas*, opondo a loja à antiga, cujos indícios exteriores – no Vieil Elbeuf – são reveladores de um tempo que já passou, ao templo triunfante do novo comércio. A sua descrição mostra os traços do que é, no verdadeiro sentido do termo, uma revolução comercial. O grande armazém distingue-se de facto, desde logo, não somente pela sua monumentalidade, mas também pelo seu esplendor. Octave Mouret, o futuro diretor do Paraíso das Damas dá corpo a este sonho feérico quando, imaginando em *Pot-Bouille* o futuro grande armazém dos seus sonhos, ele «mostra um grande desprezo pelo antigo comércio, no fundo lojas humildes, escuras, sem montras» ao qual opõe «um comércio novo, concentrando todo o luxo da mulher nos palácios de cristal»([146]).

Arquitetura: o comércio em espetáculo faraónico

Revolução do grande armazém: é a mudança de escala do edifício que aparece como a característica mais espetacular da mutação comercial. E é o seu gigantismo que atrai imediatamente a multidão como um espetáculo. Com os seus 50 000 m² de área, o Bon Marché oferece-nos a figura prototípica. Não é o único: o Louvre e o Bazar de l'Hôtel de Ville abrem no mesmo ano, como um pouco mais tarde, nos Estados Unidos, o Stewart's, Lord and Taylor, Arnold Constable and Co. Mas o armazém parisiense impõe-se pela amplitude e exemplaridade do que é, como o modelo

---

([146]) Émile Zola, *Pot-Bouille* [1882], Paris, Gallimard, coll. Folio Classique, 1982, p. 254.

que faz verdadeiramente referência, muito particularmente quando Aristide Boucicaut tem o projeto de construir um novo edifício que represente a quintessência de um sistema de vendas que ele quer levar à perfeição. O edifício onde colocou a primeira pedra a 9 de Setembro de 1869 traduz a força exibida de um capitalismo comercial que encontra aqui as condições das suas ambições.

Ao confiar o projeto ao arquiteto Louis-Charles Boileau e ao engenheiro Gustav Eiffel diz muito das suas intenções como construtor: os dois homens são os pioneiros de uma arquitetura de ferro e de vidro, que oferece uma nova relação com o espaço e com a luz, ao permitir nomeadamente a instalação de grandes janelas pelas quais a luz entra a jorros, iluminando as vitrinas e balcões e valorizando, assim, os seus produtos. Esta promoção estética da luz corta radicalmente com a escuridão que prevalecia até aí nas pequenas lojas uniformemente sombrias[147]. Aqui, grandes cúpulas[148] encimam cada corpo da fachada e o centro do armazém é coberto por uma grande vidraça com suportes metálicos que recorta os tecidos com luz natural. Vê-se ali – com os dois materiais principais que simbolizam o triunfo do progresso técnico e industrial, o ferro e o vidro – a ilustração dos próprios sonhos estéticos que, com outros materiais, na forma de rendilhados de pedra inspiraram os construtores de cúpu-

---

[147] Assim, o Vieil Elbeuf, que apenas «tinha três janelas na fachada», apresenta «uma loja de rés-do-chão, de teto baixo, com um pequeno sótão, com janelas de prisão em meia-lua» com «duas vitrines profundas, escuras, poeirentas» enquanto «a porta aberta parece dar para as trevas húmidas de uma cave». Émile Zola, *Au Bonheur des Dames* [1883], Paris, Gallimard, coll. Folio Classique, 1999, p. 34.

[148] A célebre cúpula de vitrais das Galerias Lafayette, que inunda de luz o grande *hall*, a 33 metros de altura. De estilo neobizantino, data de 1912.

las da Itália barroca, o Guarini de San Lorenzo ou o Borromini de Saint-Charles-des-quatre-Fontaines.

Outro elemento num edifício de proporções consideráveis é constituído pela importância dada à fachada. A sua monumentalidade e o seu comprimento impressionante, assim como as entradas, muito particularmente, no que toca ao Bon Marché, a principal, na rue de Sèvres, apresentam um estilo ornamental ostentatório com, por cima de um pórtico onde está o letreiro do armazém, cariátides e estátuas de deuses deitados encimando o frontão que assemelha o edifício a um templo([149]). Este estilo carregado e hiperbólico caracteriza a decoração de um edifício que procura antes de mais estimular a imaginação.

Esta imagem exterior vai enriquecer-se e sobrecarregar-se ao longo das décadas. Exibindo inicialmente um neoclassicismo que não poupa na pompa, como no Marble Palace de Alexander Turney Stewart, que é na década de 60 do século XIX o maior edifício nova-iorquino, com as suas imensas colunatas de estilo coríntio, vai dar um lugar, nas décadas seguintes, cada vez maior à voga orientalista. Em 1876, John Wanamaker utiliza em Filadélfia um armazém abandonado dos caminhos-de-ferro para fazer o primeiro *department store* americano, o Grande Armazém, cuja fachada original decora com torres e as grandes janelas são adornadas em filigrana com motivos

---

([149]) Para se entender a revolução que este tipo de fachada e de entrada representa, basta compará-las com a loja do comerciante de tecidos de *La Maison du Chat-qui-pelote* que Balzac descreve em 1829. «Teria sido difícil a mais de um transeunte adivinhar o género de comércio de Monsieur Guillaume. Através de grandes barras de ferro que protegiam exteriormente a sua loja, mal se conseguiam ver os pacotes embrulhados de tecido castanho tão numerosos como arenques quando atravessam o oceano». Honoré de Balzac, *La Maison du Chat-qui-pelote* [1829], em *La Comédie humaine*, t. I, Paris, Gallimard, coll. Bibliothèque de la Pléiade, 1976, p. 44.

de inspiração orientalista. A construção das torres, que se elevam acima do corpo do edifício, afirma a supremacia dos templos assim erigidos, numa excessiva projeção vertical só comparável ao frenesim de construção de abóbadas e agulhas das catedrais medievais. Em Nova Iorque, Henry Siegel abre em 1896 o Siegel-Cooper's, cuja estrutura – seis andares de pedra e estrutura de aço – é coroada por uma torre de 200 pés de altura, construída pelos arquitetos De Lemos e Cordes.

Concebidos assim, os grandes armazéns tornam-se os símbolos da arquitetura moderna e são admirados como tal. O Bon Marché, onde o público vê, segundo a fórmula de Michel B. Muller, quase «a oitava maravilha do mundo»([150]), quer-se, no próprio espírito do seu fundador, capaz de rivalizar com as maiores e mais conhecidas proezas arquitetónicas. Numa agenda publicitária que o armazém distribui aos seus clientes, o edifício é apresentado, entre os monumentos da região parisiense, como o que simboliza Paris, a par da Basílica de Saint-Denis, do Château de Saint-Germain-en-Laye e do Palácio de Versalhes... Reivindicação de obra-prima que destaca os seus valores puramente estéticos, ainda que estes tenham um propósito de funcionalidade comercial: um não exclui o outro. Como nas igrejas barrocas cuja fachada tinha por vocação explícita atrair os fiéis pelas suas formas surpreendentes e sedutoras, a espectacularização do exterior dos grandes armazéns persegue o mesmo objetivo: fazer entrar o cliente.

([150]) Michael B. Miller, *Au Bon Marché, 1869-1920. Le consommateur apprivoisé*, Paris, Armand Colin, 1987, p. 156.

Vitrinas mágicas

Outro elemento exterior responde à preocupação de sedução e de modernidade que a fachada mostra: as vitrinas([151]). O que a decoração desenha vem, neste caso, claramente de uma estética teatral([152]): trata-se de facto de encenar os produtos, num cenário apropriado, ao transformá-los num espetáculo resplandecente. Nos primeiros tempos, a parte da frente é precedida de uma vitrina para a rua. Mas a partir da década de 80 do século XIX, este empilhamento que o bazar ainda exibe dá lugar às vitrinas propriamente ditas, cuja multiplicidade e dimensões tornam caducas as montras cegas dos comércios antigos. Trata-se, através de jogos de cor e de contrastes, de decoração e movimento, de estimular a imaginação, ajustar uma paisagem de sonho e de atração passional. Inventa-se, assim, uma arte nova, a de vitrinista, que dispõe os produtos de uma maneira elaborada

Mas vai-se ainda um pouco mais longe ao exaltar o que está exposto por uma valorização que dá às formas o mais luxuoso do espetáculo – revistas, *shows*, desfiles. O aparecimento dos manequins, inicialmente simples suportes sem braços nem cabeça antes de aparecerem, na década de 1900, verdadeiras figuras, permite apresentações que se parecem com representações. Em 1893, no Bon Marché, uma vitrina de Natal apresenta uma cena de patinagem no Bois de Bologne; em 1909, uma paisagem

---

([151]) Já com as *passages* parisienses, que precedem em algumas décadas os grandes armazéns, a vitrina aparece como um espaço de desejo e de sonhos, paisagem poética e artística. Ver Walter Benjamin, *Paris, capitale du XIXe siècle, op. cit.*

([152]) William Leach define-a assim: «the stage upon which the play is enacted» [«o palco no qual a peça é representada»]. William R. Leach, *Land of Desire. Merchants, Power, and the Rise of a New American Culture*, Nova Iorque, Vintage Books, 1994, p. 75.

do Polo Norte está lado a lado com uma evocação da vida de Joana D'Arc, enquanto o grande espaço da entrada principal está ocupado por um aeroplano com a hélice em movimento. A vitrina torna-se um lugar de criação, que se aprecia segundo critérios estéticos. Em 1898, L. Frank Baum, conhecido pelo seu *Feiticeiro de Oz*, mas apaixonado também pela promoção de vendas, funda a «National Association of Window Trimmers» – a primeira do género – no sentido de promover a decoração comercial à categoria de profissão e no ano seguinte cria *The Show Windows*, uma publicação mensal dedicada inteiramente à *decorative art*.

E, de facto, os maiores decoradores elaboram os famosos *show windows* em que se exprimem de maneira privilegiada os estilos da época: em 1912, as doze vitrinas da Sibley, Lindsay and Curr, em Rochester, oferecem uma visão dos produtos numa disposição neoclássica muito geométrica, no meio de uma decoração de veludo verde-escuro com debrum fino e requintado em ouro; em 1915, Arthur Fraser desenha para as suas vitrinas de Marshall Field's uma decoração de luxo na qual os manequins femininos têm vestidos sumptuosos, realçados em segundo plano por uma tapeçaria de motivos florais ao estilo de arte nova; ao longo da década de 20, o mesmo decorador faz triunfar o seu *window pictorialism* em vitrinas em que representa interiores nos quais tudo – mobiliário, decoração, pavimento, objetos – combina com o estilo dos vestidos que exibem os manequins exclusivamente femininos.

Mal podemos imaginar, hoje em dia, o impacto imaginário e sensitivo que tiveram as primeiras vitrinas modernas. Henry James, em *The American Scene*, testemunha, assim como Dos Passos, que o retrata no seu romance *1919*, o poder dos manequins no desejo masculino[153].

---

[153] As vitrinas exerceram também um fascínio no pintor expressionista Auguste Macke, assim como em Léger e Delaunay.

As Figuras Inaugurais do Capitalismo Artístico | 163

Mais ainda do que os cartazes, cromolitografias ou prospetos, anúncios luminosos ou desfiles de moda, a arte das vitrinas constituiu um formidável instrumento da nova economia do desejo: ao reduzir a relação táctil com as coisas mas ao intensificar a relação visual, transformou os transeuntes em observadores compulsivos, promoveu o imaginário da sociedade de consumo que então surgia, propagou as visões da «boa vida» através de sonhos do paraíso materialista.

Ambientes e encenações: o grande espetáculo

O interior responde ao que o exterior anuncia, ampliando ainda mais o seu lado fascinante. É toda uma arquitetura da riqueza exposta e do espetáculo sumptuoso que aqui se exibe. Uma escadaria monumental ocupa geralmente a parte da frente da cena, comparável à que Charles Garnier construiu na mesma época para a Ópera de Paris. No Bon Marché, a grande escadaria dá, além do mais, acesso, como na Ópera, a uma galeria superior da qual se pode contemplar, como numa varanda, o espetáculo da multidão. No Stewart's, em Nova Iorque, é de duplo lanço; na vasta nave que encima uma imensa rotunda, ela eleva-se num cenário sobrecarregado, forrada por tecidos e reposteiros orientais e com cenas inspiradas no teatro japonês.

Nos andares superiores encontram-se salões, frequentemente transformados em salas de exposição cujas dimensões e decoração rivalizam com as galerias de um museu. Por todo o lado o jogo de colunas de ferro e superfícies de vidro distribui a luz como uma iluminação teatral. Esta profusa utilização da luz é, aliás, o que mais fascina: quando Wanamaker vem inspirar-se a Paris para o seu próprio grande armazém nova-iorquino é isto que ele observa imediatamente no Bon Marché: «Superb light, light everywhere, plethora of light» [luz soberba, luz por todo o lado, uma pletora de luz]([154]). Esta espectacularização do cenário encontra-se na profusão ostentatória dos andares. Concebido inicialmente como uma loja de roupa e de novidades, o Bon Marché abre-se rapidamente à venda de produtos cada vez mais numerosos e variados: contam-se mais de 200 em 1895. Esta multiplicidade é, por si só, um forte elemento de atração. Por todo o lado, as mercadorias são dispostas segundo motivos decorativos que fazem alternar tapeçarias do Oriente, artigos de viagem, brinquedos, objetos de decoração, leques, mobiliário, frascos de perfume, vestuário, numa diversidade que tem qualquer coisa dos tesouros orientais do bazar – nome que frequentemente se dá, aliás, aos primeiros grandes armazéns.

Esta profusão obedece, contudo, a regras bem precisas de apresentação, jogando com os efeitos visuais, com os contrastes e, sobretudo, com o reflexo das cores e das formas, que a iluminação torna possível e, depois, a partir de 1900, a eletricidade. Wanamaker destaca esta novidade que é introduzida pelos candeeiros a tungsténio de 500 watts, que substituem os bicos de gás, que por sua vez tinham acabado com a iluminação a velas. Muitos dos grandes armazéns americanos são contemporâneos deste advento da «fada eletricidade»: Marshall Field's em Chicago, Filene's em Boston, Macy's em Nova Iorque.

Não contente com ser monumental e teatral, o grande armazém tornou-se ele próprio espetáculo. Para acompanhar as vendas, estimulando-as, organizam-se autênticos espetáculos dentro do grande armazém: por exemplo, a famosa festa do branco, em que o Bon Marché é inteiramente decorado de branco, até mesmo as escadarias e os

---

([154]) William R. Leach, *Land of Desire, op. cit.*, p. 76.

varandins. Ou os espetáculos para as crianças organizados durante o Natal: contratavam animadores, atores, cantores; adaptavam comédias musicais como o célebre *Feiticeiro de Oz*, na versão que o seu autor, L. Frank Baum, prepara especialmente para os grandes armazéns e que se torna o espetáculo americano mais popular pelo facto de esta adaptação ter um objetivo comercial, que integra o mundo do grande armazém num universo feérico. E também as manifestações que dão ritmo permanentemente ao ano comercial: nos salões do Bon Marché organizam-se bailes, concertos, lições de esgrima, sem esquecer as visitas organizadas ao próprio edifício, com guia e explicações, como num museu.

Não é raro, por isso, que os corredores e as galerias se tornem museus. Penduram-se obras de artistas importantes, como o *Cristo no Calvário* de Munkácsy, que Rodman Wanamaker, sem medo do efeito escandaloso temido por seu pai, o magnata do grande comércio, escolhe para expor na década de 20 na rotunda do seu armazém de Filadélfia. Vai-se ainda um pouco mais longe: solicita-se aos artistas mais em voga que criem obras originais destinadas a transfigurar o âmbito comercial. Em Pittsburgh, Boardman Robinson executa para o Kauffmann's dez pinturas murais que contam a história do comércio na civilização ocidental.

O grande armazém torna-se ele próprio num emblema artístico que transcende o seu âmbito: o Macy's organiza todos os anos para o Dia de Ação de Graças um enorme desfile que percorre as ruas de Nova Iorque; em 1928, a atração principal é constituída por enormes balões cheios de hélio que tomam a forma de um bestiário fantástico. Em 1925, cria-se no Museu de Brooklyn uma nova galeria que reproduz um grande armazém, The Rainbow House, para evocar na forma de exposição o sonho capitalista e o mundo comercial. A mesma abordagem no

Palace of Fashion, em Filadélfia, que faz parte da exposição comemorativa do 150º aniversário da Independência americana e onde são expostos, numa arquitetura de estilo assírio e babilónio, têxteis e vestuário fornecidos pelos grandes armazéns mais importantes do país ([155]). Se o Bon Marché propõe concertos, os grandes armazéns americanos impõem-se ao grande público através dos seus fantásticos *fashion shows*. A partir de 1900, organizam desfiles e espetáculos de moda extraordinários para dar a conhecer e fazer desejar as últimas novidades de Paris. Manequins vivos apresentam os vestidos de Poiret, Worth, Paquin, com jogos de iluminação, acompanhamento musical, efeitos teatrais, cenários temáticos. Em 1911, um dos temas é «Monte Carlo», numa encenação com casinos, mesas de roleta, falsos jardins mediterrâneos construídos no teatro do armazém Gimbel, de Manhattan. Os armazéns Wanamaker encenam em 1908 a «fashion Fête de Paris» num ambiente de ouro e vermelho, numa alusão à corte de Napoleão e Josefina. Nesta altura, o armazém está inteiramente decorado com as cores da elegância de Paris. No momento em que triunfa o orientalismo, o interior dos grandes armazéns é decorado como mesquitas, templos, oásis no espírito islâmico, indiano ou japonês. Muitos dos grandes armazéns encenam desfiles de moda inspirados por *The Garden of Allah*, o romance de sucesso de Robert Hichens que denuncia as convenções da vida «civilizada» e no qual faz o elogio dos desejos,

---

([155]) As exposições, e nomeadamente as exposições universais, destinadas a mostrar a força económica dos grandes países tornam-se ocasião para construir edifícios que utilizam novos materiais e técnicas, rivalizando entre si em audácia arquitetónica e decorativa. A mesma preocupação estética se manifesta aqui com o mesmo objetivo de impressionar os visitantes: a Torre Eiffel, construída em 1887-1889 para a Exposição Universal de Paris, é o exemplo mais famoso.

impulsos e paixões([156]). Ao apresentar a moda num luxo de espetáculos e decorações mais ou menos exóticos, os grandes armazéns contribuíram para propagar no corpo social a sensibilidade estética, o culto das novidades, os prazeres da moda, da elegância e do luxo.

Se os processos de modernização-burocratização--estandardização são acompanhados pelo desencantamento do mundo e da perda de aura das obras, é necessário observar que o mesmo não se passa com o grande armazém. Este impôs-se certamente como uma grande empresa comercial racionalizada, com os seus regulamentos administrativos rigorosos, a sua hierarquia, a sua divisão burocrática de tarefas, os seus novos métodos de vendas destinados a escoar os produtos industriais fabricados em série. Revolucionou o universo da distribuição através de dispositivos de modernização e de racionalização: entrada livre, rotação rápida de *stocks*, preços baixos e fixos, extensão da gama de artigos, compra de grandes quantidades e venda com pequena margem de lucro. Mas, ao mesmo tempo, os dispositivos estéticos espetaculares encenados criaram um universo de fascínio ao transportar «a imaginação para os países ensolarados das Mil e Uma Noites»([157]). O capitalismo artístico, no seu momento primitivo, conseguiu conjugar comercialização de massas e artes decorativas, grande consumo e atmosfera de aura, racionalização comercial e lógica feérica.

Os promotores dos grandes armazéns compreenderam que, nas novas condições da vida moderna, o espaço comercial devia oferecer outra coisa além dos valores de uso e da realidade tangível dos objetos; era necessário

---

([156]) Sobre estes pontos, William R. Leach, *Land of Desire, op. cit.*, pp. 91-111.
([157]) Citado por Michael B. Miller, *Au Bon Marché, 1869-1920, op. cit.*, p. 162.

embalar as mercadorias numa atmosfera específica capaz de transfigurá-las em objetos feéricos, em objetos fétiche. Fetichização da mercadoria que se efetuou graças à aura estético-mágica do lugar comercial moderno.

As catedrais do consumo

São muitas as novidades artísticas cujo objetivo é suscitar sensações e emoções, criar um clima de incitação, seduzir para melhor vender e atrair clientela. Pode-se, deste modo, observar que a estratégia comercial que consiste na utilização da força emocional do sentimento estético para pô-la ao serviço de outra coisa que não seja apenas a fruição artística não é nova: a política de reconquista das almas levada a cabo pela Igreja nos séculos XVI e XVII para atrair fiéis tentados pelo desvio da Reforma e preconizando nesse sentido a utilização de todos os recursos da arte é um dos exemplos históricos mais famosos. A Contra-Reforma encontra o seu melhor ponta-de-lança no barroco, arte que privilegia a expressão hiperbólica para dar a ver um espetáculo fascinante, dotado de um poder de atração incomparável. É a mesma estratégia de sedução estética que elabora, dois séculos mais tarde, o capitalismo quando, para escoar a sua produção de massa, imagina novos lugares comerciais. Zola, pintor perspicaz do sistema, sublinha esta similitude: o Paraíso das Damas torna--se, na sua pena, uma catedral, respondendo a um parentesco metafórico: «O grande armazém de novidades tende a substituir a igreja».

Na época do capitalismo triunfante, é uma espécie de nova «religião» que se implementa, em que o grande armazém é o templo: «Torna-se», prossegue o romancista, «a religião do corpo, da beleza, a elegância e da moda. [As mulheres] vão passar horas ali, como na igreja». A conquista da clientela feminina é, de facto, a pedra angular de uma política comercial elaborada para a conquistar: «Era a mulher que os armazéns disputavam à concorrência, a mulher a quem lançavam, com as suas oportunidades, contínuas armadilhas, depois de aturdi-las diante das suas vitrinas. Eles despertaram nelas novos desejos, que eram uma grande tentação perante os quais sucumbiam fatalmente»([158]). Foi assim que o grande armazém provocou efeitos muito distintos nos comportamentos dos consumidores: por um lado, a atitude estética de ver as montras ou do *shopping* como passatempo; por outro, a obsessão, a ebriedade, a compulsão dos clientes, como testemunha então o aumento da cleptomania feminina([159]).

Se as estratégias de «manipulação» estética» são antigas, o resultado final é radicalmente moderno. Porque aquilo que os grandes armazéns levaram a cabo foi apenas um processo de «democratização do luxo» e, mais amplamente, um processo de «democratização do desejo» que tocou a burguesia mediana. Naturalmente, esta dinâmica só foi possível por uma política de preços que transformou os bens antes reservados à elite social em artigos de consumo de massas, mas também o foi pelos dispositivos propriamente estéticos do capitalismo artístico, ao criar um ambiente de desejo. Ao envolver-se numa atmosfera de sonho, ao impor-se como palácio de sensações e de impressões mágicas, o grande armazém criou a necessidade irreprimível de comprar, estimulou imenso o consumo e instituiu-o como festa de compras, ritual de prazer, num novo estilo de vida burguês.

Através do processo de estetização generalizado dos grandes armazéns jogou-se qualquer coisa que ultrapassa

---

([158]) Émile Zola, *Au Bonheur des dames, op. cit.*, p. 111.
([159]) Paul Dubuisson, *Les Voleuses de grands magazins*, Paris, A. Storck, 1902.

a lógica da promoção de vendas no sentido de rentabilidade económica, ou seja, a criação de um estilo de vida, de uma nova figura da estetização da existência sob o signo moderno da mercadoria. Longe de se reduzir apenas a uma cultura comercial, o capitalismo artístico aparece mais amplamente como agente promotor de uma cultura estética democrática, de um modo de vida estético virado para os prazeres consumistas, para as novidades, sensações, conforto, distração e luxo.

O grande armazém não vendia apenas artigos comerciais: difundiu o sonho do consumo e promoveu-o como uma arte burguesa de viver. Pela sua força material-imaginária, impôs-se como prescritor em matéria de vestuário, mobiliário, lazer, fazendo acelerar a aproximação das burguesias dos grandes centros e da província que afirmavam cada vez mais a sua identidade de classe através das compras. A sociedade de consumo não nasceu mecanicamente do facto de produtos mais numerosos serem vendidos a preços reduzidos: ganhou a sua legitimidade e difundiu-se socialmente através de uma cultura artística que, aplicada ao mundo dos bens materiais, se dedicou a estetizar os espaços de venda metamorfoseados em lugares de deslumbramento capazes de criar novos ritos, novos fétiches, um novo estilo de vida.

Este estilo de vida organiza-se em volta de uma conduta certamente de tipo comercial – a compra –, mas que se manifesta noutra coisa com ligação à dimensão estética. Conjuntamente com as *passages*, que propõem um passeio de novo tipo, e com as grandes avenidas haussmannianas onde «há tantas coisas, tantas coisas para ver», os grandes armazéns contribuíram para criar estas atitudes modernas que são a ida às compras e ver montras. O tempo das ruas estreitas e sem passeio, da barafunda de Paris, descritos por Boileau, dá lugar às grandes avenidas, às vitrinas, às montras diante das quais se pode passear. O passeante de

Paris, caro a Walter Benjamin, deslumbra-se ao mesmo tempo com o luxo, o espetáculo, as novidades; sente a excitação da multidão; preenche o vazio do quotidiano e o tédio dos dias com sensações plenas. Trata-se de uma conduta estética, que não acaba forçosamente na compra, que não devemos desprezar na atitude consumista. O objetivo possessivo e a ordem do cálculo não estão unicamente em causa: o *homo consumericus* encontra no espetáculo que lhe oferecem os grandes armazéns uma parte de prazer inútil, cinestésico, emocional. O capitalismo artístico não favorece simplesmente a atitude utilitarista, traz também em si a gratuitidade da estetização do olhar. O Bon Marché, de alguma forma...

A partir do segundo terço do século XIX, a lógica de sedução estética infiltra-se assim na esfera da grande distribuição, contribuindo para transformar o ambiente da compra e do modo de consumo das classes médias. As estratégias fundamentais do capitalismo artístico – o espetacular, a sedução, a renovação rápida – estão já implementadas numa fase dominada pela estandardização de massas e pela racionalidade funcional. Desde então, os estilos estéticos mudaram naturalmente com as modas, mas não o princípio inicial de artialização e de espectacularização dos espaços comerciais. Boucicaut tinha a ambição de fazer do Bon Marché uma espécie de teatro da Ópera; trata-se agora de voltar a encantar os pontos de venda e a própria experiência do consumo. Neste sentido, a revolução aberta pelos grandes armazéns não terminou.

A dinâmica lançada na fase I do capitalismo artístico está mais do que nunca em movimento, não se pára de investir em novos espaços de venda e de inventar novas configurações estéticas e sensitivas. O que representava um fenómeno circunscrito tornou-se, com algumas exceções, num processo generalizado, imperativo da ordem comercial, elemento constitutivo do capitalismo artístico triunfante. O que era obra de alguns empresários de vanguarda impõe-se hoje como uma disciplina ensinada, uma panóplia de utensílios básicos que defendem os apóstolos do *merchandising* visual, do marketing experiencial ou «atmosférico».

O REINO DA ALTA COSTURA

A par dos grandes armazéns, a alta costura impõe-se como uma outra grande figura resplandecente do capitalismo artístico nascente. O mérito vai para Charles Frédéric Worth, que abre em Paris, em 1858, a primeira casa da linhagem. A seguir, contam-se 20 casas em 1900, 72 em 1925 e 29 em 1937. Em 1910, a alta costura constitui-se como profissão autónoma, com regras estritas estabelecidas pela Câmara Sindical da costura: as casas devem fazer costura à medida; devem empregar pelo menos vinte funcionários, apresentar duas vezes por ano (coleções primavera-verão e outono-inverno) pelo meno 75 modelos em manequins de carne e osso e propor estas mesmas coleções pelo menos 45 vezes por ano à clientela particular. Ao dotar a moda destas estruturas propriamente modernas, a alta costura implementou uma organização duradoira que vai dirigir e dominar de modo quase invariável o mundo da elegância feminina durante um século: esta é «a moda dos cem anos»([160]).

A revolução organizacional operada por Worth é radical: ao contrário do passado artesanal, o costureiro deixa de ser um mero executante ao serviço do gosto dos seus

---

([160]) Gilles Lipovetsky, *L'empire de l'éphémère. La mode et son destin dans les sociétés modernes,* Paris, Gallimard, coll. Bibliothèque des Sciences humaines, 1987; reed. Coll. Folio Essais, 1991, pp. 80-124.

clientes. Posicionando-se como mestre do adorno, tem a iniciativa e o controlo sobre os modelos da moda que propõe, feitos antes de os executar à medida e vendendo-os a preços proibitivos. Durante séculos esteve sujeito a fiscalização; agora é ele que impõe de maneira absolutista as suas ideias e a sua estética. Com a alta costura afirma-se a autonomia do criador em relação à clientela particular. O advento do poder total do criador coincide com a sua consagração artística. Até então ele era «anónimo» e apenas existia na sombra dos seus clientes, que monopolizavam todo o prestígio ligado às aparências: agora é consagrado como «rei da elegância», ainda que Worth se proclame «artista de vestidos» e «compositor de *toilettes*». O criador de moda alcança o prestígio adquirido pela arte no século XIX, conseguindo títulos de nobreza, tornando-se numa figura particular de artista. Inicia-se a época do costureiro adulado nas revistas de moda; aparece como personagem de um romance; é convidado para os círculos da aristocracia e da grande burguesia. Torna-se uma «celebridade» ao mesmo nível dos pintores, dos músicos ou dos políticos.

Agora, do grande costureiro já não se admira apenas o «ofício», a técnica, mas as suas qualidades especificamente artísticas, que são a inspiração, a singularidade, a originalidade. Com o grande costureiro conjugam-se os valores do mundo e os da arte, o sucesso comercial e a inspiração, a moda e a vocação. Um costureiro-criador que, tal como um artista, exibe o seu desdém pelo dinheiro e pelo comércio, frequenta os poetas e os pintores, cria os seus modelos inspirando-se nas novas correntes da arte moderna: Patou inspira-se em Braque e em Picasso, Schiaparelli nos surrealistas.

Não só o costureiro é conhecido e celebrado nos círculos mundanos, como também assina, tal como os artistas modernos, cada uma das suas produções, criando os seus modelos segundo uma lógica soberana. E a chancela é protegida por diferentes leis para lutar contra a contrafação. Já não se trata de satisfazer a procura do universo requintado, mas de criar e renovar constantemente os estilos. «O meu trabalho», dizia Worth, «não é apenas executar mas sobretudo inventar. A criação é o segredo do meu sucesso. Eu não quero que as pessoas encomendem as suas roupas. Se o fizerem perderei metade do meu comércio»([161]). Ministro do gosto, o grande costureiro está menos ao serviço dos cliente do que ao serviço da própria Moda. Laboratório de novidades elegantes, a alta costura é uma indústria cuja missão é inovar constantemente, criar permanentemente novos modelos, novos estilos: em 1920, uma coleção de um grande costureiro tem cerca de 300 modelos. Nunca a moda conhecera tantas criações que se apresentavam a um ritmo tão precipitado e sistemático: no primeiro terço do século XX, as grandes casas parisienses podiam criar qualquer coisa como 10 000 modelos novos por ano. Nessa altura é regularizado e institucionalizado o ritmo da criação de moda, com coleções apresentadas duas ou quatro vezes por ano numa data fixa, em Paris. Ao captar todos os olhares e desejos femininos, as criações parisienses impõem-se a todas as mulheres elegantes do mundo; a moda difunde-se, assim, internacionalmente a partir de um centro único, ditando a norma do chique: Paris. No século XX, o capitalismo artístico construiu o primeiro estádio da mundialização da elegância.

Após a época tradicional e artesanal da moda impõe-se, com a alta costura, o seu tempo artístico, como testemunha o prestígio social do costureiro, as coleções ricas em novos modelos, as revoluções estilísticas, mas também

---

([161]) Citado por Didier Grumbach, *Histoire de la mode,* Paris, Éditions du Seuil, 1993, p. 19.

um sistema inédito de promoção e de comercialização dos seus modelos que vai fascinar o público moderno e alimentar as crónicas dos jornais. Se os grandes armazéns teatralizaram as vitrinas, a alta costura criou os desfiles de moda, os pódios, os manequins exibindo a sua beleza irreal e longilínea. Com o capitalismo artístico, a moda já não está separada da espectacularização, da encenação feérica das criações comerciais([162]). A alta costura, que deu à moda as suas linhas propriamente modernas, aparece como a organização mais prestigiosa e mais faustosa do capitalismo artístico.

Uma instituição meio artística, meio industrial

Organização artística, a alta costura é ao mesmo tempo uma indústria moderna, ainda que de dimensão modesta: em 1873, Worth emprega 1200 operários. Em 1920, esta indústria de luxo dá trabalho a cerca de 10 000 operários no centro de Paris e constitui o núcleo principal da indústria do vestuário da capital. Em 1920, Chanel dirige uma casa com 2000 operários, e 4000 em 1939; neste mesmo ano, Madeleine Vionnet está à frente de uma empresa com 1200 operários.

As grandes casas não criam peças únicas como os artistas, mas modelos que são depois reproduzidos em centenas e, por vezes, milhares de exemplares (à medida) para clientela particular e igualmente vendidos às confeções estrangeiras com o direito de os reproduzir em série nos seus respetivos países. Neste sentido, a alta costura pode ser considerada a primeira indústria moderna de protótipos do capitalismo artístico.

([162]) Sobre estes pontos, Gilles Lipovetsky, *O Império do Efémero*, op. cit.

Se há, portanto, um dispositivo modelo/série, este efetua-se contra a corrente da lógica industrial em pleno desenvolvimento. Ao contrário das grandes fábricas modernas mecanizadas, os *ateliers* de alta costura são de dimensão humana; as tarefas enriquecem-se em vez de se parcelarizarem e recorre-se a costureiras com grande experiência artesanal([163]); o trabalho é executado à mão em materiais nobres, por vezes obras de artistas([164]): Poiret encomenda estampados a Dufy; Cocteau concebe modelos de bordados para Schiaparelli. A alta costura é uma instituição original que conjuga arte e artesanato, vanguardismo e tradição dos ofícios, poder demiúrgico do criador e fantasia das aparências, modernidade criativa e cultura «aristocrática». Na economia fordiana em desenvolvimento, ela organizou dispositivos antinómicos com ela, assentes na multiplicação dos modelos estéticos e nas opções comerciais, na renovação acelerada das criações e nos dispositivos de sedução. Com a alta costura, o capitalismo artístico experimentou «em ponto pequeno» os princípios da sociedade da sedução que é agora a nossa.

Ainda que sendo uma indústria, submissa enquanto tal ao imperativo da rentabilidade, a alta costura construiu-se em torno de um princípio «aristocrático» marcado pela recusa da supremacia do comercial e do «todo eco-

---

([163]) A hierarquização no seio das equipas está, assim, ligada, não à lógica da autoridade administrativa, mas à da mestria e do talento: a pessoa principal do *atelier* é a melhor costureira. Do mesmo modo, nas fábricas que fabricam calçado ou bolsas de luxo, o chefe cortador é o conhece melhor o trabalho de pelaria.
([164]) Catherine Omnès, «L'âge d'or éphémère des ouvrières de la Haut Couture pendant les années 1920», em Jacques Marseille (dir.), *Le Luxe en France du siècle des Lumières à nos jours,* Paris, ADHE, coll. Histoire économique, 1999, pp. 166-167.

nómico»([165]). No âmbito desta instituição meio artística, meio industrial, a lógica mercantil permaneceu contida, enquadrada como estava por um *ethos* artístico-aristocrático([166]). Mesmo que naturalmente as considerações comerciais o exijam, elas não são todas-poderosas: durante um século, nada de «guerras do luxo», nada de políticas de fusão, de aquisição e de cessão de marcas, nada de grandes grupos financeiros internacionais, mas casas independentes, nada de estratégias de desenvolvimento de todos os azimutes do sistema de distribuição, nada de comunicação «choque», nada de inflação de lançamentos de novos produtos. A cultura artística da qualidade e do belo apontou uma faca ao «sempre mais» da lógica comercial e financeira.

Apesar disso, a ambição empresarial e a dimensão comercial não estão de maneira alguma ausentes: os desfiles de moda, as fotos na imprensa, o lançamento de perfumes de marca, os concursos de elegância que associam a alta costura e as marcas de automóveis de prestígio([167]),

---

([165]) Elyette Roux et Jean-Marie Floch, «Gérer l'ingérable: la contradicition interne de toute maison de luxe», *Décisions Marketing*, n.º 9, setembro-dezembro de 1996.

([166]) Robert Ricci insurgiu-se que se pudesse «lançar um perfume como lixívia... O perfume não é uma mercadoria, a sua criação é um ato de amor», citado por Marie-France Pochna, *Nina Ricci,* Paris, Éditions du Regard, 1992, p. 212. A importância deste estado de espírito é sublinhada por Christian Blanckaert, *Luxe,* Paris, Le Cherche Midi, 2007.

([167]) A ligação entre a alta costura e o automóvel que exibem, de Deauville ao Mónaco, estes prestigiosos concursos de elegância é sensível nos anos de 20-30 precisamente sob o signo comum da arte. Muitos costureiros (Worth, Poiret, Lanvin) têm o mesmo olhar sobre a pureza das linhas das suas criações que os desenhadores de carroçarias têm sobre as linhas das suas viaturas. Em 1924, Sonia Delaunay pinta um Bugatti 35 com as mesmas linhas e cores que o vestido gémeo da condutora. E em 1926, Coco Chanel, que é a primeira a criar mode-

testemunham os processos que podemos designar por comerciais e de marketing. A partir de 1858, a mulher de Worth veste as suas criações para aguçar o desejo de compra das clientes. Paul Poiret só mostra desprezo pela publicidade: mas isto não o impede de fechar contratos com empresas e grandes armazéns americanos; diversifica as suas atividades ao ser o primeiro, em 1911, a pôr a sua marca em perfumes e cosméticos. Nos anos 20, um estúdio de fotografia estava já instalado na casa de Patou para poder controlar as campanhas de promoção das suas coleções. Durante a fase I, os polos económicos e não económicos funcionam num relativo equilíbrio.

É somente na fase II que o sistema começa a transformar-se. A partir da década de 50, a Dior consegue constituir um império: é, nomeadamente, a primeira a implementar um sistema de licenças para ter sucesso, a alta costura já só consegue viver com as receitas dos perfumes e o pagamento de *royalties* dos produtos derivados. No fim desta dinâmica, dá-se uma reviravolta de lógicas, seja qual for a persistência das estruturas «elementares» da alta costura: mesmo que o imperativo estético de criação não esteja, de maneira nenhuma, caduco, a ordem financeira impõe-se cada vez mais, na fase III do capitalismo artístico, como o centro de gravidade, a ordem primeira e estruturante. Hoje, a criação já não é suficiente, as grandes casas investem diariamente mais no marketing, na comunicação e nas redes de distribuição em todo o planeta. As estratégias financeiras e os objetivos comerciais tornaram-se a coluna vertebral do sistema. Foram eles que tomaram o poder: «Se as marcas nascem em liberdade, elas acabam sempre na indústria», afirma Didier

---

los que a mulher elegante possa usar sozinha (os sistemas de fecho estão acessíveis), inventa o seu pequeno vestido preto intemporal, que os seus detratores batizam ironicamente Ford T.

Grumbach([168]). Como um eco, Valentino resume o estado do novo regime da moda ao declarar: «O negócio substitui cada vez mais a criatividade»([169]).

PRODUÇÃO EM MASSA E GOSTOS ESTÉTICOS: DE FORD A SLOAN

Seja qual for a importância dos grandes armazéns e da alta costura, é patente que a lógica do capitalismo artístico está, assim, muito longe de ocupar um lugar mais importante no mundo económico. De facto, no universo da produção em massa, a dimensão criativa surge como um objetivo secundário, por vezes inexistente.

Se o grande armazém faz do ponto de venda um espetáculo feérico, o mesmo não se passa com o sistema de produção em massa, que, pelo contrário, se destaca pelo défice estético e pela mediocridade dos seus produtos. A indústria da confeção dá um primeiro exemplo. A confeção industrial, que produz vestuário em série, adquire o seu pleno desenvolvimento na segunda metade do século XIX e dirige-se à classe operária assim como à pequena burguesia. Nada de fantasia, nada de inovação nem de renovação acelerada, nada de fazenda de qualidade; a confeção apenas apresenta um simulacro de moda e está diametralmente no lado oposto à alta costura, a qual constitui o polo luxuoso, deslumbrante e criativo da moda, representando aquela o polo popular, sem arte nem prestígio. Enquanto a alta costura cria protótipos e vestuário à medida em número reduzido, a confeção fabrica produtos em série, a bom preço, e imita, de certa forma, com atraso os modelos da moda. A confeção industrial torna

---

([168]) *Libération*, 28 de janeiro de 2005.
([169]) *Le Monde*, 25 de janeiro de 2008.

a moda acessível às massas, mas ignora a criação original, a qualidade dos tecidos, a elegância do corte e de acabamento: aposta na cópia degradada dos modelos de prestígio. No estádio I do capitalismo artístico domina assim a oposição clara e categórica entre criação e série, modelo e cópia, qualidade e quantidade, arte e indústria, moda e fabrico em massa. Esta dicotomia corresponde a uma organização social marcada por uma forte hermeticidade das culturas de classes e das condições materiais destas. O que explica que a criação artística permaneça acantonada, durante toda esta fase, nos limites relativamente estreitos da vida económica e social.

O modelo e a cópia

O que vale para a confeção vale para o conjunto da produção em massa. Os dirigentes envolvidos na aventura industrial não se arriscam a criar novas formas, contentando-se em reproduzir os estilos anteriores. A revolução moderna da produção abre as portas à fancaria e à má cópia; a quantidade é obtida em detrimento da originalidade e da qualidade estética. Surgem protestos de todo o lado face à fealdade que acompanha a indústria moderna([170]) e as suas produções em série. Uma mentalidade anticapitalista acusa ao mesmo tempo o novo sistema de ser o coveiro da beleza([171]). A ideia de um «horror económico» instala-se e terá muito tempo pela frente.

([170]) Baudelaire denuncia a indústria como «a mais mortal inimiga [da arte]». Charles Baudelaire, «Le public moderne et la photographie», *Salon de 1859*, em *Critique d'art suivi de Critique musicale*, Paris, Gallimard, coll. Folio Essais, 1992, p. 278.

([171]) Ver Ludwig von Mises, *The Anti-Capitalistic Mentality*, Londres, Macmillan, 1956. O autor sublinha particularmente o papel de John Ruskin, «grande detrator da economia de mercado e apologista

As primeiras produções do capitalismo industrial não introduzem uma rutura de estilo com o da produção artesanal. Não querendo chocar a clientela, os fabricantes têm cuidado para não romper com os modelos precedentes: a produção industrial em série dedica-se numa primeira fase a fabricar cópias de produtos feitos à mão pelo artesão. A este respeito, é sintomático que a produção em série de móveis, de objetos, de acessórios, que vai transformar completamente os interiores, comece por conservar e amplificar, na difusão do modelo, o que se poderia chamar o «estilo burguês» que colhe a preferência das pessoas abastadas e que simboliza a imagem do sucesso. Procura-se, desde o início, copiar as formas em uso do maior número de peças, partindo do princípio de que, como sublinha Siegfried Giedion, estes artigos, para dar a impressão de autenticidade, «deviam ter a aparência de objetos feitos à mão»([172]). A cópia industrial dos objetos de artesanato, a mecanização do ornamento que se aplica aos materiais que já não são forçosamente nobres, dão lugar a uma produção marcada pela degradação do sentido dos materiais e insipidez do gosto.

Os vasos, a loiça, os papéis de parede ornamentam-se com personagens, paisagens, motivos marcados por uma complicação afetada e por um excesso decorativo; o mobiliário continua uniformemente pesado e maciço, realçado com ornamentações pomposas; os objetos de decoração, as tapeçarias, os bibelôs, fabricados em série, invadem os interiores cada vez mais atravancados. O aparador

---

romântico das guildas [...]. Foram os seus textos que popularizaram o preconceito segundo o qual o capitalismo, além de ser um mau sistema económico, substituiu a beleza pela fealdade, a grandeza pela insignificância, a arte por lixo» (em cap. IV, «The noneconomic objections to capitalismo», 2. Materialism).

([172]) Siegfried Giedion, *La Mécanisation au pouvoir*, t. II, Technique et environnement humain, Paris, Denoël-Gonthier, 1983, p. 87.

Henrique II e o seu estilo fazem estragos. Decoração sobrecarregada, espalhafatosa, de falso luxo, excesso de ornamentação, empolamentos de todo o tipo: as primeiras produções da indústria capitalista assistem ao triunfo do *kitsch*, erigido numa montagem pomposa.

Contudo, a busca, afirmada desde o início, de uma criatividade propriamente industrial alimentou a partir do século XIX diferentes setores da produção moderna. O exemplo do mobiliário do século XIX é um bom exemplo. Enquanto a produção corrente propõe formas pesadas de móveis sem graça, multiplicam-se as pesquisas para inventar um mobiliário desligado precisamente da tradição das formas pomposas, para utilizar de maneira específica a máquina, fazendo-a produzir objetos inventivos e originais com a sua forma própria. Giedeon observa, justamente, que «são agora os engenheiros que concebem os móveis e não os decoradores que os desenham»([173]). Estes engenheiros vão criar um mobiliário certamente «não artístico», longe dos estilos da moda e da tradição de imitação, mas capaz, por outro lado, de responder às novas necessidades de conforto.

A era do mobiliário patenteado cobre toda a segunda metade do século: não somente cria estilo, mas traduz uma nova maneira de ser ao permitir, através de soluções técnicas criativas de formas revolucionárias, posturas e comportamentos na vida quotidiana desconhecidos até aí. Uma nova maneira de se sentar, descontraída e relaxada, ou de se estender numa posição relaxante que permite a invenção das *chaises-longues*, as cadeiras de baloiço, os assentos de comboio, as poltronas de cabeleireiro, transformam a arte quotidiana de viver. Tal como o aparecimento dos móveis conversíveis permite a mobilidade numa vida cada vez mais ativa e os assentos adaptáveis e

---

([173]) *Ibid.*, p. 132.

as camas articuladas dos vagões-cama trazem um conforto insuspeito nos meios de transporte que acompanham e simbolizam o desenvolvimento industrial e comercial.

Série industrial e capricho estético

Ainda assim, na generalidade, mesmo nas produções industriais que escapam ao espalhafatoso, encontra-se a lógica imitativa, bem como a pobreza de estilo: a indústria automóvel, que se inscreve de maneira vincada, com a lógica fordiana, nos antípodas do capitalismo artístico, fornece uma ilustração exemplar.

Os primeiros automóveis, fabricados quase à unidade, são feitos a partir de uma produção essencialmente artesanal. Objetos de luxo, dão muita importância, para revestir elementos puramente mecânicos, a acessórios e adereços que traduzem a riqueza e a posição social através de materiais nobres e manufaturados – pele dos bancos, o brilho dos metais, madeiras preciosas do tabliê. Reservados a uma elite social, libertando um perfume quase de aventura, exaltando o novo espírito inglês do desporto, traduzem uma arte de viver moderna, que se prolongará por muito tempo, através da figura cara a Paul Morand do «homem apressado» que conduz a sua vida a 100 à hora. Um espírito artístico envolve o que vai ser objeto de ponta da civilização industrial. Capacete de couro, óculos de corrida, blusão de piloto: o *homo automobilis* representa, inicialmente, a própria imagem de uma estética de vida.

Henry Ford, nos Estados Unidos, vai inverter de uma ponta a outra esta lógica «aristocrática» e estética. Já não se trata de construir um pequeno número de veículos que serão vendidos a um preço elevado, mas de produzir em grande quantidade a mesma viatura para as massas a um preço cada vez mais baixo. O famoso modelo T, que lança em 1908, abandona tudo o que fazia do automóvel um produto de luxo; o sistema Ford assenta na recusa de levar em conta os gostos diversos dos consumidores e os «caprichos do cliente»[174]. A lei aqui é a da estandardização em massa, da redução dos custos e das margens. Já não é o amador esclarecido que escolhe o seu modelo segundo os seus gostos específicos, é um mesmo modelo preto que é imposto uniformemente a todos segundo uma estratégia centrada no baixo preço. Só são considerados os parâmetros «objetivos» da fiabilidade e do preço: é tudo menos um sistema artístico aquilo que está subjacente à primeira revolução da indústria automóvel.

Os resultados não se fazem esperar, consagram o sucesso desta estratégia de produção em massa: em 1916, a Ford assegura mais de um terço das vendas dos veículos de turismo nos Estados Unidos onde, em 1920, conta já com uma viatura por cada três famílias. Em 1908, na sua apresentação, o Ford T custa 850 dólares e nesse ano vendem-se 5986 carros. Em 1916, o seu preço é apenas de 360 dólares e vendem-se 577 036 exemplares. Quando a produção para em 1927 já tinham sido vendidos mais de 15 milhões no total.

As razões deste sucesso fabuloso são conhecidas, e o construtor recorda-as nas suas *Memórias*: a qualidade dos materiais, a simplicidade do funcionamento, a potência suficiente, a fiabilidade absoluta, a ligeireza, a manejabilidade, o baixo consumo. Nenhuma menção, nesta série de fatores, ao mais pequeno parâmetro estético. E se a viatura deve ser simples é porque isso garante o seu preço de custo: «Quanto menos um artigo é complexo, mais fácil

---

[174] Richard S. Tedlow, *L'Audace et le Marché. L'invention du marketing aux États-Unis,* Paris, Odile Jacob, coll. Histoires, hommes, entreprises, 1997, p. 191.

será de fabricar, quanto menos caro seja, mais se poderá vender»([175]). No modelo Ford, tudo obedece a uma lógica funcional, técnica e económica, nada é supérfluo ou lúdico, nada responde a uma busca propriamente estética: uma indústria antiartística.

Apesar disso, a fase I não ignorou de maneira alguma, no mesmo setor, a problemática estética. À visão puramente utilitária que se traduz pela conceção de um modelo único, bom para toda a gente e que não se preocupa com gostos individuais (a Ford fizera a escolha «de não fazer figurar nos seus planos o comprador individual» e vangloria-se de ter «estandardizado o consumidor»), outro gigante que nasce da indústria automóvel americana, a General Motors, responde através de um dispositivo inverso. A estratégia adotada pelo seu fundador William Crapo Durant, aquando da constituição da empresa em 1908, leva-o a comprar outras fábricas de produção automóvel, muito diversificadas, para dispor do mais vasto painel tecnológico possível. A firma torna-se, assim, proprietária de nomes prestigiosos: Chrysler, Pontiac, Buick, Cadillac, o que, nos anos de mutação após a Primeira Guerra Mundial, vai revelar-se um trunfo considerável enquanto o modelo único Ford T começa a esgotar-se perante a nova procura.

Sob a direção de Alfred Sloan, a General Motors introduz uma dupla novidade revolucionária: um modelo de viatura para cada tipo de preço (segundo a fórmula «a viatura para cada pessoa, segundo os seus meios e suas necessidades») e, a partir de 1923, a mudança anual de modelo e de estilo. Com a prescrição dos antigos modelos, sistematicamente substituídos por novos, o sistema da moda infiltra-se na indústria automóvel. Concebido para estimular as vendas e responder às aspirações diversificadas

---

([175]) *Ibid.*, p. 156.

de uma clientela sempre mais exigente, a ideia é oferecer, na mesma marca identificada por algumas linhas distintas e constantes, uma variedade de estilos próprios para seduzir os compradores de classe social, de fortuna, de cultura, de gostos diferentes. O arranjo interior e a aparência exterior dos modelos constantemente renovados vão tornar-se o centro da política de produto da empresa. Desta maneira, o *sloanismo* criou o primeiro modelo industrial, conseguindo conjugar produção em grandes séries, economia de escala e lógica de moda. Donde se impôs a necessidade de um gabinete de estilo, sensível às modas, às tendências, às formas: a empresa dotar-se-á em 1938 de um serviço de «Arte e Cor». Ao contrário da Ford, que queria dirigir de maneira paternalista a procura, a GM começa a ouvir quem procura e integra na sua oferta «os caprichos do comprador» ao propor-lhe variantes estéticas, escolhas diversas em matéria de cor e de estilo. A constante renovação estética e a obsolescência programada da aparência das viaturas tornaram-se fatores cruciais para criar um obstáculo à saturação do mercado e relançar continuamente o consumo das famílias. Nasce, assim, uma história que se tornará uma lenda: a da «bela Americana» que consagra a viragem da indústria automóvel para a ordem da moda e do capitalismo artístico.

DESIGN, PRIMEIRO ATO: FUNCIONALISMO E MERCADO

Arte, artesanato e indústria

O mundo industrial, enquanto novo poder, desviou-se amplamente, como se viu, da criação estética: contenta-se com imitar o artesanato ao utilizar materiais de substituição que permitem a produção em série a baixo custo. Contudo, esta lógica vai suscitar rapidamente uma ampla reflexão crítica. Ao longo da segunda metade do século XIX, perante os danos estéticos provocados pelo reino da máquina moderna, duas grandes correntes de pensamento se confrontam.

A primeira, dinamizada por Ruskin, propõe rejeitar o maquinismo e regressar ao trabalho artesanal, cujo modelo está na Idade Média. Ao denunciar o progresso moderno, a fealdade e a mentira dos produtos manufaturados, Ruskin considera que o maquinismo industrial leva a sociedade ao declínio: há um conflito irredutível entre arte e indústria, beleza e maquinismo, qualidade e produção mecânica. Para escapar aos efeitos desastrosos do mundo maquinista, nada é mais importante do que valorizar o trabalho manual e os métodos artesanais anteriores à modernidade. William Morris e o movimento Arts & Crafts defendem igualmente a ideia de um regresso à dignidade do trabalho artesanal e do bom ofício. Ao querer reconciliar arte e vida quotidiana, Morris denuncia o dogma da hierarquia das artes, recusa a oposição entre «Grande Arte» e «artes menores», proclama a igual dignidade de todas as artes, procura elevar o artesão ao estatuto de artista, convida os artistas a entrar nos domínios do artesanato.

Foi na renovação das artes decorativas, na fusão da arte com o artesanato que se procurou a solução para os prejuízos estéticos da mecanização moderna. Ao recusar uma arte destinada a uma minoria, Morris considera que «nenhuma obra de arte é obra de arte se não for útil». Nesta perspetiva, as artes aplicadas estão carregadas de uma dimensão utópica: construir um mundo novo para o povo, fazer entrar a arte na vida de todos, promover uma conjuntura quotidiana de qualidade em tudo e para todos. Um programa que será reivindicado pelo movimento Arts & Crafts assim como pela Arte Nova. Com os danos da civilização maquinista surgiu a utopia de uma sociedade estética democrática. A segunda corrente é fundada por Henry Cole, que reúne à sua volta, a partir de 1850, um grupo de pensadores e de artistas reformadores cuja ideia não é nem rejeitar a mecanização nem regressar aos métodos artesanais, como defendem Ruskin, William Morris e os inspiradores de Arts & Crafts, mas, pelo contrário, promover a aliança entre arte e indústria e «demonstrar a existência de uma ligação estreita entre as belas-artes e a indústria». Contra os excessos da mecanização, trata-se de inventar uma linguagem que esteja adaptada à revolução industrial e que não reproduza as antigas modas de conceção artística em vigor no artesanato. Esta conceção é marcada pela convicção de que é inútil e impossível voltar atrás e que a técnica industrial está em vias de fabricar produtos originais e de qualidade que poderão ser difundidos na vida quotidiana. Afirma-se uma perspetiva que vê na mecanização uma oportunidade para o desenvolvimento de uma verdadeira originalidade criativa. Cole cria assim o conceito de «Manufatura de arte»: «Entenda-se por isto», diz ele, «a aliança das belas-artes ou da beleza com a produção mecânica»([176]). Esta corrente que serviu de apoio às conceções funcionalistas tem já a germinar o que se chamará a estética industrial ou *design* e que irá consagrar, durante a década de 20, a Bauhaus (1919-1933).

Esta escola, nascida da fusão entre a Academia de Belas-Artes e a escola de artes aplicadas de Weimar, ocupa um lugar importante na história do *design*. Walter Gropius, o diretor da escola, cria o projeto para transcender as fronteiras entre as disciplinas, abolir a distinção entre arte e artesanato, belas-artes e artes úteis. Gropius pensa

---

([176]) Henry Cole, *Fifty Years of Public Work*, citado por Siegfried Giedion, *La Mécanisation au povoir*, op. cit., p. 89.

refundar a arquitetura, a pintura e a escultura numa «catedral do futuro» que tenta envolver tudo numa só unidade. A escola tem por missão encontrar a unidade perdida das artes plásticas, preencher o fosso existente entre arte e indústria, elevar o artesanato à categoria de belas-artes, formar criadores capazes de trabalhar na indústria, lançando as bases de uma arte que faria parte integrante da sociedade. A Bauhaus nasceu no prolongamento dos princípios de William Morris e do movimento Arts & Crafts: tornando caduca a clivagem entre belas-artes e a produção artesanal, a arte devia responder às necessidades da sociedade. Mas ninguém aqui tem saudades de um tempo passado: ao rejeitar toda a referência ao passado, os muitos artistas e arquitetos que participam na Bauhaus propõem uma linguagem universal das formas e do objeto, uma estética racional, destradicionalizada, que devia estar ao serviço da indústria.

A partir de 1922, a Bauhaus afasta-se do seu objetivo inicial de síntese das artes ou de unificação da arte e do artesanato. Dá-se uma reviravolta que tem por finalidade aproximar a arte e a máquina, criar protótipos reproduzíveis em série, trabalhar para a indústria, mais do que criar objetos de luxo. A ambição é promover uma «estética mecânica», produzir modelos experimentais em que arte e técnica se apoiem para mudar o próprio cenário da vida quotidiana: construção e edifícios, certamente, mas também decoração, tipografia, têxtil, louça, candeeiros, mobiliário. Com este espírito são produzidas a Haus Am Horn (1923) e diferentes cozinhas equipadas de maneira funcional e simples, nomeadamente as de Breuer (1923) ou de Gropius (1926).

A escola defende uma abordagem racionalista à criação com a preocupação de conciliar valor artístico, utilidade funcional e fabricação industrial. Assim, alguns modelos de mobiliário metálico, concebidos nomeadamente por Mies van der Rohe, bem como candeeiros criados por Marianne Brandt e Hin Bredendiek, foram fabricados industrialmente. Contudo, mesmo se os protótipos da Bauhaus parecem sair de uma linha de montagem, poucos deles deram lugar a uma produção industrial: entre 1919 e 1933, só cerca de vinte industriais se mostraram interessados na produção destes projetos. Os materiais e o fabrico destes produtos eram caros: a imensa maioria da população não tinha acesso a eles apesar da afirmação de um ideal social ambicioso.

A escola torna-se defensora de uma aproximação funcionalista cujos princípios foram formulados na década de 90 do século XIX. Louis H. Sullivan anuncia a sua famosa fórmula «form follows function» [a forma segue a função] em 1896, enquanto no ano seguinte Van de Velde proclama: «Tudo o que não tem relação com a função e com a utilidade deve ser banido». E o ensaio de Adolf Loos *Ornamento e crime* aparece na Áustria em 1908. A conceção funcional da forma afirma-se contra as gratuitidades estéticas, contra o decorativo então todo-poderoso, contra o desvio dos objetos daquilo que é o seu verdadeiro destino: a geometria, a simplicidade racional, o despojamento ortogonal, a verdade do objeto, o respeito pelo material são as regras de ouro. O funcionalismo rejeita todas as formas de narração simbólica e de ornamentação, todas as deformações enganadoras que impeçam os objetos de aceder à sua função de uso. Daí a exaltação de uma beleza definida pela sobriedade e pela economia de meios, pela expressão exata de uma função, pela adaptação das formas ao seu uso, pela conformidade de uma coisa ao seu fim. Beleza racional, beleza útil, beleza universal, beleza técnica, é tudo a mesma coisa.

Mas o projeto funcionalista não é redutível a um trabalho estilístico, ainda que despojado: trata-se antes de mais de atualizar as funções da vida e da solução ideal para as concretizar, para responder às novas exigências da produção industrial, para fabricar pelo menor custo de uma maneira racional, para encontrar as soluções mais económicas para construir em massa e para os mais desfavorecidos. Ao criticar as pesquisas puramente formalistas, a escola procura a adequação da conceção dos produtos com os imperativos industriais para satisfazer as verdadeiras necessidades do homem. No número 4 de *Bauhaus*, Hannes Meyer, que sucede a Gropius na direção da Bauhaus, escreve em 1923: «Todas as coisas neste mundo são produto da fórmula: função x economia. Também nada é obra de arte: toda a arte é composição e por consequência antifuncional. A vida é toda ela função e por consequência não artística». Antes de ser um projeto estético, o funcionalismo é dirigido por uma ambição demiúrgica (fazer tábua rasa do passado e da tradição, remodelar de ponta a ponta o ambiente quotidiano segundo uma perspetiva racional), ética (probidade, higiene, eliminação do esbanjamento e dos enganos ornamentais, beleza simples e prática, verdade[177]), social e democrática (melhorar a vida da maioria).

A conceção funcional construiu-se na oposição frontal aos jogos de ornamentação, da moda, da sedução. A ironia é que o capitalismo conseguiu, depois disso, fazer entrar o próprio funcionalismo na órbita do que diabolizava inicialmente. Desenvolveu-se, com efeito, um funcionalismo sedutor dos consumidores. De facto, teve menos um papel moral (as «verdadeiras» necessidades) do que um papel económico ao serviço da estimulação dos mercados, da exacerbação das necessidades e da rentabi-

---

(177) Evocando os efeitos da sua «lei do Ripolin», Le Corbusier escreve: fazer bem como se faz em casa... tudo se mostra como é... O branco da cal é extremamente moral», Le Corbusier, *L'Art décoratif d'aujourd'hui* [1925], Paris, Arthaud, 1980, pp. 191 e 193.

lidade das empresas. Com o capitalismo artístico, o *design* industrial tornou-se um elemento da sociedade e da economia de sedução.

A estética industrial ao serviço do mercado

Contrariamente a William Morris, que apenas via a regeneração do artesanato e do trabalho manual, diversas correntes na Alemanha consideram que arte e produção estandardizada em massa podem ser compatíveis. Em 1907, é criada a Deutscher Werkbund, onde se agrupam industriais e *designer*s para desenvolver a qualidade estética na produção industrial e promover o *design* alemão. Em 1910, a Werkbund contava com mais de 700 membros, sendo metade industriais e a outra metade artistas. A associação defende uma estética funcionalista, o estilo internacional, através de produtos industriais de baixo custo mas de qualidade estética. O arquiteto Hermann Muthesius, que está na origem do grupo com Van de Velde, avança que as produções do Werkbund devem estar conforme as normas de estandardização, que só ela permite uma produção em massa e pode «introduzir de novo um gosto pelo que é universalmente válido». É neste espírito de estética industrial racional que foram feitos, nomeadamente, arranjos interiores de carruagens de comboios e de elétricos, talheres, linóleos e mobiliário em série.

No escritório do Werkbund, o arquiteto Peter Behrens senta-se ao lado de Walther Rathenau, o patrão da AEG (conhecido como «o chefe da empresa artística»): serão os autores da primeira verdadeira integração entre *design* e indústria. É muitas vezes reconhecido nesta colaboração entre Behrens e a AEG – o gigante da indústria elétrica alemã –, que durou de 1907 a 1914, o ato fundador da associação estrutural entre *design* e produção moderna.

Behrens fora nomeado para o cargo de «conselheiro artístico» do presidente e encarregue, como tal, de velar também pelo *design* dos produtos e da imagem gráfica, logotipo e arquitetura dos edifícios da empresa. Para que todas as produções AEG apresentassem uma mesma estética moderna depurada e uma imagem de marca imediatamente reconhecível, todo o produto pronto para o mercado devia primeiro receber a aprovação de Behrens. É, como tal, o primeiro exemplo de «*design* global», funcionando já como um vetor de publicidade e ferramenta de marketing ao serviço da marca. No entanto, este fenómeno na fase I do capitalismo artístico é excecional.

Note-se, no entanto, que foi por outra via que se difundiu a prática do *design* nos Estados Unidos. Na Europa, os *designer*s são essencialmente os arquitetos que realizaram os trabalhos no domínio da arquitetura e das artes aplicadas (muito particularmente o mobiliário). Ao apoiar-se nas teorias radicais, trabalharam mais na produção de peças industriais do que na indústria. O mesmo não se passa nos Estados Unidos, onde começam a aparecer *designer*s consultores junto das grandes empresas e dos grandes armazéns. O desenvolvimento destes *designer*s pioneiros, vindos do teatro, da ilustração, da publicidade, coincide com o *boom* desta nos Estados Unidos na década de 20. Menos rigoristas do que os seus homólogos europeus, atribuem mais valor ao aspeto exterior dos objetos do que às estruturas funcionais do objeto: o *design* é utilizado como vetor de estilo para modernizar a aparência dos produtos, seduzir os consumidores, aumentar as vendas. Sem ideologia revolucionária, sem manifestos radicais, os seus *designer*s têm por objetivo remodelar, depurar, projetar a aparência das máquinas (comboios, tratores, duplicadores, caixas registadoras) e dos novos objetos do quotidiano (automóveis, máquinas de lavar, frigoríficos, telefones, máquinas fotográficas, embalagens) para os tornar mais atrativos, mais elegantes, sem adornos e mais estilizados([178]).

A seguir à crise de 1929, os industriais tomam consciência da importância da estética no sucesso comercial dos produtos de grande consumo. Surgem as primeiras grandes agências de estética industrial, vendem os seus serviços às empresas numa época em que a aparência dos produtos fabricados em série tinha uma importância secundaríssima comparada com o preço de fabrico. No contexto da crise de 1929, elas tentam persuadir os fabricantes a recorrer aos seus serviços para estimularem os seus negócios, apresentando a ideia de que a estética é um fator de venda([179]). Henry Dreyfuss colabora com a Bell, Macy, Sears; Walter Dorwin Teague trabalha para a Ford, Texaco, Eastman Kodak. Raymond Loewy redesenha produtos para a Studebaker, Coca-Cola, Lucky Strike. Em 1935, é comercializado o frigorífico Coldspot (para a Sears Roebuck) concebido por ele: em alguns anos, as vendas passam de 15 000 para 275 000 unidades([180]). Em 1949, ele é capa da *Time*, que proclama: «O *designer* Raymond Loewy aerodinamiza a curva de vendas».

Estes *designer*s, assim como outros, concentram-se em oferecer produtos de linhas fluidas, lisos ou torneados, inspirados em formas aerodinâmicas dos últimos avanços tecnológicos (avião, comboio, barco). É o *Streamline style*, que procura traduzir nos objetos a deslocação de ar pela

---

([178]) Entre 1930 e 1934, contam-se mais de mil objetos transformados pelos *designer*s para a indústria. Ver Denis Huisman e Georges Patrix, *L'esthétique industriel*, Partis, PUF, coll. Que sais-je?, 1961, p. 28.

([179]) O que Raymond Loewy desenvolverá vinte anos mais tarde, em 1951, na sua célebre obra *La Laideur se vend mal*, Paris, Gallimard, 1953; reed. Coll. Tel, 1990.

([180]) Stephane Laurent, *Chronologie du design*, Paris, Flammarion, coll. Tout l'art, 1999, p. 125.

velocidade e a potência tecnológica e onde se emprega materiais inéditos – aço inoxidável, alumínio polido, baquelite, materiais sintéticos – dando forma a objetos com linhas recortadas e futuristas, dissimulando os mecanismos e outros elementos que são necessários para a sua utilização. Ao longo da década de 30, o estilo *Streamline* reconfigura os automóveis, as locomotivas, os autocarros, antes de conquistar os móveis, os aparelhos de rádio, os ventiladores, os ferros de engomar, os secadores de cabelo, os apara-lápis e até os caixões!

Dedicando-se a redesenhar o aspeto dos objetos quotidianos muito mais do que a melhorar as suas *performances* técnicas, o *Streamline style* livra-se do rigorismo e do ascetismo do funcionalismo racionalista europeu. Eis o *design* que casa com a lógica de sedução rejeitada pelo funcionalismo e que, longe de restituir aos objetos a sua «verdade» funcional, propõe uma visão estética e espetacular destes, uma imagem, um estilo que se torna moda: a da velocidade, da supermáquina, aplicada indiferentemente a todas as coisas e sem outro fim que o de seduzir os consumidores e de exprimir a elegância das linhas aerodinâmicas. A forma já não resulta estritamente da função: ela desdobra-se como uma imagem hollywoodiana de fluidez e de potência moderna dirigida por uma preocupação de marketing. O *design* aparece aqui como *styling*; cosmética do objeto ao serviço das vendas, reconcilia-se com os imperativos da moda, do comércio e da publicidade: estes *designer*s «estendem a publicidade ao próprio produto» ([181]).

O *Streamline style* não institui apenas uma estética moda do *design*, exprime uma visão otimista da máquina, o novo dinamismo do modo de vida americano, a entrada da sociedade americana na era do consumo de massas ou, mais exatamente, o imaginário da civilização consumista

---

([181]) Penny Spark, *Consultant Design. The History and Practice of the Designer in Industry*, Londres, Pembridge Press, 1983, p. 23.

em vias de se constituir. Com a sua estética que traduz os valores do otimismo, da eficácia, da facilidade, do progresso, o *streamline style* traz em si uma nova arte de viver, um novo imaginário do consumo, sinónimo de atividade moderna, dinâmica, antitradicionalista. O objeto de consumo assim redesenhado não é apenas um sinal distintivo de classe, glorifica a tecnologia ao prometer um mundo melhor para todos: dirige-se à classe média muito mais do que aos círculos fechados da elite social. Ao servir os interesses do negócio através de uma estetização de massa, o *design* contribuiu para forjar a mitologia do conforto, a utopia do consumo moderno impulsionado pelo capitalismo artístico.

A SEGUNDA ERA DO *DESIGN*

Como foi evidenciado, com as condições específicas de desenvolvimento que lhe são próprias, a evolução da história do cinema e da música gravada, da publicidade e do *design*, implementa-se um novo grande ciclo histórico do capitalismo artístico ao longo das três décadas que se seguem ao fim da Segunda Guerra Mundial. Esta fase II corresponde ao momento em que se desenvolve o que se chamou «a sociedade de consumo de massas», a qual vê um forte e rápido incremento do poder de compra das famílias, a difusão de bens de consumo duráveis em quase todos os grupos sociais, a democratização do conforto e dos lazeres, o crescimento do rendimento discricionário entre as massas, a possibilidade de dedicar uma parte das suas despesas à compra do que lhe agrada e não somente do que tem necessidade imperativa.

O apetrechamento das famílias em bens de consumo duráveis e a melhoria das condições de vida tornam-se na grande ocupação da vida, os critérios por excelência do progresso. Entre 1950 e 1980, os eletrodomésticos, o carro, o transístor, o gira-discos, a televisão e todas estas «coisas» de que Georges Perec faz, em 1965, matéria do seu romance emblemático da sociedade de consumo, transformam radicalmente a vida quotidiana, os estilos de existência, a relação com os valores e com a política. Abre--se uma nova era da economia de consumo, assinando o desenvolvimento do capitalismo artístico: o período dos Trinta Gloriosos, que vê a produção multiplicada por 4,5, é também o do salto em frente do capitalismo artístico, ainda que este não seja geral e que alguns setores, nomeadamente o da grande distribuição, traduzam mesmo uma regressão na matéria.

Fundamentada por um forte crescimento do nível de produtividade do trabalho, «a sociedade da abundância» constrói-se ao generalizar o modelo tayloriano-fordiano da organização da produção. Os princípios que fazem lei nas grandes empresas industriais são a divisão intensiva de tarefas, a fabricação em grandes séries de produtos estandardizados, a repetibilidade, o crescimento dos volumes de produção, a exploração das economias de escala. A esfera industrial moderniza-se a grande velocidade, reestrutura-se segundo os mecanismos de racionalização característica do sistema fordiano. Tudo nesta fase é dominado por uma organização produtivista e tecnicista, por uma lógica económica mais quantitativa do que qualitativa. Pela mesma razão, o *design* está longe de ser igualmente desenvolvido e reconhecido em todos os lugares; aparece ainda frequentemente nas décadas de 50-60 como puro estilismo, uma atividade inútil, impondo-se o primado dos engenheiros de produção. Para dar apenas um exemplo, se França vê realizarem-se magníficas criações revolucionárias em diversos setores (DS 19, estilo Courrèges, Concorde), o *design* demora a implementar-se: em 1987 o país só tem 300 *designer*s industriais.

Os Trinta Gloriosos do design

O que não impede um notável desenvolvimento da «arte industrial», primeiro nos Estados Unidos e na Europa e, depois, no Japão. Ao longo da fase II, a estética industrial ganha um espaço social, bem como uma importância estratégica para as empresas incomparável com o passado. A influência do *design* aumenta acentuadamente, ao mesmo tempo que os engenheiros de produto veem a sua poderosa posição anterior recuar. A exigência de melhorar continuamente a ergonomia dos produtos assim como o seu aspeto exterior progride a passos largos. Algumas empresas pioneiras, como a Olivetti, concentram-se a fazer do *design* um dos vetores decisivos da sua estratégia de marketing. O *design* difunde-se na conceção dos produtos e da comunicação, entra nos costumes do novo capitalismo artístico, aparece como instrumento importante de inovação e de sucesso comercial.

Ao mesmo tempo, o mundo do *design* dota-se de estruturas e de instituições profissionais que contribuem para a sua valorização estatutária. Em 1944, é fundada em Nova Iorque a United Society of Industrial Design, primeira organização profissional do ramo. Em Londres, no mesmo ano, é criado o Council of Industrial Design para promover o *design* britânico e contribuir para a política de reconstrução do país. O governo alemão funda em 1951 o Rat für Formgebung (Instituto da Conceção) enquanto a Hochschule für Gestaltung de Ulm se torna a instituição de referência do *design*, na continuidade da Bauhaus (Max Bill, o seu primeiro diretor, foi um antigo aluno). Em França, Jacques Viennot funda em 1951 o Instituto de Estética Industrial, cujo objetivo é incitar os industriais a fazer progredir a qualidade estética dos seus produtos no sentido da «beleza racional». O International Council of Societies of Industrial Design é constituído em

1957. Em todos os países industrializados multiplicam-se as agências, os congressos, as revistas, as exposições, os prémios atribuídos às melhores produções do *design*. Muitas empresas requerem os serviços de gabinetes independentes ou de grandes agências (Olivetti), outras (Philips ou a Ikea) criam um gabinete de *design* integrado. Na Alemanha, a Braun e a Lufthansa aplicam o estilo funcionalista defendido pela Escola de *design* de Ulm (1946-1968), herdeira da Bauhaus; a Braun contrata professores de *design* da Escola de Ulm para trabalhar em protótipos de eletrodomésticos. Numa perspetiva de *design* global, grupos como a Olivetti, a IBM, a Philips, a Braun, a Bang & Olufsen conferem ao *design* a responsabilidade de criar uma identidade visual da empresa, uma imagem de marca homogénea e coerente. De uma participação esporádica do *design* nas atividades da empresa passa-se, em diversos grandes grupos, para uma integração sistemática, os *designer*s colaboram ao longo do processo de desenvolvimento dos produtos com os engenheiros e responsáveis de marketing. Na fase I, os *designer*s, assimilados como puros estilistas, apenas intervinham no fim do processo de desenvolvimento para dar um aspeto estético aos produtos concebidos pelos engenheiros; na fase II começa uma nova etapa onde os *designer*s, na Olivetti ou na Deere, por exemplo, intervêm na elaboração dos produtos, desde o início, estabelecendo o caderno de encargos([182]). A época é a da revalorização e do reforço do papel do *design* industrial nas empresas: um processo que a fase seguinte vai amplificar.

A expansão social do *design* só foi igualmente possível graças à criação de novos circuitos de edição e de difusão: em França, a Huchers Minvielle, Roche Bobois, Roset,

---

([182]) Christopher Lorenz, *La Dimension design. Atout concurrentiel décisif*, Paris, Les Éditions d'Organisation, 1990.

Airborne. Em 1968, a Prisunic inicia a venda por catálogo de mobiliário de autor. Na Grã-Bretanha, a Habitat lança o conceito de «estilo de vida integral». Nos Estados Unidos, a empresa Knoll distribui e produz em série mobiliário contemporâneo, peças de Mies van der Rohe, Eero Saarinen, Harry Bertoia. Em Itália, Cassina edita para os grandes mercados de exportação obras de Gio Ponti e de Mario Bellini. Novas revistas como a *Domus* têm um papel importante na difusão da estética *design*. Ingvar Kamprad funda a empresa Ikea ao conceber supermercados do móvel: os produtos, fabricados em grande série, são vendidos em *kit*. Na década de 50 o *design* escandinavo conhecia já um grande sucesso comercial internacional. Vinte anos mais tarde, em 1973, a Ikea acede ao mercado mundial.

A consagração universal do *design* funcionalista responde à diversificação dos *design*s marcados por características nacionais identificáveis, assim como por abordagens diferentes da profissão. Há toda uma corrente, celebrizada por Raymond Loewy, que dá prioridade à dimensão artístico-intuitiva do *design*. Mas após a guerra, outra corrente se desenvolve e que tenta convencer as empresas da eficácia do *design*, mais próximo do trabalho do engenheiro que do trabalho do artista. Na Bauhaus, Hannes Meyer rodeou-se de matemáticos e de sociólogos; e em Ulm, bem como em muitas escolas que nela se inspiram, são introduzidos nos programas dos cursos de psicologia, de antropologia, as estatísticas. O *designer* devia implementar a ciência da ergonomia e da antropometria e aplicar os conhecimentos do marketing, da sociologia e da economia. Nesta mesma linha, Max Bill declarava: «O *design* funcional considera o aspeto visual, ou seja a beleza de um objeto, um elemento da sua função que não é prioritário». Durante esta fase, uma empresa italiana como a Olivetti considera os *designer*s mais como artistas, ao contrário da Philips, que valoriza os processos científicos, racionais, coletivos. Segundo Knut Yran, que dirige o departamento de *design* do grupo, «o *design* é uma profissão técnica que tem uma função de marketing», «um *designer* deve executar as intenções da empresa antes das suas»([183]). De todos os modos, se é amplamente admitido que o *design* não se confunde com um trabalho de puro estilismo, há qualquer coisa de artístico que lhe é, no entanto, consubstancial, tanto o trabalho sobre a forma dos produtos é capital.

Será necessário especificar que esta nova época está longe de estar completamente comprometida com as formas modernas: uma sondagem dos anos de 50 junto dos consumidores alemães revelava que só uma pequena minoria estava disposta a adotar o *design* funcional na decoração. O facto é que o recurso aos *designer*s nas grandes empresas se generaliza, a aparência exterior dos objetos industriais ganha uma importância acrescida, o princípio de renovação rápida do estilo dos produtos ganha sempre mais setores: cada vez mais, os produtos industriais fabricados em série são objeto de um trabalho de estilo destinado a assegurar o seu sucesso comercial. Ainda que de natureza fordiana, a ordem produtiva integra as lógicas de criação estética, de *design*, etc., e, mais tarde, de fantasia. O que resultou em inegáveis sucessos estéticos, novas belezas utilitárias, novas formas elegantes, por vezes de objetos de culto: a lambreta Vespa, o DS 19 da Citroën(*), a máquina de escrever Lettera 25 da Olivetti, as tesouras Fiskars, a cadeira Tulipa de Eero Saarinen são casos exemplares. Note-se que o mercado e o impulso dos imperativos do marketing contribuíram para inovar as

---

([183]) Sobre estas citações, Peter Dormer, *Le Design depuis 1945*, Paris, Thames & Hudson, coll. L'Univers de l'art, 1993, chap. I e III.

(*) Modelo da Citroën mais conhecido em português como «boca de sapo» (N. R.).

formas e estilizar o universo dos bens de consumo, ainda que fosse com resultados desiguais segundo os públicos visados. Arte industrial: o *design* impõe-se como uma das artes do quotidiano.

Mesmo se até ao início da década de 60 domina o *design* geométrico e orgânico, muitos produtos têm a ver com mobiliário, com candeeiros, com tecidos dos estofos e nada têm de funcionalista, com as suas ornamentações cromadas, candeeiros que piscam, cores berrantes, *juke-box* e outros jogos de *flipper* que vêm do *kitsch*. O mesmo se passa com óculos escuros em forma de lábios ou de notas musicais. Esta época assiste à proliferação das embalagens espalhafatosas, ao triunfo do rosa *girly* nas cozinhas, nos quartos e nos eletrodomésticos, todo um conjunto de objetos e de cores cujo valor, mais decorativo do que funcional, simboliza a prosperidade e a euforia do consumo. Mais tarde, o estilo *pop*, que abandona o rigor do *design*, traz um toque de juventude e de fantasia lúdica às formas industriais. Na fase II, o processo de diversificação das estéticas está já implementado: uma dinâmica que se radicalizará na fase seguinte.

É assim que a fase II foi aquela que difundiu socialmente o *design* não apenas através do mobiliário moderno de série (módulos de arrumação, cadeiras de plástico, sofás de espuma, candeeiros de pé...), mas também do automóvel, da televisão, dos aparelhos elétricos, de todos os objetos do quotidiano. Por causa do *design*, a aparência exterior dos produtos – o automóvel em particular – ganhou uma importância crescente nas motivações de compra. O *design* torna-se um objeto de consumo de massas ao mesmo tempo que de moda, constantemente renovado. Não foram os artistas da Arte Nova que conseguiram concretizar o sonho de «arte em tudo» e para todos, foi o próprio capitalismo de consumo ao integrar a dimensão do *design* no sistema produtivo de massa.

«O complot da moda»

A época que começa com a década de 50 não generalizou apenas a lógica fordiana, ela abalou o universo industrial do consumo em torno da renovação anual dos modelos e da obsolescência integrada. O que a General Motors, no setor automóvel, inaugurou – mudança sistemática do estilo, da linha e das cores, multiplicação dos *gadgets* e de outros acessórios espalhafatosos – intensificou-se e foi conquistando cada vez mais setores: cosméticos, calçado, roupa de criança, loiça, artigos domésticos, alta-fidelidade. A racionalização da esfera produtiva casou, assim, com a estratégia do efémero erguida como doutrina industrial devido à necessidade de repor constantemente os mercados. Se para implementar esta estratégia uma das vias possíveis é limitar voluntariamente a qualidade e, portanto, a duração dos produtos, a outra via consiste em mudar rapidamente o estilo, o aspeto exterior dos produtos, tomando a moda do vestuário como modelo: «Todas as indústrias se esforçam por copiar os métodos dos grandes costureiros. É a chave do comércio moderno», declara Louis Cheskin, na América, no início da década de 60. É aquilo a que Vance Packard chama, de forma expressiva, «o *complot* da moda», mostrando que esta se alargou a todas as esferas da economia de consumo[184]. Surgiu um novo ciclo, um ciclo híbrido que combina a lógica fordiana com a lógica-moda do capitalismo artístico.

Neste sistema de mudanças permanentes de estilo e de busca da novidade a qualquer preço, o *design* tem um papel crucial. É muito particularmente o caso dos Estados Unidos onde o *good design*, com a sua estética racional e funcionalista, dá muitas vezes lugar às formas proliferan-

---

[184] Vance Packard, *L'Art du gaspillage* [1960], Paris, Calmann--Lévy, 1962.

tes, mesmo extravagantes, com a sua estética hiperbólica, como a «bela Americana» tal como o concebeu o estilista Harley J. Earl para a General Motors e que proporciona um exemplo quase icónico: grelha do radiador perfilada, *ailerons* em forma de asas de avião, para-choques com o desenho de obus, abundância de cromados, superfícies polidas e brilhantes. Um estilo luxuriante que encontramos, de resto, fora da indústria automóvel, mesmo nos bens de equipamentos domésticos: aspiradores aerodinâmicos, frigoríficos com metais e ornamentos, aparelhos de televisão com moldura, rádios com botões pretos e brancos inspirados na aeronáutica, máquinas de lavar com comandos que parecem um painel de bordo. O sistema-moda do capitalismo artístico está agora dominado pelos modelos estéticos americanos sinónimos de progresso, de modernidade, de espírito consumista e que outros países desenvolvidos se esforçam por imitar. Segundo Earl, o *design* deve ser um vetor de venda: tem a responsabilidade de «glorificar a vida de cada consumidor».

Na década de 50, a lógica decorativa (o ornamento, o supérfluo, o espalhafatoso, a moda), que Adolf Loos e a escola funcionalista proscreveram, é reintroduzida na «arte automóvel» no sentido de responder aos imperativos comerciais do capitalismo artístico, aparecendo aqui como promotor de um estilo teatral comercial. Ao *less is more* proclamado por Mies van der Rohe sucede um neo-design ostentatório centrado nos acessórios, nas lógicas de sedução, da moda e do marketing. Ao reatar, particularmente no setor automóvel, com o excesso dos ornamentos cromados, dos enfeites, das asas e outros elementos espampanantes, o *design* impõe-se como uma operação de teatralização dos produtos ao serviço da promoção de vendas e da publicidade das macas.

Mesmo que o *design* não possa ser reduzido a este papel decorativo, não há qualquer dúvida de que foi uma das peças do advento desta economia-moda generalizada, esta civilização do descartável, cada vez mais acentuada, devido à utilização de materiais baratos (cartão, plástico). Com a fase II começa a era do *gadget* e do seu esbanjamento sistemático. Testemunha-o o estilo dos carros, cheios de cromados, com para-choques inúteis e painéis repletos de mostradores. Mas também a proliferação do acondicionamento de produtos, das embalagens alimentares destinadas aos supermercados, dos sacos de plástico, dos lenços de papel, dos talheres descartáveis. Em 1953, o barão Bich inventa a esferográfica descartável a que se seguirão, em 1973, as lâminas de barbear Bic e, depois, o isqueiro e os talheres descartáveis. Editada em grande série em 1964, a cadeira de papelão de Peter Murdoch, a Polka--Dot Chair, para montar em casa e vendida a baixo preço, foi concebida para durar três a seis meses. O estatuto efémero e a obsolescência calculada aplicam-se então a um número cada vez maior de produtos destinados a chegar a todas as classes económicas e sociais.

Através desta política de obsolescência dirigida afirma--se um capitalismo artístico que desafia a raridade e se mostra sob o signo desenvolto da profusão democrática e da delapidação de riquezas. Apesar de após o primeiro choque petrolífero se multiplicarem os críticos contra o consumo e contra o *design* irresponsável, a fase II continua a ser dominada pelo otimismo, pela moda, pela indiferença em relação ao futuro. A economia-moda do consumo e a cultura contestatária convergiram para instituir a nova prioridade do eixo atual, uma cultura hedonista do instante sem consideração pelo futuro. A fase II constitui a fase feliz, despreocupada, juvenil, do capitalismo artístico. A fase III porá fim a tudo isto.

Esta dinâmica é igualmente favorecida pelo sucesso da cultura *pop*, que reivindica os valores juvenis, o prazer, a mobilidade, a ligeireza, as formas expressivas. Na década de 60, o *design* tradu-lo diretamente: móveis de cartão, abajur de papel, cadeiras desmontáveis, camas transformáveis, roupa em papel descartável, móveis em plástico transparente insuflável (a poltrona Blow data de 1967), *gadgets* baratos. Longe das cores e formas austeras, eis que chegou o tempo da cor viva, do verniz e do plástico, dos néons agressivos, das riscas e das bolhas, do variável e do descontraído, do informal e do aleatório, particularmente no mobiliário. Uma estética inspirada na BD, na ficção científica, na publicidade que inspira os *designers* que, ávidos de liberdade e de anticonformismo, rejeitam o funcionalismo puritano em benefício de um ludismo juvenil: implementa-se uma verdadeira cultura *pop*, com os seus ídolos, os seus ícones, os seus lugares de culto – a Factory de Warhol, em Nova Iorque, a *boutique* Mr. Freedom em Londres – os seus principais *designers* – Cesare Joe Colombo, Gae Aulenti, Olivier Mourgue, Peter Murdoch, Verner Panton – os seus objetos de culto – a cadeira Sacco, as poltronas Djinn, a cadeira S em poliuretano, o tamborete Tam-Tam. Através dos valores antiburgueses, todo um ramo do *design* retomou o que a Bauhaus e o racionalismo do *good design* queriam eliminar: o arbitrário, a decoração, o lúdico (o bengaleiro Cactus de Drocco e Mello), a fantasia (o sofá Bocca em forma de lábios), o sensualismo (a poltrona Donna de Gaetano Pesce). E tudo isto para maior benefício do sistema da moda e do capitalismo artístico, incapaz de prosperar sem uma renovação rápida, sem fantasia criativa, sem inovação estilística.

    O capitalismo-moda desta fase foi objeto de várias críticas. Vance Packard denuncia-o como esbanjamento dos recursos naturais e máquina para desenvolver o consumo excessivo, o aspeto material da existência, o egocentrismo; Galbraith, como condicionamento da procura; os situacionistas como «sociedade do espetáculo», império da alienação e da passividade. Num livro famoso, Victor Papanek estigmatiza a perversão do *design* que cria valores falsos e objetos fúteis, que encoraja cada vez mais o consumo, a deitar fora e, portanto, a arruinar o planeta Terra([185]). Esgotarão todas estas críticas ao consumo desenfreado estimulado pelo *design* e que se multiplicam ao longo das décadas de 60-70 o sentido desta fase II? É Evidente que não. Pois esta, através do consumo, da moda, dos estímulos publicitários, impeliu uma mutação cultural global: mudou a orientação temporal das nossas sociedades ao mesmo tempo que o seu modo de socialização e de individualização. De uma cultura orientada para o futuro típico da primeira modernidade, passou-se para uma sociedade presentista dirigida pelas novas normas do prazer, do lazer, das satisfações imediatas. A economia--moda([186]) foi a que minou as prescrições sacrificiais e disciplinares em benefício do hedonismo consumista, da sedução das mensagens, do humor, do conforto privado; deslegitimou as imposições autoritárias e, a seguir, arrastou a autonomização dos indivíduos relativamente às instituições coletivas e aos enquadramentos rigoristas.

Ela está, assim, na origem de uma «segunda revolução individualista»([187]) e esta, não só através da difusão dos valores hedonistas, mas também pelos novos objetos de consumo, transforma os hábitos de vida da maioria. Todo

---

([185]) Victor J. Papanek, *Design pour un monde réel. Écologie humaine et changement sociale,* Paris, Mercure de France, coll. Environnement et société, 1974.

([186]) Sobre a moda como nova forma estruturante da economia e da sociedade de consumo, Gilles Lipovetsky, O *Império do Efémero, op. cit.*

([187]) Gilles Lipovetsky, *L' Ére du Vide. Essais sur l'individualisme contemporain,* Paris, Gallimard, coll. NRF Essais, 1983; reed. Coll Folio Essais, 1989 [*A Era do Vazio,* trad. Miguel Serras Pereira e Ana Luísa Faria, Edições 70, Lisboa, 2013].

um conjunto de novos objetos – televisão, transístor, gira-
-discos, automóvel, eletrodomésticos – penetra em quase
todos os meios com fortes efeitos de individualização das
práticas, das aspirações e mesmo dos costumes. Além da
massificação da vida quotidiana e dos confrontos simbólicos de classe, os objetos emblemáticos do capitalismo
criativo, carregados de valores hedonistas, de sonhos de
emancipação e de progresso, conduziram a um aumento
da individualização das práticas de consumo, dos lazeres
e dos modos de vida em geral.

O *design* participa deste processo. Não pode ser reduzido à sua função de marcador e de classificação social,
não exprime somente os desejos de elevação ou de diferenciação social na arena das competições estatutárias de
classe. Evidentemente, o mobiliário vanguardista dos
grandes editores de *design* e as marcas dos novos criadores de moda não são muito difundidos para lá do círculo
das classes médias superiores. Mas têm, no entanto, con-
tribuído para promover a «sociedade do desejo», para
estetizar o quotidiano, para difundir o sonho do modo de
vida americano, os valores da modernidade e do lazer, da
juventude e da liberdade, do prazer e do consumo que
estão no princípio do novo individualismo. Evidentemente, com a sua dimensão ascética e racionalista, rigorista e universalista, o *design* funcionalista pode parecer
antinómico com o desenvolvimento social do princípio da
individualidade. Contudo, não é assim. Porque, tal como
o individualismo moderno, o *design* construiu-se fundamentalmente na rejeição da tradição e dos particularismos
nacionais. Ao reivindicar um tipo de tábua rasa do passado, o *design* funcionalista é um hino radical ao presente
social, à pura modernidade[188]. Sem aspeto e sem passado, o objeto *design* aparece como um sistema autónomo

---

[188] Gilles Lipovetsky, *L'empire de l'éphémère*, op. cit., p. 198.

de elementos formais, uma combinatória soberana que nada deve ao exterior. Por isso, o *design* ilustra o ideal de emancipação moderna, o mesmo que constitui a cultura individualista. Seja qual for o seu aspeto puritano, o objeto funcionalista acena à liberdade moderna, oferece o espetáculo triunfante da criação ao libertar-se das imposições tradicionalistas: uma emancipação construtivista e estilística que precedeu a dos costumes. Tudo leva a pensar que o *design*, pela sua própria estrutura formal, e conjuntamente com os novos objetos de consumo, favoreceu assim, de uma maneira ou de outra, o impulso da individualização que marca a fase II.

Estilistas e criadores

A revolução da fase II diz respeito também ao setor industrial do vestuário. Nos anos do pós-guerra implementa-se o «pronto-a-vestir», que consegue romper com o anonimato característico da confeção industrial ao introduzir um vestuário «mais» criativo, um valor estético acrescentado. Os industriais pedem agora aos estilistas para conceber produtos têxteis que integrem a exigência de elegância, de fantasia, de beleza. No início da década de 50, os grandes armazéns esforçam-se por propor uma moda requintada e elegante para as mulheres de todas as idades: neste sentido, as Galerias Lafayette, o Printemps, o Prisunic integram no seu serviço conselheiros e coordenadoras de moda que possam dar uma sugestão de bom gosto. Aparecem igualmente os primeiros gabinetes independentes de conselho e estilo que, ao intervir em todos os níveis na cadeia têxtil, redigem duas vezes por ano revistas de tendência no domínio das cores, das matérias, das formas. As empresas de pronto-a-vestir assinam os seus modelos, à maneira da alta costura, realizando desfiles de moda e lançando campanhas publicitárias.

A fase II do capitalismo artístico democratizou o sistema da moda, promoveu o «chique barato», o *look* moda de roupa industrial de massas, a profissão do estilista ao mesmo tempo que a de «criadores de moda». Em 1962, a França conta já com cerca de 2000 estilistas de moda[189] que trabalham para promover «o bonito ao preço do feio» (Denise Fayolle) ao aliar racionalidade industrial e criatividade, produtividade e qualidade estética. Com o novo pronto-a-vestir para o grande público e o dos «criadores» esboroa-se o sistema bipolar que funcionava na oposição radical entre alta costura e confeção industrial: a alta costura já não é o único centro da moda, o fabrico em série associa-se ao imperativo do estilo, e os polos criativos diversificam-se. Começa, assim, a era do estilo de moda acessível à maioria dos consumidores. Enquanto o estilo desce às ruas, as marcas de grande público ganham grande notoriedade: Benetton, Cacharel, Lee Cooper, Levi's, Rodier, Tricosa. Com a consagração do pronto-a-vestir, quase desapareceu o feito por medida[190] e surgiu a promoção da qualidade da moda do vestuário fabricado industrialmente: foram muitos os processos que contribuíram para a democratização da moda e para a expansão do domínio estético na vida quotidiana.

As criações dos grandes costureiros não desapareceram, mas a partir da década de 60 uma categoria do pronto-a-vestir – a dos «criadores de moda» – partilha e, depois, monopoliza o magistério da criação que só aqueles podiam até aqui justificar. E lançam coleções que ilus-

---

[189] Françoise Vincent-Ricard, *Raison et Passion. Langages de société: la mode de 1940-1990*, Colombes, Textile/Art/Langage, 1983, p. 90.

[190] Em 1984, o vestuário feito à medida não representava mais do que 1% das despesas em roupa por pessoa.

tram os novos valores: o lúdico, o *sexy*, o lazer, a juventude, o desporto. A moda tornou-se plural: já não é a estética rica e de «muita classe» que dá o tom, mas sim os estilos variados de aspeto mais descontraído, mais livre e «cheio de estilo» dirigido a uma clientela mais jovem. Em França, a fase II vê impor-se, assim, vagas de gerações de criadores e de casas com um espírito diferente: Cacharel, Hechter, Dorothée Bis e, depois, Sonia Rykiel, Chantal Thomass, Thierry Mugler, Montana, Alaïa... Na Itália, Armani; nos Estados Unidos, Ralph Lauren. Neste contexto, as novas marcas de criadores dão-se a conhecer, adquirem uma notoriedade que, no espírito do público, é amiúde confundida com a das marcas prestigiosas do luxo([191]). A fase II é a do recuo da alta costura e a da consagração dos estilos mais acessíveis e jovens.

O ligeiro, o descontraído e o juvenil

Ao funcionar como economia-moda, o capitalismo criativo da fase II não democratizou somente o acesso aos bens de consumo, mas difundiu novas estéticas assim como «o estilo para todos». Com efeito, com as suas formas geométricas ou orgânicas, o *design* funcionalista foi um vetor essencial da estilização do mundo moderno, uma estilização despojada, pura e sem complicações que investe o universo dos objetos de grande consumo. Os eletrodomésticos, as aparelhagens de alta-fidelidade, a rádio e a televisão, as máquinas de escrever impõem-se como objetos puros e sóbrios, sem qualquer detalhe supérfluo ou de

---

([191]) Uma sondagem feita para a *Elle*, em setembro de 1982, mostra que a grande maioria das mulheres inquiridas não faz distinção entre as marcas dos costureiros e as do pronto-a-vestir: Saint Laurent ou Kenzo são citados indiferentemente com Karting, Cacharel ou Sonia Rykiel.

fantasia. Ao rejeitar a teatralidade dos objetos, o *design* industrial compôs um universo de estilo democrático, uma estética limpa de qualquer ênfase, de qualquer referência tradicional. Através da promoção do estilo internacional, o processo de modernização dos objetos do quotidiano passou a uma velocidade maior.

Modernização estética do universo dos objetos que se lê também no desenvolvimento do processo de miniaturização dos volumes e da redução das formas. A invenção dos transístores e dos microprocessadores permitiu produzir cada vez mais objetos de pequeno formato, eliminar ao máximo a saturação das coisas, tornar os objetos mais ligeiros, mais manejáveis, mais compactos. Rádio, gira-discos, televisão, mas também câmaras de vídeo, calculadora eletrónica ilustram exemplarmente este processo de miniaturização que dá lugar a formas de bolso. A Sony lança em 1957 o rádio de bolso, em 1963 o microtelevisor e em 1979 os primeiros auscultadores (Walkman), que podem ser decorados com cores vivas e jovens.

A busca da ligeireza dos produtos atinge igualmente o setor do mobiliário. Os armários, cómodas, aparadores pesados e volumosos dão lugar aos móveis de arrumação em plástico, aos equipamentos moduláveis, às cadeiras empilháveis em fibra de vidro (Verner Panton), às poltronas de armação tubular fina. Desenvolvem-se sistemas de mobiliário, estantes combináveis, conjuntos por elementos, permitindo a adaptação e a flexibilidade no domínio da arrumação. A empresa Race produz a Cadeira Flexível, que se monta em poucos minutos, e o mobiliário Maxima (1965) é constituído por 25 elementos standard para 300 modos possíveis de os montar([192]). Graças às virtudes dos

---

([192]) Citado por Anne Bony, *Le Design. Histoire, principaux courants, grandes figures*, Paris, Larousse, coll. Comprendre, reconnaître, 2004, p. 130.

novos materiais (fibra de vidro, plástico), o *design* concentra-se em suprimir a espessura – cadeira Superleggera de Gio Ponti, cadeira Sof Sof de Enzo Mari – para que o mobiliário seja mais fluido e portátil. Na década de 60, aparecem os sofás insufláveis, os móveis biomórficos em plástico, os assentos macios e divertidos, as poltronas sensuais em espuma, almofadas moduláveis, cores vivas e transparentes que, rompendo com a frieza funcionalista, dão ao mobiliário uma aparência não convencional, jovem e flexível.

Esta estética jovem e ligeira vê-se também na moda, como testemunha o biquini e o monoquíni, a minissaia e os *collants*, as golas altas e os *jeans*, os macacões curtos e os calções, as *t-shirts*, os safaris e anoraques. São muitas as inovações frívolas que exprimem o impulso da aspiração à autonomia individual assim como a rejeição das normas restritivas, antinómicas com os novos valores individualistas e hedonistas subtendidas pelo consumismo. Exprimem ao mesmo tempo o triunfo da cultura juvenil e não conformista, a promoção do *sexy*, a revalorização do corpo numa cultura em busca de um erotismo mais direto, mais livre, menos teatralizado.

Com este novo tempo da moda, aberto e plural, é todo o sistema de valores que subjaz à moda «clássica» que oscila: o *look* jovem suplanta o estilo «rico», o descontraído supera o aspeto «classe», a sedução pessoal a exibição da superioridade social. Por todo o lado, o rígido, o afetado, o «empertigado» é desvalorizado em benefício do multiuso, da moda «segunda pele», da liberdade de movimento. Através da decoração feérica dos grandes armazéns e da alta costura, o capitalismo artístico inaugural fora construído numa teatralidade ostentatória, nos sinais de luxo, no sentido de seduzir as classes médias e altas obcecadas com o estatuto social. Outra coisa é a fase II que, precisamente, quer fazer recuar o teatro das formas empoladas e a sublimação das aparências em nome dos valores libertacionistas que a nova faixa etária originou; aligeirou e jovializou a moda da mesma maneira que os objetos e os sinais do quotidiano. Deu-se mais um passo na construção do estilo democrático.

DOS GRANDES ARMAZÉNS AOS CENTROS COMERCIAIS

O impulso do processo de estetização não se impôs, porém, uniformemente. Se ao longo da fase II do capitalismo artístico o *design* e as lógicas de moda penetraram cada vez mais o mundo dos objetos, por outro lado, a grande distribuição fez recuar os dispositivos estéticos dos circuitos de venda. Os anos 50-60 trouxeram o modelo--tipo com o supermercado e o hipermercado. O objetivo estético que permeia a estratégia dos grandes armazéns durante um século eclipsa-se manifestamente a partir da década de 50, quando se implementa a sociedade de consumo de massa propriamente dita. As condições mudam: o desenvolvimento da produção em massa que caracteriza os «Trinta Gloriosos» exige uma distribuição em massa reestruturada pelos estritos mecanismos de racionalização em curso na indústria fordiana. Do grande armazém, que continua a ser o lugar de referência do comércio de grande distribuição até à década de 50, passa-se para estes novos tipos de lugares de venda que são o supermercado e o hipermercado. Durante toda esta fase, os arquitetos, urbanistas e paisagistas tiveram um peso muito reduzido na elaboração dos novos circuitos da distribuição em massa.

A estética pobre das grandes superfícies

Ao contrário dos grandes armazéns, estas novas superfícies de venda são dominadas unicamente por lógicas quantitativas e produtivistas. Para aumentar o escoamento dos produtos fabricados em série, para difundir socialmente o modelo consumista, trata-se de vender a bom preço, sempre mais barato, esmagando ao máximo os custos: o imperativo que se impõe é racionalizar em grande escala o universo da distribuição. Nada de objetivo artístico: tudo está orientado para a redução do custo de distribuição. Neste contexto, as marcas, para vencer os seus concorrentes, já não põem à frente os critérios qualitativos do seu ambiente mas os preços baixos praticados. A organização fordiana da grande distribuição foi contra a estetização dos universos comerciais. A sua arquitetura e a sua disposição interna são inteiramente pensadas em termos de funcionalidade e o aproveitamento dos locais de venda é minimal, de uma linearidade e neutralidade perfeitas. A estética perde o que a racionalização ganha: grandes edifícios horizontais sem fachada ou montra, letras gigantescas das marcas, imensas superfícies interiores, oferecem aos consumidores escolha, entrada livre e serviço livre, luzes sem jogos nem contrastes, filas de caixas registadoras para todas as compras, enormes parques de estacionamento em volta do edifício, ausência de espaços verdes: nenhuma intenção artística preside à construção destas grandes superfícies periféricas.

O modelo já não é o teatro ou a ópera resplandecente, destinado a seduzir as classes médias à espreita de distinção, mas a «fábrica de vendas» voltada para o maior número de pessoas, obcecada por equipamentos modernos, que quer cada vez mais descontos. No momento da organização fordiana da grande distribuição, o empilhamento de produtos, a localização calculada nas prateleiras, a exposição dos preços e das promoções, a publicidade, tudo converge para criar lojas de «desconto», exclusivamente de «preços orientados». Já não se trata da arte de seduzir pelas emoções manifestadas uma sensibilidade estética, mas a aplicação fria dos princípios de racionalidade funcional e económica. São como hangares, «caixas de sapato» de arquitetura pobre, aborrecida, estereotipada, que será qualificada como não-arquitetura e poluição paisagística. Note-se, contudo, que a arquitetura taciturna e agressiva das grandes superfícies não foi sistematicamente vilipendiada, e isto porque os seus volumes aparecem como símbolos positivos de modernidade, bem como instrumentos de democratização do acesso aos bens usuais. A grande maioria dos consumidores não aceitou estes paralelepípedos inestéticos «à falta de melhor»: na verdade, aderiram a eles enquanto símbolos de modernização. Assim, o primeiro Carrefour de Saint-Geniviève-des-Bois originalmente foi um lugar de passeio dominical, assim como o aeroporto de Orly[193].

A *poesia das* passages

Apesar disso, abrem outros locais de venda na mesma altura e que testemunham que a vontade de atrair clientela não funciona apenas na lógica dos preços baixos e na profusão de produtos. A ideia de reagrupar várias marcas e atividades num mesmo lugar concebido para o lazer, para a compra-prazer, para as compras por impulso, preside à criação de centros comerciais que reinvestem mais ou menos na dimensão «decorativa» como estratégia comercial, mesmo quando a grande distribuição, com as suas grandes superfícies desprovidas de alma, parecia regressar ao grau zero da dimensão estética.

A ideia de reagrupamento não é nova: ela tem o seu primeiro momento de glória, tanto em Londres como em

---

[193] René Peron, *Les Boîtes. Les grandes surfaces dans la ville*, Nantes, L'Atlante, coll. Comme un accordéon, 2004, pp. 122-123.

Paris, com as famosas *passages* cobertas, lugares importantes da poesia urbana e de passeio, que surgem nas décadas de 20-30 do século XIX. O sucesso das *passages* deve-se em boa parte à iluminação a gás, que permite uma nova prática da cidade, de que constitui a vitrina luminosa e mágica em contraste com as ruas sombrias e as suas velhas lojas tradicionais. Como observa justamente Christine Rheys, «luxo, riqueza, iluminação, exposição, espelhos: é um espetáculo para as pessoas. Contemporâneas da languidez e do dandismo, conceções tanto sociais como culturais, personificam também o advento do comércio elevado ao estatuto de arte»([194]). É nestas galerias envidraçadas e luxuosas, onde «a arte se põe ao serviço do comércio», que o passeante, admirando as vitrinas de novidades, se pode entregar ao culto moderno da mercadoria, aos sonhos de consumo, às «fantasmagorias do mercado»: as *passages*, forma primitiva do centro comercial, «brilhavam na Paris do Império como grutas habitadas por fadas»([195]).

A invenção do centro comercial

A problemática do centro comercial inteiramente hermético e climatizado, concebido pela primeira vez pelo

---

([194]) Christine Rheys, «Lieux d'écriture. Le passage couvert comme motif littéraire», em *Le Nouveau Recueil*, n.º 40, setembro-novembro de 1996. Da Galeria ao Palais-Royal de Balzac, em *Ilusões Perdidas*, e da Passage du Pont-Neuf de Zola, em *Teresa Raquin*, à Passage de l'Ópera cara a Aragon, que serve de revelador a Walter Benjamin e que o envolve nas pesquisas que desembocarão na obra-prima sobre o assunto, a *passage* funciona ao mesmo tempo como uma «casa de sonho do coletivo», lugar de memória da capital e «templo do capital comercial» (*Paris, capitale du XIXe siècle. Le Livre des Passages*, *op. cit.*, p. 68).

([195]) Walter Benjamin, *ibid.*, p. 581.

arquiteto Victor Gruen, é influenciada pelas *passages* europeias, cobertas e pedonais([196]). Com efeito, Victor Gruen dedica-se a construir um espaço que cumpra uma função de sociabilidade semelhante ao dos centros das cidades com as suas ruas comerciais, em territórios que não as têm. Desde o início, o *shopping center* quer impor-se como um espaço consumista, hedonista e recreativo, um lugar de vida social onde se pode passear e descontrair([197]).

É em 1956 que se abre o Southdale Center, o primeiro centro comercial inteiramente fechado, equipado com escadas rolantes e passeios pedonais em dois níveis. O objetivo era construir um ambiente comercial totalmente fechado, sem as condições climáticas rudes que imperam em Minneapolis e que são desfavoráveis ao comércio. Graças à climatização([198]), os consumidores esquecem o mundo exterior com as suas intempéries, os seus ruídos, a sua agressividade, podendo passar mais

---

([196]) William Severini Kowinski, *The Malling of America. An Inside Look at the Great Consumer Paradise,* Nova Iorque, W. Morrow, 1985, p. 119.

([197]) Contudo, o centro comercial aparece originalmente como expressão emblemática do racionalismo modernista. Assente na racionalização do espaço e na separação das funções (a organização do espaço celebrada pela Carta de Atenas), o centro comercial está vinculado aos princípios do urbanismo funcionalista-lecorbusiano.

([198]) «O centro comercial (*mall*) é o primeiro formato de distribuição a existir *por causa* do ar condicionado. O centro comercial fechado (*enclosed mall*) teria sido fisicamente impossível sem ar condicionado». Sze Tsun Leong e Srdjan Jovanovic Weiss, «Air Conditioning», em Chuihua Judy Chung e outros (dir.), *The Harvard Design School Guide to Shopping (Project on the City,* 2) Colónia, Taschen, 2001, p. 116 (citado e traduzido por Catherine Grandclément, «Climatiser le marche. Les contributions des marketings de l'ambiance et de l'atmosphère», *ethnographiques.org,* n.º 6, novembro de 2004). A primeira climatização de um lugar de *shopping* foi feita em 1919 nos grandes armazéns Abraham & Strauss Department Store, em Nova Iorque. Seguir-se-ia muito rapidamente o Macy's, *ibid.,* p. 109.

tempo no interior, passeando num ambiente de consumismo total, quase perfeito, sem exterioridade. Para transformar o centro comercial num mundo maravilhoso do consumo, fonte de compra-prazer, criou-se um átrio cheio de plantas tropicais e com decorações paradisíacas; encontram-se aqui também obras de arte, fontes, iluminações decorativas. O modelo está dado. E desenvolve-se por todo o mundo.

Espaço kitsch, *shopping liso*

O primeiro a abrir em França, em 1969, Parly 2, reuniu 150 marcas diferentes de vestuário, decoração e lazer. Destina-se deliberadamente à clientela abastada do oeste parisiense, que pretende atrair com uma arquitetura e uma decoração modernista ornamentada com jogos de água, quiosques e árvores minerais. Dois imperativos dominam a sua organização, escreve então Braudillard: «O dinamismo comercial e o sentido da estética», o centro apresenta todas as antigas atividades separadas num conjunto «misto, misturado, climatizado, homogeneizado no mesmo percurso de um *shopping* perpétuo, tudo isto, finalmente, assexuado no mesmo ambiente hermafrodita da moda!»([199]). Seguiram-se rapidamente muitos outros: traduzindo, todos eles, uma vontade de busca decorativa, oferecem corredores espaçosos, espaços de repouso, zonas de jogos, salas de cinema, bibliotecas. A qualidade do aproveitamento interior está ligada à seleção das marcas. Quanto mais prestigiadas as marcas, mais o centro visa uma certa decoração luxuriante.

([199]) Jean Braudillard, *La Société de consommation. Ses mythes, ses structures* [1970], Paris, Gallimard, coll. Folio Essais, 1986, p. 25. [*A Sociedade de Consumo*, Lisboa Edições 70, 1975].

Quanto mais marcas presentes, mais o centro comercial ganha em superfície: dos 139 000 m² para The Bergen Mall, em 1957, em Nova Jersey, passa-se a 386 000 m² de SM City North, em 1985, nas Filipinas. E tanto a arquitetura como a decoração estão em uníssono com este gigantismo. As colunas, os materiais brilhantes, o mármore, os estuques, as estátuas, os espaços florais, as cascatas, as superfícies de exposição, mas também as zonas de descontração, as esplanadas dos restaurantes, os bancos que permitem descansar, os corredores pedonais por onde se pode passear: procura-se dar o prazer da cidade fora das cidades. O consumo de massas quase desumanizado próprio dos hipermercados procura de certa forma *rehumanizar-se*, mais luxuoso por um ambiente estético e lúdico.

Contudo, o centro comercial, ligado desde a origem aos grandes terrenos vagos das periferias onde são implantados, mantém o carácter artificial de uma construção completa sem a densidade da urbanidade, que possuem naturalmente os grandes armazéns implantados no centro da cidade e as *passages* que utilizam os caminhos secretos. O paradigma estético desenvolve-se aqui de maneira um pouco diferente. Enquanto o grande armazém vem daquilo a que se pode chamar uma estética de teatro, à italiana, oferecendo profundidade, espaço, altura, uma centralidade, que é bem representada pela escadaria monumental e pela cúpula central, o centro comercial, concebido também para ser um lugar de espetáculo, oferece uma apresentação que vem mais do ecrã. A sua disposição em comprimento alonga o que dá a ver como um cinemascope, num grande ecrã lateral, sem profundidade, onde os espaços comerciais desfilam num longo *travelling* aos olhos do espetador como sequências de um filme. Estamos aqui numa lógica da superfície, do liso, que provoca a impressão de um universo flutuante, de um espaço sem gravidade: o que se vê não é irreal, mas não é, contudo, a realidade de uma loja. O espaço onde evoluímos tem qualquer coisa de virtual: a cidade está longe, exterior, a realidade também, com a sua circulação, com os seus ruídos, os seus odores. Tudo aqui é ao contrário, como se estivesse filtrado, esterilizado. A climatização, a iluminação artificial, as escadas rolantes, o chão liso, a música ambiente: tudo dá a impressão que evolui num espaço representado, que poderia ser o de um *spot* publicitário ou de um filme: «O centro comercial é uma espécie de televisão em três dimensões»([200]), analisa William Kowinski; e Jeremy Rifkin diz que é mais como uma estética de estúdio: «Os promotores e os arquitetos vão na esmagadora maioria buscar ideias à estética de Hollywood»([201]).

A atitude estética que induziam os grandes armazéns e as *passages*, a do passeio, permanece aqui, mas já não tem o mesmo sentido: é agora o das compras, como ocupação própria das massas consumistas para passar o tempo. Encontramos por todo o mundo as mesmas marcas, e não há nada mais semelhante a um centro comercial do que outro centro comercial, sentimos o mesmo tipo de sensações como as que sentimos nos aeroportos, os quais fazem lembrar, aliás, cada vez mais os centros comerciais, com o mesmo desfile de marcas presentes em todo o lado. Se o grande armazém assentava no fetichismo da mercadoria, o centro comercial assenta no fetichismo das marcas. Daí este sentimento de *déjà-vu* que se instala, apesar dos esforços feitos pelos arquitetos para variar a disposição dos lugares: o tédio surge, aqui, da uniformidade...

([200]) William Severini Kowinski, *The Malling of America, op. cit.*, p. 61.
([201]) Jeremy Rifkin, *L'Âge de l'accès. La révolution de la nouvelle économie*, Paris, La Découverte, coll. Cahiers libres, 2000, p. 201.

Um outro elemento molda a sensação estética própria do centro comercial: com ele, estamos numa estética do *pastiche*. Refazem-se sempre as mesmas fontes, os mesmos jatos de água, as praças à italiana, as aldeias. Em Scottsdale, no Arizona, o centro comercial de Borgata apresenta-se como uma versão miniaturizada de San Gimignano e na sua *piazza* central um edifício em tijolo cuja forma reproduz a das torres da cidade toscana. O centro comercial à americana encontra, aliás, a sua expressão superlativa em Las Vegas, cidade artificial, imensa galeria comercial exposta num longo *Strip* [avenida] central, com as suas decorações de estuque e de mármore, com os seus néons e jogos de água, as suas arquiteturas delirantes e espetaculares, onde se passa das pirâmides egípcias aos canais de Veneza ou à Torre Eiffel. O centro do dispositivo não esconde o seu aspeto comercial: tudo aqui está organizado em volta do dólar, que reina incontestado sobre o verde das alcatifas dos casinos e no tilintar das *slot machines*. Estamos num imenso centro comercial destinado ao divertimento e onde, ao mesmo tempo, se saboreia o triunfo delicioso e deslumbrante da era do falso.

O tempo suspenso

Pode-se detetar, aliás, na experiência proporcionada pela visita a um centro comercial qualquer coisa que manifesta uma atitude turística: vamo-nos divertir e descobrir novidades sem risco. O lugar é concebido para isso: proporcionar um espetáculo, um desfile lúdico, próprio para ocupar o tempo. Há certamente uma dimensão mais chique e distinta na experiência que a visita um grande armazém proporciona: há o lustro do teatro, o espetáculo do luxo, a magia de uma festa consumista menos popular.

A sua estética é eufórica, levando à admiração, à febre, à estupefacção, todas estas sensações tão justamente descritas por Zola. A do centro comercial é mais fria, anónima, impessoal, proporcionando apenas, à guisa de decoração, uma forma de simulacro. O cenário aberto a todos, socialmente indeterminado, permite uma experiência particular do tempo que lhe é próprio: um tempo acrónico, sem relógio (geralmente não os há nos centros comerciais), um tempo suspenso, onde se mata o tempo, como num aeroporto, antes de regressar ao tempo real, o do embarque num avião, ou o da saída para uma alameda onde somos envolvidos pela multidão e pelos ruídos da cidade. O centro comercial aparece como uma bolha, como um hiperespaço que se conjuga com um não-tempo, para criar um universo almofadado e flutuante. Qualquer coisa que, depois da febre do grande armazém, poderia representar uma etapa intermédia, imponderável, para um estado ulterior, o que proporciona a fase presente e futura do capitalismo hipermoderno: o comércio virtual, na *web*, onde são agora os *sites* digitais que estão estetizados e onde a deambulação e ver as montras dão lugar à «navegação» eletrónica.

CINEMA E MÚSICA:
O NASCIMENTO DAS ARTES DE CONSUMO DE MASSAS

A indústria do cinema

Entre os diversos dispositivos virados para o consumo estético-emocional que a época industrial implementa, o cinema surge como outra figura exemplar. Única entre todas as formas de expressão artística, exprime a sua natureza propriamente estética num sistema de produção industrial e de distribuição comercial: a sua história adapta mesmo o sistema económico no qual surge. O seu aparecimento coincide, com efeito, com o advento da época industrial. Arte técnica, apenas procede das invenções tecnológicas, registo de patentes e estruturas industriais, financeiras e comerciais que lhe permite explorá-las. Charles Pathé e Léon Gaumont, ao mesmo tempo operadores, comerciantes e industriais, desenvolvem as suas empresas não apenas difundindo os filmes que produzem mas vendendo as máquinas que os projetam em toda a parte. Nas vésperas da guerra de 1914, Pathé equipa 90% das salas na Bélgica, 60% na Rússia, 50% na Alemanha e exporta os seus filmes para a América, mesmo que o cinema se constitua rapidamente em indústria própria, para alimentar um mercado particularmente vasto. Conta-se então com várias centenas de salas em França e mais de 10 000 no outro lado do Atlântico.

Nos Estados Unidos, uma vez regulamentada a guerra das patentes, que vê a técnica Edison adiantar-se à dos irmãos Lumière, os empresários prudentes em busca de um novo território económico fundam companhias que viriam a assumir uma extensão fulgurante: Zukor cria a Paramount, a Fox, a Fox-Film, Laemelle Universal. E a instalação na Califórnia – onde a Vitagraph se fixa em Santa Mónica em 1911, antes de uma aldeia índia, Hollywood, receber a Paramount em 1913 e depois a Fox em 1917 – vai permitir o desenvolvimento de múltiplas companhias e estúdios, dos quais alguns se impõem rapidamente como «gigantes». Em 1920, são produzidas no país cerca de 750 longas-metragens, a grande maioria das quais em Hollywood. Seis companhias produzem metade destes filmes. Os reagrupamentos, segundo a lógica capitalista, reforçam ainda algumas delas: por exemplo, a Metro-Goldwyn-Mayer, que nasce da fusão da Goldwyn e da Metro em 1924, ou a Fox, que se funde com a Twentieth Century Films em 1935.

Estas estruturas industriais e comerciais implementadas em Hollywood nas décadas de 20-30 manter-se-ão praticamente as mesmas até ao advento, na década de 70, do que se chamará «a nova Hollywood» e mais ainda até às novas reconfigurações e reestruturações financeiras que marcarão nas décadas seguintes o hipercinema, tal como a fase III do capitalismo artístico o apresenta hoje.

De facto, o desenvolvimento do cinema faz-se de maneira regular ao longo das duas primeiras fases, as mudanças que infletem a sua história eram essencialmente de ordem técnica: a passagem para o sonoro na década de 30, a generalização da cor a partir dos anos de 1935-1940, a invenção do Cinemascope no início da década de 50.

O sistema de produção-distribuição que se traduz, na continuidade do sistema erguido durante o período do cinema mudo, pelo poder dos grandes estúdios hollywoodianos, continua amplamente dominante. É o momento em que as «Big Five» – a Metro-Goldwyn-Mayer, a Paramount, a Twentieth Century Fox, a Warner Bros e a R.K.O – impõem a sua lei, deixando apenas às outras companhias – as «Little Three», Universal, Columbia e United Artists, mas também a muitas pequenas empresas independentes – uma produção marginal. Os gigantes submetem a criação a um sistema de fabrico em série que na década de 30 lhes permite fazer sair em média um filme por dia. Entre 1939 e 1950, Hollywood produz entre 400 e 500 filmes por ano, o que é certamente um recuo em relação aos 900 ou 1000 filmes produzidos anualmente durante o período do cinema mudo. Mas os tempos mudaram com o advento do sonoro, o qual coincide com a crise de 1929. Em 1929, Wall Street tinha investido 200 milhões de dólares em filmes de Hollywood: em 1933, o investimento cai para 120 milhões.

Para reagir, as grandes companhias desenvolvem a produção de filmes ditos «de série B», de baixo orçamento e rodagem rápida. E inauguram a fórmula de comercialização do *block-booking*, impondo aos seus clientes, nomeadamente estrangeiros, um tipo de cabaz em que um filme é acompanhado por vários de série B que fazem obrigatoriamente parte do lote. De igual modo, para lutar contra o problema da língua, que não existia na época do cinema mudo, e para contrariar as veleidades dos cinemas nacionais que tentam aproveitar a brecha, os estúdios começam a realizar versões em língua estrangeira dos filmes originais produzidos em Hollywood, com a mesma encenação e nos mesmos cenários, com simplesmente uma mudança de distribuição, antes que a técnica da dobragem venha facilitar de novo as exportações.

    As consequências da crise financeira têm sobretudo por efeito ver as grandes companhias recorrer à alta finança, nomeadamente às grandes potências de Wall Street: Rockefeller, Morgan, DuPont de Nemours, General Motors..., que se tornam parte integrante do império de Hollywood. A produção passa cada vez mais pelo controlo dos financeiros, que acentuam o poder dos gigantes: por volta de meados da década de 30, as «Big Five» totalizam 88% do volume de negócios (dos quais 65% para os três estúdios dominantes, Paramount, Warner e MGM). Com as suas 4000 salas, dominam a exploração, monopolizando, com as «Little Three», 95% da distribuição. As oito companhias são agrupadas na Motion Picture Producers of America, controlada amplamente por Wall Street. Este poder parece tão poderoso que o Supremo Tribunal ataca-o, acusando-o de infringir as leis antimonopólio: tenta-se um processo *anti-trust* contra a Paramount, que termina em 1948 com o processo aos cinco gigantes para renunciarem aos seus circuitos de exploração.

    A seguir à Segunda Guerra Mundial, a fase II traduz uma desestabilização do sistema que vai ter, em alguns anos, de se readaptar às novas condições marcadas pela chegada, na década de 50, da televisão e que surge muito rapidamente como concorrente temível para o grande ecrã. Em Hollywood, a produção começa a baixar, passando dos 300 a 400 filmes no início da década de 50, para, no fim da década, aos 156 filmes em 1960, o seu nível mais baixo. O número de espetadores também é baixo: enquanto em 1945 (ano recorde) se contavam 325 milhões por mês, passa-se para pouco mais de 200 milhões em 1955, 120 milhões em 1960, 80 milhões em 1965.

Na mesma altura, por volta dos anos de 50-60, uma nova geração de cineastas vem contestar, um pouco por todo o lado, o próprio sistema: *free cinema* em Inglaterra, *Cinema Novo* no Brasil, cinema contestatário na Europa de Leste, *Nouvelle Vague* em França, a qual aparece como particularmente emblemática desta vontade de criar fora dos padrões de produção para inventar um cinema mais livre assente em estruturas menos pesadas e dando prioridade ao «autor» e ao seu trabalho de criação na lógica económica do produtor. Uma modernidade modernista e emancipadora([202]) vem progressivamente redesenhar o edifício. E a chegada dos «neo-hollywoodianos» da década de 70 vai traduzir estas mudanças na própria paisagem de Hollywood.

Por esse facto, e ao longo de toda esta fase II, o cinema continua profundamente aquilo que era desde a década de 30: uma arte de massas, suportada por grandes cinemas nacionais – francês, alemão, italiano, inglês, russo, indiano – mas que continua dominada pela produção americana, a qual é concebida industrialmente para fazer

---

([202]) É assim que *design*amos o período da história do cinema que cobre as décadas de 50 a 70, em *L'Écran global. Culture-médias et cinema à l'âge hypermoderne,* Paris, Éditions du Seuil, coll. La couleur des idées, 2007, p. 19. [*O Ecrã Global. Cultura Mediática e Cinema na Era Hipermoderna,* Edições 70, Lisboa, 2010].

sonhar o mundo inteiro. E se a máquina de Hollywood sente algumas dificuldades para enfrontar as novas condições, ela sabe encontrar as respostas adequadas: o Cinemascope, o 70 mm e o seu grande formato ou, ainda, a *runaway production*, que leva a deslocalizar as produções e as rodagens em grandes estúdios estrangeiros, nomeadamente europeus[203].

A sétima arte

O cinema como indústria não é menos importante, mas é logo entendido como arte e praticado como tal[204]. Enquanto a nova invenção se dá a conhecer inicialmente em barracas de feira e em cervejarias populares onde é considerada um espetáculo de feira da mesma maneira que a lanterna mágica ou um número de circo, rapidamente muitos intelectuais, artistas, gente da cultura, veem no cinema uma grande invenção, suscetível de ser, para o século que se inicia, o que teria podido ser a tipografia para a Renascença. A partir de 1907, desencadeia-se um movimento que apela aos grandes nomes do teatro e da literatura para desenvolver o potencial artístico que o cinematógrafo contém. Assim, nasce o «Film Art» dos irmãos Lafitte, uma casa de produção onde se encontram de Victorien Sardou a Camile Saint-Saëns, de Jules Lemaître a Sara Bernhardt, escritores, músicos, grandes

---

[203] Em 1961, um terço dos filmes produzidos por Hollywood eram feitos no estrangeiro.

[204] Há muito mais tempo do que o cinema, a fotografia foi excluída do domínio da arte. Identificada em meados do século XIX como uma simples cópia do real, como registo automático privado do trabalho da mão e de toda a dimensão espiritual, a fotografia, para Baudelaire ou Delacroix, é incompatível com a arte. O *slogan* «Carregue no botão, nós fazemos o resto», lançado pela Kodak em 1888, reforça este tipo de interpretação.

atores de teatro. É com este selo que é produzido e realizado em 1908 o primeiro filme francês que se apresenta abertamente como «artístico», *L'Assassinat du duc de Guise*. Um movimento idêntico pela arte surge em Itália, onde as primeiras casas de produção, criadas em Turim e em Roma, lançam vários *Macbeths, Garibaldis, Don Carlos, Otelos, Galileus, Neros*, e onde nasce o culto da «diva», prefiguração da estrela. Em Hollywood, David Wark Griffith dá a uma indústria ainda inconstante a amplitude artística com grandes filmes épicos: *O Nascimento de Uma Nação* (1915) e *Intolerância* (1916) mostram que o cinema pode abordar grandes temas e suscitar emoções estéticas com uma nova linguagem que lhe é própria, como o fazem outras artes há séculos.

Esta afirmação do cinema como «sétima arte» – é assim que o qualifica o crítico italiano Ricciotto Canudo a partir da primeira década do século XX –, a própria história não se irá esquecer de confirmá-la ao longo do século. O facto de o cinema se dirigir a um grande público não impede, de facto, de maneira nenhuma, que revele ambições estéticas: do futurismo ao expressionismo, do realismo ao surrealismo, das vanguardas às formas saídas da contracultura, não há grande corrente artística que não tenha encontrado a sua tradução nos filmes. Ao impor-se como o principal divertimento popular da década de 30, o cinema manifesta permanentemente objetivos artísticos que vão aumentando à medida que se constitui uma história, que grandes criadores – Chaplin, Renoir, Welles, Godard – contribuem para enriquecer a sua linguagem, que uma efervescência criativa, particularmente sensível nos anos de 50-70, vê a emergência de universos tão ricos e diversificados como os de Antonioni, Losey, Buñuel, Truffaut, Visconti, Fassbinder...

A sua força narrativa, a sua maneira de se apoderar dos mitos para lhes dar uma expressão de acordo com a época([205]), e essa magia que ele faz nascer e que a soube traduzir Céline, quando o herói de *Viagem ao Fim da Noite* a descobre, maravilhado, numa sala da Broadway([206]): o cinema impõe-se, claramente, como arte de pleno direito. E se quiséssemos erguer um panteão dos artistas do século XX, como não figurar nele Eisenstein, Lang, Bergman, Fellini, Kurosawa, Kubrick e tantos outros grandes cineastas, criadores de formas e portadores de imaginários?

A dimensão estética da sétima arte tem, contudo, a particularidade de não se reduzir a um cinema de autores e de criadores elitistas cuja obra estaria reservada a um público restrito cujo acesso seria tão-só intelectual e cultural. O cinema apresenta-se desde logo como uma arte de massas, chamada a dirigir-se à grande maioria: uma arte para todos e onde cada um pode encontrar uma evasão feliz.

E é sem dúvida a especificidade desta nova arte que, ao proporcionar a um público cada vez mais vasto, de todas as idades, países e classes sociais um conjunto de filmes que, a par das obras-primas incontestáveis, necessariamente limitadas, e da profusão da produção em série, intencionalmente comercial, apresenta uma qualidade artística decente. Em algumas décadas constitui-se uma filmoteca imaginária capaz de rivalizar com o templo secular da cultura literária que é a biblioteca. O homem honesto do século XX forma a sua cultura e a sua sensibilidade não unicamente pelo contacto com obras-mestras de grandes cineastas mas também pela visão constante

---

([205]) «As massas adoram os mitos e o cinema dirige-se às massas», observa Jean-Luc Godard, em *Histoire(s) du cinema*, t. I, *«Toutes les histoires»*, «Une histoire seule», Paris, Gallimard, 1998, p. 96.

([206]) «Enquanto os sonhos surgem durante a noite para irem abraçar-se à miragem da luz que cintila», Louis-Ferdinand Céline, *Voyage au bout de la nuit* [1932], Paris, Gallimard, coll. Folio, 1972, p. 201.

enriquecida dos filmes «médios» que narram a vida, o amor, a morte, a guerra, a felicidade, que fazem chorar com Frank Borzage, dançar com Busby Berkeley, vibrar com Michael Curtiz, maravilhar-se com Vincente Minnelli, tremer com Georges Franju, indignar-se com André Cayatte, rir com Totó: todos esses filmes incontáveis, dos quais os mais conseguidos figuram na sombra das obras-primas e a grande maioria pertence a um «segundo nível», como se diz nos livros, nível nunca negligenciável em termos de arte e que, como os livros que encontramos e que são a imensa maioria da produção literária de qualidade, constituem o próprio fundo de uma cultura. E a popularidade e a difusão da sétima arte vêm, de facto, ao longo do século, contribuir, tanto ou mais ainda do que a literatura, para desenvolver o olhar estético da grande maioria dos indivíduos.

Padrão e singularidade

Este mesmo espírito de uma arte que se dirige a todos surge com a vontade que mostram produtores e realizadores de propor filmes facilmente reconhecíveis por um público que ainda não sabe muito sobre este novo meio de expressão. Daí a ideia de recorrer às formas canónicas que regem a narrativa literária e a ação teatral: os géneros. Num primeiro momento, o cinema agarra-se aos grandes modelos narrativos e às grandes formas dramatúrgicas: a epopeia, a narrativa histórica, o *vaudeville*. O cinema americano, muito particularmente, dá aos géneros uma importância primordial, permitindo ao grande público reconhecer e identificar facilmente o que lhe é proposto. A codificação de géneros intervém a partir da década de 20 e determina as estratégias de produção: a comédia sentimental, o melodrama, o filme de guerra, o filme de terror, o filme histórico, o filme de costumes, o filme de *gangsters* e o género que transforma em lenda a própria história do país, o *western*. Os géneros enriquecem-se ainda com o sonoro e, depois, com a cor, mas também com o contexto social e político: aparecem assim, antes e depois da Segunda Guerra Mundial, a comédia musical, o filme negro, o filme de aventuras... Os estúdios seguram os realizadores capazes de passar de um género a outro, como Howard Hawks ou Raoul Walsh, ou especializando alguns tendo em consideração a sua matriz particular, como John Ford no *western* ou Cecil B. DeMille no filme histórico espetacular. E a própria história dos gigantes está amplamente ligada à notoriedade que cada um adquire em tal género, tornando-se, assim, especialista: é o caso da MGM com as suas grandes comédias musicais ou os filmes negros da RKO.

Para implementar o cinema estruturado por géneros codificados, Hollywood atrai muitos escritores europeus e americanos que devem trabalhar em limites de tempo rigorosos e ceder por contrato os seus direitos de autor. No âmbito do *studio system,* que se desenvolve entre as duas guerras, exerce-se uma especialização intensa das tarefas, assim como o fabrico em série de filmes, que tem analogia estrutural com a organização tayloriana industrial típica da fase I e II. O tempo de escrita de filmes, bem como o da sua realização (algumas semanas), é fixado de antemão; os autores permanecem anónimos; a escrita do filme efetua-se no âmbito de uma estrita divisão do trabalho entre guionistas, os autores dos diálogos e os adaptadores; o filme deve durar cerca de uma hora e meia; as narrativas devem ser simples e imediatamente compreensíveis por todos; os personagens são fortemente estereotipados; uma vez terminados, os filmes são testados em sessões de antestreia para avaliar as reações do público e poder retrabalhar as montagens. O cinema impõe-se assim como uma arte comercial que, assente num trabalho de série, fabrica filmes, por assim dizer, em cadeia: entre 1934 e 1941, cada um dos grandes estúdios produz por ano uma centena de filmes. Por esse facto, o processo de estandardização industrial encontrou imediatamente os seus limites na medida em que nunca deixou de estar ligado a uma lógica de inovação e de criação de produtos personalizados ou singulares. Contrariamente ao que afirmam Adorno e a Escola de Frankfurt, o cinema não pode ser reduzido à realidade de negócio «que fornece em todos os lugares bens estandardizados» onde todos os «detalhes se tornam intercambiáveis» e onde «o resultado é a reprodução constante de cópias exatas»([207]). Ao contrário dos objetos em série produzidos nas fábricas, os argumentos dos filmes são sempre únicos; são protótipos, produtos incomparáveis. Cada filme aparece como um misto de standard e de originalidade, de convenção e de singularidade, de estereótipo e de novidade: por onde se afirma a dimensão artística do capitalismo cultural. Ao criar tais produtos híbridos, o capitalismo artístico inventou a indústria moderna do *entertainment*, que funciona de facto como a moda, com os seus modelos constantemente cambiáveis, com pequenas ou grandes diferenças. O modelo do cinema não é a fábrica, mas a moda moderna. Pode-se certamente dizer que, com o cinema, a cultura se tornou industrial, mas esta indústria, através da multiplicidade e da renovação permanente dos seus protótipos, foi pós-fordiana antes do tempo. Se bem que a produção cultural no capitalismo artístico nunca foi, de facto, análoga à dos produtos manufaturados([208]). E no

---

([207]) Max Horkheimer e Theodor W. Adorno, *La Dialectique de la raison. Fragments philosophiques*, Paris, Gallimard, coll. Bibliothèque des Idées, 1974, reed. Coll. Tel, 1983, pp. 130, 134, 143.
([208]) Scott Lash e John Urry, *Economies of Sings and Space*, Londres/Thousand Oaks, SAGE Publications, 1994, p. 123.

momento do capitalismo artístico hipermoderno é a produção material que se organiza cada vez mais como a produção cultural onde o cinema foi a forma prototípica.

Star System

À tipologia dos géneros acrescenta-se uma outra lógica que contribuiu para construir a arte comercial do cinema: o *star system*. A estrela é uma invenção de estúdio, inteiramente concebida e produzida por esta «fábrica de sonhos» ([209]) que é Hollywood. De facto, é por volta de 1910 que se implementa o *star system*. Até então, os filmes eram projetados sem menção do nome dos intérpretes nem dos realizadores: os produtores temiam que as vedetas enfatizassem a sua popularidade e exigissem *cachets* mirabolantes. Mas rapidamente a indústria do cinema viu na celebridade dos atores a chave indispensável para o êxito comercial dos filmes. «Construímos a indústria moderna do cinema sobre o *star system*», declara Adolph Zukor, o fundador da Paramount. É levado a cabo sistematicamente pelos estúdios todo um trabalho estético e publicitário para produzir e lançar estrelas que surgem como um investimento e que podem assegurar grandes benefícios. O sistema culmina nas décadas de 30 e 40, no momento em que as estrelas, ligadas por contratos a longo prazo aos estúdios, são consideradas propriedade comercial destes: em 1939, *Fortune* avançava o número de 26 estrelas da MGM numa altura em que cada estúdio fazia brilhar as suas próprias estrelas que tinham sob contrato.

([209]) A expressão foi popularizada pelo livro que Ilya Ehrenbourg consagra a Hollywood nos anos de 30: *Usine des rêves*, Paris, Gallimard, 1936. Ela diz bem da natureza – industrial e artística – do cinema.

Neste contexto, salvo exceção, as estrelas não têm direito de rodar filmes para outros estúdios nem mesmo o de escolher os filmes nos quais atuam. A estrela impõe-se como um «produto» estético total: todo um exército de especialistas – cabeleireiros, maquilhadores, costureiros, esteticistas, fotógrafos, técnicos de iluminação – é convocado para transformar a aparência física da estrela em imagem sublime. Criação artificial, as estrelas femininas clássicas são sempre igualmente vestidas, penteadas e maquilhadas de maneira estudada, oferecem uma imagem ideal de perfeição da feminidade associada ao *glamour*, ao sensual, ao luxo, à opulência. Como disse Dyer, «a imagem geral da estrela pode ser vista como uma versão do sonho americano, organizado em volta dos temas do consumo, do sucesso e da banalidade[210]. Inventa-se-lhe um nome se o dela não convém; inventa-se-lhe também uma vida privada e uma existência romanesca próprias para fazer sonhar; tira-se-lhe mesmo a voz ao dobrá-la como, por exemplo, Rita Hayworth, porque a Columbia encontra uma voz «mais sugestiva».

Mas a construção propriamente dita da estrela faz-se a partir do momento em que esta figura ultrapassa o papel que tem no filme. É nessa altura que se implementa uma estratégia de comunicação, retransmitida por uma imprensa especializada em plena expansão[211] e pelas notas das «bisbilhoteiras de Hollywood», Louella Parsons,

---

[210] Richard Dyer, *Stars*, Londres, British Films INstitute Publications, 1979, p. 39.

[211] A primeira revista dedicada ao cinema, a *Motion Picture Story Magazine*, é lançada em 1911. Em 1918, as seis principais revistas de cinema americano atingem já 800 000 exemplares. Na década de 30, esta imprensa chegou aos 75 milhões de leitores, ou seja, metade da população americana: ver Jib Fowles, *Starstruck, Celebrity Performers and the American Public*, Washington, Smithsonian Institute Press, 1992, p. 121.

Hedda Hopper, que espalham confidências, mexericos, rumores, furos, fazendo *gossip* que era, nessa época, a arte da conversação nos salões. A estrela é esta figura moderna cuja popularidade é inseparável da «imagem extracinematográfica»[212], criada e veiculada pelos jornalistas especializados e pelos meios de comunicação de massas. Ídolo do ecrã, verdadeiro ícone, a estrela surge como uma realidade entre a figura pública e a figura privada, entre imagem fílmica e imagem pessoal.

A criação da estrela tem também ligação com a era industrial fordista e com o marketing de massas. Primeiro, cada estrela é feita como uma «marca» facilmente reconhecível por características invariáveis, ilustra um tipo imediatamente identificável, um arquétipo que faz sonhar tanto homens como mulheres. É assim que triunfa a figura da *vamp* com Mae West, a da jovem ingénua com Mary Pickford, a do aventureiro elegante com Douglas Fairbanks, do vagabundo com Charlot, do amante latino com Rudolf Valentino, da mulher independente com Louise Brooks. A estrela é um modelo singular que, em diferentes filmes, se manifesta idêntica a si própria como um mesmo «produto». A seguir, o *star system* envolveu-se na via propriamente «industrial» da série, ou seja, da cópia dos grandes modelos. Em Hollywood, os estúdios dedicam-se rapidamente a lançar produtos de substituição das estrelas de sucesso para combater o vazio que seria o seu eventual declínio. E na década de 50 é através de vários exemplos que este processo de reprodução se realiza. Assim, Marilyn Monroe desencadeou toda esta série de «cópias»

---

[212] Sobre este ponto, Vinzenz Hediger, «Ce qui fait la star: des difficultés d'appréhension théorique du phénomène de la star», em Gian Luca Farinelli e Jean-Loup Passek (dir.), *Stars au féminin. Naissance, apogée et décadence du star system*, Paris, Éditions du Centre Georges-Pompidou, 2000, p. 25.

As Figuras Inaugurais do Capitalismo Artístico | 237

ilustradas pelas Mamie Van Doren, Diana Dors, Sheree North, Anita Ekberg, Jayne Mansfield[213].

O facto é que a criação de estrelas foi acompanhada por um tal fervor que muitos autores puderam falar, a este respeito, de uma nova forma de religiosidade ou de substituto da religião. Contudo, esta analogia está longe de ser satisfatória[214]. Na verdade, o cinema não criou uma forma moderna de religião, mas o culto de um novo género: o culto transestético das celebridades[215]. Por um lado, é impossível, de facto, separar a idolatria das estrelas da sua beleza flamejante, uma beleza que fascina e pode favorecer o amor, as condutas de admiração e de veneração: como escreve Edgar Morin: «a beleza é frequentemente um carácter, não secundário, mas essencial da *star* [...] A beleza é uma das fontes do vedetismo»[216]. Mas por outro, o interesse pelas estrelas é de tipo extra-estético, pois relaciona-se com a sua vida pessoal e íntima. O fã interessa-se, sem dúvida, muito menos pelos filmes onde atua a estrela, que ele adula, do que por tudo o que está à sua volta (os seus gostos pessoais, a sua vida familiar, as suas relações...). A atração da beleza, do *glamour*,

---

[213] Stephen Gundle, «Les déesses-marchandises du star system américain dans les années quarante et cinquante», em *ibid.*, p. 165.

[214] Sobre as críticas deste tipo de problemática, Nathalie Heinich, *De la visibilité. Excellence et singularité en regime médiatique*, Paris, Gallimard, coll. Bibliothèque des Sciences humaines, 2012, pp. 407-417; Gilles Lipovetsky, *L'empire de l'éphémère, op. cit.*, pp. 258-259.

[215] Exprime-se por excelência no fenómeno dos fãs, que na década de 30 se contam aos milhões; ao longo desta mesma década, havia 70 clubes de fãs de Clark Gable, cerca de 50 que celebravam Joan Crawford e outros tantos para Jean Harlow. Ver Alexander Walker, *Stardom. The Hollywood Phenomenon*, Londres, Michael--Joseph, 1970.

[216] Edgar Morin, *Les Stars* [1957], Paris, Éditions du Seuil, coll. Points, 1972, p. 40.

da vida pessoal das vedetas, tudo isto se mistura para fabricar o «culto» moderno das estrelas. É neste sentido que se deve falar, antes mesmo da era hipermoderna, de um amor transestético da estrela.

A estrela como obra de arte

A estrela é uma produção industrial? É preciso evitar ir muito longe nesta via que oculta o que se poderia chamar a dimensão *artística* da estrela. Diz-se por vezes que as estrelas, da mesma maneira que os produtos do capitalismo centrados na produção e no consumo de massas, eram figuras estandardizadas, criando em cada época vedetas que são parecidas pela forma da sua face, do seu nariz, do seu cabelo, das suas pernas. Na década de 50, são muitas as estrelas que exibem longas pernas e seios opulentos: Jayne Mansfield pôde ser qualificada de caricatura da «loira idiota», espécie de «Marilyn Monroe das grandes superfícies». Mas, note-se, a imitação não é sinónimo de anti-arte: a literatura, a música, as artes plásticas mostram-no, pelo que a imitação de modelos pode reger o trabalho artístico. E o facto é que as estrelas são sobretudo impostas como modelos, protótipos, singularidades: cada uma brilha com luz própria, traduzindo de cada vez uma personalidade própria que irradia e conquista o público. A figura da estrela é uma criação artística, única, quase baudelairiana. Não uma cópia, uma reprodução – o que o poeta detestava precisamente na fotografia –, mas uma obra artificialista tal como uma criação de padrão da beleza. Longe de se parecerem com produtos de fábrica destituídos de estilo (Adorno), elas são criações singulares, de estilização extrema. No que se revela a natureza híbrida do *star system* e do cinema em geral: económico e estético, comercial e artístico, desenvolve-se

As Figuras Inaugurais do Capitalismo Artístico | 239

segundo a dupla lógica da estandardização e da singularização.

Se é verdade que a estrela é modelada de uma ponta a outra, também é verdade que ela modela o comportamento dos homens e das mulheres. Da mesma maneira que os heróis românticos do teatro ou do romance provocaram entusiasmos e revoltas juvenis, suscitaram comportamentos, forneceram modelos de amor e de ação, também a estrela gerou atitudes miméticas relativas à moda, ao cabeleireiro, à maquilhagem, às maneiras de namorar, de se comportar. A estrela impõe-se como modelo cultural e estético: se ela estetizou o imaginário também estetizou as maneiras de ser e de se comportar, de se ver e de ser visto. Verifica-se de novo a tese de Oscar Wilde: «A vida imita a arte, muito mais do que a arte imita a vida». Só que esta arte viva foi o capitalismo que a tornou possível e a desenvolveu.

Com a estrela, o cinema fabrica inegavelmente um «produto» destinado a ser consumido, mas o que ele cria é sonho, fascínio, desejo, beleza, emoção. Através dela, é o corpo humano que sublima, que transfigura, que «sobrenaturaliza» (Baudelaire): uma criação de arte, uma estilização sem limite, uma artificialização absoluta do ser humano, da mesma maneira que o manequim e o *dandy*[217].
A *estrela* e o manequim são as Galateias do capitalismo artístico: juntos são obra de um trabalho de artialização total. Mas se a beleza do manequim é uma beleza de «morto-vivo», de estátua[218] («Eu sou bela, ó mortais! Como um sonho de pedra»), de ser anónimo, desencar-

---

[217] Alain Roger, *Nus et paysages. Essai sur la fonction de l'art* [1978], Paris, Aubier, 2001, pp. 80-90.

[218] «O manequim faz-se estátua, tendo perdido até a sua identidade e o seu nome próprio», escreve Geneviève Olivier, «Ateliers de couture», em *La Mode, Traverses*, n.º 3, Fevereiro de 1976, p. 85.

nado, privado mesmo de olhar pessoal ou expressivo, a da estrela é «superpersonalizada»([219]) e hipererotizada. Uma obra de arte, com um olhar profundo, uma sensibilidade expressiva, uma alma. Contudo, nos dois casos, o capitalismo artístico está na origem de uma criação de beleza por excesso, uma estetização hiperbólica da aparência humana.

Todo o processo que produz a estrela visa, de facto, criar uma beleza, distinguindo-a das outras figuras estelares mas também dos mortais para lhe dar uma forma de imortalidade. Na sua forma mais acabada, assumida pelas grandes estrelas do cinema mudo e da década de 30, suscita uma adulação que se transforma em quase adoração. Elevadas ao estatuto de ídolos, veem a sua imagem difratar-se ao infinito, como a de Rita Hayworth, capturada nos reflexos do abismo de um labirinto de gelo e implorando – frase simbólica que lhe assegura a imortalidade – «I don't want to die», no último plano de *A Dama de Xangai*, ou como Louise Brooks a morrer no fim de *Prémio de Beleza*, enquanto a sua imagem de sombra e luz, eterna, continua a viver no ecrã. Em que, uma vez mais, a estrela revela o seu parentesco com a obra de arte «imperecível». Não uma representação pictórica, nem uma escultura, mas, contudo, uma obra de arte que continua a viver no coração dos homens muito depois da sua morte. O sonho, com Garbo, era de película inflamável: continua ainda a viver. Não Norma Jean Baker, a mulher de carne e osso que a idade teria inevitavelmente capturado para a reduzir à velhice comum, mas Marylin, o ser de luz moldado pelos criadores de mitos, fazendo sempre levantar o seu vestido branco sobre a grelha do metro.

Artimanha da razão: o capitalismo artístico que não cessa de fabricar em grande escala espuma mediática,

---

([219]) Edgar Morin, *Les Stars*, op. cit., pp. 43-47.

divertimento passageiro, imagens e espetáculos feitos para não durar, criou, no entanto, através da estrela, da permanência, uma beleza que não morre, que possui, para retomar a expressão de Hanna Arendt, «uma imortalidade potencial». Uma nova iconicidade tomou lugar no cortejo lendário das figuras míticas: uma autêntica obra de arte.

A música na era da indústria de massa

Muito comparável ao desenvolvimento do cinema, e ligada a ele pelas suas relações simultaneamente industriais e artísticas, a música gravada, outra forma de arte industrial, muda radicalmente a situação do mundo da música. Até aqui limitada ao instante único da sua interpretação, a obra encontra-se de súbito, pela gravação, fixada num suporte que permite ouvi-la continuamente, repetitiva, praticamente sem fim. Ela abre-se, de repente, a um público imensamente mais vasto do que as pessoas presentes num concerto, privado ou público, que eram os únicos ouvintes.

Como no caso do cinema, é uma invenção técnica que está na origem desta revolução radical, a qual toca aqui uma arte imemorial, que descobre subitamente possibilidades insuspeitáveis. Quando Edison desenvolve o seu fonógrafo nos anos de 1878-1880, pretende que a principal utilização do seu aparelho seja a gravação e a restituição da voz humana para conservar o vestígio na forma de arquivos sonoros. Mas os industriais que se apoderam da sua invenção dão-se conta rapidamente que aquilo não bastava para lhe assegurar um futuro comercial. A ideia de utilizá-la para gravar música impõe-se rapidamente, tanto mais que o desenvolvimento de um aparelho mais ligeiro, que vem substituir os primeiros de uso público, transforma o fonógrafo em equipamento doméstico, abrindo assim um mercado imenso.

A partir dos Estados Unidos, a nova indústria espalha--se por todo o mundo, e nomeadamente em França, onde empresários como Charles Pathé percebem rapidamente todo o potencial de exploração. Constituem-se grandes firmas, explorando os dois sistemas de audição que então coexistem, o cilindro e o disco de 78 rotações, antes que este imponha o seu padrão na primeira década do século xx. O início do século xx testemunha, assim, o domínio de cinco grandes empresas: Edison, Columbia e Victor nos Estados Unidos, Pathé em França, e o grupo anglo-alemão Gramophone Berliner. Nas vésperas da Guerra de 14, estes vendem 50 milhões de cilindros ou de discos em todo o mundo através de uma rede de sucursais que chega até aos países mais longínquos, complementadas por firmas independentes, como a Nichibel e a Tochiku no Japão.

Indústria verdadeiramente planetária, a música gravada constitui, pela primeira vez na história da humanidade, uma gigantesca sonoteca, como o testemunha a dimensão dos catálogos das grandes empresas: em 1912, a Pathé propõe 20 000 títulos para venda. O que beneficia não só a valorização do repertório e a diversidade das músicas (clássica, ópera, jazz, ligeira, folclore) como também é acompanhada, segundo um sistema comparável ao do cinema, pelo lançamento de verdadeiras estrelas, assegurando a notoriedade da marca: em 1904, Victor contrata o tenor italiano Enrico Caruso, que irá gravar mais de 400 discos até à sua morte em 1921 e tornar-se a primeira estrela mundial da história do disco.

O melhoramento técnico e nomeadamente a passagem, em 1924, para a gravação elétrica, que revoluciona a qualidade sonora, fazem a música entrar num mundo cada vez maior de lares, incluindo os das classes trabalhadoras([220]). Em 1929, vendem-se 150 milhões de discos nos Estados Unidos, 30 milhões em Inglaterra e na Alemanha, 10 milhões em França, mas também no Japão, no Brasil, na Argentina, na Finlândia (1 milhão em 1929). Depois do marasmo da década de 30, a situação restabelece-se: em 1940, a produção americana, que caíra para 15 milhões de discos vendidos em 1932, recupera para 127 milhões.

As três décadas que se seguem ao fim da Segunda Guerra Mundial marcam uma mutação na produção, difusão e apropriação de obras musicais. Caracterizam-se por uma prosperidade sem precedentes para a indústria do disco, constituem o que Ludovic Tournès chama «os Trinta Gloriosos do disco»([221]). Correspondem exatamente ao que nós chamamos a fase II do capitalismo artístico, a qual vê desenvolver-se, no domínio da música gravada, um novo suporte: o microssulco(*) que, em 33 ou em 45 rotações, vai encontrar no novo público jovem um terreno de implantação particularmente fértil. Até ao fim da década de 70, a indústria mundial do disco conhece um crescimento excecional de 10% a 20 % ao ano. Nos Estados Unidos, dos 250 milhões de unidades produzidas em 1946 passa-se para mais de 600 milhões em 1973. Em 1975, o mercado mundial está estimado em 1,5 mil milhões de discos vendidos. Aparecem novas firmas importantes (Philips, Barclay, Vogue), acompanhadas por cen-

---

([220]) Como observa André Philip, um jurista francês que elaborou um estudo sobre a classe operária em 1925, o operário qualificado americano «possui geralmente uma pequena casa com jardim, a sua mulher tem um casaco de peles e ele pode dividir os seus lazeres entre a TSF, o fonógrafo e o seu automóvel», citado por Ludovic Tournès, *Du phonographe au MP3. Une histoire de la musique enregistrée*, xixe--xxie *siècle,* Paris, Éditions Autrement, coll. Mémoires, 2008, p. 53.

([221]) *Ibid.,* p. 71.

(*) Suporte do single e do LP (N. R.).

tenas de pequenas editoras que servem de laboratório aos jovens artistas ou às músicas diferentes. Com os Trinta Gloriosos, a música tornou-se verdadeiramente um produto de consumo de massas. Ao mesmo tempo, enquanto uma grande parte dos jovens tem um gira-discos e pode ouvir nos seus transístores, que se generalizam, a música da sua preferência, a audição coletiva ou em família recua, em benefício de uma apropriação individual da música. A partir da década de 50 e sobretudo de 60 generaliza-se o «indivíduo-ouvinte»([222]): com a formidável expansão do mercado do disco, com o transístor e com o gira-discos, com as emissões de rádio dirigidas ao público jovem, a fase II do capitalismo artístico tornou possível o aumento do tempo de música disponível assim como uma individualização das práticas de consumo musical. Uma individualização que não traz consigo uma privatização solipsista, uma vez que a música se torna um vetor central da cultura e da identidade dos jovens. A indústria musical favoreceu ao mesmo tempo uma dinâmica de individualização e de novas formas de identificação e de socialização juvenis.

Mas é também o modo de perceção da música que, neste âmbito, muda. Com a multiplicação da oferta musical e com a sua democratização, desenvolveu-se uma experiência de tipo distraído, ligeiro, indiferente: a música gravada tende a provocar o que Walter Benjamin chama «a receção na distração», no divertimento e na audição flutuante. Como no cinema, a experiência de aura da autenticidade dá lugar a um novo regime de experiência estética destradicionalizada, móvel e passageira, na linha do con-

---

([222]) Ludovic Tournès, «Reproduire l'oeuvre, la nouvelle économie musicale», em Jean-Pierre Rioux e Jean-François Sirinelli (dir.), *La Culture de masse en France de la Belle Époque à aujourd'hui*, Fayard, 2002, pp. 253-255.

sumo comum. Mais tarde, Marcuse falará de «*dessublimação* controlada» das obras de arte([223]).

Dessacralização, banalização, diminuição da aura? Contudo, estes processos não são os únicos que estão em jogo; obviamente, a música é acompanhada por novas formas de culto, de paixão, de efervescências coletivas. Através das técnicas de reprodução musical, o capitalismo artístico intensificou os gostos musicais e desenvolveu a sensibilidade musical de cada vez mais pessoas, provocou autênticas idolatrias, a roçar por vezes a histeria entre os jovens. Na sociedade da racionalidade tecnológica, do desencanto da arte e da música comercial continua-se a ouvir «religiosamente» novos ídolos. Munido das suas técnicas de reprodução (cinema, discos), o capitalismo provocou menos o declínio da aura das obras do que suscitou novos ídolos, novos ambientes e figuras mágicas.

Contrariamente à tese avançada por Benjamin, a multiplicação infinita das reproduções técnicas do som e da imagem não faz desaparecer a aura própria do original: aumenta o seu valor de autenticidade ao criar efeitos de presença excecionais, uma nova densidade do mundo da música e da imagem, um sentimento inédito de intimidade com as estrelas. Não há idolatria das vedetas sem os instrumentos materiais de reprodução e de difusão do som e da imagem: é a gravação da música e a repetição do seu consumo que forneceram as condições materiais do advento dos ídolos do *show-business*. Como sublinha Nathalie Heinich, as estrelas «não são reproduzidas porque são estrelas, elas são estrelas porque são reproduzidas»([224]).

([223]) Herbert Marcuse, *L'Homme unidimensionnel. Essai sur l'idéologie de la société industrielle avancée,* Paris, Éditions de Minuit, coll. Argiments, 1968.
([224]) Nathalie Heinich, *De la visibilité, op. cit.,* p. 21.

Mas este amor moderno das vedetas da canção não resulta unicamente das inovações tecnológicas na reprodutibilidade e na difusão da música: está ligado a um imenso trabalho de gestão da imagem e de operações de promoção orquestradas por profissionais do *show-business*. O caso de Elvis Presley é, a este respeito, paradigmático: com a criação de um clube de fãs de 200 000 membros, o fabrico de produtos derivados, a utilização da sua imagem na publicidade, as suas aparições na televisão, os seus grandes concertos, os cartazes, as fotos e os filmes, Elvis Presley é construído pelo «coronel» Parker como uma imagem de marca comercial, como «uma obra-prima de gestão, constantemente repensada, retrabalhada, retocada, como uma escultura, uma peça de mármore jamais concluída e que o seu autor remodela[va] permanentemente em função das vogas artísticas e das épocas» [225]. É esta imagem fabricada pelo marketing que tornou possível a relação passional dos fãs com o seu ídolo.

Neste contexto, a geração saída do *baby-boom* tornou-se num alvo de clientela predominante: o seu poder de compra foi estimado em França em cerca de 5 mil milhões de francos em 1966. Os seus gostos influenciam diretamente a produção. Os fenómenos do *rock* americano, da *pop* inglesa, mas também dos novos ritmos vindos das Caraíbas, do Brasil, da Índia, que se cruzam com o *jazz*, marcam o advento de uma *world music*, gerando estrelas planetárias, verdadeiros ídolos da juventude: Elvis Presley, os Beatles, os Rolling Stones, Bob Marley.

Uma nova linguagem, preparada pelos novos criadores que são os engenheiros de som e os diretores artísticos dos estúdios, e aplicada pelos intérpretes de que a rádio, a televisão, as revistas asseguram a promoção contínua,

---

[225] Gabriel Ségré, *Le Culte Presley*, Paris, PUF, coll. Sociologie d'aujourd'hui, 2003, pp. 38-39.

torna-se uma língua quase universal: o mundo tornou-se um disco. Fenómeno que nunca falha: a morte de John Lennon em 1980 é sentida como um luto planetário. Traduz simbolicamente o fim desta fase marcada por uma expansão contínua e por uma efervescência musical rica em todas as criações. A fase III, que se abre em 1982 com a aparição do disco compacto [CD] e continua com a crise aberta pelo desenvolvimento da partilha de ficheiros na internet, vai conhecer alterações de grande amplitude. Mas estas ainda se vão acentuar mais e extremar a dimensão da música na cultura coletiva, testemunhando, da mesma maneira que o cinema, o importante contributo artístico e cultural de uma produção industrial gerada pelo capitalismo.

DO RECLAME À PUBLICIDADE

Um outro setor, ligado à emergência das primeiras formas do capitalismo de consumo, proporciona um espaço novo, essencial, ao imaginário estético do universo do mercado: trata-se da publicidade. Em algumas décadas, a publicidade, através do cartaz, passa do domínio de objeto utilitário ao de objeto de coleção com qualidade artística. Inspira-se nas grandes correntes artísticas (arte nova, futurismo, cubismo, construtivismo) e adapta-as às novas exigências da comunicação comercial: o reclame inventou «a arte publicitária».

A primeira era da publicidade moderna

Com o advento dos grandes mercados nacionais e dos produtos estandardizados fabricados em série, multiplicam-se as marcas de dimensão nacional que se concentram em construir e a desenvolver a sua notoriedade. O meio mais eficaz de que dispõem para isso é o reclame e, em particular, o cartaz. Ora, contrariamente à produção, que apenas se abre lentamente ao *design*, o elemento estético aparece imediatamente como meio importante para afirmar produtos e marcas. Da segunda metade do século XIX à Primeira Guerra Mundial, a produção industrial encontra no cartaz a sua montra comercial e para isso chama os maiores artistas. A seguir a Jules Chéret, o verdadeiro inventor desta nova arte, que elogia os méritos do sabão Cosmydor, das bicicletas Cleveland, dos grandes armazéns do Louvre, Manet, Bonnard, Vallotton, Toulouse-Lautrec e logo a seguir Mucha e a arte nova e, depois, Steinlen, Willette, Forain, os grandes mestres do cartaz contribuem para dar rapidamente estatuto artístico a um suporte de vocação exclusivamente comercial. O capitalismo não criou unicamente fancaria e produtos insípidos, contribuiu para a criação de visuais dotados de qualidades artísticas tão evidentes que continuamos a admirá-los mais de cem anos depois.

Através do cartaz, desenvolve-se uma nova estética que, ao contrário do estilo sobrecarregado da produção industrial que nascia, exalta a pureza da linha e a simplicidade do traço. A este respeito, a publicidade moderna e o *design* funcionalista participam de um mesmo movimento de depuração, de despojamento estético. Naquela que é a primeira fase do capitalismo artístico, e só para falar no que concerne ao cartaz, o grafismo que se desenvolve vai eliminar, a partir de 1900, o supérfluo, o incomodativo e todas as circunvoluções formais que prejudicam a visibilidade e o reconhecimento imediatos. Em rutura com a extravagância bizantina de um Mucha, Cappiello, logo no início do século XX, inventa o cartaz onde verdadeiramente desenvolve a primazia da linha no sentido de responder aos dois imperativos da eficácia comercial: a legibilidade e a memorização da marca. Mais preocupado com a legibilidade imediata do que com detalhes decorativos, ele escolhe fundos lisos, procura a expressão gráfica, joga com o contraste entre personagem clara (ou escuro) em fundo escuro (ou claro), reduzindo a mensagem ao essencial numa tipografia simples e arejada, e antes do mais faz realçar a marca, que torna familiar ao associá--la, pela repetição sistemática, a um personagem (o pierrô que cospe fogo do algodão Thermogène) ou a um animal (a zebra do Cinzano).

O grafismo que visa a simplificação, muitas vezes reduzido a linhas e a desenho simples([226]), vai dar ao cartaz um lugar de destaque na história das artes decorativas ao mesmo tempo que impõe as próprias imagens da civilização industrial: as linhas de fuga do caminho-de-ferro de *L'Étoile du Nord*, das estações termais e das curiosidades turísticas, dos grandes armazéns e do cinema, dos cigarros e das agências de viagem, e do talha-mar do *Normandie* que Cassandre projeta em grande plano e em contrapicado, cortando as ondas do Atlântico. Mas também os logotipos, os símbolos gráficos, que, idênticos durante dezenas de anos, criam personagens conhecidas de todos, imagens de marca estilizadas e memorizadas em massa: o distribuidor de garrafas de vinho Nicolas, o boneco da Michelin, a senegalesa do Banania, o bebé radiante do

---

([226]) Os mesmos imperativos estéticos manifestam-se noutro dispositivo consubstancial ao sistema da produção e consumo de massas: a embalagem. Também neste caso se convocam os artistas, pintores, desenhadores, gráficos, para decorar as caixas, tornar as embalagens atrativas, conseguir através da embalagem o desejo do seu conteúdo. Em 1898, Van de Velde propõe à Tropon, uma empresa alimentar de Colónia, em vez da representação realista esperada do produto, uma linha gráfica estilizando ao extremo os três pardais que eram o emblema da firma, que se exprime através do cartaz, mas também da embalagem e até do papel timbrado da empresa.

sabonete Cadum, a Vaca que Ri, a antilhana do rum Négrita.

A seguir aos princípios de Cappiello, os gráficos transformaram a comunicação comercial ao mesmo tempo que o espetáculo da rua: Blaise Cendrars qualifica Cassandre como «encenador da rua». Nasce uma arte publicitária cuja linguagem deve ser eficaz, variável, falando a todos, como se fosse um «telegrama enviado ao olho» (Paul Colin). Entre as duas guerras, Charles Loupot formula o espírito: «É necessário surpreender continuamente o olho preguiçoso por um grafismo simples e perfeito». Daí serem cada vez menos os textos: as linhas que atraem o olhar e o grafismo da marca impôem, mais ainda do que o produto, a imagem do produto. Mesmo que essa imagem seja mais bela do que o próprio produto.

Não é de maneira nenhuma paradoxal que, enquanto a fabricação em série continua a propor produtos sem graça, onde triunfam modas e estilos pesados – exotismo, orientalismo, conchas rococó ou volutas Henrique II – a representação que a publicidade oferece dê uma impressão oposta: assim, a inspiração cubista que preside ao cartaz de Loupot, de linhas angulares e grafismo geométrico, apresenta os móveis das Galeries Barbès, que não têm a mesma sobriedade estilística.

O cartaz deu notoriedade artística à publicidade. Mas a par do jogo das imagens, ele usou palavras, músicas, ritmos cantados. Da mesma maneira que os visuais se simplificaram também as mensagens, entre as duas guerras, assumiram a forma de *slogans* concisos que, destinados a inscrever-se nas memórias, visavam um público de massas indiferenciado: «Y'a bon Banania», «Qui dit Radio dit Radiola [Quem diz Rádio diz Radiola]». Aos quais se juntaram *slogans* cantados num tom brincalhão, refrãos publicitários, amplamente difundidos nas ondas radiofónicas. Rimas, quiasmos, hipérboles, metáforas, jogos de linguagem («Dubo, Dubon, Dubonnet»), aliterações («André, le chasseur sachant chausser» [André, caçador que conhece o calçado]), repetições rítmicas («Dop, Dop, Dop, / Dop, Dop, Dop, / Tout le monde adopte Dop» [Toda a gente adota Dop]), eufonias, euritmias: o reclame potencializa a «função poética da linguagem»([227]), as suas leis são as mesmas que estruturam a poesia([228]). Instrumento comercial destinado a fazer vender, a publicidade mecanicista que assenta em artifícios mnemotécnicos não deixa de ser uma figura de massas que, usando a via da piada, da cantilena, do trocadilho, do jogo estético com a linguagem, da alegria infantil, não necessita de nenhum pré-requisito cultural.

A partir da década de 20, a publicidade torna-se cada vez mais visível e impressiva, despojada mas também gigantesca: os cartazes são afixados nas paredes dos edifícios, nos transportes públicos, nos postes telegráficos, nos urinóis públicos, nas árvores. Os anúncios luminosos entram pelos olhos dentro e marcam o ritmo noturno das avenidas urbanas. As dimensões dos painéis aumentam: muitos cartazes apresentam-se no formato de 3 × 4 metros, algumas telas pintadas atingem os 650 m². Em 1925, a Torre Eiffel foi iluminada com o nome da Citroën, cada letra do construtor automóvel atingia a altura de 30 metros. A publicidade, na fase I do capitalismo, impõe-se como uma nova forma estética da paisagem urbana, um espetáculo de choque, um dos elementos de decoração e de animação da cidade moderna.

([227]) Roman Jakobson, *Essais de linguistique générale*, Paris, Éditions de Minuit, coll. Arguments, 1963, pp. 218-220.
([228]) Olivier Reboul, «Slogan et poésie», em *Arte t publicite. 1890--1990, un siècle de création*, Éditions du Centre Georges-Pompidou, 1990, pp. 88-97.

Por vezes tenta-se ligar o nascimento da retórica das marcas e do reclame ao «défice do imaginário» das sociedades modernas assim como à perda da aura dos objetos fabricados em série[229]. A exibição das mercadorias é então interpretada como compensação pela fraqueza dos mitos modernos[230] e maneira de «restabelecer a aura» dos objetos destruída pela sociedade maquinal. Semelhante interpretação não nos parece justa. Em primeiro lugar, a modernidade contemporânea da industrialização é tudo menos pobre em imaginário social: ela é, bem pelo contrário, uma época de agitadas águas mitológicas, como testemunham as grandes utopias sociais, a ideologia do progresso, as ideologias do comunismo, da Revolução, da Nação. Depois, a publicidade não se desenvolveu, de maneira alguma, para reconstituir a aura pretensamente perdida dos objetos utilitários: lembremos que outrora vendidos a granel, estes produtos estavam dotados de um imaginário muito reduzido. Além disso, mesmo as marcas de produtos não seriais (filmes, *music-hall*, lugares turísticos, paquetes) fizeram publicidade.

Na verdade, o reclame não veio compensar qualquer perda nem preencher qualquer lacuna imaginária: começou a artializar, a poetizar os bens de consumo de massa. Longe de radicar num qualquer défice cultural, a retórica publicitária é muito mais o efeito de uma oferta comercial que, por causa da indústria, se mostrou capaz de propor produtos em grande quantidade e a um público de massa. É certo que os *slogans* não se caracterizam por uma grande riqueza de conteúdo, mas foram compensados por imagens belas, criativas, poéticas. A este respeito, o desenvol-

---

[229] Bruno Remaury, *Marques et récits. La marque face à l'imaginaire culturel contemporain*, Paris, Institut français de la mode – Édition du Regard, 2004, p. 108 e p. 16.
[230] *Ibid.*, p. 108.

vimento da publicidade moderna não traduz, de maneira nenhuma, um empobrecimento do imaginário mas o advento de produtos cada vez mais carregados de dimensões simbólicas, de significações imaginárias multiplicadas; é menos sinal de défice de sentido do que início de ludicidade e da estetização do discurso comercial.

Uma poesia da rua

Ao aparecer, deste modo, como figura essencial da vida quotidiana moderna, a publicidade não deixa de suscitar o interesse dos espíritos mais aguçados, que lhe percebem imediatamente o carácter estético. O reclame é exaltado pelo futurismo que é, a par da máquina e da velocidade, o emblema de um mundo novo. E os poetas da modernidade dão-lhe o valor de bandeira face ao mundo antigo do qual se mostram cansados: «Tu lês os prospetos os catálogos os cartazes que cantam bem alto / Eis a poesia esta manhã...», assinala Apollinaire («Zone», *Alcools*, 1912); e Cendrars formula-o de maneira explícita: «A publicidade é a flor da vida contemporânea, ela toca a poesia» (*Aujourd'hui*, 1927). Uma poética da nova cidade alimenta-se agora do espetáculo da multidão atraída pelas montras, pelos anúncios luminosos que transformam a noite mortiça das antigas iluminações em espetáculo cintilante que Céline descobre no centro de Nova Iorque ao ir ver «agitar-se na palma da sua mão os dólares à luz dos anúncios de Times Square, essa pequena praça espantosa onde a publicidade salpica de cima a multidão entretida a escolher um cinema»([231]). O cinema, justamente, repercute

---

([231]) Louis-Ferdinand Céline, *Voyage au bout de la nuit* [1932], ed. cit., p. 206 (*Viagem ao Fim da Noite*, trad. Aníbal Fernandes, Ulisseia, Lisboa, 2010).

esta poesia na atmosfera de sombra e luz que os filmes dão ao cenário urbano([232]): eis que chega o tempo das «luzes da cidade».

Os debates suscitados por esta poesia do contemporâneo, muito particularmente ligada à publicidade, mostram bem a sua aposta estética. Valéry condena-a, inapelavelmente: «A publicidade, um dos grandes males deste tempo», escreve, «insulta o olhar, falsifica todos os epítetos, estraga a paisagem, corrompe toda a qualidade e toda a crítica, aproveita-se da árvore, da rocha, do monumento e confunde nas páginas que vomitam as máquinas o assassino, a vítima, o herói, o centenário do dia e a criança mártir»([233]). Fernand Léger, pelo contrário, zombando dos espíritos medrosos que a rejeitam, rejubila que, graças a ela, «a arte moderna desce à rua»: «Este cartaz amarelo ou encarnado, gritante nesta tímida paisagem, é o mais belo motivo pictórico que existe; deita por terra todo o conceito sentimental e literário e anuncia o advento do contraste plástico»([234]). E os surrealistas encontram nas associações fortuitas que proporciona o espetáculo das vitrinas ou dos cartazes publicitários o território daquilo a que Aragon chama «uma mitologia moderna»([235]). Mais do que a questão moral da manipulação, é antes o ângulo estético que alimenta nalguns a condenação da publici-

---

([232]) «Os realizadores adoram fazer figurar no ecrã os sinais noturnos das nossas modernas capitais, Nova Iorque, Paris, Berlim, onde triunfam estes mil e um jogos de luzes que a publicidade, magnífica e infatigável maga, suscitou», assinala G. Renon em *Le Figaro*, 1931.

([233]) 9 Paul Valéry, *Regards sur le monde actuel* [1931], Paris, Gallimard, coll. Folio Essais, 1988, p. 75.

([234]) Fernand Léger, *Fonctions de la peinture* [1965], Paris, Gallimard, coll. Folio Essais, 1997, p. 42.

([235]) Louis Aragon, *Le Paysan de Paris* [1926], em *Oeuvres poétiques completes*, t. I, Paris, Gallimard, coll. Bibliothèque de la Pléiade, 2007, p. 145.

dade, dos painéis de cartazes, dos anúncios agressivos, acusados de desfigurar a paisagem urbana e noutros, pelo contrário, a adesão entusiasta ao que consideram uma magia da luz, um espetáculo inventivo e constantemente renovado, próprio para suscitar emoções artísticas inéditas.

Um novo espírito publicitário

Com o desenvolvimento da fase II do capitalismo de consumo, inventa-se um novo estilo em matéria publicitária. A partir da década de 60, as agências de publicidade começam a envolver-se em campanhas marcadas pelo espírito da criatividade e do anticonformismo. Os princípios-chave tornam-se a originalidade, a inovação, o imprevisto (o homem com uma pála preta no olho para as camisas Hathaway, o «homem grávido» para a promoção de contracetivos, o rebanho de ovelhas que refaz o logotipo da marca Woolmark), por vezes a impertinência e a provocação («Beba e urine» de Vitel, «O anti bate-cu» do G. S. Citroën) ou então a contraposição («Think small» para o Carocha, por oposição aos sonhos de grandeza e de potência veiculados pelos carros americanos). Multiplicam-se as campanhas com recurso à paródia, ao humor («Ajuda-te, Contrex ajudar-te-á»; «You don't have to be Jewish to love Levy's»), aos pastiches (Don Patillo, o padre que adora as massas Panzani), à ironia, à brincadeira: os charutos Hamlet lançam *spots* loucos e desajustados e o camelo da Camel aparece de cigarro na boca.

Também o jogo com Eros. Depois das *pin-up* das décadas de 40 e 50, o erotismo mostra-se de um modo cada vez mais sugestivo: as campanhas de publicidade são apimentadas mais do que nunca com imagens e poses eróticas, de lábios entreabertos, de corpos nus, de alusões aos gestos e prazeres sexuais([236]). Eros mostra-se não só como sinal de prazer mas igualmente de emancipação e de antiburguesismo. Esta sexualização da publicidade e do corpo feminino traduz uma maior agressividade da comunicação do capitalismo artístico, ao mesmo tempo que uma cultura marcada pela flexibilização das convenções e normas morais.

No estádio I do capitalismo artístico, o reclame apelava para a memória e para o jogo de reflexos através do automatismo do *slogan* e dos artifícios mnemotécnicos. A fase II, ao longo das décadas de 60-70, começa a produzir campanhas publicitárias que se baseiam noutros mecanismos: a argumentação, a sugestão, o humor, a identificação, a implicação, a conivência. Emerge um novo espírito publicitário que preconiza a ideia criativa contra a repetição mecanicista do reclame, a participação afetiva do consumidor e já não a receção passiva de *slogans* que se impõem de fora. Por um lado, desenvolvem-se campanhas publicitárias que dão argumentos racionais e razões para acreditar nas mensagens: «Quando está em segundo lugar, vai esforçar-se por fazer mais» (Avis). Por outro, as campanhas saudosistas ou emocionais criam um ambiente, uma cumplicidade, de identificação, um imaginário mitológico em volta do produto: o *cowboy* da Marlboro, arquétipo do homem viril, a mulher libertada da Dim, o rapazinho Lotus, as campanhas Renault R20, R18, R9, com as suas imagens sugestivas sem discurso nem argumentação. Ao reclame behaviorista sucedem os registos da reflexão, da emoção, da cumplicidade, do humor, da

---

([236]) Violette Morin, ao estudar o sentido desta proliferação, assinala um «fluxo erótico» em dois terços de 300 cartazes publicitários que são objeto da sua pesquisa: «Érotisme et publicite: un mécanisme d'autocensure», *Communications*, vol. 9, n.º 1, 1967, p. 105.

provocação, do mito, do sonho([237]). O ciclo da criatividade publicitária iniciou uma nova carreira que se foca em dar às marcas uma mais-valia de ironia e de liberdade, de sonho e de imaginação. Consagração simbólica desta dimensão imaginária da publicidade: em 1979, o Conselho Francês de Publicidade reuniu um júri de profissionais que atribuiu os «Minerves d'Or» aos melhores *spots* de televisão. E no Festival do Filme Publicitário de Cannes, o melhor filme do ano é recompensado com um Grande Prémio.

Tais alterações não podem ser separadas do desenvolvimento de uma produção estandardizada em que os produtos se assemelham e, de repente, da exigência crescente de os personalizar, de os diferenciar pelo imaginário, pela ideia original, pelo divertimento. Além disso, este aumento de competências publicitárias está ligado ao desenvolvimento das políticas de segmentação do mercado, à consideração das categorias específicas dos consumidores, à nova importância concedida particularmente aos jovens, que se tornam na fase II uma classe de consumidores que, com um poder de compra crescente, afirma uma nova identidade em rutura com a dos «decadentes». Os registos da provocação, do erotismo, do anticonformismo surgiram como resposta ao perfil do consumidor que acompanha o desenvolvimento da cultura juvenil e da contracultura.

Finalmente, de um modo geral, a nova cena publicitária é inseparável da ampla difusão da nova cultura individualista (hedonismo, contracultura, neofeminismo, liberdade sexual, autonomia dos sujeitos) que trabalhou para privilegiar a originalidade, o divertimento, o humor, mas

---

([237]) Para a radiografia desta mutação, Jean-Marie Dru, *Le saut créatif. Ces idées publicitaires qui valent des milliards*, Paris, Jean--Claude Lattès, 1984.

também as atmosferas emocionais, dando a sensação aos espetadores de não serem comandados de fora, de serem capazes de descodificar os códigos, de compreenderem as sugestões e as piscadelas de olho, de serem livres e adultos. Quanto menos «lições» aplicadas mais convites à viagem e ao sentir: este movimento é levado pelo impulso da individualização dos comportamentos e da cultura. Se o reclame correspondia ao momento de individualismo autoritário-disciplinar-rigorista, a publicidade dita criativa está de acordo com a «segunda revolução individualista», hedonista, psicológica e subjetiva, subtendida pelo *boom* da economia-moda.

São estas alterações impulsionadas pela fase II que estão na origem do processo de consagração cultural e artístico da publicidade que vai marcar o início da fase III. O museu da publicidade abre as suas portas em França em 1978 e o Centro Nacional dos Arquivos Publicitários em 1980. As emissões regulares («Culture Pub») na televisão apresentam as últimas ideias publicitárias e as sagas das grandes marcas. Em 1985, o Museu de Arte Moderna de Nova Iorque organiza uma retrospetiva de filmes publicitários franceses. O Museu Cantini, em Marselha, dedica em 1988 uma exposição a Jean-Paul Goude, que passa assim do estatuto de criativo ao de criador. É o momento do reconhecimento da dimensão artística da publicidade: Jacques Séguéla fala da «estratégia *star*» e Étienne Chatiliez, formado na publicidade antes de se tornar realizador de filmes de ficção, declara: «A publicidade é o domínio mais criativo, o mais ousado. Abra o correio. Em três segundos você sabe onde está [...] A publicidade? O reino da elipse, do choque. A pesquisa em estado puro»[238].
Esta dinâmica de legitimação, que faz sair a publicidade

---

[238] Étienne Chatiliez, «Les dessous de la pub à la TV», *Le Nouvel Observateur*, 15 de Julho de 1983.

do seu estrito gueto comercial, é certamente consumada sobre um fundo de reabilitação da empresa, mas ela não pôde ver o surgimento que foi preparado pelas transformações da retórica e da estética publicitária da década de 70.

CAPÍTULO III

Um Mundo *Design*

A fase II do capitalismo artístico chega ao fim por volta do fim da década de 70. Se avançamos com a ideia de uma terceira fase que se implementa a partir da década de 80, é devido à conjunção de todo um conjunto de fenómenos tecnológicos, políticos, económicos e estéticos. É ao longo dos anos 80-90 que os computadores pessoais começam a espalhar-se, pondo ao alcance de um público mais vasto o poder de grandes sistemas informáticos. Os *softwares* multiplicam-se, o que permite transpor para o ecrã a ideia de um objeto a três dimensões em modelo virtual, modificar facilmente as suas características, prever as suas reações antes mesmo do seu fabrico industrial. Advento da simulação virtual que é simultaneamente automatização flexível. Com o desenvolvimento dos sistemas informatizados, da conceção e do fabrico assistidos por computador, da robótica, é uma terceira revolução industrial que se manifesta e que altera radicalmente os métodos de conceção e produção dos objetos industriais mas também das indústrias culturais. A esta terceira revolução industrial corresponde a terceira época do capitalismo artístico.

Num outro plano, a década de 80 e as décadas seguintes são dominadas pelas políticas ultraliberais de privatização, de desregulação económico-financeira, do desenvolvimento do comércio livre, assim como por uma grande alteração geopolítica (a queda do Muro de Berlim e do império soviético). Estes fenómenos, a par de deslocalizações das atividades de produção, conduziram à planetarização da economia de mercado. A este respeito, a fase III designa a emergência de um capitalismo hipercomercial pela primeira vez globalizado, no qual o trabalho de estilização da economia já não é monopolizado pelo Ocidente. Presentemente, cada vez mais nações entram na arena das indústrias de consumo e do divertimento. *Design*, luxo, moda, arte, cinema, séries de televisão, música *pop*, jogos de vídeo, espetáculos desportivos: quanto mais produções que visem cada vez mais um mercado mundial, mais territórios são objeto de investimento de muitos países, nos quais estão, no primeiro patamar, os novos gigantes da economia mundial.

Obviamente, os Estados Unidos dominam ainda largamente os mercados do entretenimento mediático: só eles controlam 50% das exportações mundiais. Contudo, na época do capitalismo hipermoderno afirma-se uma nova geopolítica da arte comercial de massas onde novos protagonistas não ocidentais tomam por sua vez os comandos do comboio do capitalismo artístico e têm por objetivo construir marcas mundiais e indústrias criativas de envergadura internacional. Começou uma nova batalha mundial para a cultura mundializada de massas, quer se trate de produtos materiais ou de entretenimento.

Ao que se acrescenta o facto de os fenómenos que existiam anteriormente (a marca, o marketing, a comunicação, a moda, a renovação de produtos) ganharem uma nova amplitude e significação nas esferas da vida económica voltadas para o consumo. A intensificação da concorrência e as novas expectativas dos consumidores levaram ao surgimento de uma economia pós-fordiana marcada pelo imperativo da inovação e da hiperdiversificação dos produtos. Paralelamente à unificação mundial dos mercados e ao desenvolvimento das marcas presentes em todo o planeta, implanta-se uma diversificação sem precedente da oferta e em todos os domínios: objetos, lojas, estilos, música, cinema, séries de televisão.

É neste contexto que os antigos limites que podiam travar, em certos setores, a escalada da lógica comercial são derrubados em benefício de uma hipereconomia generalizada que abrange a arte, os museus, o luxo, a moda, os bens culturais. Mas uma lógica excrescente que deve integrar cada vez mais a dimensão ética do respeito pelo ambiente: e este parâmetro é novo. Depois da era da criatividade despreocupada, típica da fase II, impõe-se ou impor-se-á a da criatividade eco-responsável.

Finalmente, a década de 80 vê a cultura vanguardista sofrer as críticas das correntes ditas «pós-modernas» que entendem revisitar livremente a história e as estéticas do passado em vez de as erradicar. O decorativo e o subjetivismo expressivo já não são excomungados: por toda o lado, na decoração, na arquitetura, no *design*, na moda, na cozinha, na arte, na música, afirmam-se as reutilizações dos códigos do passado, assim como a mistura de géneros. Daqui resulta um novo universo eclético e descoordenado, que vê coabitar o *kitsch* e o *high-tech*, o retro e as linhas futuristas, o irónico e o polido, as formas emocionais e o anonimato funcional. Recuo do *total look* e aumento de uma cultura de hibridação que mistura territórios e estéticas antinómicas: o capitalismo artístico terminal mostra-se sob o signo do pluralismo transestético e da desregulação generalizada, como mostra a evolução do *design*, pelo qual nós começámos o exame do novo rosto do capitalismo criativo.

DESIGN E ECONOMIA DA VARIEDADE

A fase II construiu-se ao casar as lógicas contrárias do fordismo tecnicista e do sistema da moda. Mas neste conjunto o primeiro dispositivo tinha prioridade sobre o segundo, a produção das séries repetitivas dominava as políticas de diversificação e de diferenciação das gamas de produtos. A massificação homogénea prevalecia sobre a variedade e inovação. A fase III inverte esta organização: pondo em causa os princípios fordianos da produção, ela constituiu-se como uma economia da variedade, da personalização dos produtos, das séries limitadas, da criação e da renovação hiperacelerada. No momento da conceção e da fabricação assistidas por computador desenvolve-se uma dinâmica de individualização dos produtos a partir de módulos-padrão pré-fabricados. Hoje, é possível fabricar produtos à medida a um custo que não está muito longe do que é praticado com os produtos estandardizados. Estamos num momento em que a diversificação tomou o lugar da repetição, da inovação sobre a produção, o imaterial sobre o material[239]. Nas suas campanhas de publicidade, a Renault, símbolo passado da sociedade industrial, apresenta-se hoje como «criador» de automóveis.

A fase III aparece num momento em que a produção fordiana de massa já não corresponde às exigências de consumidores amplamente equipados com bens duráveis, mas também aos novos imperativos de comunicação e de comercialização dos produtos. Para fazer face à intensificação da concorrência, travar o recuo do consumo ligado à saturação dos mercados internos, para melhor responder às necessidades de diferenças dos compradores, generalizam-se estes novos modos de simulação da procura

---

[239] Em média, o trabalho de fabrico de uma peça de vestuário de marca não representa mais do que 5% do seu preço de venda.

que são a segmentação dos mercados, a proliferação de referências, a declinação de variantes de produtos a partir de compostos idênticos, a aceleração do ritmo de lançamento dos novos produtos. O momento é de segmentação extrema dos mercados (clientes e produtos), visando faixas etárias e categorias sociais cada vez mais subdivididas, oferecendo produtos cada vez mais direcionados, explorando micromercados e as necessidades cada vez mais diferenciadas. Com a hipersegmentação dos mercados e com o poder ampliado do marketing, a lógica-moda que descolou na fase II intensifica-se ainda mais.

O que rege o progresso do capitalismo de hiperconsumo é a renovação constante da oferta, a proliferação da variedade([240]), a exacerbação da diferenciação marginal de produtos. Os construtores de automóveis ampliam constantemente a gama de escolhas e variantes, multiplicam as novidades, as gamas, as versões e opções. Segundo o gabinete Mercer Management Consulting, os construtores aumentaram de 30% para 70% o número de perfis por modelo entre 1990 e 2004: ao longo deste período, a Peugeot passou de 20 para 29 perfis por série. Em 2008, a Ikea propunha 9500 referências de móveis e acessórios para a casa. Alguns editores de papéis de parede podem mostrar coleções de 5000 a 10 000 referências. Sempre mais escolha e novidades aceleradas, variações e declínio de produtos: isto traduz o advento de um *design* cada vez mais sob a influência do mercado, do peso que exerce a esfera comercial sobre a criação industrial, de um capitalismo estético onde triunfa um mercado de procura levado pelo cliente em vez do mercado da oferta, que dominava

---

([240]) Todos os anos são propostos aos europeus cerca de 20 000 novos produtos de grande consumo. Neste contexto, «pelo menos 30% de inovações falham antes do seu primeiro ano e metade não passa o cabo dos dois anos». Yves Puget, *LSA*, 5 de fevereiro de 2009.

anteriormente, onde os produtores propunham os seus produtos a consumidores que tinham pouca escolha. É neste contexto que o ritmo acelerado da inovação se infiltra por todo o lado e se intensifica extremamente. Na década de 90, a Seiko propunha todos os meses 60 novos modelos de relógio e a Sony chegava por vezes a 5000 novos produtos por ano. Presentemente, a Samsung cria 50 modelos de telemóveis todos os anos. Mais de 60% da oferta de brinquedos é renovada todos os anos. Os gigantes do pronto-a-vestir renovam os seus modelos de duas em duas semanas. A Swatch lança duas coleções de relógios por ano, jogando com a utilização das cores, dos plásticos e do desenho gráfico. A Ikea renova um terço dos seus modelos ao ritmo de quatro coleções anuais, ou seja, cerca de 3000 referências: para a marca, trata-se de ligar cada vez mais coleções de decoração e de mobiliário de curta duração, como na moda. Uma maneira de dessacralizar a relação com o mobiliário, de destacar coleções de grande rotação faz com que aceda ao verdadeiro estatuto de bens de consumo.

No momento da «produção à medida em massa», os industriais do automóvel propõem aos seus clientes, na internet, definir e personalizar o seu carro ao escolher, segundo os seus gostos, a motorização, a cor, as opções. Na Nike, o cliente pode escolher o material, as cores, os atacadores dos sapatos e até a mensagem inscrita de lado. A marca Repetto oferece a possibilidade de personalizar as suas bailarinas ao escolher entre 250 peças de couro tingido e o número de cores do rebordo e dos atacadores. Sapatos, bolsas, óculos, selos de correio, garrafas de vinho: um número cada vez maior de produtos entra na era da personalização de massa, da estética *à la carte* dirigida pelos gostos pessoais do consumidor. Presentemente, a estética é uma coisa muito importante para ser unicamente deixada nas mãos dos profissionais.

Não há um objeto, um único acessório que não seja pensado, concebido segundo as leis da «criação estilo» e da moda. A busca da novidade e do *look* conquistou todos os setores de atividade: os equipamentos de cozinha ou de casa de banho são apresentados em catálogos que destacam as tendências, as linhas, os materiais na moda; as lojas de jardinagem expõem os novos modelos de vasos, de salões de jardim, de plantas e árvores, como se fosse um *showroom*. Os relógios ou os óculos tornam-se acessórios e adereços com cores e formas que mudam de coleção para coleção. Algumas marcas de ténis comercializam coleções de sapatos que retomam motivos de artistas: Damien Hirst (Converse), Jean-Michel Basquiat (Reebok). Mesmo nas farmácias, as escovas de dentes são vendidas com formas originais, com um visual gráfico, misturas de cores que compõem um ambiente *pop* e de tendência. Além disso, as marcas de moda aumentam a sua influência no universo da decoração: depois da Zara e da Armani, Kenzo e Chantal Thomas lançam as suas coleções de mobiliário.

O que até aqui estava reservado aos produtos «pesados» – carros, mobiliário – faz parte agora do lote comum. Lâminas de barbear, sapatos, canetas, artigos de papelaria, telemóveis, capacetes de ciclista, aspiradores, esteiras, lareiras, postes de eletricidade, contentores de lixo, sinais de trânsito, equipamentos coletivos, escovas de dentes desenhadas por Starck, garrafa Riccard concebida por Garouste e Bonetti, mobiliário urbano confiado a Norman Foster, Martin Szekely e Patrick Jouin: já nada escapa ao imperativo do estilo e da renovação constante. A fase III aparece, assim, ao mesmo tempo como a exacerbação do «complot da moda» da fase II e a inversão da sua lógica organizacional fordiana. O cursor do sistema deslocou-se: o que era limitado tornou-se «hiper», abrindo um novo horizonte à aventura artística do capitalismo.

O *design* concebido como elemento determinante da ficha identitária do produto e da marca participa mais do que nunca da lógica da moda e das estratégias de marketing. Hoje, é o próprio *design* que, pelas suas tendências, contribui para fazer moda e que, por vezes, é a moda que é procurada pelos *cool hunters*. Ponto de rutura, neste ponto, com o que tinha inaugurado as correntes do *streamline* e da *pop*, mas sobretudo a sua exacerbação e a sua generalização consubstanciais à época hiperconsumista. Fenómeno de moda, o *design* impõe-se cada vez mais diariamente, nos mercados hipersegmentados, como instrumento de marketing, vetor de imagem, ferramenta estratégica para valorizar a marca. O imperativo intensifica-se ao estimular as vendas pelo *look* dos objetos[241], seduzir os consumidores «indiferentes» e segmentados, criar uma identidade de marca ao jogar com a originalidade, a fantasia, o prazer das formas e das cores. É numa perspetiva de consumo exacerbado que se desenvolve o *design* hipermoderno.

As marcas compreenderam-no bem, até porque colam o seu nome, o seu universo, o seu logotipo ao *design*. O *design* pelo qual a marca se identifica está por todo o lado: na forma do produto, mas também no grafismo, na embalagem, na promoção de vendas, na exposição, no som, no cheiro e no toque dos produtos, no arranjo e na iluminação das lojas, na conceção dos *sites*. Não há marca sem criação de *design*: é através dele que ela se identifica, através dela que ela se distingue dos seus concorrentes. O *design* tornou-se o pré-requisito da *performance* comercial de cada novo lançamento. Num tempo em que os produtos têm cada vez mais igualdade técnica, torna-se

---

[241] Mesmo os artigos em desconto das grandes marcas da distribuição aparecem agora como produtos elegantes e de qualidade (o pequeno eletrodoméstico, por exemplo) que, além disso, são testados em painéis de consumidores antes de ser lançados no mercado.

necessário encontrar o meio de sair do lote, atrair o olhar por «qualquer coisa mais» que permita diferenciá-los. O sucesso da Apple está em grande parte nesta dimensão do *design*, sobre o qual a empresa sempre se focou prioritariamente, e que o assegura: os computadores e os seus *softwares* são mais ou menos o mesmo que os PC; porém, a empresa soube conceber um universo Apple([242]) em que o computador, pelas suas linhas, pelo seu sistema de navegação, pelo seu grafismo, define um estilo de vida e induz a pertença a um grupo que partilha os valores: os industriais, os banqueiros, os comerciais são PC; os editores, os publicitários, os intelectuais, os jovens, a gente da moda, são Apple.

EM TODOS OS CONTINENTES

Se é necessário avançar a ideia de uma nova fase do capitalismo artístico, isso não acontece unicamente com o advento de uma economia pós-fordiana, mas também com o processo de mundialização das economias criativas. Durante as duas primeiras fases, o *design* industrial, bem como as indústrias culturais, cresceram essencialmente nas economias ocidentais desenvolvidas. Este ciclo está ultrapassado. Começou um novo episódio: é todo o planeta que, embora de maneira ainda muito desigual, está ligado

---

([242]) A partir de 1982 (a empresa foi fundada em 1975), Steve Jobs procura em todo o mundo uma equipa de *designer*s que se encarregue da estética e do programa criativo da Apple. Entre os 80 candidatos europeus, foi escolhido o alemão Frogdesign de Hartmut Esslinger. É ele que desenha, em 1984, o famoso rato de formas mais geométricas do que ergonómicas e que concebe em 1987 o Apple SE, cuja cor, bege, e a forma, pequeno e perfilado, fixam durante mais de uma década a linha standard dos computadores pessoais, como em 1998 o iMac, desenhado por Jonathan Ive, o pequeno «ovo azul» transparente, vem novamente transformar.

ao capitalismo criativo. A partir da década de 70, o Japão impõe-se no universo do *design*. O *walkman* de cassetes da Sony, lançado em 1979, foi um grande sucesso mundial: enquanto a Honda se torna na década de 80 o primeiro construtor mundial nas duas rodas, a marca Yashica lança uma câmara com o aspeto de um brinquedo. Os criadores de moda propõem agora as suas linhas de vestuário em todo o mundo, como o testemunha a explosão das *fashion weeks*. O Brasil torna-se um verdadeiro protagonista na cena do *design* e da moda. Nas economias emergentes multiplicam-se as agências de publicidade, os gabinetes de *design* e arquitetura, as escolas de moda e de *design*, as revistas de decoração: ao longo dos anos 90, o número de revistas de *interior design* passou, na Turquia, de 1 para 50. Seul foi eleita em 2010 capital mundial do *design*. A primeira escola chinesa de *design* abre as suas portas na década de 80: existem hoje mais de 400 e centenas de milhares de estudantes inscrevem-se no primeiro ano. Presentemente, o país envia os seus estudantes para as melhores escolas de *design* de todo o mundo ou faz parcerias com estas para as receber no seu próprio território. O Brasil conta com 150 escolas de moda e mais de uma centena de *design*. Seul tem 11 000 estudantes de *design*. As escolas indianas como o National Institute of Design ou o GSK em Pune, mais especializado em *design* de animação, conquistaram reputação internacional.

As bienais internacionais de *design* recebem hoje em dia muitas dezenas de países, dos cinco continentes. Anualmente, concursos internacionais recompensam os produtos mais inovadores provenientes de um grande número de países. O concurso internacional de *design* Jump the Grap registou, em 2004, 3000 candidaturas de 92 países. Em 2011, mais de 110 participantes de 43 países concorreram ao célebre International Forum Design. Já não estamos numa época em que *design* rimava com Ocidente.

A partir da fase II, o *design* entrou numa dinâmica de internacionalização. Nos Estados Unidos, dois editores, Knoll e Hermann Miller, recorrem aos serviços de *designers* estrangeiros; em Itália, o editor Cassina reedita as obras do americano Frank Lloyd Wright, do holandês Rietveld, de Le Corbusier. Mas, ainda que nos limites do Ocidente, o *design* apresentava-se sob o signo de estilos nacionais reconhecíveis; já não é assim. A fase III coincide com o desaparecimento dos traços nacionais do *design* (*design* italiano, alemão, americano, escandinavo) que marcaram o momento anterior. É cada vez menos pertinente, agora, falar de *design* nacional: o estilo Ikea já não é sueco como o da Zara não é espanhol. Em primeiro lugar porque os produtos de uma empresa podem ser concebidos e fabricados em diversos países. O grupo coreano Samsung instalou um estúdio de pesquisa de *design* e tendência em Londres; a Renault implementou plataformas de *design* em Bucareste, São Paulo e Bombaim. A seguir, as equipas de *design* integradas nas grandes empresas apresentam cada vez mais uma fisionomia multinacional: o departamento de *design* da Nokia tem 300 pessoas de mais de 30 nacionalidades. Esta mesma dinâmica intercultural está amplamente implementada no setor do *design* automóvel. Finalmente, as empresas podem confiar o seu trabalho de *design* a gabinetes estrangeiros: a Tata Motors, indiana, encomendou o *design* da Nano a um gabinete italiano, o Institute of Development in Automotive Engineering, e a Tata Prima foi concebido pelo estúdio Pininfarina. A mesma Tata Motors comprou participações no capital dos gabinetes italianos Pininfarina e Trilix Srl. O *design* deixou de ser um negócio especificamente ocidental. O governo indiano lançou um programa nacional, a National Design Policy, destinado a favorecer o «Made in India». A LG Electronics implementou centros de pesquisa de *design* em Itália, na China, nos Estados Unidos, no Japão, que trabalham em colaboração com os centros de gestão do *design* da Coreia: 540 *designer*s de 12 países diferentes trabalham para a companhia. A gigante de eletrodomésticos chinesa Haier tem centros de *design* em Itália, na Holanda e na Alemanha.

Por agora, o *design* chinês não tem certamente muito prestígio nem uma imagem de alta criatividade. Os especialistas declaram que, neste plano, o país é o que era o Japão há trinta e cinco anos. Mas a partir daqui algumas marcas irão conseguir impor-se à escala internacional. A marca chinesa de produtos de beleza Herborist conseguiu abrir um espaço em França e continua a sua implantação na Europa. A Shanghai Tang abriu lojas em Paris, Madrid, Nova Iorque, Londres. Em 2004, os frigoríficos Haier ganharam o prémio alemão iF Design, entre mais de 2000 outros produtos de 35 países; em 2005, o mesmo prémio foi obtido por aparelhos de ar condicionado. É uma nova geografia do *design* e uma nova geoestratégia do capitalismo artístico que está em vias de se arquitetar no planeta.

No capitalismo globalizado, os *designer*s ou os arquitetos famosos vendem o seu serviço em todo o mundo. Philippe Starck criou o Teatron no México, o restaurante Le Lan em Pequim, o clube Volar em Hong-Kong, o hotel Faena em Buenos aires. Todas as economias emergentes se abrem às mais inovadoras criações arquiteturais: em Pequim, a torre da CCTV foi desenhada por Rem Koolhaas e o terminal 3 do aeroporto pelo estúdio do britânico Paul Andreu; Jean Nouvel construiu tanto em Tóquio (o Dentsu Building), em Minneapolis (o Guthrie Theater) como no Qatar (a torre Doha). As torres Jinmao e World Financial Center de Xangai foram respetivamente concebidas pelos estúdios dos americanos Skidmore, Owings e Merril e Kohn Pedersen Fox. Mas se o estádio olímpico de Pequim – o «Ninho de Pássaro» – é o fruto do trabalho do *atelier* suíço Herzog & de Meuron, o arquiteto que o concebeu, Ai Wei Wei, é chinês. Nas economias emergentes, os *designers* desenham as identidades visuais, os logotipos, linhas de avião, mobiliário e telefones, acessórios de decoração, automóveis: depois dos coreanos Kia, Daewoo e Hyundai, é o construtor automóvel indiano Tata Motors que entrou na competição mundial e que anuncia já o lançamento de uma versão mais luxuosa do seu célebre modelo Nano, com um interior mais *design*.

Dizer que já não há estilos nacionais reconhecíveis na Europa não significa o desaparecimento de todas as formas de diferença, a imposição do mesmo estilo internacional em todo o planeta, em qualquer lugar e em qualquer circunstância. Assim, veja-se, por exemplo, o sucesso do Feng Shui, da decoração «japonizante» ou asiática para os papéis de parede, os jardins, as artes da mesa. É verdade que os fabricantes de pavimentos de soalho, divisórias, casas de banho, na Europa propõem agora nas suas coleções ambientes japoneses com divisórias de correr, linhas depuradas e minimalistas. Nas grandes metrópoles multiplicam-se os restaurantes exóticos com a sua decoração típica: paquistanês, japonês, indiano, chinês, cubano; mais de metade dos restaurantes identificados em Paris dedica-se às cozinhas do mundo.

Ao mesmo tempo, se é inegável que compramos as mesmas grandes marcas nos quatro cantos do planeta, este tempo testemunha um importante processo de cruzamento e de hibridação de estilos e de marcas. Os hotéis, as *villas*, os conjuntos de habitação misturam arquitetura contemporânea e estilo local, conforto ultramoderno e construção vernácula. Um *designer* cruza ou justapõe códigos japoneses e códigos africanos ao propor uma coleção de quimonos cortados em tecidos de algodão estampados africanos. Estilistas orientais fundem Oriente e Ocidente, herança do passado e liberdade criativa do presente.

Hermès associou-se a Jiang Qiong Er para lançar a marca de luxo Shang Xia, que revisita a tradição artesanal chinesa na linha da marca francesa. A marca de alta joalharia Queelin tem por ambição «to bring chinese aestheticus and culture to the world» [levar ao mundo a estética e a cultura chinesas]. Shanghai Tang desenvolve um novo conceito de luxo ao misturar o espírito dos anos 20-30 ou o *design* contemporâneo com elementos inspirados na China clássica.

A fase III coincide com o fim da hegemonia ocidental sobre as aparências, a reafirmação das origens culturais mais diversas, o desenvolvimento de estilos nacionais e étnicos cruzados com linha do *design* moderno. A partir da década de 80, os criadores japoneses (Miyake, Yamamoto, Kawakubo) impõem-se na cena internacional da moda ao propor cortes inspirados no Japão tradicional mas totalmente revisitados e desconstruídos num espírito vanguardista. Presentemente, muitos jovens criadores e de novas marcas reinterpretam os modelos herdados do passado nacional, incutindo-lhe uma nova vida «moderna» nos mercados de exportação. Esta dinâmica observa-se em todos os continentes: como os brasileiros (Alexandre Herchcovitch, Isabela Capeto, Anunciação, Coopa Roca), os chineses (Shirley Cheung Laam), os turcos (Chalayan, Rifat Ozbek), os gregos (Sofia Kokosalaki), os russos (Denis Simachev, Alena Akhmadullina), os indianos (Ritu Kumar, Satya Paul), os paquistaneses (Deepak Perwani), os coreanos (Lie Sang Bong), os sul-africanos (Sun Goddess) que, ao ambicionar redescobrir a elegância das origens, conciliam passado «autêntico» e modernidade das formas[243]. Está em curso uma nova etapa da globaliza-

---

[243] Para um percurso na criação da moda na era da mundialização, Laura Eceiza Nebreda, *Fashion Design. L'Atlas des stylistes de mode*, Barcelona, Maomao Publications, 2008.

ção: após o ciclo de um século que viu Paris ditar a mesma estética a todo o universo feminino, eis que chega o estádio descentrado e multicultural das elegâncias. A fase III funciona segundo duas lógicas: a primeira é a das grandes marcas que difundem um *design* internacional sem traços particularistas; a segunda vê multiplicar-se um *design* à base de interação do global e do local, do moderno e do étnico, do vanguardismo ocidental e das culturas do mundo.

ARTE, *DESIGN* E *STAR SYSTEM*

O novo estádio do capitalismo artístico assinala-se ainda pelo novo papel que tem a comunicação no universo do *design*. O fenómeno não é, sem dúvida, absolutamente novo. Já Raymond Loewy, para citar apenas um nome, fora elevado aos pincaros pela imprensa americana generalista no início da fase II. Mas este tipo de operação mediática era rara e limitada, a ênfase era nos méritos do *designer* capaz de impulsionar as vendas comerciais. Já não é assim.

A partir da década de 80, não só a imprensa generalista trata com cada vez mais frequência a atualidade do *design*, mas sobretudo opera-se um verdadeiro processo de estratificação de um pequeno número de *designers*. Na imprensa não especializada multiplicam-se as entrevistas e as fotografias de alguns *designers*. Philippe Starck torna-se uma celebridade internacional ao decorar clubes noturnos parisienses, o café Costes, lugares na moda, os apartamentos do presidente da República Francesa François Mitterrand: impõe-se como a estrela do *design* francês. A *Time Magazine* coloca Marc Newson entre as 100 pessoas mais influentes do mundo: foi designado «o melhor *designer* do ano» pelo júri do Miami Design

District. Os irmãos Campana são consagrados como «as estrelas brasileiras da recuperação de materiais». Os editores lançam coleções de monografias e de autobiografias de *designers* que os levam quase aos pincaros: o livro sobre Starck, publicado pela Taschen, é composto por 93 fotografias do próprio *designer*. O que se está a implementar não é outra coisa que a extensão da lógica do *star system* no mundo do *design*, da decoração, da arquitetura. Quando triunfa a força mediático-publicitária, o *design* combina-se com a promoção de superestrelas internacionais. Através deste trabalho mediático de personalização, o *designer* aparece como um «criador», à maneira de um artista, e como um ícone, à maneira de uma estrela. Ainda que na fase I o *design* se afirmara na negação da busca de originalidade artística e na celebração de um *design* social, na fase III a imagem artística ressurge sob o signo mediático do criador vedetizado.

Esta estratificação contribui para abrir o universo do *design* entre um mercado feito de produtos baratos e um mercado claramente mais seletivo. Mas simultaneamente o capitalismo artístico não deixa de desestabilizar as oposições distintas ao associar abertamente as celebridades do *design* à produção e distribuição em série. Em 1998, Starck concebeu um catálogo para a La Redoute distribuir por correio, onde eram propostos mais de 200 artigos baratos. O coletivo Front Design assinou, para a coleção «PS» Ikea, variantes de candeeiros de mesa, candeeiros de pé, de cadeiras acessíveis a todos. O *star system* está ao serviço da imagem dos *designer*s mas também da imagem das empresas, da sua notoriedade, do seu desenvolvimento comercial: por ocasião dos 50 anos da marca, Roche Bobois pediu a Jean Paul Gaultier para conceber uma coleção de móveis contemporâneos que acabou por ficar fiel ao estilo do costureiro (riscas azuis, pompons vermelhos, rendilhados, tatuagens). Viktor & Rolf deram um novo visual à embalagem do champanhe «Rosé Sauvage» de Piper Heidsieck. Madonna assinou com Dolce & Gabbana uma nova linha de óculos escuros. É também da imagem artística e da moda que vende agora o *design* industrial de massa ou de luxo.

A artialização contemporânea das estrelas do *design* exprime-se ainda através de múltiplas exposições que lhes são consagradas nas galerias, nas feiras internacionais de arte, nas fundações e nos museus mais prestigiados do mundo. O Groninger Museum, na Holanda, organizou uma retrospetiva de Marc Newson, o MoMA dedicou uma exposição aos irmãos Camapana, o Centre Georges Pompidou expôs Ron Arad. Os maiores museus dispõem agora de uma coleção de *design*. A exposição «No Discipline» dedicada a Ron Arad foi concebida como uma obra completa cuja cenografia foi assinada pelo próprio. Algumas peças de *design* inscrevem-se agora deliberadamente na esteira das escolas artísticas, o que mantém a pouca nitidez entre *design* e artes plásticas: a Rover Chair de Ron Arad afirma-se sob o signo do *ready made*.

Os preços que algumas peças de *design* atingem nas vendas em leilões ilustram bem a sua entrada no mundo do mercado da arte. Cadeiras assinadas por Jean Prouvé que apenas valiam, na década de 80, algumas dezenas de francos, são vendidas agora por muitos milhares de euros; a sua poltrona Grand Repos em couro envernizado criada em 1930 atingiu 471 000 euros num leilão organizado pela Artcurial em Paris. O recorde em leilão de Zaha Hadid eleva-se a 372 000 euros; o exemplar da Lockeed Lounge assinado por Marc Newson que aparece no videoclip *Rain* de Madonna foi vendido num leilão, em 2009, por um milhão de euros, o que constitui o recorde absoluto em matéria de preço pago por uma peça de *design*. Mesmo sem atingir estas verbas, desde a década de 80 que se desenvolvem peças únicas, edições limitadas, assinadas e numeradas que, recriando a raridade, põem o *design* no mesmo terreno da arte e do luxo. Com a subida, consequentemente, das cotações e a explosão dos preços que marcam o mercado da arte contemporânea. Presentemente, o *design* incorporou as características da obra de arte (raridade, distribuição em galerias, trabalho sistemático de comunicação-promoção), ainda que apareça, à semelhança do mercado de arte, como uma esfera heterogénea entre, por um lado, produtos saídos da produção em série e propostos em salões por algumas centenas de euros e, por outro, peças raras de algumas centenas de milhares de euros. O *design*, na fase III, desenvolve-se em todos os espaços do mercado: do luxo ao *low cost*.

O TEMPO DOS HÍBRIDOS

Em termos mais gerais, já se perdeu a conta às galerias de arte e *design* que se instalam nos bairros da moda das grandes metrópoles e que editam catálogos em honra dos *designers* expostos. É neste contexto que o *design* se tornou «tendência»,[244] fenómeno de moda mas também objeto de coleção da mesma maneira que a pintura e a escultura. A loja Colette expõe na sua vitrina os últimos objetos *déco*, *high-tech*, *gadgets*, joias, ao mesmo tempo que o vestuário mais *in* e até o último grito em matéria de automóvel elétrico. O salão Maison & Object e o Salão do Móvel de Paris jogam com uma transversalidade que associa mobiliário, têxtil e objetos. A era III do capitalismo artístico é a da interferência das categorias, da aproximação do *design* e da arte, como é a da celebração artística da moda, da promoção artística da fotografia e da

---

[244] A exposição «*Design* contre *design*» atraiu, em 2007, cerca de 170 000 visitantes ao Grand Palais.

publicidade. Por todo o lado se desvanecem as fronteiras e a hierarquia entre as belas-artes e as artes «menores», as artes nobres e a moda: com o capitalismo artístico terminal, o mundo das artes passou para era da desregulação generalizada das referências culturais.

Que nova paisagem é esta onde se confundem os territórios, onde se desvanecem as fronteiras entre arte e *design*, mas também entre arte e publicidade, arte e moda? Sem dúvida que aqui se opera o núcleo primordial da era democrática, a significação social moderna a que Tocqueville chama «a igualdade imaginária» que tende a dissolver todas as formas de dissemelhança social, todas as diferenças de substância ou de essência. Com o imaginário da igualdade democrática, toda alteridade social radical está ferida de ilegitimidade: mais cedo ou mais tarde, as figuras sociais que se afirmam numa heterogeneidade e numa hierarquia de «natureza» perderão a sua legitimidade. No reino da igualdade não pode haver disjunção hierárquica inaceitável, de superioridade ou de inferioridade intrínseca, de exclusões e de classificações *a priori*. Isto vale para a relação social entre os homens como para a relação simbólica entre as artes: por todo o lado o imaginário igualitário mina as hierarquias estabelecidas e a essência das distinções sociais.

Assim, o imaginário de igualdade destradicionalizou os dispositivos ancestrais da hierarquia: no que concerne às relações entre os homens, a era democrática só reconhece a igualdade e o princípio meritocrático. O mesmo se passa de certa maneira com as obras da cultura que deviam vir apenas com classificações unicamente assentes em argumentos de razão. É assim que inevitavelmente se eclipsam as hierarquias de géneros e de sujeitos, as oposições entre *high* e *low*, artes maiores e artes menores, grande arte e artes decorativas. É certo que as hierarquias em arte permanecem, como disso dão conta as diferenças

de reputação, de lugares de exposição, de sucesso, de preços, mas estas requerem justificações, uma argumentação particular. Agora, toda a hierarquização deve «provar-se»: por isso as classificações já não fazem sentido entre géneros, mas caso a caso, segundo as obras e o seu «mérito». O que provoca inevitavelmente um estado de desorientação nas classificações e nas dissensões de fundo sobre as avaliações estéticas, acusadas de ser infundadas, arbitrárias, sob a influência da moda, dos jogos de poder, das redes e de outras influências mais ou menos cínicas.
A igualdade democrática não é a única força em jogo. Paralelamente, o capitalismo e a sua cultura do cálculo económico trabalharam no mesmo sentido. A ordem económica moderna, com efeito, apenas conhece o cálculo de interesses, as lógicas contabilísticas e quantitativas. O sistema do valor de troca ignora qualquer descontinuidade, qualquer distinção radical de essência entre as ordens hierarquizadas: somente os investimentos quantificados, o cálculo dos custos e benefícios, dos objetivos de rentabilidade. Já não se trata de hierarquia simbólica, mas de avaliações quantitativas. Que importam ao capital e aos investidores as hierarquias de género e as distinções entre alto e baixo? Só contam as lógicas mais ou menos relacionadas com as *performances*, com as oportunidades de mercado, com a corrida aos lucros. Conjuntamente com a cultura igualitária democrática, a lógica comercial do capitalismo foi o túmulo das hierarquias estabelecidas em arte.
Enquanto se evaporam as antigas fronteiras, afirma-se um novo tipo de *design* feito de sobreposições, de interpenetrações, de transversalidades. Presentemente, *design*, escultura, moda, decoração, luxo, tudo se pode misturar e confundir: o *design* não tem um estatuto claramente diferenciado. Tornou-se um universo indeterminado, aberto, multidimensional, podendo ser ao mesmo tempo

objeto utilitário, decoração, moda, arte e mesmo peça de luxo pelo preço proibitivo que por vezes tem. Este é o estado híbrido, transestético, do *design* característico do último ciclo do capitalismo artístico. Depois do grande momento vanguardista da *purificação* funcionalista das formas, estamos agora no tempo hiperconsumista da *hibridação* dos territórios e das formas. Agora, os objetos *piscam o olho* à moda, misturam funcionalidade e «tendência», conforto e ludismo, presente e passado, tecnologia e poesia, aliam intuição e experiência, misturam estilos, cruzam o útil e o simbólico, casam materiais naturais e industriais, cores e funções: o sofá Seat 600 do estúdio Bel & Bel foi fabricado a partir da parte da frente do Seat clássico, tem um minibar, altifalantes, faróis e pisca-pisca.

Já nem se contam os objetos que, hoje em dia, se apresentam como híbridos. No domínio da moda, Karl Lagerfeld criou uma coleção para a H&M. No domínio do luxo, a Cartier lança um relógio com bracelete em plástico; Vuitton encomenda à estrela do *hip-hop* Pharrel Williams linhas de óculos e de joalharia. Na galáxia das novas tecnologias, os *walkmans* misturam mobilidade e poder ouvir música; os *smartphones* misturam telefone, computador, GPS, calculadora, agenda, lanterna, consola de jogos, música, câmara, fotos. Os capacetes de moto associam proteção e *glamour*, tornando-se autênticos acessórios de moda. Veem-se bancos que fazem de canteiros e poltronas que servem de candeeiro. Com o *design* de Xavier Moulin e de Aldo Cibic, móveis de casa e aparelhos de desporto podem trocar-se: as prateleiras com grampos permitem fazer escalada e um sofá exercícios de ginástica. Nem o setor automóvel escapa a esta lógica: a Smart apresenta um *look* de BD, é um carro-brinquedo, sendo ao mesmo tempo prático, lúdico e ecológico. A Peugeot lançou diferentes pequenos modelos de *concept cars*, os City Toyz, que misturam espírito desportivo e diversão.

Expansão de hibridações que testemunha o debilitamento das fronteiras culturais mas sobretudo a força comercial no universo do *design*. Pois no início de novas hibridações estão, antes de mais, a vontade e a exigência de surpreender o consumidor «indiferente». Para isso, é necessário explorar cada vez mais a via transestética da associação dos universos mais heterogéneos.

Esta dinâmica não é exclusiva do *design*. Afirmam-se por todo o lado as estéticas de hibridação, a mistura de categorias e géneros, de práticas, materiais e culturas. Nos pódios da moda, tudo se confunde e se interpenetra com a mistura do Oriente e do Ocidente, do desportivo e do sofisticado, do folclórico e do clássico, em baixo e em cima, do nobre e do vulgar, do *rock* e do chique, dos saiotes em tule e da roupa em cabedal (Jean Paul Gaultier), do vestuário em fio de ouro e dos *jeans* rasgados, de roupas militares e de vestuário fetichista, de referências históricas e do lixo (Vivienne Westwood). As instalações e as *performances* misturam esculturas, músicas, vídeos, práticas corporais. As mestiçagens musicais proliferam: a cozinha de fusão mistura todos os alimentos e todos os sabores. As arquiteturas de Frank Gehry parecem esculturas poéticas fantásticas. Os cruzamentos entre teatro e dança (Pina Bausch), teatro, pintura e cinema (Bob Wilson) intensificam-se. Multiplicam-se os programas de televisão que misturam géneros, que misturam cultura e divertimento, política e moda, escritores e *top models*, filósofos e cantores de variedades, o sério e o trivial, alta cultura e cultura popular. A era hipermoderna é contemporânea do desenvolvimento das criações cruzadas, respondendo ao desejo de John Cage de «uma interpenetração sem obstrução». Como disse Andrea Branzi, a hibridação é a palavra-mestra da nossa segunda modernidade.

MEMÓRIA, DESIGN E VINTAGE

A fase III impõe-se ainda por uma característica que se deve à evolução do próprio objeto industrial que se liberta, a partir da década de 70, da influência do estilo modernista-funcionalista. Em rutura com o antigo primado da ordem decorativa, o modernismo ortodoxo queria-se internacional e anónimo, esvaziado de significações expressivas, sem raízes, sem memória, sem história. A partir dos anos 80, alguns *designer*s e arquitetos questionaram esta linguagem do objeto puro considerado aborrecido e moribundo. No seguimento de Robert Venturi, que propõe substituir «*less is more*» por «*less is bore*», os escritos de Charles Jencks, mas também os grupos Alchimia e Menphis, o decorativo e o eclético vêem-se reabilitados, iniciando aquilo que se chamou a estética pós-moderna. Os anos 80-90 veem a chegada de novos *designer*s, que pretendem encontrar as raízes perdidas, revisitar as memórias e os mitos culturais, devolver à História o seu lugar. Já não se faz tábua rasa do passado, aqui revalorizado e reciclado nas arquiteturas que integram os estilos históricos, nas linhas de objetos, no vestuário, nos acessórios, nos móveis que jogam com os produtos e criações do passado. Estimando o tempo como dimensão sensível, o produto conta uma história, provoca emoções, revive as cores da memória. Deixámos de declarar guerra ao antigo recente e menos recente: ele infiltra-se aqui na lógica do presente, tornando-se por sua vez objeto de entusiasmo e de moda.

É neste contexto que se desenvolvem o revivalismo, o neo-retro, a reciclagem dos modelos antigos, as numerosas reedições de objetos de culto. A marca Fermob reinterpreta a velha cadeira do Jardim do Luxemburgo (1923) lançada em 24 cores; e o frasco do Número 5 da Chanel (1921) serve de modelo de inspiração para uma garrafa de azeite de luxo. As indústrias alimentares navegam também nesta vaga com embalagens que fazem lembrar por exemplo as compotas de outros tempos, «caseiras» (Bonne Maman). A Chrysler inventa uma nova juventude ao imaginar um modelo compacto que remete para as linhas interiores dos anos 40 e, fazendo do velho novo, a Volkswagen redesenha o Carocha e o Mini Cooper. Agora, a memória já não é estranha ao *design*: reeditam-se as cadeiras de Mies van der Rohe e de Le Corbusier, os clássicos de Arte Déco, óculos, candeeiros e mesas dos anos anteriores à guerra e dos anos 50. Anglepoise reedita o primeiro candeeiro de arquiteto concebido em 1934 e a Cassina os bancos de Charlotte Perriand; Alessi os seus serviços de chá, os utensílios de cozinha e de bar dos anos 20, 30 e 40([245]). A este respeito, Ezio Manzini fala de «objetos de memória», os quais «neste mundo de coisas têm um pouco de história e de memória», respondem «ao plano cultural, a esta procura de duração que os indivíduos persistem [...] em exprimir»([246]).

Mas há mais. Mais profundamente, o plebiscito contemporâneo do passado está ligado à nossa nova relação com o tempo histórico que, no Ocidente, é marcado pela crise do futuro, pela perda de fé no progresso e num porvir necessariamente melhor. Não há dúvida que esta erosão do otimismo historicista teve um papel no «regresso» do passado. O surgimento de uma perceção do futuro sem grandes sonhos abriu caminho às reminiscências, à nostalgia do passado, a uma cultura em busca de marcos, de raízes e de segurança.

([245]) O produtor do mobiliário Vitra realiza 30% do seu volume de negócios com as reedições de peças emblemáticas.
([246]) Ezio Manzini, *Artefacts. Vers une nouvelle écologie de l'environnement artificiel*, Paris, Éditions du Centre Georges-Pompidou, 1991.

O fenómeno é também inseparável de uma nova ordem cultural dominada pelo esgotamento das vanguardas e pelo desenvolvimento de novas formas de consumo de moda e de cultura. A época contemporânea é aquela em que as criações de vanguarda parecem mais repetitivas do que revolucionárias: a repetição, a monotonia, as desconstruções, os excessos por qualquer coisa tomaram o lugar das grandes ruturas e invenções modernistas. À exceção de um pequeno meio, este tipo de arte associado ao «não importa o quê» suscita muito frequentemente incompreensão, desorientação, irritação, repulsa ou indiferença, em particular porque põe em causa a noção da própria arte ao abolir as fronteiras que separam a arte da não-arte e da banalidade quotidiana. A nova atração pelo passado surge como resposta à «morte da arte», com o sentimento de que «pelo menos são obras de arte». O fim da cultura vanguardista foi o trampolim do regresso do antigo e da moda *vintage*. Enquanto a ideia de revolução política e artística está vazia de substância, a relação com o passado muda de sentido: já não é excomungado, é redescoberto, valorizado, revisitado. A morte da cultura vanguardista e a sedução pelo passado constituem o sistema.

Simultaneamente produziu-se uma grande alteração na relação social e individual com o consumo e com a moda. Sob o impulso do aumento da oferta comercial e das exigências de autonomia individual, a orientação tradicional dos modelos deu lugar a uma moda plural e à escolha, assim como a um consumo liberto de culturas de classe. Como na fase III a oposição *na moda / fora de moda* é menos estruturante, o consumo afirma-se menos como um fenómeno orquestrado pelas obrigações de representação social do que pela busca de emoções e de prazeres renovados. Agora, as modas têm menos poder de imposição e as inclinações pessoais, com o seu ecletismo, com a sua heterogeneidade, com a sua dissonância, podem exprimir-se mais livremente. O culto do *vintage* é uma das traduções deste impulso de autonomia e de um neoconsumidor que quer comprar por todo o lado, que mistura os estilos e as compras, que quer poder escolher o que lhe convém, o que gosta, em todos os horizontes e em todos os espaços de tempo, tanto no presente como no passado. Paradoxalmente, foi a cultura presentista do consumo que favoreceu a reabilitação hipermoderna do passado.

Toda esta corrente corresponde assim à espiral de individualização em que os objetos carregados de memória introduzem a divergência, a diferença e até a «novidade» em relação à moda e aos estilos contemporâneos. O ressurgimento do antigo é novo. Assim, permitem criar ambientes, cenários mais singulares, menos estandardizados. Se este fenómeno é, por um lado, «pós-moderno», uma vez que assenta na revalorização do passado, por outro, é «hiper» porque dá um passo à frente no funcionamento da economia da variedade e da escolha. Pode escolher-se o contemporâneo ou o passado: o leque de escolhas do hiperconsumidor aumentou ainda mais. Agora o passado do *design* é uma estratégia do presente.

Ao mesmo tempo, o *vintage* permite oferecer o duplo prazer da nostalgia, de sentir as emoções da recordação, a felicidade de estar mergulhado nos «bons velhos tempos», de revisitar mitos e lendas. Pelo que o consumo dito nostálgico aparece como uma das figuras do consumo emocional ou experiencial típico da fase III. Agora, espera-se do consumo os prazeres e as experiências emotivas de que a nostalgia faz parte. Neste sentido, o marketing da memória é menos o sinal de um sufocar da criação do *design* do que exploração comercial das expetativas de prazeres, de experiências e emoções renovadas do hiperconsumidor individualista. O *design* dos produtos «com memória» surge em resposta não tanto a uma necessidade de pertença a um passado coletivo mas ao desejo de reviver instantes pessoais, sentir afetos, sentir-se a si mesmo através de lembranças seletivas e pessoais. Tanto mais que esta maneira de investir o passado mantendo com ele a distância divertida da citação está em plena concordância com a era do hedonismo do hiperconsumo, mais emocional do que estatutário. O *design* austero, ortodoxo, já não corresponde a uma cultura que exalta os valores do prazer. A fase III corrigiu esta contradição entre cultura hedonista e estilo funcionalista severo. Resulta daqui um *design* que quer suscitar prazer ao consumidor e de que a alegria da descontração constitui uma das dimensões. O *design* que joga com os estilos e com as épocas é uma segurança para o consumidor de um objeto que lhe traz, antes de mais, emoções e prazer, é a imersão jubilatória e distanciada no universo de sinais contemporâneos.

UM *DESIGN* EMOCIONAL

Paralelamente ao regresso da dimensão histórica, o que se celebra não é outra coisa senão a ordem da própria subjetividade – a do *designer* e do consumidor – com os seus sonhos, a sua afetividade, os seus prazeres, o seu imaginário, ou seja, com tudo o que o funcionalismo estrito quis meter entre parêntesis, em nome de uma racionalidade estética estrita e doutrinária: é o regresso em estado de graça do *homo sentiens*. Assim, vemos reafirmar-se o barroco e a extravagância (os irmãos Campana), a fantasia (Andrea Branzi), as formas expressivas, o humor (a chaleira de apito de Michel Graves para a Alessi), as facécias decorativas (a poltrona de Proust de Mendini), o «neoprimitivo» (Andrea Branzi), o «bárbaro» (Garouste e Bonetti), o *kitsch* (o sofá Ali Baba de Oscar Tusquets).

Mas também, contra a imposição do monocromático e da unidade modernista, a mistura das cores e dos materiais: depois da estética purista e minimalista dos modernos, o expressionismo, a mestiçagem, a heterogeneidade hipermodernas.

Toda uma categoria de *design* se separa, assim, do seu antigo posicionamento muito próximo da atividade de engenheiro e proclama o seu novo estatuto narrativo. O *design* já não procura traduzir a função objetiva e neutra dos objetos mas, através destes, um universo de sentidos que nos fala e nos provoca. Os objetos criados podem, assim, ser inspirados por mil temáticas: a vegetação, contos de fadas, a morte, as narrativas míticas, os estilos históricos clássicos, o humor, o exotismo. «O meu trabalho não está muito longe do romancista ou de um cineasta. Eu conto histórias, não com imagens ou palavras mas com móveis e com objetos» (Christophe Pillet).

Ao revalorizar a ornamentação, o simbolismo sugestivo, a ironia, o *design* hipermoderno propõe formas às qualidades sensíveis, centradas no imaginário do criador e nas emoções do consumidor. Já não se trata de um *design* universal comandado pela lógica funcional do objeto, mas estilos voltados para ressonâncias imaginárias e poéticas, distrativas e sensitivas que podem despertar o consumidor: «Não se compra uma cadeira, mas o aroma do café com leite e a mãe como bónus», declara Philippe Starck a propósito da sua cadeira de cozinha Miss Trip. Com a fase III desenvolve-se um *design* afetivo que se aproxima do consumidor e do que ele sente, dos seus gostos variados, dos seus fantasmas, do seu imaginário. Ao desenho dirigista, anónimo e funcionalista das origens, sucedeu um *design emocional e consumista* que se abriu à diversidade das estéticas e integra o imaginário do criador, o poder de evocação sentimental dos objetos, a dimensão do prazer sensorial do consumidor: como escreve Harmut Esslinger, «*form follows emotion*» suplantou «*form follows function*»([247]).

O *design* emocional ou sensível traduz-se igualmente através do sucesso das formas ovoides, de linhas suaves, da utilização de materiais flexíveis e sensuais que levam a um universo maternal, caloroso, acolhedor. Automóveis, candeeiros, poltronas, sofás, objetos decorativos: todo um *design* reata as formas torneadas, as cores quentes, a fantasia, ao contrário do funcionalismo frio caro à Bauhaus. Se o *design* da primeira modernidade era construtivista, austero e asséptico, o da segunda modernidade afirma-se afetuoso, feminino, sensível, em resposta à necessidade de bem-estar pessoal, de um ambiente seguro, de funcionalidade convivial. O importante já não é lutar triunfalmente por um mundo antigo desprezado através de uma racionalidade ortogonal, unidirecional e dominadora, mas de dar a sentir, estimular os imaginários, as sensações visuais e tácteis.

Mesmo a maneira de expor o *design* nos salões e galerias, lojas e grandes armazéns, ilustra o crescimento da lógica hedonista-sensível-emocional. Durante o Designer's Days em Paris, as criações aparecem de maneira festiva e poética graças a jogos de espelhos, ambientes teatrais, percursos multissensoriais, diferentes cenografias que permitiam mostrar as criações num dia sensível, caloroso, lúdico. Os standes e exposições realizados por Borec Sípek apresentam-se como autênticas *performances*, *happenings*, encenações particularmente espetaculares: em 1992, o Salão do Móvel foi transformado numa arena de gladiadores. Em 1984, uma exposição de Achille Castiglioni inspirou-se no mundo do circo([248]). O *design* que se

---

([247]) Harmut Esslinger, «Form Follows Emotions», *Forbes ASAP*, 29 de novembro de 1999, pp. 237-238.
([248]) Christine Colin, *Question(s) design*, Paris, Flammarion, 2010, pp. 256-262.

fez na guerra contra os excessos do «decorativo» reconciliou-se de maneira espetacular com o seu inimigo de cem anos numa ótica sensível, emocional. A nova aproximação do *design* não se alimenta unicamente das críticas estéticas dirigidas contra o aborrecimento do estilo internacional e da consagração social da cultura hedonista. A sua difusão é inseparável da forte ascensão do marketing e dos imperativos de comunicação das marcas que veem na emoção, no sensitivo, no prazer, no lúdico, meios que permitem desbanalizar os produtos assim como formidáveis instrumentos de sedução e de estimulação das compras. É por isso que se trata cada vez mais, nos locais de venda como com os objetos, de oferecer imaginário, personalizar os objetos, criar emoção. Uma vez que grande parte das decisões de compra, hoje em dia, assenta em elementos emocionais, o *design* deve comunicar, contar uma história para seduzir, fazer sonhar, dar prazer. O *design* sensível e a sociedade-marketing andam lado a lado, assinam a nova face do capitalismo artístico que por todo o lado, para melhor vender e adaptar-se ao consumidor emocional e hedonista, procura fazer «vibrar» e proporcionar o prazer de associações imaginárias.

O *DESIGN* EM TODOS OS SENTIDOS

Ao mesmo tempo, a prática do *design* não para de se especializar e de ganhar novos sectores. A par dos domínios clássicos do *design* de produto e *design* gráfico, multiplicam-se as agências que se mostram especialistas em *design* do ambiente, *design* paisagista, *design* de ambiência luminosa, *design* multimédia, *motion design*, *game design*, *web design*, *design* sensorial. Até então o *design* estava centrado principalmente no visual; agora estamos numa altura em que explora as dimensões sensíveis dos objetos através do *design* olfativo, do *design* sonoro, do *design* táctil e mesmo do *design* gustativo. Na fase III, o *design* investiu os cinco sentidos para permitir novas experiências de consumo, favorecer uma experiência sensitiva e emocionar, oferecer a diferenciação às marcas e insígnias. Trata-se de assegurar uma função ao aumentar as qualidades apreendidas ou o contacto sensível do produto. O objetivo é ao mesmo tempo melhorar o conforto das sensações apreendidas pelo consumidor, criar uma assinatura sensorial do produto e reforçar a impressão de qualidade da marca.

Especialistas em *design* sensorial trabalham já nos grandes grupos da indústria automóvel, aeronáutica, cosmética, agroalimentar, em ruídos, cores, peso, textura, temperatura, flexibilidade e luminosidade dos produtos. Mede-se a perceção de aceleração dos automóveis, o ruído das portas a fechar, as preferências dos odores no habitáculo; testa-se também o «clique» dos tubos de bâton para os lábios e das caixas de maquilhagem. Desde 2000 que a Airbus leva a efeito pesquisas sobre as qualidades sensoriais dos materiais (harmonia das cores, textura dos tecidos) que compõem a cabina para reforçar a sensação de bem-estar e de segurança dos passageiros. Ao integrar a questão das sensações sentidas e da subjetividade do consumidor, o *design* passa de uma abordagem maquinal e tecnocêntrica para uma problemática holística e antropocêntrica[249]. O ideal do *design* já não é a racionalidade funcional ou objetiva, mas a experiência sensorial, a amenidade dos objetos e do ambiente, a melhoria do bem--estar e das qualidades apreendidas.

---

[249] Frédéric Houssard-Andrieux e Céline Caumon, «Du technocentré à l'anthropocentré dans le *design*», em *Les Ateliers de la Recherche en Design 3*, Bordéus, 11 e 12 de dezembro de 2007. Artigo disponível no *site* da Universidade de Nimes (www.unimes.fr).

Por um lado, estas novas atividades representam uma rutura em relação às problemáticas racionalistas e mecânicas clássicas dos produtos: com efeito, já não se trata de conceber um objeto racional e funcional em si, mas despertar os sentidos, provocar experiências e emoções. Por outro, este «*design* vivo» estende a racionalização estética a todas as coisas, a todas as experiências: é toda a nossa prática de consumo que hoje em dia é analisada, calculada, medida, avaliada, testada em função de uma vontade de eficácia, de rentabilidade, de *performance* sensorial dos produtos, de maximização dos resultados. Neste sentido, *design* polissensorial nada mais é do que uma estratégia suplementar no empreendimento moderno de domínio e de estetização operacional do mundo. Depois do cálculo racional dos sinais e das formas, a engenharia dos sentidos, a gestão das emoções. Além da orientação emocional do *design* e da descontinuidade que mostra em relação ao passado, é ainda a razão instrumental e performativa que triunfa e investe novos campos como a avaliação sensorial dos produtos, a sua qualidade apreendida. A este respeito, é menos a rutura com o projeto de racionalização da Bauhaus do que o seu resultado terminal. O que se apresenta como instrumento de reencantamento estético da experiência aparece sobretudo como um dispositivo que exacerba o trabalho de racionalização do mundo.

O *DESIGN*, EXPRESSÃO E VETOR DE INDIVIDUALIZAÇÃO

O *design* moderno construiu-se na crítica da sociedade industrial do capitalismo e dos seus efeitos devastadores. Investido de uma missão social ambiciosa, o *design* encontrou a sua energia na vontade utópica de construir um mundo melhor, de conciliar o artista e o artesão, a arte e a indústria, a arte e a vida, com a fé no poder dos objetos para melhorar o mundo e as condições de vida de todos. Ao longo do ciclo II, esta retórica crítica foi inegavelmente perpetuada: mas, de facto, estes ideais coletivos foram amplamente subordinados a valores adversos de natureza individualista, comercial e consumista. Não foi ao serviço da transformação revolucionária da sociedade que o *design* trabalhou, mas ao serviço das empresas e do bem--estar privado dos indivíduos.

Paralelamente à publicidade, às vitrinas, ao crédito, aos *media*, o *design* estimulou os sonhos de consumo, o hedonismo de massa, os prazeres imediatos: o fetichismo dos objetos e os prazeres individuais sufocaram o desejo de revolução social. A individualização do mundo social foi fortemente suscitada, tanto nas consciências como nos comportamentos, pelo novo mundo dos objetos mais importantes do consumo e das suas transformações incessantes. Automóvel, televisão, transístor, gira-discos: foram muitos os objetos desta fase que privatizaram as existências, exacerbaram os desejos de bem-estar, individualizaram e estetizaram as práticas de consumo. Através da renovação constante dos produtos e dos signos, o *design destradicionalizou* e desenvolveu o olhar estético do consumidor: contribuiu para o surgimento do consumidor hipermoderno obcecado por novidades e bem-estar, seduzido pelas modas e pela aparência dos objetos. O *design* moderno é tanto um instrumento de marketing como um agente de transformação dos modos de vida, da relação dos indivíduos com o consumo, com o tempo e com a estética quotidiana.

A fase III, a partir da década de 80, acentuou consideravelmente esta dinâmica individualista. Surge todo um conjunto de novos objetos: objetos de comunicação (telemóvel, computador portátil, *smartphone, tablet*), objetos musicais (*walkman*, iPod), objetos desportivos (*skateboard*, patins em linha, prancha de *windsurf*, asa delta, *snowboard*). Estes objetos móveis e nómadas que equipam os indivíduos, e já não as famílias, permitem usos personalizados, dessincronizados, *delinearizados* do espaço e do tempo. Eles também possibilitam novos usos do tempo livre e uma transformação do investimento desportivo através das novas figuras gestuais, dos prazeres ligados à vertigem e ao deslizar, uma estetização das práticas, uma busca de estilo e de emoções.

A indústria do móvel inscreve-se nesta dinâmica de individualização dos comportamentos e das estéticas. Com gigantes como a Ikea, presente em 25 países, o *design* deu um salto democrático notável[250], o mobiliário contemporâneo tornou-se um produto barato e que é constantemente renovado. Milhares de referências relativas à sala, ao quarto de dormir, à cozinha, dão novas ideias e permitem às famílias arranjar, segundo os seus gostos, o interior da casa, personalizar e mudar a decoração da sua *home*.

O *design* não cumpriu certamente o seu sonho inaugural de revolução social, mas contribuiu para transformar os prazeres, os gostos e os modos de vida na senda de uma individualização hiperbólica. É uma visão muito redutora levar o *design* para um vetor distintivo mobilizado nos confrontos simbólicos de classe: é necessário reconhecer aqui, muito mais profundamente, uma força criadora de novas práticas individuais e sociais, de novas estéticas do corpo, de novas sensações e perceções, de novas aspirações relativas ao âmbito da vida doméstica.

Ao mesmo tempo, o *design* dedica-se a traduzir nos objetos as novas aspirações individualistas à independência e ao bem-estar. No metro parisiense, o banco *casca de ovo* individual de Joseph-André Motte substitui os bancos

---

[250] Mais de 600 milhões de pessoas frequentam todos os anos uma loja Ikea. Entre 1980 e 2008, a tiragem do catálogo passou de 45 para 198 milhões de exemplares.

e banquetas. Nos comboios, os compartimentos de oito lugares são substituídos por cadeiras que não estão frente a frente. Os novos carrinhos de bebé são concebidos para que as crianças olhem para a frente e não para a mãe, com a preocupação de promover o mais possível o despertar e a autonomia do pequeno ser. Na área das indústrias alimentares, o *design* de embalagem lança as minidoses, sacos e pacotes individuais de acordo com o aumento de pessoas que vivem sós e com a individualização dos comportamentos alimentares nas famílias. Os produtos de tratamento e relaxamento, as espreguiçadeiras, as camas ergonómicas multiplicam-se e respondem aos desejos crescentes de bem-estar individual. No setor automóvel, o Hypnos da Citroën está equipado com um sistema de cromoterapia que faz variar os tons do habitáculo enquanto uma fragrância à escolha acompanha cada mudança de cor; com o Zoé, a Renault propôs, em 2012, uma climatização hidratante, um difusor de aromas ativos energizantes ou calmantes e um ambiente luminoso à escolha. Na fase III, o *design* já não exprime a racionalidade tecnicista do engenheiro e já não pretende ser uma criação soberana comandada somente pelas considerações funcionais e pela exigência de mudar a realidade social. Procura concretizar nos produtos a nova procura sensitiva de bem-estar, as expectativas ligadas ao desenvolvimento da individualização e dos modos de vida *a la carte*. E ao fazê-lo continua a acentuar os caracteres.

PLURALISMO E ECLETISMO

O *design* da fase III não está somente em correspondência com a cultura hedonista e emocional do hiperconsumo. Está também em correspondência com o impulso dos valores individualistas e o advento da nova economia da variedade típica do capitalismo pós-fordiano. Com a única oposição do estilo geométrico e do estilo orgânico, o funcionalismo que dominava a fase precedente enquadrava fortemente as inovações estilísticas e a expressão das estéticas pessoais. Ao legitimar o recurso ao decorativo e à inspiração obtida em todos os imaginários, em todos os estilos de todas as épocas e em todos os continentes, o *design* emancipou-se de um âmbito «disciplinar» e dirigista atualmente incompatível com o impulso da individualização. A oposição rigorista entre arte de vanguarda e *kitsch* comercial, tal como a expôs Clement Greenberg([251]), já não está conforme com o novo patamar de individualização à espreita de surpresas, de *feeling*, de opções várias. Nestas condições, todas as opções se tornam legítimas, abrindo caminho a uma grande pluralização e subjetivação dos estilos, a uma estética da diversidade e da expressão pessoal. Enquanto o funcionalismo mais depurado pode ir a par do barroco e do *kitsch*, o consumidor evolui num universo que é o do supermercado dos estilos. Por causa da inflação das tendências, da variedade por excesso, da abertura da gama das escolhas estéticas e da liberdade criativa, o *neodesign* é mais hipermoderno do que pós-moderno([252]).

É a era hipermoderna do *design*, que se caracteriza pela eclosão e pela coabitação de todos os estilos, de todas as tendências, de todas as escolas. Nada de proibição, de limite, de exclusivo. O *low design*, adepto de uma econo-

---

([251]) Clement Greenberg, «Avant-garde et kitsch» [1939], em *Arte et culture. Essais critiques,* Paris, Macula, coll. Vues, 1988.
([252]) O pluralismo hipermoderno não é evidentemente só do *design*. Ele manifesta-se com igual intensidade na moda, na publicidade, na decoração, na arquitetura, no cinema e, *last but not least,* na arte contemporânea. Em todos os domínios, é a heterogeneidade de critérios, a proliferação de correntes, a cacofonia de referências que se impõe, todos ou quase todos possíveis e que coabitam o mesmo momento.

mia de meios e de formas, dá-se bem com as audácias mais delirantes e com as manipulações mais lúdicas. Por um lado, as formas «essenciais» de Martin Szekely, o *design* despojado de Alfredo Häberli, a simplicidade das criações de Jasper Morrison; por outro, os objetos do quotidiano revisitados pelo humor dos Radi Designers ou as máquinas que desafiam o tempo e o espaço do australiano Marc Newson, como são o Kelvin 40, exposto em 2004 na Fundação Cartier, o avião de dois lugares com asas de carvão e fuselagem de alumínio. Philippe Starck pode desenhar uma cadeira-mesa (Lola Mundo) que mistura funções, materiais, estilos diferentes. Ele produz tanto espécies de arquétipos intemporais de candeeiro de mesa-de-cabeceira (Miss Sissi), de cadeira de cozinha, talheres, como objetos teatrais e excêntricos([253]).

E quem quiser fazer um quadro do *design* das três últimas décadas([254]) só pode multiplicar rubricas e distinguir uma multitude de correntes, personalizadas por alguns *designer*s de referência, que também podem ilustrar muitas tendências ao mesmo tempo: *design* decorativo (Starck, Gagnère, Perkal, Pakhalé), *design* expressivo (Arad, Hadid, Lane), *design* minimalista geométrico (Flindt, Morrison, Van Severen), *design* biomórfico (Newson, Arad, Mulder),

---

([253]) Contudo, os objetos-arquétipos são, da mesma maneira que as formas mais barrocas, expressões do *design* emocional. Apesar da sua simplicidade, Starck fala de «objetos poéticos», «de arquétipos sentimentais [...] mais discretos à vista, mas mais ricos ao sentir», na medida em que se baseiam num «fundo comum de memória, de infância certamente, mítica, sobre a qual se pode construir como um jogo mental», citado em Christine Colin, *Question(s) design, op. cit.,* pp. 355 e 236.
([254]) Assim, R. Craig Miller, Penny Sparke e Catherine McDermott, *Le Design européen depuis 1985. Quelles formes pour le XXIe siècle?*, Paris, Citadelles et Mazenod, 2009, cuja classificação referimos aqui.

design neopop (Seymour, Dixon, Pillet), *design* conceptual (Bey, Remy, Somers, Wanders), *design* neodada/surrealista (Starck, Baas, Mir, De Rudder), *design* neodecorativo (Bey, Starck, Wanders, Laviani). Já não há uma escola dominante: estamos numa época de proliferação, de desregulação, de mestiçagem de estilos e de gostos. Hoje, o estilo já não é tanto o de uma época, que mistura todos os estilos, mas sim o dos próprios *designers*.

O *DESIGN* SUSTENTÁVEL

Outro fenómeno de fundo assinala a rutura constitutiva da fase III do capitalismo artístico: trata-se do imperativo ecológico que surgiu nos anos de 70-80 na esteira das crises petrolíferas e das denúncias dos «estragos» do processo, mas que se tornou, desde os anos 2000, a grande questão do mundo contemporâneo. Face a esta questão, o *design* não está de maneira nenhuma à parte, já que é acusado de contribuir para o esbanjamento generalizado ao gerar uma «civilização de caixote do lixo». Numa altura em que o mundo tomou consciência do esgotamento dos recursos naturais e dos grandes riscos provocados pela poluição industrial, a defesa do planeta torna-se um novo catecismo que choca de frente com a lógica artística do capitalismo tal como este se desenvolveu até agora. Neste novo contexto destacam-se novos problemas desconhecidos nas duas fases precedentes: já não se trata unicamente de estetizar a produção comercial e de unificar arte e indústria, beleza e utilidade, trata-se de inventar uma nova síntese entre indústria e ecologia, economia de mercado e desenvolvimento estável. O *design* tem já aqui um lugar notável([255]).

([255]) Sobre a tomada de consciência da necessária dimensão ecológica do *design*: Victor J. Papanek, *The Green Imperative. Ecology and*

Esta fase vê assim desenvolver-se um «*design* sustentável» com a responsabilidade de criar um novo mundo industrial. Viaturas não poluentes, materiais naturais, eco-objetos, produtos duráveis e recicláveis: estamos no tempo do *biodesign*, do *design* sustentável, que já não coloca unicamente a questão da conceção de objetos em termos de estética e de funcionalidade mas também em termos de impacto no ambiente. Já não se trata apenas de desenvolver as artes industriais de qualidade destinadas à maioria dos indivíduos, mas conceber produtos que tragam valores que os transcendam: respeito pela biosfera, imperativo do coletivo, ecocidadania responsável.

A questão dos materiais utilizados é obviamente central. Se o ferro e o vidro, produzidos nas fábricas dos grandes países industrializados, tinham marcado o surgimento do capitalismo industrial, eis que chega agora um tempo de novos materiais, saídos da terra e que abrem possibilidades tão múltiplas quanto inéditas à imaginação dos criadores preocupados com o desenvolvimento sustentável[256]: lajes e painéis decorativos feitos de casca de castanha-do-pará; candeeiro Spring Rain do japonês Nosigner, feito de massa de arroz; loiça Ekobo em bambu lacado; palha prensada para uma linha de recipientes Alessi; estrutura em fibras de papel para a cadeira Paperstone da Eco Supply Center e até pasta de cartão para o caixão Arka Ecopod, respondendo à letra à ideia de que, contentor ou conteúdo, tudo é perecível.

O cruzamento destes materiais diversos com a alta tecnologia gera pesquisas centradas nas economias de ener-

---

Ethics in Design and Architecture, Londres, Thames & Hudson, 1995 [*Arquitectura e Design. Ecologia e Ética*, Lisboa, Edições 70, s. d].

[256] Há um grande painel na obra de Vanessa Causse, *Design responsable. Guide et inspirations pour un nouvel art de vivre*, Paris, La Martinière, 2010, que nos facultou os exemplos citados.

gia que permite e sobre o carácter eco-responsável da sua utilização: candeeiros de LED chamados a substituir as tradicionais lâmpadas incandescentes; tecidos «inteligentes» que regulam a temperatura e condutores de luz; embalagens «ativas» de materiais renováveis. Insensivelmente, o âmbito da vida quotidiana está remodelado pela aplicação destas tecnologias avançadas.

Há que concordar: com o grande aumento da referência ecológica, é uma nova era do capitalismo artístico que está em curso. Por um lado, vive-se um momento de inflação de novidades, da exacerbação do carácter efémero dos produtos, do curto prazo da economia; por outro, não param de aumentar as fortes contestações relativas ao produtivismo que destroi a biosfera e de um *design* considerado irresponsável quanto ao futuro do nosso planeta. Fim da época eufórica, gloriosa e otimista: confrontado com os desafios do ambiente, o capitalismo estético envolve-se em vias compatíveis com a preocupação ética do futuro. Já não se quer unicamente o artista mas o virtuoso, consciente das suas responsabilidades para com as gerações futuras. Qualquer grande empresa, seja nos mercados de massa ou do luxo, dos transportes ou da moda, declara o seu compromisso com a proteção da natureza e o seu envolvimento na luta contra as ameaças que pesam sobre o meio ambiente. Fiel à sua essência transestética, o capitalismo de hoje procura novas alianças entre a futilidade consumista e a responsabilidade planetária. Quanto mais o capitalismo aprofunda a sua lógica artística mais se reivindica e se reivindicará cidadão, ético e «verde».

CAPÍTULO IV

O Império do Espetáculo e do Divertimento

Se todo um continente do capitalismo artístico implica a produção e a distribuição de bens materiais, um outro continente, imenso e de uma importância crescente, diz respeito ao domínio da cultura, do espetáculo e do lazer: trata-se das «indústrias culturais», como lhes chamava a «Escola de Frankfurt» ou, como são normalmente designadas hoje, as indústrias criativas, ou seja, as indústrias que se situam no cruzamento entre arte, cultura, tecnologia e negócio.

Não nos deteremos aqui na análise crítica do conceito de indústria criativa([257]), mas no modo como alguns dos seus setores transformam o mundo das imagens, do divertimento e da vida quotidiana. Com o desenvolvimento do capitalismo artístico, esfumaram-se as fronteiras tradicionais que separavam cultura e economia, arte e indústria: a cultura torna-se uma indústria mundial e a indústria mistura-se com o cultural. A economia está cada vez mais na cultura e esta na economia: à economização crescente da cultura responde a culturalização da mercadoria. Já não são apenas as artes, tradicionais ou novas, que

---

([257]) O *design*, tratado nos dois capítulos precedentes, é também um dos territórios constitutivos desta economia criativa.

constituem a cultura, mas todo o nosso âmbito comercial de imagens e de lazer, de espetáculos e de comunicação. É uma hipercultura mediático-comercial que se constrói não só com as indústrias do cinema, da música ou da televisão, mas também com a publicidade, com a moda, com a arquitetura, com o turismo. Uma cultura com esta característica combina-se sob o signo hiperbólico da sedução, do espetáculo, do divertimento de massas.

A ERA DO HIPERESPETÁCULO

Programas de televisão, arquitetura de museu, *spots* publicitários, moda, desporto, parques de diversão: não há um único domínio que escape às lógicas levadas ao extremo do espetáculo e do divertimento, da teatralização e do *show-business*. A publicidade faz gala de estilo e de criatividade. Os desfiles de moda apresentam-se como verdadeiros *shows* ou *performances* artísticas, as fotos de moda criam universos insólitos e os parques de diversão universos feéricos que dão uma realidade tangível às ficções e lendas. A indústria do cinema multiplica as produções e superproduções com efeitos especiais. As séries de televisão aproximam-se cada vez mais dos filmes de cinema de grande espetáculo([258]), criam argumentos sobre novos assuntos, imaginam personagens mais complexos e improváveis. O porno e os seus exageros banalizam-se. A telerrealidade cria uma forma híbrida, em que a ficção remodela a realidade e a realidade é espetáculo numa ficção que adquire a aparência de realidade. E mesmo o desporto, transmitido em milhões de ecrãs em todo o mundo,

---

([258]) Em 2010, os dez episódios de *The Pacific*, produzidos por Steven Spielberg e Tom Hanks, ultrapassaram os 200 milhões de dólares, ou seja, o custo de um *blockbuster* de Hollywood.

torna-se, pela maneira como é mostrado e dramatizado, um megaespectáculo de dimensão planetária.

Por todo o lado, o capitalismo de consumo torna-se empresário de arte, agente artístico de uma inovação cultural destinada a distrair a grande maioria. Arte, animação, lazer, ambiente, marketing, tudo se mistura e interpenetra permanentemente, dando à própria noção de cultura e de arte uma nova extensão e definição: já não se trata do território patrimonial da alta cultura clássica, mas uma hipercultura de objetivo comercial que assenta na instância do espetáculo e do divertimento generalizados.

O capitalismo artístico é o sistema que conseguiu criar um regime de arte inédito, um império estético que cresce de dia para dia: o do espetáculo e do *entertainment* que se mostra como arte de massas e se torna veículo de um consumo transestético distrativo.

Muito se tem dito que a «sociedade do espetáculo» estava ultrapassada num mundo dominado por redes interativas e pelo virtual, pelas referências de autenticidade e de transparência ([259]). Este diagnóstico é manifestamente inexato. De facto, nunca a dimensão espetacular teve tamanho relevo em tantos domínios de oferta comercial, cultural e estética. Temos de concordar: é sempre a lógica espetacular que dirige todo um conjunto de produções comerciais. Só que as palavras cruciais que dão a chave já não são aquelas de que Debord gostava – alienação, passividade, separação, falsificação, empobrecimento, expropriação – mas excesso, maior oferta, criatividade, diversidade, mistura de géneros, segundo grau, reflexividade. O capitalismo criativo transestético fez nascer a sociedade

---

([259]) Por exemplo, Jean Braudillard: «Assistimos ao fim do espaço perspetivo e panóptico, e portanto à própria abolição do espetáculo», *Simulacres et simulation*, Paris, Galilée, coll. Débats, 1981, pp. 51-52.

do *hiperespetáculo*([260]) que é ao mesmo tempo a do *entertainment* sem fronteiras.

O conceito de sociedade do hiperespetáculo pode ser apreendido a partir de oito grandes eixos da nova sociedade.

Primeiro, a sociedade do espetáculo analisada pelos situacionistas coincidia com o surgimento e desenvolvimento da televisão, ainda que esta fosse marcada por uma relativa penúria espetacular: até aos anos 80 apenas havia em França três canais de televisão. A sociedade do hiperespetáculo designa a sociedade do pleno ecrã, onde um número cada vez maior de canais de televisão, plataformas é acompanhado por uma profusão de imagens (informação, filmes, séries, publicidade, variedades, vídeos...) que podem ser vistas em diferentes ecrãs de todas as dimensões, em qualquer lugar e a qualquer momento. Enquanto triunfa o ecrã global, multiforme e multimediático, impõe-se a era da abundância espetacular. Em 1974, a televisão oferecia 7400 horas de programas, mas em 1993 oferecia já 35 000 horas. Quando havia apenas um canal de televisão, este passava cerca de cem filmes por ano; hoje, com a multiplicação de canais e o aumento do tempo de antena de cada um deles, os telespetadores veem propor-se-lhes entre 5000 e 12 000 filmes por ano. E milhares de episó-

---

([260]) O hiperespetáculo constitui uma das dimensões da nova etapa da modernidade ou hipermodernidade na qual estamos agora envolvidos. Sobre esta questão, Gilles Lipovetsky, *Les Temps hypermodernes*, Paris, Grasset, coll. Nouveau collège de philosophie, 2004, reed., LGF, coll. Le Livre de poche/Biblio Essais, 2006 [*Os Tempos Hipermodernos*, trad. Luís Filipe Sarmento, Edições 70, Lisboa, 2011]. Também do mesmo autor, *Le Bonheur paradoxal. Essai sur la société d'hyperconsommation*, Paris Gallimard, coll. NRF Essais, 2006, pp. 24-34; reed. Coll. Folio Essais, 2009. [*A Felicidade Paradoxal. Ensaio sobre a Sociedade do Hiperconsumo*, trad. Patrícia Xavier, Edições 70, Lisboa, 2007].

dios de centenas de séries de televisão que agora são oferecidas em diversas plataformas em rede. Com a internet e o VOD [*video on demand*], com os leitores de DVD, com o cabo, os canais de filmes e a multiplicação de canais hiperespecializados estamos na era da superabundância mediática, do hiperespetáculo omnipresente e proliferante.

Com a chegada da *smart TV*, a televisão, que era o objeto passivo por excelência da sociedade do espetáculo, tornou-se um centro multimédia de lazeres interativos capaz de fornecer uma multitude de serviços. No momento da convergência entre a televisão e a *web*, o telespetador impõe-se como um hipertelespetador, interativo e permanentemente ligado, com acesso aos programas já transmitidos nos canais de televisão, nas redes sociais, vídeos à escolha, jogos de vídeo, fotos e vídeos familiares, jornais, aulas de ginástica... Uma televisão hiperespetacular que abre um mundo ilimitado de imagens e programas.

Segundo, a explosão dos ecrãs e da oferta cultural não se faz sem profundas alterações dos modos de consumo. A um consumo em massa estandardizado, estruturado em torno do *prime time*, sucedeu um consumo descoordenado, desregulado, dessincronizado, em que cada um vê o que quer, à escolha. O acesso aos programas de divertimento libertou-se por completo das antigas restrições de espaço, de programação e de tempo: pode-se ver tudo não importa onde, em que momento do dia ou da noite, em direto ou em diferido. A prática «ritualizada» ou coletiva de cinema ou de televisão deu lugar a um consumo individualizado, desunificado, em autosserviço. A era do hiperespetáculo não é apenas a do espetáculo omnipresente, mas também a do espetáculo à escolha em que o espetador se torna um programador autónomo e personalizado. Como vemos os filmes e a televisão à escolha, como queremos e onde queremos, o hiperespetáculo produz cada vez menos o «ser conjunto»: significa o eclipse da dimensão cerimonial ou «litúrgica» que implicava ainda o espetáculo dos tempos heroicos da sociedade de consumo. Terceiro, segundo Debord, «a separação é o alfa e ómega do espetáculo»[261]. Mas, precisamente, o capitalismo artístico contemporâneo não para de misturar, entrelaçar os domínios económicos e culturais, de cruzar as esferas do comércio, da moda, do *star system*, da arte, do divertimento, do *show-business*. A uma ordem de «separação generalizada» sucede uma ordem de transversalidade, de desdiferenciação, de hibridação, acompanhando-se assim de inúmeros efeitos hiperespetaculares que valem como tantas «mutações». A hipermodernidade espetacular é de essência transestética.

Quarto, cada vez mais o público se vê e pensa como ator, adota atitudes destinadas aos *media* que os filmam. Agora, os indivíduos pensam-se em termos de imagem e metem-se eles mesmos em cena nas redes sociais ou perante as câmaras. Os campeões do desporto já não são apenas filmados nos estádios: eles mudam a sua maneira de ser em função da câmara que os filma. Os candidatos aos concursos de *reality show* têm cada vez menos atitudes «naturais»: mesmo que sejam dirigidos para ganhar audiências, são atores animados por estratégias que querem ganhar ao adversário, ganhar dinheiro, tornar-se uma «celebridade». O que põe um pouco em causa a problemática clássica desenvolvida pela Escola de Frankfurt e Debord, segundo a qual a omnipotência mediática faz dos indivíduos seres passivos, despojados e manipulados[262]. Na verdade, na era do capitalismo artístico hipermoderno, há

---

[261] Guy Debord, *La Société du spectacle* [1967], Paris, Gallimard, coll. Folio, 1996, p. 27.

[262] O espetáculo «é o sol que nunca se põe no império da passividade moderna», *ibid.*, p. 21.

de facto uma *instrumentalização* por parte dos indivíduos do mundo espetacular do ecrã. Estamos no hiperespetáculo quando, em vez de «sofrer» passivamente os programas mediáticos, os indivíduos fabricam e difundem em massa imagens, pensam em função da imagem, exprimem--se e têm um olhar reflexivo sobre as imagens, agem e mostram-se em função da imagem que eles querem ver projetada de si mesmo.

Quinto, o universo do espetáculo era analisado como sendo o da ilusão, do engano, do «pseudoevento» ([263]), concentrando-se em representar, em causar impressão e espetáculo daquilo que os homens não vivem no seu quotidiano: o espetáculo coincide com a «representação ilusória do não-vivido»([264]). Com a sociedade do hiperespetáculo combina-se uma outra lógica que se dedica, precisamente, a gerar permanentemente experiência vivida: através do *fun shopping*, dos filmes em 3D, das viagens e fins-de-semana insólitos, dos hotéis de exceção, dos megaconcertos, dos parques de diversão, das arquiteturas do espetáculo, o capitalismo artístico criou estímulos em cadeia para fazer sentir sensações decuplicadas, extraordinárias, hiperbólicas, e ambiciona fazer os consumidores viver experiências sensoriais e imaginárias, «aventuras» sensitivas e emocionais. Já não se trata da «sobrevivência aumentada»([265]), mas da *realidade aumentada,* hiper--sensacionalista, que proporcionam agora o virtual e o 3D até mesmo nas lojas. Pelo que o hiperespetáculo é uma das peças mais importantes da nova «economia da experiência»([266]).

([263]) Daniel Joseph Boorstin, *L'Image,* Paris, UGE, coll. 10/18, 1971.
([264]) Guy Debord, *La société du spectacle, op. cit.,* p. 181.
([265]) *Ibid.,* p. 38.
([266]) B. Joseph Pine II e James H. Gilmore, *The Experience Economy. Work is Theatre and Every Business a Stage,* Boston, Harvard

Sexto, há hiperespetáculo naquilo em que o capitalismo artístico está na origem: uma avalanche de imagens (filmes, séries, publicidade, revistas), de estruturas comerciais e culturais gigantescas (centros comerciais, *flagship stores*, *resorts*, megacomplexos de lazer) e que, ao mobilizar orçamentos astronómicos, se encarrega de causar impressão, assombro, provocar emoções e simulações imediatas. Para captar o desejo dos consumidores e para se impor nos mercados, as empresas jogam na fuga para a frente, na corrida ao gigantismo (torres, centros comerciais, hipermercados, estádios, *shows*, salas de concerto, navios de cruzeiro...), nas encenações espetaculares, nos *blockbusters*, nos efeitos especiais, nas cenografias *kitsch*, na provocação: é uma lógica hipertrófica da melhor oferta, do «sempre mais» que constitui o hiperespetáculo.

Neste sistema em que os signos apenas remetem para si mesmos sem outra finalidade que o impacto espetacular, mediático e comercial, somos testemunhas de uma orgia de artifícios, lantejoulas e de efeitos publicitários, de eventos supermediatizados e emocionais, de extravagâncias e de imagens extremas. Diariamente, cada indivíduo é assaltado por imagens *trash* e porno, por programas chocantes, com assuntos provocantes nas emissões de televisão. A sociedade do hiperespetáculo vê irromper os filmes eróticos, os programas da manhã, os casos do dia comoventes ou horríveis, os *talk-shows* mais ou menos picantes e «transgressivos». A informação televisiva faz-se cada vez mais num registo de tipo compadecido centrado nas vítimas de todo o género, suscetível de ter um impacto emo-

---

Business School Press, 1999; Michael J. Wolf, *The Entertainment Economy. How Mega-Media Forces Are Transforming Our Lives,* Nova Iorque, Time Books, 1999; Jeremy Rifkin, *L'Âge de l'accès. La révolution de la nouvelle économie,* Paris, La Decouverte, coll. Cahiers libres, 2000.

cional imediato junto do público. A comunicação dos líderes políticos organiza-se com o objetivo de mostrar que são sensíveis ao «humano», ao sofrimento do cidadão comum. O importante é encontrar frases chocantes, produzir eventos suscetíveis de mobilizar os *media* e «possuir uma boa imagem». O mundo que se adivinha anuncia-se como a acumulação de espetáculos que funcionam com o sensacionalismo, com a intimidação e com a emocionalização dos ecrãs, da informação e da política. Hiper-espetacular é a sociedade onde o *show* brilha com todas as luzes, onde proliferam programas e imagens que levam cada vez mais longe os limites, onde as narrativas e os elementos visuais são concentrados nos afetos: uma lógica hiperlativa, global e integrada que se impõe como uma peça constitutiva da sociedade transestética.

Sétimo, a sociedade do espetáculo estava centrada em estrelas míticas do cinema e da canção; a do hiperespetáculo é contemporânea de uma espécie de *vedetização* generalizada que se aplica a todas as atividades. Os políticos, o papa, os homens de negócios, as princesas, os artistas e *designers*, as pessoas da moda, os apresentadores de televisão, os romancistas, os filósofos, os desportistas, os chefes de cozinha: ninguém escapa hoje ao *star system*. Agora, todas as áreas da cultura funcionam com a vedetização, com os seus ícones mais ou menos mundializados, com as suas listas de êxitos, os seus *best-sellers*, os seus prémios e palmarés, os seus recordes de venda. A era do hiperespetáculo é a da universalização da economia do estrelato, dos mercados do nome e da reputação([267]).

Oitavo, não faltam certamente, mesmo no passado mais distante, manifestações de «grandes» espetáculos, cerimónias e festividades grandiosas e impressionantes.

([267]) Françoise Benhamou, *L'Économie du star-system*, Paris, La Découverte, 2002.

O castelo, a Igreja, a cidade tiveram sempre espaços preparados para grandes encenações. Mas estas eram organizadas em função de altos referenciais, religiosos ou políticos, uma vez que tinham a responsabilidade de dignificar os deuses ou de engrandecer a imagem dos monarcas e das famílias nobres. Outra coisa é o hiperespetáculo, o qual tem por único referencial o divertimento «turístico», o sonho, o prazer imediato dos consumidores. Na sociedade do hiperespetáculo, a excrescência dos meios já não edifica uma sociedade do religioso ou da hierarquia ostentatória, mas uma sociedade comercial de alegria de massas. Já não se trata de um sentimento pesado nem de missão transcendente: apenas uma finalidade económica que leva sempre mais longe a busca de efeitos para seduzir e divertir cada vez mais consumidores. A sociedade do hiperespetáculo sela a união do económico, do divertimento e da sedução: trata todos os assuntos na forma de divertimento, que transforma todas as coisas, a cultura, a informação, a política, em espetáculo de *show-business*, com o objetivo dos prazeres e das emoções constantemente renovadas([268]). O capitalismo artístico contemporâneo anuncia-se sob o signo do triunfo do *entertainment* generalizado: a magia encantada que cria e difunde é também a expressão do desencantamento do mundo.

O ESPETÁCULO POR EXCESSO

Na era do capitalismo artístico, o hiperespetáculo, o consumo e o divertimento constituem o sistema. O divertimento já não é um domínio marginal e separado, tornou-se um importante setor económico, uma indústria trans-

---

([268]) Neil Postman, *Se distraire à en mourir*, Paris, Flammarion, 1986; reed. Hachette Littérature, coll. Pluriel, 2011.

estética que aumenta diariamente([269]), colonizando cada vez mais imagens, produtos e atividades. Presentemente, o universo do divertimento estende-se muito para lá do cinema, da televisão ou da música, engloba objetos, jogos, informação, comunicação, cidades, espaços comerciais, museus, património e até as comemorações nacionais. O divertimento já não se opõe nem à economia nem à vida quotidiana: o reino do capitalismo criativo infiltra-se em todos os espaços da vida e funde-se com o mercado. Estamos no momento do divertimento integrado e generalizado, marcado pela hibridação da mercadoria, da emoção e da distração de massas.

O capitalismo transestético lança-se diariamente um pouco mais nas operações que multiplicam os ambientes de lazer, os espaços, os objetos e atividades de divertimento. *Gadgets*, leitores, *walkmans* digitais, centros comerciais, multiplexes, parques de diversões, cruzeiros, circuitos turísticos: torna-se, agora, impossível fazer o inventário dos «produtos» de divertimento, pois proliferam infinitamente. Os meios de transportes coletivos e individuais estão equipados com tecnologias que permitem que as viagens se tornem momentos de distração. E as ruas, as lojas e as revistas são estilizadas com vista a uma ambiência de prazer. A sociedade transestética aparece como uma cadeia ininterrupta de espetáculos e de produtos sob os auspícios do divertido, do lúdico, da descontração comercializada. O divertimento tornou-se a própria retórica do consumismo, o seu estilo, o seu espírito dominante: é a aura que envolve o mundo do con-

---

([269]) Segundo algumas estimativas, os bens de Hollywood poderiam cobrir «mercados de cerca de 968 mil milhões de dólares, ou seja, mais de metade da esfera do lazer e dos *media*», Alexandre Bohas, *Disney. Un capitalisme mondial du rêve*, Paris, L'Harmattan, coll. Chaos international, 2010, p. 129.

sumo estético. Ambiência generalizada do lazer que, difundindo uma atmosfera de ligeireza e de felicidade, produz a imagem de uma espécie de sonho acordado permanente, de um paraíso do consumo.

Gigantismo

Se a sociedade do hiperespetáculo é a do divertimento, é também a da hipertrofia, do excesso, do gigantismo, dos recordes de todo o tipo. Testemunham-no as torres cuja altura desafia o céu e que se desafiam umas às outras (aos 828 metros de Burj Khalifa, no Dubai, a Arábia Saudita projeta responder com os 1600 metros da Kingdom Tower); edifícios que atingem proporções inauditas (Chengdu, na China, começou a construir o Global Center, cujos 1,7 milhões de m², com a forma de um paralelepípedo de 100 metros de altura e com 500 por 400 metros, irá receber escritórios, um complexo universitário, lojas, hotéis de cinco estrelas, cinema, pista de patinagem, praia artificial...); parques de diversões imensos([270]) e lugares culturais de dimensões titânicas (350 000 m² em Espanha para a Cidade das Artes e das Ciências de Valência); arquiteturas que se exibem como um filme de grande espetáculo ou como uma atração gigante; navios de cruzeiro que levam cada vez mais longe os limites (361 metros de comprimento que podem receber 6300 passageiros, em 2010, para o *Allure of the Sea*, que ultrapassa em muito os 345 metros e os 3000 passageiros do *Queen Mary 2*, lançado em 2004); extravagâncias turísticas que fazem surgir

---

([270]) A Disneyland de Paris cobre uma superfície de 22 km²; recebe anualmente 13 milhões de visitantes e emprega mais de 12 000 pessoas. Por altura do seu lançamento, a Dubailand deverá ocupar uma superfície de 185 km².

pistas de esqui no deserto e ilhas artificiais com a forma de uma palmeira gigante; cidades-conceito (Dubai) que parecem nascer «do encontro de Albert Speer com Walt Disney nas costas da Arábia»([271]). Para onde quer que olhemos, serão sempre mais os espetáculos hiperbólicos, *shows*, dispositivos delirantes, megalomaníacos, até. Os complexos comerciais tentaculares que florescem desde a década de 80 ilustram a mesma dinâmica. O West Edmonton Mall [no Canadá], que se estende por quase 50 hectares, tem, além das suas 800 lojas, 20 salas de cinema, 100 restaurantes, um parque de atrações coberto de 40 000 m², um conjunto hoteleiro com 400 quartos, um campo de minigolfe, bem como a maior piscina com ondas do mundo: 40% da sua superfície são dedicados ao divertimento. Este centro comercial, como tantos outros([272]), concretiza o que se chama, na literatura especializada, «marketing experiencial», que visa transformar os lugares de compra e venda em espaços de sonho, de lazer, de prazer. O megacentro comercial não é emblemático do capitalismo artístico apenas pela sua decoração que o assemelha a um «teatro de venda», mas também porque se quer ligado a sensações «extraordinárias» e a experiências de lazer ao serviço do consumo([273]). Estamos numa altura dos complexos de comércio e de lazer inte-

---

([271]) Mike Davis, *Le stade Dubaï du capitalisme*, Paris, Les Prairies ordinaires, coll. Penser /Croiser, 2007, p. 42.

([272]) Os megacentros vão de recorde em recorde: o Golden Resources Center (Pequim), o South China Mall, o Dubai Mall têm respetivamente, 560 000, 660 00, 1,1 milhões de metros quadrados de superfície.

([273]) B. Joseph Pine II e James H. Gilmore, *The Experience Economy*, *op. cit.* Também Patrick Hetzel, *Planète conso. Marketing expérientiel et nouveaux univers de consommation*, Paris, Les Éditions d'Organisation, 2002.

grados, de megacentros multifunções que oferecem o ambiente eufórico de uma felicidade completa e perpétua. O universo hoteleiro também é arrastado na escalada do espetáculo e do gigantismo. Os conjuntos hoteleiros da Disney compõem-se de arquiteturas que integram imensos objetos (walkman, o Cubo de Rubik, pinos de bowling...) ou personagens de filmes animados de cores vivas e berrantes: hotéis de impacto visual imediato e de grande encenação *pop* que, ao irem buscar a sua estética ao universo do cinema, dos *cartoons*, da publicidade, criam um espaço-tempo imaginário e irreal. Edificam-se ao mesmo tempo imensos *resorts* de várias centenas de hectares construídos como aldeias que oferecem lagoas artificiais, spas, golfe, casino, lojas, praias, piscinas e restaurantes. Na era hipermoderna, o acolhimento turístico enveredou pelo regime hiper da imagem e do divertimento.

O gigantismo tende mesmo a tornar-se a norma das esculturas e das instalações da arte contemporânea. Michael Heizer deslocou cerca de 240 toneladas de rocha com um comprimento de 450 metros para o deserto do Nevada. Uma peça de Robert Morris exposta no Whitney Museum mede 29 × 3,65 × 2,15 metros. Anish Kapoor esmaga o espetador com obras que medem muitas dezenas de metros e pesam centenas de toneladas. A escultura de Richard Serra intitulada 7 e instalada em Doha mede 24 metros de altura. Forma minimalista, tamanho «maximalista»: a arte contemporânea, da mesma maneira que os centros comerciais, os hotéis e outros parques de diversão, participa da mesma lógica espetacular do hiper. O hiperespetáculo e as suas apostas cada vez maiores estão a ser implementados em todas as áreas, seja na *high* ou na *low culture*.

Choque visual

Assiste-se desde os anos 80-90 a uma explosão de edifícios arquitetónicos que, longe das construções funcionalistas, têm a ver com uma estética da imagem e do choque. Do Guggenheim de Bilbau (Frank Gehry) ao Seul National University Museum of Art (Rem Koolhaas), do World Financial Center de Xangai (Kohn Pedersen Fox) à Cidade das Artes e das Ciências de Valência (Santiago Calatrava), do Denver Art Museum (Daniel Libeskind) ao Centre Pompidou de Metz (Shigeru Ban), da Ópera de Pequim (Paul Andreu) à Marina Bay Sands Hotel (Moshe Safdie): em todo o mundo, florescem grandes arquiteturas, numa escalada de imagens de efeitos siderantes. Choque visual que transforma o próprio edifício em objeto da curiosidade: o interesse concentra-se nas suas formas, no que dá a ver, mais do que nas suas funções. O exemplo extremo é dado com os novos museus construídos desde há vinte anos. São os próprios edifícios que são objeto de curiosidade, mais do que as coleções que albergam e das quais muitas vezes não se sabe nada.

Não é, evidentemente, a primeira vez que se constroem edifícios de dimensão colossal e teatral. Nomeadamente, os castelos e as igrejas barrocas, com as suas fachadas teatrais, os seus frescos, a sua pompa, ornamentação excessiva, constituíam grandes arquiteturas-espetáculo. Mas ao contrário destas, as construções hipermodernas estão marcadas por referenciais vagos, sem grandeza e transcendência: já não há celebração do divino nem do reino triunfal do monarca, mas pura busca de originalidade e de singularidade, afirmação de uma imagem de marca na concorrência entre cidades. À hipertrofia da forma ou do volume responde o minimalismo do conteúdo e das mensagens veiculadas: excrescência de imagem, retração do sentido. Se considerarmos os grandes projetos da era Mitterrand

(Arco de La Défense, Pirâmide do Louvre, Opéra-Bastille, Très Grande Bibliothèque), somos impressionados pelo uso de formas puras, planas e geométricas, «que se alimentam de si próprias e se esgotam no instante, sem intenção de inspirar emoção ou inquietude que ficaria registada no espetador durante muito tempo»[274]. Significa que se impõe uma estética abstrata que consiste em causar impressão e choque, uma estética mediática do instante imediato sem prolongamento emocional, adaptada aos desejos de prazer direto e rápido do neoconsumidor. Já não se trata de maravilhar e de esmagar o público pela expressão da grandeza das finalidades, trata-se de impressionar à maneira de um ícone publicitário, de criar uma espécie de logotipo ou de marca de luxo destinada a animar a cidade e os turistas sequiosos de imagens e de divertimento. Desde os anos 70-80 – o Centre Pompidou foi inaugurado em 1977 – que já não se constrói museus cujo modelo era o templo grego ou a *villa* da Renascença e cuja função é conceder elevação espiritual às obras, exprimir a quase-divindade das Belas-Artes. Já não são templos que visem criar uma aura, mas museus de formas espetaculares que celebram mais o universo do lazer e do divertimento do que a «sacralidade» da arte à antiga. A arquitetura de iniciação espiritual foi substituída por uma arquitetura voltada para um consumo turístico de eventos distrativos. Mesmo quando alguns edifícios investem com inegável sucesso a dimensão poética e imaginária, como é o caso do museu Guggenheim de Frank Gehry, o conjunto não escapa ao registo lúdico-espetacular. É então que a forma arquitetónica se combina com o objetivo do efeito espetacular e só ela se torna hiperespetáculo.

---

[274] Philippe Genestier, «Grands projects ou médiocres desseins?», *Le Débat*, n.º 70, maio-agosto 1992, p. 87; também Françoise Choay, *Pour une anthropologie de l'espace*, Paris, Éditions du Seuil, coll. La coleur des idées, 2006, pp. 58-59, 152-153.

Provocação

O hiperespetáculo ganhou igualmente um relevo muito particular através de estratégias de transgressão implementadas pelo mundo publicitário. Num mercado que se caracteriza pela ausência de grandes diferenças entre produtos, as marcas esforçam-se por encontrar constantemente novos meios de singularização, de técnicas de comunicação inéditas para que não passem despercebidas, para rejuvenescer a sua imagem, para parecer criativas e «subversivas». Uma das vias para chegar aqui é a provocação, a implicação emocional do destinatário pela encenação de temáticas «sensíveis». Distinguir-se da concorrência, fazer com que se fale de si: muitos objetivos que levaram a publicidade a ultrapassar os tabus, a «incomodar», a jogar com os extremos ao entrar no registo do hiperespetáculo.

O porno-chique é o exemplo mais generalizado. Mas a partir dos anos 80-90, o jogo com os tabus sobe de tom, com Oliviero Toscani a orquestrar campanhas baseadas na provocação e no envolvimento em questões da sociedade. Produz-se um tipo de publicidade que, sem qualquer registo de sedução, joga com o impacto emocional e o sensacionalismo. Uma problemática de recusa do espetáculo da sedução que deu lugar a um quadrado espetacular: o da dramatização das ideias e dos debates de sociedade que esbate as fronteiras entre informação e crítica social, arte e marketing. Com efeito, a problemática do sentido apenas serviu para incentivar uma intensificação da lógica espetacular em que se misturam arte, publicidade, reportagem, ideal humanitário. Através do iconoclasmo e do hiperespetáculo do *shockvertising* em que se desenrolam as campanhas de publicidade da Benetton dessa época ilustram uma das faces do capitalismo artístico que conseguiu incorporar a dimensão crítica, rebelde, iconoclasta própria da arte moderna([275]).

Escalada da violência

Hiperespetáculo, também, como testemunham as imagens do cinema contemporâneo. No cinema, violência e sexo obedecem agora ao mesmo destino extremo. Tal como este se dá a ver numa espiral de excesso *hard*, aquela desenvolve-se de uma maneira hiperbólica. Estamos numa época de fuga para a frente sistemática, de um cinema do excesso, que procura ir sempre mais longe: *Fast and Furious* leva a *Fast and Furious* 2, e depois ao 3, e depois ao 4, e depois ao 5, cada novo episódio caracteriza-se por uma escalada em relação ao anterior. Sempre mais porno, violência, catástrofes, horror, sensações fortes: o hipercinema é o da imagem-excesso.

Não que o cinema não tivesse descoberto a violência mais cedo. Mas a *Semente de Violência* dos anos de 50 já não tem grande coisa a ver com a exacerbação de hoje. Com efeito, durante muito tempo a violência era tratada como um tema que se integrava num conjunto mais significante: adolescentes revoltados, *gangsters* e máfia, conflitos sociais, selva urbana. As coisas já não são assim, no momento em que a violência é filmada por si mesma, à maneira, por exemplo, de Coppola que em *Apocalypse Now* (1979) faz da guerra do Vietname uma espécie de ópera, um hiperespetáculo coreográfico ao som das Valquírias wagnerianas. É todo um cinema que se desenvolve

---

[275] Na era moderna, eram os detratores do capitalismo (dadaístas, surrealistas, anarquistas) que lançavam desafios provocadores à sociedade burguesa. Na era hipermoderna, são as próprias empresas do capitalismo artístico que podem explorar a elasticidade da provocação para obter a notoriedade das suas marcas.

e que se caracteriza pela excrescência da violência, pela sua espiral sensacionalista, pela sua dimensão extrema e insuportável: é a *Paixão de Cristo* de Mel Gibson, *Doce Vingança* de Steven R. Monroe, *The Necro Files 2* de Ron Carlo ou a série dos *Saw*, um crescendo de um filme a outro, refinando os piores suplícios. Na sociedade do hiperespetáculo, a violência já não é tanto um tema mas um tipo de «estética» pura do filme. Joga como um espetáculo que vale por si mesmo: faz parte não tanto da narrativa mas da própria essência do filme.

Celebridades

As grandes encenações, o humor, a paródia constituem os grandes vetores do hiperespetáculo publicitário. Mas há outro que funciona na personificação ou personalização «real» do imaginário através das celebridades mediáticas. Assim como algumas marcas procuram a colaboração de artistas, também a publicidade mobiliza os artistas do espetáculo por excelência que são as estrelas e mais amplamente os ícones da celebridade que o capitalismo estético transforma por vezes em artistas: Zidane é apresentado como «artista», «mestre da bola». Para criar uma grande visibilidade, aumentar a notoriedade, «tocar» diferentes faixas etárias, a publicidade, que produz o seu espetáculo a partir de um processo de hibridação da marca, do emocional e do *star system*, multiplica-se.

A aliança entre marcas e celebridades não é um fenómeno recente: a partir da década de 30, o sabonete Lux produzia as suas campanhas de publicidade à volta das estrelas: «Nove em cada dez estrelas usam Lux». E a partir dos anos 50 e 60, nos Estados Unidos, são muitas as celebridades que se tornam embaixadoras de marcas: para dar só um exemplo, Elvis Presley emprestou a sua imagem à Volvo, à Bud Dry Beer, à Domino's Pizza... Tudo indica, no entanto, que se transpôs uma nova etapa, uma vez que o fenómeno se acelerou: observadores estimam que cerca de um terço da publicidade televisiva tenha a intervenção de uma pessoa célebre. E já se perdeu a conta às campanhas que recorreram a porta-vozes célebres. Conforme os momentos, os investimentos em *celebrity marketing* podem variar, mas a tendência para a escalada das estrelas é manifesta, ainda que a eficácia deste processo seja motivo de debate.

Já não consumimos apenas produtos, filmes, lugares turísticos, música, consumimos o espetáculo das celebridades como maneira de encantar, de singularizar-personalizar-afetivizar o mundo tecnocomercial impessoal. Quanto menos as culturas de classe estruturam os comportamentos, menos os produtos se mostram por si só capazes de estimular o consumo: neste contexto, necessitam da imagem espetacular, da sedução, de figuras capazes de «humanizar» o universo comercial. O hiperconsumidor procura novidades contínuas, mas deseja também o que seja reconhecível, pontos de apoio, ligações sentimentais. Se a *starmania* não se pode separar dos desejos de evasão e de sonho, ela deve igualmente estar ligada à necessidade de encontrar figuras conhecidas e amadas num mundo em mudança constante e acelerada. As novas mentoras têm por função levar o sonho, o charme e a personalização a um universo de anonimato tecnologizado. O espetáculo dos «famosos» é o que vem substituir o vazio que acompanha a individualização extrema das nossas sociedades, a balcanização das referências coletivas e a impessoalidade do mundo técnico. É pouco provável que as novas correntes que valorizam – contra o hiperconsumo – o modesto, o discreto, a simplicidade possam pôr em causa fundamentalmente o prazer que acompanha as imagens conhecidas, amadas e espetaculares do *star system*.

Espetáculo dentro do espetáculo

A mais recente das manifestações do hipercinema: a vaga de filmes biográficos ou *biopics*. Se é verdade que o género existe desde o início do cinema, também não deixa de ser verdade que se entrou numa nova era marcada particularmente por dois traços típicos da época hiper. Em primeiro lugar, a fuga para a frente, a escalada dos números: só em 2012 havia mais de 90 *biopics* em pré-produção. A seguir, filmes que se baseiam cada vez mais na história recente, a ponto de pôr em cena a existência de indivíduos ainda vivos. Já não se trata de Cleópatras ou de Napoleões, mas existências modernas e contemporâneas: Margaret Thatcher, Nelson Mandela, Nicolas Sarkozy, Mark Zuckerberg, Mesrine. Nem figuras heroicas da grande História, mas estrelas, celebridades do *music-hall*, da moda, da *pop*, do desporto: Marilyn, Piaf, Mohammed Ali, Claude François, Gainsbourg, Chanel e em breve Janis Joplin, Michael Jordan… A sociedade do espetáculo criou celebridades modernas com o fascínio dos seus próprios ídolos; recicla-as continuamente, recria-as duplamente, promove o seu consumo duplamente em modo nostálgico. Repetindo-se permanentemente, contemplando-se profundamente, a sociedade do hiperespetáculo cria um espetáculo dentro do próprio espetáculo.

E, portanto, cria um espetáculo do próprio cinema. O cinema não acaba de contar a sua própria história. A coisa também não é nova: *Singing in the Rain*, em 1952, contava já o fim do mudo e o início do sonoro numa comédia musical. Mas o fenómeno acelera-se, multiplica-se, radicaliza-se: *O Artista* reconstrói com todas as peças do mesmo assunto um filme mudo e, de facto, um espetáculo radicalmente novo, *A Invenção de Hugo*, vai à procura de Georges Méliès num filme que ressuscita o pioneiro artesanal dos efeitos especiais com a ajuda de efeitos digitais e de imagens em 3D. O segundo grau, a releitura, a referência citacional – o cinema distância(^{276}) – aparece como componente agora essencial, uma *mise en abyme*(*) que acrescenta um estrato suplementar ao espetáculo, que faz do próprio espetáculo o argumento do espetáculo. E esta *mise en abyme* de espetáculos traduz-se também pela utilização que um faz do outro, num círculo onde explodem todas as expressões artísticas possíveis, ao desenvolver de cada vez o aspeto espetacular: a atração de um parque de diversões – os piratas da Disneylândia – transforma-se em *blockbuster* de Hollywood, que gera as suas próprias sequelas – *Piratas das Caraíbas 1, 2, 3*; a banda desenhada, o romance gráfico, a *manga*, o jogo de vídeo – *Tintin, Persépolis, Dragon Ball, Lara Croft* – fazem nascer o filme que os projeta da pequena vinheta da página ou da consola para a imensidade do grande ecrã; o filme de animação – *O Rei Leão* – transforma-se em espetáculo ao vivo e torna-se comédia musical antes de regressar ao grande ecrã reanimado em profundidade pelo 3D; as canções de um grupo, os Abba, dão lugar a uma comédia musical, *Mamma Mia*, da qual nasce um filme. O espetáculo gera o espetáculo que alimenta o espetáculo. *The show*, mais do que nunca, *must go on*.

(^{276}) Terceira figura do cinema hiper, tal como o definimos em *O Ecrã Global. Cultura Mediática e Cinema na Era Hipermoderna*, Lisboa, Edições 70, 2010).

(*) Termo francês que se poderia traduzir por "narrativa em abismo", usado nas várias artes; refere-se a um mecanismo narrativo que recorre a outra narrativa dentro de si. Pode aparecer na pintura (um quadro que retrata uma cópia menor do próprio quadro), no cinema (por exemplo, quando as personagens acordam de um sonho quando ainda estão a sonhar) ou na literatura (com narrativas encaixadas na narrativa principal) (*N. R.*).

O sensacional e o abjeto

A arte contemporânea inscreve-se nesta dinâmica de escalada espetacular através do que Paul Ardenne chama as «estéticas do limite ultrapassado»[277]. No vasto empreendimento de rutura e de desconstrução que é o da arte contemporânea desde 1960, onde estão os limites e os princípios da própria arte que são sistematicamente postos à prova e destruturados, a intensificação espetacular consegue exprimir-se de forma mais extrema nestas figuras que são o escandaloso e o sensacional.

Assim, Serge III Oldenbourg arriscou a vida ao jogar à roleta russa em palco (*Solo pour la mort*) durante um concerto de Fluxus; e Chris Burden, durante uma outra *performance*, disparou contra o seu braço com uma carabina 22 Long Riffle (*Shoot*) para «saber o que era a sensação estranha do instante». A lógica do hiperespetáculo ultrapassou os limites da representação: investiu até a experiência extrema do risco e do próprio corpo.

Hiperespetáculo é também o que ilustram os novos jogos da arte com o abjeto e o repulsivo. Em 1993, o Whitney Museum, de Nova Iorque, organizou uma exposição com o título explícito de *Abject Art: Repulsion and Desire in American Art*. Em 1997, Charles Saatchi organizou na Royal Academy of Arts de Londres uma exposição intitulada *Sensation* que lança, como uma marca, os Young British Artists e as suas obras provocatórias: moscas que comem uma cabeça de boi fechada numa grande caixa de vidro (Damien Hirst), manequins de crianças com o nariz em forma de sexo ereto e com a boca em forma de ânus (Jake e Dinos Chapman), a Virgem Maria feita com excrementos de elefante (Chris Ofili). Depois, a escalada nesta

---

[277] Paul Ardenne, *Extrême. Esthétiques de la limite dépassée*, Paris, Flammarion, 2006.

matéria nunca mais parou: a utilização do sexo, da urina, dos excrementos, de cadáveres, de carne, de sangue leva ainda mais longe a provocação.

Isto fascina, choca, promove o debate ou escandaliza: este é, com efeito, o objetivo procurado e esta é a máquina infernal da fuga para a frente hipermoderna, impelindo a arte contemporânea no *sempre mais* do hiperespetáculo, o qual se torna um veículo de diferenciação «publicitária» dos artistas. Com obras de mensagem simples, trata-se de produzir um efeito de choque imediato, de causar impressão e de construir uma imagem artística facilmente mediatizável. Através do «escandaloso», a obra hiperespetacular, eficaz e direta, tende a parecer uma operação de comunicação publicitária ao serviço de uma marca, a própria marca do artista. Quanto mais se promove a escalada dos efeitos e da estética do choque e do extremo, mais a arte se impõe como uma esfera dominada por mecanismos de promoção e de marketing.

A arte moderna afirmou-se como uma arte distanciada, intransigente, «intelectualizada», opondo-se ao *kitsch*, à sedução das imagens, ao teatro da representação. A arte contemporânea quer-se «experiencial»([278]), proporcionando sensações fortes, um choque visual pelo espetáculo do desmesurado, do muito, do sórdido, do imundo, da violência hiperbólica([279]). Já não se trata de «mudar a vida», mas criar o nunca visto, o espetacular, o inesperado. Não se trata nem de fazer sonhar nem mesmo comover, mas de suscitar reações «primitivas»: ficar siderado, impressionado, desgostado, chocado. Além de tudo o que opõe a arte de consumo de massas à arte contemporânea,

---

([278]) «O conteúdo da obra não é a obra. O sentido da obra é a experiência que vós viveis quando entrais nela», declara Richard Serra.

([279]) Note-se que, muitas vezes, a produção dita «da experiência» é acompanhada muito mais pela surpresa do que pela emoção.

é necessário ver nesta uma arte que está em concordância com o neoconsumidor que procura «ficar eufórico», provar constantemente novas especiarias, sentir a «embriaguez» de se arrancar à banalidade dos dias. Já não se trata de formar, de educar o gosto e elevar-se, mas ser excitado pelo espetáculo do nunca visto. O importante já não é o sentido, mas a experiência «divertida» do «diferente»: apenas ver, sentir o instante e passar a outra coisa. Mesmo se denuncia a cultura do divertimento, a arte contemporânea constituiu uma das figuras paradoxais. Com o hiperespetáculo desenvolve-se o regime propriamente consumidor da arte contemporânea.

Os paradoxos não se ficam por aí. Não devemos perder de vista que, seja qual for o desafio lançado pela arte contemporânea «desestetizada»([280]), o processo de estetização generalizado do mundo continua nomeadamente a reestetizar-se até à dimensão do repelente. Mesmo tomando por objeto o abjeto e ao recusar todo o objetivo estético, continua-se na dimensão estética, pois a obra está presente num lugar eminentemente estético, o museu ou a exposição. E a «retirada» estética reivindicada pelos artistas contemporâneos também é um gesto artístico seja qual for o conteúdo da obra. A este respeito, é muito simples exagerar a oposição radical do novo regime da arte «*des-obrada*» ao mundo exterior da arte, dominado pelo império da estética: de facto, progride por toda a parte o avanço triunfal do processo de estetização ou mais exatamente de transestetização do mundo.

---

[280] Harold Rosenberg, *La Dé-définition de l'art*, Nimes, Jacqueline Chambon, 1992, pp. 27-37.

EXTENSÃO DO HIPERESPETÁCULO

São estes, portanto, os mecanismos que geram a sociedade do hiperespetáculo. A sua força é tal que esta dinâmica de espectacularização ganhou todo um conjunto de domínios e de atividades em que a própria noção de espetacular era até agora secundária em relação a outras finalidades. Assim se desenvolve um mundo onde não só o hiperespetáculo se torna dominante mas onde anexa setores da vida social cada vez mais amplos.

A realidade «show»

Se as séries de televisão concorrem hoje em dia com os filmes, elas também têm a concorrência de novos tipos de programas que desde 2001 têm um sucesso fulgurante à escala planetária: trata-se das emissões de *reality show* cujo arquétipo do género, *Big Brother*, foi vendido a dezenas de países.

Poder-se-á exprimir uma certa surpresa ao ver-se tratar este género televiso numa secção dedicada ao hiperespetáculo ainda que seja geralmente equiparada a uma produção barata, com uma encenação minimalista, sem ambição artística nem atores remunerados. O hiper encontra aqui, no entanto, um lugar notável, nomeadamente naquilo que alguns denunciaram como escalada da mediocridade e da vulgaridade de programas que vão sempre mais longe, e mais baixo, na exploração obscena do privado e da nulidade. O que deu então rapidamente às tradicionais críticas de aviltamento cultural e moral feitas à televisão uma virulência crescente: ao entrar nos territórios do quotidiano e do íntimo, o *reality show* viu-se definitivamente catalogado como manipulador, mirone e exibicionista.

Mas o *reality show* suscitou igualmente considerações claramente mais favoráveis. Assim, em 2001, os *Cahiers du Cinéma* classificaram *Big Brother* entre os dez melhores filmes do ano. Entusiasta, o cineasta Jean-Jacques Beineix exprimiu a sua admiração pela qualidade artística do programa. E um analista como François Jost não hesitou em reconhecê-lo como um prolongamento das vanguardas artísticas que, na sua vontade revolucionária de destruir a definição clássica de arte, se comprometem a dignificar a banalidade do quotidiano. «Se se considera a arte do século XX como uma tentativa de transfiguração do banal em obra, como nos convida o filósofo americano Arthur Danto, não é absurdo questionar se o *reality show* não faz parte, à sua maneira, dessa arte de acomodar as sobras que é a arte contemporânea»([281]).

O telelixo será, assim, o filho de Duchamp, Léger([282]), Warhol? Será um avatar tardio das desconstruções modernistas? Se se identificar o *reality show* com a sagração do banal e do infraordinário, esta filiação tem inegavelmente fundamento. Mas é só isso? Será ela principalmente isso? Pode-se duvidar.

Assim, os participantes, por serem gente vulgar, não deixam de ser selecionados em sessões de *casting* onde se

---

([281]) François Jost, *Le Culte du banal. De Duchamp à la télé-réalité*, Paris, CNRS Éditions, 2007, p. 6. A obra de Arthur Danto à qual faz alusão é *La Transfiguration du banal. Une philophie de l'art*, Paris, Éditions du Seuil, coll. Poétique, 1989.

([282]) François Jost aproxima de forma judiciosa *Big Brother* da ideia lançada por Fernand Léger, em 1931, num artigo «À propôs du cinema», de uma representação cinematográfica do banal, a partir de um argumento que pusesse em cena «24 horas da vida de um casal qualquer com uma profissão qualquer... Aparelhos misteriosos e novos permitem apanhá-los "sem que eles saibam", com uma aguda inquisição visual durante 24 horas sem deixar escapar nada: o seu trabalho, o seu silêncio, a sua vida íntima e de amor» (*ibid.*, p. 27).

trata precisamente de distribuir papéis: em França, os 12 solteiros escolhidos para o primeiro *Big Brother* saíram de um casting com 38 000 candidatos. O programa, que filma aparentemente o desenrolar da vida, responde de facto a um guião desta, focando-se nos momentos mais fortes, nomeadamente nos resumos cuidadosamente montados que dramatizam alguns momentos cruciais das 24 horas gravadas em contínuo. O próprio facto de fechar os solteiros num lugar reservado ou de pôr casais na promiscuidade de uma justamente denominada «ilha da tentação» cria uma situação totalmente artificial, ficcionando de imediato a realidade através de um dispositivo cénico que mistura o falso e o verdadeiro e joga com a ilusão de um através das técnicas do outro([283]). O real não afastou de maneira nenhuma a ficção: é o próprio real que se ficciona ainda que incorporando gente comum([284]).

E não é a banalidade do real que nos é dado a ver, mas um real tornado espetáculo, que se parece com um filme, com lágrimas e risos, com os seus dramas e *happy end,* e filmado como tal, com grandes planos, *flashback,* com sequências específicas de planos, com fundo musical. E nestes programas não é o banal que fascina mas as reações individuais, os amores, as paixões e as rivalidades: muitos fenómenos subjetivos que, apesar de serem vividos por gente normal, nunca caem de facto no banal. É a subjetividade, o emocional, o excesso de situações e de reações que cativam os telespectadores e não o espetáculo insignificante e banal.

([283]) Jean-Louis Missika fala justamente de um «real de laboratório» que «parodia» a vida. Ver *La Fin de la télévision,* Paris, Éditions du Seuil, coll. La République des idées, 2006, p. 34.

([284]) Fenómeno híbrido, transgénero, o *reality show* não esbate apenas as fronteiras entre realidade e ficção, mas também entre vida pública e intimidade, atores e gente vulgar, jogo e atividade contratual, *performance* e folhetim.

Quanto ao candidato, à partida anónimo, à medida que os holofotes o fazem sair da sombra ele vê-se vedetizado; mesmo quando regressa à realidade assume o *reality show*: Loana(*) tornou-se uma celebridade nacional, escreveu um livro, lançou uma marca, vive amores tumultuosos que aparecem nas capas das revistas e mergulha na decadência mediatizada: como em *A Star is Born*, *The Harder They Fall*; mas o espetáculo e o *show business* continuam. O espetáculo do *reality show* recorre permanentemente à surpresa e à emoção. Ao contrário da arte *pop* sem afeto, arte fria e reivindicada como tal – «Eu quero ser uma máquina», dizia Warhol –, o âmbito destas emissões é o emocional. O *casting* subtil dos candidatos, o desenvolvimento dramatizado do programa, o jogo de *suspense* da competição, a exclusão brusca dos perdedores, o triunfo exagerado do vencedor: tudo é feito para cativar, apaixonar e até mesmo para provocar o espetador. A estrutura é simples, o divertimento acessível a todos, a decoração e os efeitos deliberadamente *kitsch*. Estamos longe das formas de arte canónica, das obras vanguardistas: trata-se de comover, de suscitar identificações e projeções à maneira do cinema. E como no cinema, o *reality show* persegue a ambição da 7.ª arte de oferecer um espetáculo emocional que mantenha a expetativa e toque diretamente o público.

É, sem dúvida, o essencial. O elemento gerador do *reality show* procura mais o «grande espetáculo» e a ficção cinematográfica do que as audácias intelectuais das vanguardas. Mesmo que se trate de «gente verdadeira», com as suas conversas ordinárias, o espetáculo do *reality show* pisca constantemente o olho ao cinema. Com o *reality show*, a televisão transforma em filme os jogos dos papéis

---

(*) Concorrente de uma das edições do *Big Brother* francês; que lá tem a designação *Loft Story* (*N. R.*)

interpretados por gente comum. Recria o extraordinário e o impulso do sonho, fazendo parecer real um filme de Hollywood. Melhor que uma *Pop story*, é uma nova espécie de Hollywood *story* que nos é dado ver no pequeno ecrã. *Koh Lanta*(*) tem qualquer coisa de *Indiana Jones*: não uma estrela, mas um argumento de aventureiro em paisagens exóticas. E *Star Academy* acaba como um filme, com um *happy end* depois de vários *suspenses*. Como observa Gabriel Segré, o momento final de *Loft Story* faz lembrar o tapete vermelho do Festival de Cannes, com «o público atrás das barreiras, os *flashes* dos fotógrafos, os gritos e a excitação, os acenos da "estrela" à multidão, a proteção e a escolta da segurança»[285].

A este respeito, é difícil subscrever a ideia segundo a qual o *reality show* seria «a última obra de Warhol»[286]: é necessário reconhecer antes de mais o prolongamento televisivo de Hollywood, da sua força espetacular, da sua fábrica de ficções e de sonhos. Paradoxalmente, o *reality show* não escapa verdadeiramente ao universo do cinema: quer fazer espetáculo com o banal, quer fazer cinema com o que não é cinema e com heróis que não são estrelas. Há, neste último grau da televisão-espetáculo, muito mais extensão do domínio da arte de massas do cinema do que perseguição da arte desencantada do vanguardismo.

Exposições-espetáculo

Já não há grande ou média cidade que se conceba sem um museu que possa contribuir para a sua influência e desenvolvimento turístico. E, de facto, parece que o museu

---

(*) Versão francesa do programa *Survivor* (N. R.).
[285] Gabriel Segré, «La fabrication télévisuelle de la star», *Réseaux*, vol. XXIV, n.º 137, 2006, pp. 207-240.
[286] François Jost, *Le Culte du banal*, *op. cit.*, p. 91.

funciona cada vez mais como uma empresa, que se gere como tal, uma organização que luta no mercado e onde são integradas lojas de produtos derivados, livrarias de arte, auditórios, cafés e restaurantes. A arte exposta está no centro de um conjunto destinado ao *entertainment* onde vamos para nos distrairmos e para fazer compras([287]).

A mesma lógica espetacular preside a um número cada vez maior de exposições, os museus organizam agora tipos de *blockbusters* que, na origem eventos mediáticos, visam aumentar as receitas comerciais e o número de visitantes. O fundamento artístico destas exposições nem sempre salta aos olhos. O Museu de Belas-Artes de Boston apresentou em 2000 uma exposição sobre as guitarras desde 1600 até aos nossos dias; o Metropolitan Museum of Art de Nova Iorque dedicou uma exposição a Jacqueline Kennedy. As «exposições-espetáculo» multiplicam-se, caracterizam-se por encenações espetaculares, diaporamas ilusionistas, reconstituições, auscultadores, imensos ecrãs de cinema. Na era do capitalismo criativo, até os museus integraram no seu funcionamento as lógicas do espetacular, do sensacional, do cinema, dos parques temáticos.

A cenografia das exposições tende a ter mais importância do que as próprias obras apresentadas: testemunham-no as recentes exposições como «Bohèmes» no Grand Palais, com as suas mesas de tasca, os tapetes manchados por quem passa, o *atelier* de artista, a lareira, toda uma «Boemialândia» que funciona como divertimento, simulacro de época, atração lúdica; ou ainda «L'Impressionisme et la mode», no Museu d'Orsay, com

---

([287]) Jean Clair evoca «o lado Barnum» dos museus americanos, em *Malaise dans les musées,* Paris, Flammarion, coll. Café Voltaire, 2007, p. 69. Sobre o papel importante dos museus americanos nesta evolução ver Gérard Selbach, *Les Musées d'art américains, une industrie culturelle,* Paris/Montreal, L'Harmattan, coll. Esthétiques, 2000.

a sua relva falsa, chilreios de pássaro, loja de modista, filas de cadeiras vermelhas e douradas para reproduzir uma *passerelle*. As duas exposições têm, aliás, o mesmo cenógrafo, Robert Carsen, especialista em encenações de ópera. Trata-se de criar um espetáculo expressivo que capta mais a atenção do que as próprias obras expostas, em visitas que, acrescentando espetáculo ao espetáculo, propõem propriamente um hiperespetáculo. A expressão simbólica da arte e da sua aura já não são suficientes: torna-se necessário elaborar um «ambiente» de sedução, um espaço de distração, um espetáculo completo, teatralizado em excesso. Estamos numa altura de hibridação do sistema dos museus e do sistema empresarial, mas também da arte e do consumo, do património e do *show*, da educação e da distração: o capitalismo transestético fez nascer o setor híbrido do *edutenimento* no qual se esbatem as fronteiras tradicionais entre cultura erudita e distração, arte e lazer, educação e turismo[288].

A própria museografia, através da publicidade e da apresentação de exposições, dá agora um lugar preponderante ao espetáculo, ao chamar frequentemente arquitetos, *designer*s, cenógrafos prestigiados, suscetíveis de atrair o público, tanto pelo seu nome como pelas obras de grandes mestres da arte cuja apresentação se lhes encomendou. No Rijksmuseum de Amesterdão, é Jean-Michel Wilmotte que, depois de ter reestruturado o próprio museu em 2004, dirige, em 2006, a cenografia da exposição Rembrandt-Caravaggio. O que se expõe são obviamente dois pintores célebres, mas também a visão artística do cenógrafo que os encena de certa maneira.

---

[288] Sobre este ponto, Jean-Michel Tobelem, *Le Nouvel âge des musées. Les institutions culturelles ou défi de la gestion*, Paris, Armand Colin, coll. Sociétales, 2005; nova edição revista e aumentada, 2010.

Com as novas estratégias que reúnem universos artísticos cujos estilos estão nos antípodas uns dos outros atinge-se um grau superior nesta escalada espetacular: o facto de os combinar acrescenta espetáculo ao espetáculo e cria, por esta mesma confrontação, um hiperespetáculo inédito. Vê-se isto quando Versalhes, com as suas decorações sumptuosas, galerias majestosas, tetos pintados, mobiliário faustoso, iconografia mitológica, é escolhido para a instalação das fantasias *pop kitsch* de um Jeff Koons, os bibelôs coloridos de um Murakami ou as várias esculturas de uma Joana Vasconcelos: o palácio mais espetacular da monarquia, lugar importante de uma arte triunfante de corte, obra-prima do barroco classicizada pelo génio de Luís XIV, torna-se palco de um jogo de espelhos iconoclasta com universos ultracontemporâneos, vindos de fora e com um imaginário a séculos-luz do imaginário do Rei-Sol. É a estética do choque que triunfa e as polémicas que não deixa de provocar vão no sentido procurado: elas próprias participam na amplificação do espetáculo.

O exemplo de Versalhes traduz bem o ponto extremo de um sistema ao qual nada mais parece não poder escapar. O próprio lugar é, com efeito, uma peça essencial do património nacional, ou seja, portador de valores que exprimem o génio de um povo e a transmissão de um bem identitário: tudo menos um lugar qualquer que se presta ao divertimento de carácter lúdico-mediático. Porém, tudo se passa como se o divertido ou o extravagante tivessem conseguido, através da pequena fantasia surrealista do «encontro fortuito, numa mesa de operações, de uma máquina de costura e de um guarda-chuva» (Lautréamont), tornar-se política oficial e institucional dos museus. A lógica do hiperespetáculo ganhou uma tal importância, uma tal força, que impõe agora a sua estratégia não apenas no campo comercial, mas no campo patrimonial, num edifício público sob tutela ministerial. É a feira do trono que investe o grande teatro simbólico da realeza!

O desporto como grande espetáculo

Há uma outra área em que a televisão contribuiu para transformar em hiperespetáculo: o desporto. O que transformou esta situação foi a maneira como, através da televisão, o desporto se tornou não só um espetáculo desportivo, o que sempre foi para os adeptos que assistiam a um encontro deste género, mas, pura e simplesmente, o grande espetáculo, à maneira do *show* mediático, do *storytelling* e do *entertainment*, dirigindo-se a toda a gente e sobretudo aos apaixonados pelo desporto, sem distinção de idade, sexo, país, meio social.

Desde o início da televisão, era patente a vontade de espetacularizar o evento desportivo, o que era bastante limitado pela pobreza de meios técnicos e por uma narrativa televisiva ainda balbuciante. O que já não acontece hoje em dia. A transmissão de outrora deu lugar a uma oferta de imagens e de narrativa no sentido de explorar a fundo todo o potencial espetacular. Produz-se todo um prólogo dramático com a organização de debates antes do jogo, com sequências de imagens sobre os competidores, múltiplas entrevistas, entrevistas aos adeptos em direto, sequência histórica dos grandes feitos desportivos relacionados com o encontro que irá ter lugar. Durante a competição já não é apenas uma câmara frontal, como antes se fazia nos primeiros passos televisivos, que grava, mas toda uma bateria de câmaras que permitem uma visão de longe, de perto, de cima, mesmo de dentro (como, por exemplo, com as câmaras instaladas nos *cockpits* dos pilotos de Fórmula 1 ou no capacete dos esquiadores). Cada tempo morto é suprimido com o recurso a imagens que permitem rever a ação em câmara lenta, em grande plano, com repetições sucessivas. Cada ação de um jogador é marcada por inserções que dão múltiplas informações sobre as suas *performances*, êxitos, fracassos, a sua influência no jogo. Filma-se durante muito tempo os abraços, os gritos, as manifestações de alegria e de triunfo de uns, a tristeza e as lágrimas de outros: implementa-se uma nova estética de transmissão, assente em lógicas exacerbadas da narração e da dramatização.

Atualmente, os Jogos Olímpicos ou o Campeonato do Mundo de futebol não se concebem sem cerimónias de abertura e de encerramento, onde a apresentação dos atletas se insere num espetáculo que iguala em meios e em magia os grandes espetáculos de Hollywood. Por outro lado, estas cerimónias são entregues a cenógrafos, encenadores, coreógrafos, como Philippe Decouflé nos Jogos Olímpicos de Inverno de Albertville em 1992 e, depois, no Campeonato do Mundo de Rugby em 2007; é proposto um espetáculo que se quer total, misturando dança, funambulismo, acrobacia, jogos de luzes, desmesura de guarda-roupa, efeitos cromáticos. Nos Jogos Olímpicos de Pequim, em 2008, o governo contratou um dos grandes realizadores do cinema chinês, Zhang Yimou, que encenou uma imensa saga histórico-coreográfica que mobilizou mais de 600 técnicos e milhares de figurantes durante um espetáculo grandioso de três horas, com feixes de luzes e efeitos pirotécnicos. O orçamento, verdadeiramente hollywoodesco, foi à (des)medida do espetáculo: 100 milhões de dólares.

Um tal espetáculo assemelha-se, ou ultrapassa até, os maiores êxitos de Hollywood, ao marcar de uma certa maneira o triunfo do espírito do cinema. O *show* desportivo funciona agora como o cinema na espectacularização das imagens e na vedetização dos seus campeões. Constrói-se a imagem destes segundo os meios implementados em Hollywood desde as suas origens: fotos onde aparecem maquilhados, vestidos, iluminados, mesmo despidos, pelos melhores especialistas; ligações a marcas de prestígio das quais asseguram a promoção em campanhas publicitárias que trabalham o seu aspeto plástico e os transformam em objetos de desejo; criação das suas próprias marcas; obras e filmes que lhes são consagrados. Megashow, o desporto vai buscar à 7.ª arte as suas técnicas de vedetização, a sua estética choque e emocional, a sua experiência de cenarização e dramatização.

O hipershow das passerelles

A moda também manteve relações privilegiadas com o espetacular. Encenação de si e dos outros, remodelação ostentatória dos corpos, palco exuberante do luxo, teatro da vida mundana, a moda é inseparável do excesso indumentário, da poetização da aparência do corpo, de um exagero de artificialidades, de extravagâncias e excentricidades. Mas se a moda é consubstancialmente espetacular, a do capitalismo artístico hipermoderno é-o duplamente, uma vez que se virou exageradamente para o regime do espetáculo.

Primeiro, por meio da mediatização: modelos e sobretudo desfiles. Estes sempre foram espetáculos, mas que eram organizados com o objetivo de uma função comercial direta: vender aos clientes e compradores profissionais. Neste contexto, o espetáculo era secundário em relação ao imperativo de valorizar as criações da estação. Este esquema começa a esboroar-se nos anos 60-70, altura em que os desfiles procuram lugares inesperados e surpreender com música e encenações fantasistas. Uma lógica que irá atingir pontos altos a partir da década de 80: a partir de então, a lógica tradicional inverte-se, o desfile impõe-se como uma finalidade em si, um espetáculo que vale por si mesmo. De apresentação comercial que era, o desfile afirma-se como meio de fazer falar de si nos *media*, comunicar o universo do criador, construir uma imagem espetacular da marca.

Passámos ao tempo dos *shows* criativos que já não são organizados para os compradores mas para a imprensa e para efeitos mediáticos([289]). Os desfiles de moda entraram plenamente no reino *mediático-arty* que caracteriza o crescimento do luxo e da moda marketing. Por isso, os desfiles preparados sob o signo de temáticas variáveis são marcados pelo excesso, desmesura, dramaturgias e cenários onde podem exibir-se obesos, anões e gigantes (Galliano), «vagabundos», corpos deformados (Commes des Garçons), modelos nus com véu (Hussein Chalayan) ou vestidos com roupas rasgadas e pernas artificiais (Alexander Macqueen). O desfile da Chanel do Inverno 2010-2011 desenrolou-se debaixo do grande vitral do Grand Palais e integrava um monumental leão dourado de 20 metros de altura e que pesava 7 toneladas.

No estádio atual do capitalismo artístico, o desfile de moda aparece como um hiperespetáculo([290]), uma superprodução, uma obra em si que mobiliza um diretor artístico, um encenador, um responsável pelos acessórios, um

---

([289]) Podemos ver que os desfiles são agora filmados e explorados como um espetáculo, nas *boutiques* de moda, nos grandes armazéns, mesmo nos restaurantes, que são projetados em ecrãs, mas também na televisão. Um canal como a Fashion TV está permanentemente a passar imagens de desfiles.

([290]) A lógica hipertrófica não poupa custos. O desfile da Armani de alta costura de 2008 custou 3 milhões de euros. Os da Dior e da Chanel atingiram cerca de 5 milhões de euros. Em 2007, a Fendi fez desfilar 88 modelos numa *passerelle* de 90 metros montada na Grande Muralha da China: o orçamento deste *show* faraónico imaginado por Karl Lagerfeld atingiu os 10 milhões de euros.

decorador, um engenheiro de som. Sem o imperativo de vender os modelos apresentados, o desfile é concebido como uma *performance* artística, como uma ópera, uma história que se conta, um conceito que se teatraliza([291]): um misto de marketing e de arte, de divertimento e de quadro vivo, de *show business* e instalação, de moda e de obra de arte cinética. «Concebemos os nossos desfiles como instalações de arte contemporânea ou coreografias. Para os desfiles, os artistas somos nós», declaram Viktor & Rolf (Viktor Horsting et Rolf Snoeren).

O videoclip *ou a hiperestimulação visual*

O frenesi lúdico e espetacular encontra-se também no universo do *show-business*, através do *videoclip* que, antes da crise do disco, aparece como via obrigatória do lançamento de álbuns, instrumento privilegiado da promoção de música variada. Crescimento do *videoclip* que mostra o grande aumento da lógica de marketing na indústria do disco na era do capitalismo de hiperconsumo.

Já não basta aqui, como no passado, filmar uma vedeta a cantar: a música deve dar lugar a uma criação visual impregnada do espírito da moda, de estetismo e ludismo integral. Daí as criações visuais feitas de cenários improváveis e de misturas de estilo, de coreografias e de excentricidades destinadas a difundir uma espécie de «imagem de marca» com vista a um público jovem à espreita de

---

([291]) Ginger Greg Duggan, «The Greatest Show on Earth», em Jan Brand, José Teunissen e Anne Van Der Zwaag (dir.), *The Power of Fashion. About Design and Meaning*, Arnhem, ArtEZ Press, 2006, pp. 222-243. Também Lydia Kamitsis, «Une histoire impressionniste de défilé depuis les années 1960», em *Showtime, le défilé de mode. Exposition, Paris, Musée Galliera, 3 mars – 30 juillet 2006*, Paris, Paris-Musées, 2006, pp. 166-171.

sensações, de *looks* e de originalidade. Da mesma maneira que a moda ou a publicidade já não se contentam com mostrar em primeiro grau os seus produtos, também a publicidade musical se concentra em impor um estilo criativo de «tendência». A imagem em movimento já não tem por única função dar visibilidade a um cantor, deve ser original em si mesma, no sentido de construir uma imagem de personalidade, uma figura de moda singular: agora, já não se gosta apenas da voz de um cantor, mas da sua maneira de ser e de parecer, do seu *look*, do seu universo estético global.

Com o *videoclip* triunfam a heterogeneidade estética em todos os sentidos, os jogos de desencontros e de contrastes libertos do imperativo de coerência no encadeamento de planos. Todas as categorias de imagens, todos os estilos coabitam sem ordem nem hierarquia, as imagens sucedem-se sem organização linear e sem ligação evidente com as palavras da canção, as montagens são sincopadas, as encenações rivalizam em explosão e loucura, «demência» e ironia que deflagram em fragmentos, as multiplicações e justaposições de figuras, assim como a velocidade extrema da sequência de imagens: um *videoclip* de 3 minutos tem cerca de 50 planos, ou seja, 3 a 4 segundos por plano. Neste sentido, o estilo *clip* aparece como uma expressão breve mas exemplar da imagem-moda, da imagem-excesso, da imagem-velocidade. Um *clip* é um filme de moda cujo objeto não é a moda mas onde vai buscar a estética, é o superficial da moda que se inscreve no espaço--tempo da música. Bombardeamento sonoro e visual, mosaico de imagens-relâmpago, desconstrução da ordem clássica: o produto comercial musical importou os princípios vanguardistas da arte moderna. Uma mesma cultura hiper marca o cinema, o desfile de moda, o *videoclip*.

FIM DO EXCESSO ESPETACULAR?

Para os pensadores do social, a categoria do espetáculo não tem boa fama, porque está associada ao falso, à mistificação, à insignificância. Mas hoje estas críticas acompanham os discursos que anunciam o fim próximo do tempo do excesso espetacular, condenado por uma época à espera de economia, de moderação, de proteção do ambiente. Tanto na área da arquitetura como na publicidade, não faltam vozes que prognostiquem o inevitável enterro do hiperespetáculo.

O lugar ocupado pelos edifícios espetaculares é tal, e o excesso entre eles tão forte, que suscita debates, certamente, face a esta «arquitetura de proeza e de moda»[292], preconizando o regresso às formas mais modestas que estariam mais de acordo com os desafios sociais e ambientais de um período de crise[293]. Os diretores de museu e os arquitetos anunciam agora o fim da época das arquiteturas grandiloquentes, sempre mais tecnológicas e narcísicas: «Para mim, o espetacular obedece a um modelo do passado. Bilbau é o ponto culminante e a Fundação Louis Vuitton em Paris será a réplica, como quando se fala de uma réplica de um tremor de terra», declara Christian Bernard, diretor do museu de arte contemporânea de Genebra[294]. Podemos, contudo, mostrar-nos céticos quanto a este prognóstico.

Se a crise económica e as exigências ecológicas levam a criar arquiteturas mais modestas, outros fatores de

---

[292] Claude Franck, «Un monde d'objets», *Le Débat,* n.º 155, maio-agosto de 2009, p. 157. Este artigo insere-se num conjunto intitulado «De l'architecture spectacle à l'architecture de crise?».

[293] Sobre esta questão da modéstia, ver Guy Desgrandchamps, «L'architecture et la question de la modestie», *ibid.*

[294] *Beaux Arts magazine,* janeiro de 2007.

fundo – competição entre cidades e museus, economia do turismo, cultura do *star system* generalizada – deveriam continuar por muito tempo ainda a privilegiar os símbolos de tipo extraordinário. É duvidoso que a necessidade de reduzir a marca ecológica consiga fazer recuar a necessidade de imagens, «de atrações arquitetónicas», de comunicação e de celebridade mediática. É todo o mundo da concorrência liberal generalizada e do mercado do turismo cultural que favorece o aumento das cenografias assombrosas, dos efeitos de surpresa, de imagens superlativas. Com o desaparecimento das regulações nacionais, cada cidade está agora envolvida num sistema de competição nacional e internacional e confrontada com a exigência de gerir a sua «imagem de marca», de se envolver na corrida aos equipamentos de prestígio no sentido de aumentar a sua atratividade, atrair os turistas, as empresas e os seus quadros. Semelhante «marketing territorial» estimula fortemente as *arquiteturas-design*, as formas gigantescas que impressionam e surpreendem os públicos, os projetos *high-tech* ostentatórios e mediáticos. O *star system* não desaparece, generaliza-se, estendendo-se a todas as áreas da criação. E a globalização das marcas, a uniformidade das arquiteturas de habitação, o excesso ao qual se entregam os países emergentes para traduzir a sua nova pujança ao produzir arquiteturas suscetíveis de rivalizar, e até ultrapassar, com os modelos ocidentais, convocam mais do que nunca emblemas fortes, sinais de diferenciação ostensíveis capazes de reforçar a identidade das cidades e dos lugares culturais. Nestas condições, é pouco provável que estejamos nas vésperas do declínio da arquitetura *flashy* e das suas estrelas, da obsessão pela hipervisibilidade estético-lúdica.

Requiem para a publicidade-espetáculo?

Vemos o mesmo tipo de debate na reflexão dos publicitários e profissionais de marketing que rejeitam os excessos do espetacular, caros a Jacques Séguéla, da década de 80, exemplificados nomeadamente com as campanhas de «*star strategy*», onde se pode ver um GTI da Citroën descolar de um porta-aviões ou Grace Jones lançar pela boca um Citroën CX. Muitas vozes se erguem contra as derivas de uma comunicação-lantejoula que, ao tornar-se o seu próprio fim, lisonjeia o narcisismo dos publicitários mas prejudica a longo prazo a solidez e a credibilidade das marcas([295]). E numa época marcada pela consciência ecológica e pelas exigências de proximidade, a era da publicidade-espetáculo, diz-se, está ultrapassada: mesmo se os mais antigos e ardentes zeladores decretem agora o seu falecimento. Impor-se-á este diagnóstico com evidência? Não será, novamente, despejar um pouco apressadamente o bebé com a água do banho?

Se desde os anos de 90 se afirma regularmente a exigência de reduzir a hipertrofia do espetacular em benefício de uma comunicação centrada na proximidade, nos conteúdos e nos sentidos, há que notar que isto não faz de maneira nenhuma descontrolar a espiral do *show*. Porquê? Durante muito tempo o objetivo da publicidade era o de valorizar os méritos objetivos e psicológicos dos produtos. Ao rejeitar este primado do objeto, uma nova publicidade afirma-se com o objetivo de divertir, surpreender, seduzir, fazer sonhar, comover, criar uma mitologia: a publicidade quer-se inovadora à maneira da arte, sedutora como a moda, distrativa como uma festa, onírica como o cinema. Liberta do registo de fazer valer os pro-

---

([295]) Recentemente, Laurent Habib, *La Communication transformative. Pour en finir avec les idées vaines*, Paris, PUF, 2010.

dutos, a publicidade tende, assim, a tornar-se um espetáculo e um divertimento em si. Neste contexto, a retórica publicitária trabalha com uma multitude de novos registos: as modas do momento, o *pastiche*, ridicularização de si mesma, humor desajustado, ironia, desvio do *kitsch*([296]), tantos são os estilos e tonalidades que constroem aquilo a que os anglo-saxões chamam *advertainment*. A sedução, a ironia, o espetáculo substituíram as estratégias procterianas(*) da «demonstração» e da repetição comportamental. Persegue-se todas estas problemáticas e exigências, não perderam em nada o seu vigor, mesmo se se é chamado a ultrapassar o império do vazio e do fútil.

A verdade é que não faltam campanhas publicitárias contemporâneas, de marcas de carros (o robot que dança ou que patina no gelo para o C4 da Citroën), de televisões (a Sony pôs 200 coelhos nas ruas de Nova Iorque, um dos quais de 10 metros de altura em pleno centro de Manhattan) e marcas de luxo (Chanel, Dior) que aparecem com impressionantes superproduções hollywoodianas. Quando a Pepsi produz um *péplum*(**) e tem no seu elenco Britney Spears, Beyoncé e Pink, o que é senão publicidade-espetáculo? Numa época marcada pela concorrência extrema das marcas, o hiperespetáculo é uma das maneiras de construir a diferença e a notoriedade. É errado dizer-se que o seu reino está ultrapassado. Isto é tanto mais verdadeiro pois nunca os orçamentos dos *spots* atingiram cumes tão incríveis, tanto para a realização como para o *casting*.

([296]) Nicolas Riou, *Pub Fiction. Société postmoderne et nouvelles tendances publicitaires*, Paris, Les Éditions d'Organisations, 1999.

(*) Neologismo da língua francesa que remete para a multinacional norte-americana Procter & Gamble (N. R.).

(**) Designação para um estilo de filmes italianos sobre temas históricos da Roma antiga ou momentos bíblicos épicos, muito em voga na indústria italiana entre 1958 e 1965 (N. R.)

Uma lógica que se prolonga com a «comunicação factual» que tem por objetivo a criação de eventos cujo carácter singular, excecional, espetacular, permite atrair a atenção e impressionar os indivíduos. O Tropicana instalou no céu um imenso balão de 11 metros de altura que, ao projetar-se-lhe luz, dava a impressão de que se fazia dia numa pequena cidade do Ártico canadiano mergulhado na noite 24 horas por dia. Para uma campanha publicitária dos televisores Bravia, a Sony largou nada menos do que 250 000 bolas de todas as cores, a saltitar nas ruas de São Francisco. O momento é do hiperespetáculo, do *show* factual onde se misturam o real, o *street marketing*, o *videoclip* e mesmo o artístico. É, de facto, o hiperespetacular publicitário, que quer «*reencantar*» o mundo ao misturar o factual de rua e a *performance*, o ambiente quotidiano e a criação artística.

Não é só a comunicação interna das empresas que agora apela a esta dimensão de encantamento coletivo e englobante que traz o hiperespetáculo. Hoje, muitos congressos destinados aos quadros e ao próprio pessoal das empresas são organizados como verdadeiros *shows*: músicos a tocar ao vivo, som ensurdecedor, jogos de luzes, ecrãs gigantes onde são projetados *clips* publicitários enaltecendo a estratégia e os modelos da marca, fogo-de-artifício, atrações diversas, tudo muitas vezes em lugares de prestígio, eles próprios com espetáculos: parques, castelos, centros de arte contemporânea.

Não estamos de maneira nenhuma no fim deste excesso do espetáculo. São implementadas constantemente novas estratégias superlativas. Agora, a abertura de lojas dá lugar a projeções nos edifícios, transformados em ecrãs, onde efeitos especiais, jogos de luzes, animações, formas aéreas, aparições mágicas se desenrolam numa espécie de fogo-de-artifício feérico e musical: um luxuoso espetáculo de «mapping 3D» que marcas como H&M, Samsung,

O Império do Espetáculo e do Divertimento | 345

Ralph Lauren, Saks utilizam para a sua comunicação, chegando mesmo a transformar em ecrã mágico as fachadas de pedra das suas lojas. Mesmo durante os trabalhos de reparação das lojas e dos museus, a comunicação está no auge e apresenta-se em grande: tudo se tornou ocasião para expor plenamente as marcas. Já nem têm conta aquelas que transformam os antigos tapumes sem graça em gigantescos painéis-espetáculo, em cenários de muitas centenas de metros quadrados. Na sociedade do hiperespetáculo, tudo é matéria de ocultação do «real», de encenação, de *lifting* estético no sentido de atingir a hipervisibilidade promocional. Mesmo os museus mais prestigiados se prestam ao hiperespetáculo publicitário: Kate Moss enalteceu um perfume da Yves Saint-Laurent numa tela de 270 m² que cobria a fachada do Museu d'Orsay.

O belo futuro do hiperespetáculo comunicacional

Sempre houve, mesmo na época do reclame, uma dimensão espetacular na publicidade. Mas o espetacular estava subordinado ao princípio da valorização da superioridade do produto: organizava-se com esse fim. O esquema inverteu-se, a dimensão espetacular impôs-se cada vez mais como princípio primeiro, para não dizer exclusivo. Foi neste sentido que a publicidade contemporânea, nas suas tendências avançadas, enveredou por um funcionamento de tipo propriamente estético. Não tanto porque os visuais sejam cada vez mais objeto de um trabalho estético de qualidade, mas porque a nova publicidade se dirige às emoções e aos afetos. Se é necessário falar de uma ordem estética da publicidade hipermoderna, é em primeiro lugar porque o destinatário visado não é outra coisa senão um *homo ludens* em busca de divertimento e de emoções estéticas. Seguidamente porque o objetivo procurado é o de criar conexões emocionais, uma ligação de conivência e de cumplicidade com os consumidores: uma *lovemark*([297]), uma marca da moda, uma marca de culto. O objetivo já não é dirigir mensagens unidirecionais a um consumidor equiparado a um objeto passivo, mas o de interpelar o público, fazê-lo partilhar de um sistema de valores, criar uma proximidade emocional ou uma ligação de cumplicidade. Presentemente, a publicidade joga consigo própria como joga com a marca e com um consumidor que conhece os códigos da publicidade, da moda e dos *media*. É uma evolução para o *advertainment* dirigido pelo imperativo de criar a atenção e a simpatia, de desbanalizar a marca quando todos os produtos são parecidos e quando os consumidores hedonistas, educados na cultura mediática, se divertem a jogar na ironia exigem mais qualidade criativa e estética. O estádio «orientado» da publicidade está sem fôlego: assistimos ao desenvolvimento do seu momento irónico e reflexivo, emocional e hiperespetacular.

É neste contexto que se assiste a uma cinematografização do filme publicitário, que se apresenta como um verdadeiro filme. A publicidade tomou, de muitas maneiras, Hollywood como modelo, as suas realizações estão remodeladas pelo próprio «espírito do cinema» e pelas três operações que o constituem: vedetização, espetacularização, *entertainment*. São presentemente as mesmas lógicas que se veem na execução das criações publicitárias de «tendência».

Evoluindo como o próprio cinema, a publicidade veio a desenvolver uma lógica de excesso que se exprime tanto no ritmo como na sintaxe dos *spots*: dilúvio de imagens,

---

([297]) Kevin Roberts, *Lovemarks. Le nouveau soufflé des marques*, Paris, Les Éditions d'Organisation, 2004.

ritmo cada vez mais rápido, montagem compacta, efeitos especiais. O culto da forma atinge um grau de sofisticação que gera por vezes uma forma de maneirismo onde a elegância, o refinamento, o requinte fazem lei: virtuosidade dos enquadramentos, elegância gráfica, jogos de iluminação, efeitos cromáticos. Os modos narrativos diversificam--se, os processos técnicos tornam-se cada vez mais complexos, as imagens digitais criam um universo virtual: uma lógica da *multiplexidade* invadiu o universo publicitário, sem qualquer comparação com o lado «elementar» dos primeiros filmes e *slogans*, e a ironia, o piscar de olho, o humor desajustado presidem ao aumento das campanhas publicitárias «desajustadas» que troçam de si mesmas e dão ao público o sentimento de que ele não é parvo acerca do que lhe oferecem como espetáculo.

Dinâmica da hiperpublicidade a relacionar-se com o impulso dos valores hedonistas e lúdicos próprios da sociedade consumista. A ironia publicitária proporciona, de facto, o prazer do jogo com o já visto, com a novidade, o distanciamento irónico, com o «achado» divertido. E também o prazer de falar e rir com os outros. Esta publicidade-espetáculo desenvolveu-se ao mesmo tempo com o aumento de um público que, socializado em massa pela cultura dos *media* e do consumo, pratica o *zapping* acelerado face ao sempre igual e a tudo o que o aborrece. São muitas as dimensões de fundo que tornam pouco provável o declínio dos vínculos da comunicação comercial e do hiperespetáculo.

UM MUNDO *KITSCH*

Um outro fenómeno, onde funciona também a lógica da escalada e do excesso, contribui para a expansão da sociedade do hiperespetáculo: é simplesmente o impressionante ímpeto da estética *kitsch*. Desde meados do século XIX, uma das acusações estéticas mais severas de que o capitalismo foi objeto tem a ver com o facto de as suas criações estarem marcadas com o selo do inautêntico, da afetação do estilo, do adulterado, do estereótipo, da cópia, do mau gosto, em suma, do *kitsch*. «O *kitsch* é o mal no sistema de valores da arte», dizia Hermann Broch, acrescentando que «ainda está longe de ter terminado o seu caminho vitorioso»[298]. No mesmo espírito, Greenberg sublinhava que o *kitsch*, ou seja, a arte comercial destinada ao divertimento de massas, «está em vias de se tornar a cultura universal»[299]. A este respeito, dever-se-á dar-lhe razão, uma vez que o *kitsch*, desde há décadas, tem conhecido um formidável desenvolvimento, um sucesso que é cada vez maior a cada dia que passa. Foi depreciado, julgado como o cúmulo do mau gosto e torna-se, recentemente, «tendência, estilo valorizado, celebrado nos *media*, nas galerias de arte e até nos museus. Estamos numa altura em que o *kitsch* se infiltrou em todas as áreas da criação e da decoração, do espetáculo e dos lazeres de massas. Apesar de proliferarem objetos *high-tech*, testemunhamos a *kitschização* das mentalidades, dos comportamentos e dos sinais do quotidiano: a civilização do digital é também uma civilização *kitsch*.

Kitsch, *o mundo é* kitsch

Um pouco por todas as áreas, o *kitsch* ganha terreno, impõe a sua estética excessiva e eclética, ao mesmo tempo

---

[298] Hermann Broch, *Quelques remarques à propôs du kitsch* [1955], Paris, Allia, 2001.
[299] Clement Greenberg, «Avant-garde et kitsch» [1939], em *Arte et culture. Essais critiques*, Paris, Macula, coll. Vues, 1989, p. 18.

que beneficia de uma ampla corrente de reabilitação([300]).

Ei-lo que invade e redesenha o mobiliário, os jogos de vídeo, os brinquedos (a boneca Barbie), a moda, a cozinha, as decorações e iluminações de Natal, a arquitetura pós-moderna, o cinema (Almodóvar, Sofia Coppola, Baz Luhrmann), o teatro, os programas de variedades, os casamentos principescos, os *videoclips*, a publicidade, as salas dos casinos, os parques de diversão. Muitos criadores de moda misturam os estilos e as épocas (Galliano, Jean Paul Gaultier); a exuberância das cores está de regresso com Christian Lacroix ou com a marca Desigual. Os ténis multicores fluorescentes, as *t-shirts* com motivos «divertidos» e com grafismo *ice cream* proliferam por todo o lado. Podemos ver *scooters* cor-de-rosa, capacetes de motos e pranchas de *windsurf* pintados com motivos *ultrakitsch*. Philippe Starck desenhou os tamboretes Gnomo em PVC policromado. As capas e os figurinos *manga* exibem o seu *design* garrido e pesado. Mesmo o sexo já não escapa ao *kitsch*, com os filmes porno «amadores» que, imitando laboriosamente os *«harders»* profissionais, dão ao género uma dimensão desajeitada de série B, vagamente ridícula.

No universo dos acessórios, vemos uma vaga de artigos barrocos, brilhantes, ostentatórios. Exibem-se orgulhosamente os logotipos estampados nos sacos, nos capacetes e nas bagagens; as joias, os relógios e os iPhone falsos florescem da mesma maneira que os relógios gigantescos, os colares de elos pesados, as braceletes longas, os sapatos de salto dourados e em vinil, os ténis cintilantes, os sapatos violeta. É o *bling-bling*, expressão que fez moda e iniciou o seu percurso na década de 80 no mundo do *rap* americano. Um *bling-bling* que se mostra ainda nos relógios e nos brincos com brilhantes, em ouro e diamantes, e até em proteções dentárias incrustadas de pedras precio-

---

([300]) «Prefiro o mau gosto à ausência total de gosto», declara John Galliano.

sas ou falsos diamantes. Em 2007, o Museu do Diamante de Antuérpia organizou, precisamente no espírito do espalhafatoso, uma exposição intitulada «As Joias da Coroa do Hip-Hop». Se toda uma tendência estética está à disposição e à *eufemização* do estilo, existe uma outra marcada pelo culto das «lantejoulas», pelo gosto de tudo o que brilha, do *show off*, da nova figura do excesso *kitsch*.

Outra manifestação do *kitsch* galopante: em todas as grandes cidades florescem os restaurantes italianos, chineses, *tex mex*, indianos, com toda a sua decoração cliché *ultrakitsch*; a *fusion food*, que mistura os pratos e sabores de todo o mundo está na moda. Os centros comerciais exibem ao despique a sua decoração espampanante, as suas praças falsas e fontes coloridas e iluminadas. Existem blogues *kitsch*, uma gala de mau gosto, de cerimónias dos Gérard que premeia os piores filmes e atores, *soirées* e guias turísticos do *kitsch*. Faz-se a festa mascarando-se de boneco da Rua Sésamo ou vestido à maneira das bonecas Claudettes. O *kitsch*, na era moderna, estava estigmatizado como uma corrupção da arte e do gosto: com a hipermodernidade, torna-se uma estética e um estado de espírito tão legítimos como amplamente generalizados.

O formidável sucesso comercial do *kitsch* é ainda observável na explosão de lojas de *souvenirs* em todos os locais turísticos do planeta, com o seu lote inevitável de bibelôs, vidrilhos, postais, produtos derivados e artesanato diverso. As bolas de neve com a torre Eiffel ou com a catedral de Lisieux concorrem entre si. Já perdemos a conta às lojas dos centros das cidades com *posters kitsch*, *gadgets* de cores açucaradas, joias de pechisbeque, bugigangas mais ou menos inúteis, extravagantes, ridículas[301].

---

[301] De resto, os próprios turistas são muitas vezes o espetáculo do mau gosto *kitsch*: muita gente, muito ruído, muitas cores berrantes, muitas pizzas.

E por todo o lado uma avalanche de postais com os seus chavões *kitsch* à medida dos desejos: pôr-do-sol edénico, paisagens idealizadas e sentimentais, beira-mar romântica, cenários coloridos, *pin-ups* radiantes de felicidade. O mínimo que se pode dizer é que o rigorismo modernista e a sua condenação do ornamento não conseguiram arruinar o gosto *kitsch*: nunca ele atingiu um público tão vasto. O próprio mundo da arte participa plenamente no futuro triunfal do *kitsch*. Os objetos sobrecarregados de ornamentos do século XIX, as cadeiras em forma de concha, são arrematados em leilões por milhares de euros. O filme de James Bidgood, *Pink Narcissus*, tornou-se filme de culto. Os pintores *kitsch*, durante muito tempo objeto de depreciação e desprezo, são pendurados com toda a majestade no Museu D'Orsay. A escultura de Damien Hirst, *For the love of God,* composta por um crânio com 8601 diamantes embutidos, é vendida por 100 milhões de dólares, é a obra mais cara do mercado de arte contemporânea. Com o seu *Puppy* coberto de plantas floridas, e com as esculturas de Michael Jackson e da Pantera Cor-de-Rosa, Jeff Koons tornou-se um dos artistas mais célebres e mais caros do nosso tempo. Veem-se cada vez mais artistas plásticos inspirados pelo *kitsch* que lisonjeiam, denunciam ou parodiam. As exposições de Pierre e Gilles, David LaChapelle, Wim Delvoye, Sylvie Fleury, Martin Honert, Vladimir Dubossarsky e Alexander Vinogradov multiplicam-se por todo o mundo: «O *kitsch* é chique» é o título de um artigo que o *Le Monde* dedica a Francesco Vezzoli[302]. E, na outra ponta da cadeia da arte, os artistas de rua que trabalham com *sprays* pintam constantemente cascatas, um pôr-do-sol sobre o mar e outras paisagens mais ou menos grandiloquentes de cores brilhantes e lacadas.

---

[302] *M, le magazine du* Monde, 21 de janeiro de 2012.

Os espetáculos do *show-business* veem igualmente o triunfo da estética *kitsch*. A partir dos anos 70, Diana Ross e Gloria Gaynor exibem vestidos e penteados extravagantes. Na década seguinte, Grace Jones veste-se como Mad Max. Cyndi Lauper faz condizer os seus vestidos flamejantes com o cabelo vermelho, salmão ou às cores. Fechada numa cápsula, Mylène Farmer evolui numa cena onde se movimenta uma aranha gigante em metal, articulada e suspensa. Com Mylène Farmer, Madonna e, agora, Lady Gaga, os cenários são cada vez mais espetaculares, a roupa cada vez mais incongruente: sutiã em forma de obus, vestido feito de pedaços de carne crua. Por todo o lado, os concertos apresentam desmedidamente cascatas de luzes, bombas de fumo, fontes de fogo, ecrãs gigantes, acrobacias aéreas, máquinas voadoras. Céline Dion anima o imenso Caesars Palace de Las Vegas com um espetáculo francamente hollywoodesco e Johnny Halliday entra em palco em cima de uma moto, num elevador gigante e até num helicóptero!

Da mesma maneira, são *kitsch* os programas de variedades, com os seus cenários *chantilly*, luzes ofuscantes, cores agressivas, plumas e lantejoulas, ondas falsas e decibéis. São *kitsch* as revistas de *music-hall* e as digressões atraentes com falso brilho, plumas e lantejoulas. São *kitsch* as comédias musicais que encenam *Notre-Dame de Paris* com cantigas populares, os Dez Mandamentos com sainetes cantantes e Mozart em *pop-rock*. São *kitsch* os inúmeros espetáculos que cativam centenas de milhões de espetadores que encontram aqui prazer, emoção, encantamento.

São *kitsch*, ainda, os parques de diversão que não param de crescer. A Europa conta com cerca de 300 parques de atrações e parques temáticos, atraindo mais de 150 milhões de visitantes por ano. Um parque Disney foi instalado em Hong-Kong e um outro inaugurar-se-á em

Xangai em 2015. A Disneylândia-Paris, visitada desde a sua abertura, em 1992, por mais de 200 milhões de pessoas, tornou-se o primeiro destino turístico europeu. Com o castelo da Bela Adormecida, o templo de Indiana Jones, a Ilha do Tesouro, a estalagem de Cedrillon, a avenida onde se cruzam Mickey, Bambi, o Rei Leão, o Príncipe Encantado, Zorro, Peter Pan, cowboys e índios, dragões e carros em forma de abóbora, a Disneylândia oferece a apoteose do espetáculo e do divertimento *kitsch*. Neste jardim encantado de cores açucaradas, onde coabitam os mais díspares heróis e figuras de contos de fadas, os estilos arquitetónicos e as personagens de todas as origens e de todas as épocas misturam-se de uma maneira simples, compondo um ambiente feérico, e este sincretismo é típico do *kitsch*. É a mistura e a incoerência estilística, a promiscuidade heteroclítica, a profusão decorativa e sentimentalista que se dão a ver no pasmo do *kitsch* contemporâneo[303].

O *kitsch* na época moderna afirmava-se como uma estética ornamental para as classes médias e populares. Já não é assim hoje em dia, o *kitsch* hipermoderno visa mais solicitar os sentidos, criar uma experiência sinestésica através de um real irreal, permitindo uma participação intensa. Construir um mundo como Disneylândia é fazer viver uma ficção, uma experiência através da música, das cores, dos espetáculos, do reencontro físico com os heróis de contos e lendas. Oferece-se aqui a experiência fugitiva do Paraíso, de um universo sem conflito, sem sofrimento, sem ódio nem trágico. Estamos num *neokitsch* experiencial que se apresenta como uma realidade irreal, um falso verdadeiro, uma transrealidade.

O *kitsch* não é, evidentemente, uma exclusividade da Disneylândia. Exprime-se em muitos parques de diversão

---

[303] Valérie Arrault, *L'Empire du kitsch*, Paris, Klincksieck, coll. Collection d'esthétique, 2010.

e de espetáculos de som e luz que reconstituem cidades antigas, reservas de índios, animais extintos, momentos da nossa história (o Parque Astérix, Le Puy du Fou). Outros parques temáticos recriam *indoor* paisagens fantásticas, climas, florestas tropicais, pistas de esqui no deserto, tempestades de neve, tremores de terra, ondas e praias tropicais e – até – o *kitsch* do *kitsch*, reconstroem a natureza e o campo em imensas serras artificiais instaladas... em plena natureza e em pleno campo! Assim se exprime esta era do falso cara a Umberto Eco([304]).

São *kitsch*, portanto, todos estes cenários, máquinas, todos estes falsos castelos, cascatas, fogo-de-artifício, esta falsa natureza, mas não tanto, para dizer a verdade, como os cenários de Torelli onde se fazia voar, em 1650, um cavalo sobre o palco quando se mudavam os cenários de *Andrómeda* de Corneille. Não tão *kitsch* como *Plaisirs d'île enchantée* em Versalhes, em maio de 1664: seis dias de cenários barrocos assinados por Carlo Vigarani, bailarinos vestidos por Saint-Aignan, fogo-de-artifício surpreendente, máscaras delirantes, animais exóticos, baleias flutuantes, pastores com rendas e faunos de cuecas, cavalhadas e espetáculos mesclados para os quais o próprio Molière também contribuiu com a sua parte. O tema romanesco, o da maga Alcine, permite todas as ilusões, e a mistura de artes, teatro, ópera, dança, música, pirotecnia, a própria gastronomia, oferece, de facto, o aspeto de peça montada, *patchwork* variegado, mil-folhas cremoso, que se encontra ao longo da história dos grandes espetáculos, dos dramas românticos nas óperas verdianas, dos elefantes em cartão de *Intolerance,* na separação das águas do mar Vermelho em *Os Dez Mandamentos.* A única diferença é que o *kitsch* histórico se levava a sério e propunha,

---

([304]) Umberto Eco, *La Guerre du faux* [1973], Paris, Grasset, 1985. Ver também Pascale Froment e Brice Matthieussent (dir.), *L'ère du faux. Art, sex, politique,* Paris, Autrement, 1986.

com a sua estética de sumptuosidade decorativa e pasteleira, uma resposta às tendências estritas, rigorosas que defendiam a harmonia e o equilíbrio até à severidade e despojamento, da estética clássica. Hoje, o *kitsch* dá-se a ver exatamente como é, com o seu fausto decorativo, a sua vitalidade colorida, a sua liberdade imaginativa, mas também, num segundo olhar, com essa sensação que dá de se relacionar com o mau gosto e de assumir conscientemente o lado exagerado: um *kitsch* que se afirma alto e fortemente, mas nunca totalmente vítima do que é.

Do kitsch *aos* kitsch(s)

Por que razão, então, esta voga do *kitsch*? Como justificá-la? Nas sociedades hiperconsumistas dominam os valores hedonistas e individualistas: o desenvolvimento do *kitsch* é a sua expressão direta. Até um período recente, o consumo tinha mais a ver com uma lógica de exibição social e de competição estatutária do que com uma lógica de prazer: os objetos tinham o peso de significar uma posição social, um nível de riqueza. Expoente social, o consumo estava impregnado de gravidade, seriedade, rivalidade simbólica. Através da compra de objetos e da decoração, tratava-se não tanto de se divertir mas de se afirmar socialmente. Com a escalada individualista e hedonista, este modelo entra numa via de regressão. Ao emancipar-se das normas e cultura de classe, a ordem do consumo *hedonizou-se* e *intimizou-se* amplamente; agora, o que se compra é o prazer, as emoções, a descontração: trata-se menos de se pavonear do que «se divertir». É isto que permite o *kitsch*: objeto sem pretensão, a sua única finalidade é apenas «brincar», «delirar», sem se levar a sério, sem ambição cultural. O regresso em estado de graça do *kitsch* dá-se paralelamente ao impulso de uma cultura hedonista onde todo o prazer vale a pena viver, imediatamente, sem «preocupação». Um *neokitsch* só para o divertimento, para um prazer sem objetivo cultural. Numa cultura marcada pelo colapso das tradições de classe, do esgotamento do ideal vanguardista, da desregulação das hierarquias culturais, da erosão da diferença entre *high* e *low art*, todas as estéticas passam a ter direito a existir, tudo é possível e legítimo. De tal forma que os indivíduos exercem cada vez mais as suas escolhas sem sentir vergonha cultural, sem medo do olhar desaprovador e dos juízos negativos dos outros.

Vemo-lo bem no crescimento da tatuagem, que se tornou um amplo fenómeno de moda. Eis um *kitsch* que se exibe através de uma maneira de interpretação do corpo, de encená-lo, de não ter medo de exibi-lo sobrecarregado de motivos, cores e figuras: um formidável catálogo do heteróclito, do estranho, do delirante, como um ex-voto vivo, uma pele que se tornou cenário, um *kitsch* animado. Um *kitsch* pós-conformista, na moda, expressivo da singularidade do eu.

Com a individualização extrema dos estilos de vida, recua a imposição de *total look* subtendido pelos conformistas de classe: à margem de manobra de que os indivíduos dispõem aumentaram consideravelmente, da mesma maneira que a sua propensão para fazer do consumo um instrumento de divertimento aberto ao gracejo, à desinibição, ao *patchwork* dos estilos mais heterogéneos. Ao mesmo tempo, num sistema dominado por uma individualização desenfreada, o que escapa ao padrão, o que é menos comum, é mais dotado de valor enquanto marca de gosto pessoal. É assim que exibir, no seu ambiente, objetos, tatuagens ou sinais de mau gosto pode representar uma maneira de não estar prisioneiro da norma social, de maior liberdade de gosto e de escolha. Introduzir um anão de jardim dentro de casa aparece como um piscar de olho audacioso que se mostra como desrespeito lúdico, de autonomia subjetiva. O gosto *neokitsch* não deve ser interpretado como um divertimento ou uma estética de classe: ao infiltrar-se em todas as camadas sociais, é a expressão da era democrática hiperindividualista, desalinhada e pós-conformista.

Será o simples prazer da facilidade, da distração, do consumo imediato? Sem dúvida. Mas há mais: por todo este *chantilly* pasteleiro e guloseimas coloridas passa qualquer coisa como uma parte de nostalgia, de prazer da infância, de casulo confortável e de júbilo por encontrar imagens encantadas. Não há crianças que não o adorem: os adultos também, pois encontram aqui como que um universo encantado que se prolonga, um Natal de outros tempos que se perpetua. Donde a estigmatização imediata: regressão infantil e superficialidade estupidificante. Será assim a maneira como «o capitalismo nos infantiliza»([305]), através de espetáculos no seio de um sistema que privilegia o simples em relação ao complexo, o fácil em relação ao difícil, o rápido em relação ao lento, a mousse cremosa em relação ao caroço?

É uma questão que merece a nossa atenção. Pois de que imaturidade falamos? Na verdade, o sucesso do *kitsch* é ligar à hiperindividualização condições de vida que se acompanham sempre de mais responsabilidades individuais que cobrem todos os aspetos da existência. Com a dissolução dos enquadramentos coletivos, toda a organização da vida assenta cada vez mais em nós: cada um tem de se construir e de se inventar permanentemente. Daí um *stress* cada vez mais intenso, uma pressão cada vez maior, reforçados ainda pela dissolução das referências tradicionais, pelo medo de um futuro incerto, pela complexidade de um mundo que sentimos ser cada vez mais difícil de

---

[305] Para retomar o titulo francês do ensaio de Benjamin Barber, *Comment le capitalisme nous infantilize*, Paris, Fayard, 2007.

dominar. Num tal contexto, o universo gulosina do *kitsch* traz a descontração do momento guloso; alivia como uma válvula; tem a ligeireza do fútil, o sabor do prazer, o gosto doce em relação aos pesos e azedumes do quotidiano. Apela, por isso, a formas estéticas: as do conto de fadas e do desenho ingénuo, da salsada de cores e do *technicolor*, dos efeitos do barroco e da proliferação do rococó. Ele está, desde logo, em paz consigo, num abandono voluptuoso e maravilhado que nos alivia do peso da nossa liberdade subjetiva.

Mas tem também uma outra forma de prazer: a da brincadeira, da distância divertida que tem ao cantar uma canção de Dalida em frente de um ecrã de karaoke ou a de calçar Marie-Antoinette com uns Converse numa Versalhes «muito» à Sofia Coppola, pensando de si mesmo, no íntimo, esta fórmula de um *dandy* do século XIX: «Meu deus, que eu seja tão esperto para me permitir ser tão estúpido!». É sobre esta instância que se apoiam as campanhas publicitárias da Diesel, da Volkswagen, da Free Telecom, que adotam um tom desajustado ao jogar deliberadamente com os estereótipos e *clichés*, com o que está fora de moda e o mau gosto, com os ambientes mais medíocres possíveis. É sobre este princípio que assentam os filmes desajustados, as sequências paródicas, as citações indiretas. O mau gosto demasiadamente exposto tornou-se *cool* e o jogo com o que é medíocre transformou-se furiosamente em tendência. O gosto pelo mau gosto, pelo irrisório, pelo vulgar tornou-se chique. É, desta maneira, uma forma reivindicada do *kitsch* que se desenvolve, o que Susan Sontag chamava o *camp*, expressão que significa qualquer coisa como «ultrajante, inapropriado ou francamente mau gosto que se torna divertido». Com o hiperindividualismo, quanto mais é teatral, exagerado, falhado, mais é possível deleitarmo-nos e rirmo-nos («é tão mau que é bom»): um *kitsch* intencional, uma atitude estética cujo ideal não é o belo, mas o artifício e a ironia.

Neste sentido, já não se pode, à maneira de Broch, identificar pura e simplesmente o *kitsch* com uma estética e uma atitude de vida «neurótica» dominada pela hipocrisia, pelo sentimentalismo, pelas convenções, pelo belo efeito enganador. É um *homo aestheticus* de um novo género que se desenvolve. Já não se trata de uma neurose romântica, mas de um jogo irónico com as imagens e com os *clichés*; já não é o estetismo grandiloquente e académico, mas a distanciação *cool*; já não é o conformismo das aparências, mas uma liberdade de prazeres saboreando a fantasia extravagante por si mesma; já não é a submissão do gosto às normas e exigências sociais, mas o prazer ao mesmo tempo enternecido e sorridente de assumir os seus desejos quase infantis de mundo maravilhoso, do castelo encantado, de corpo mágico.

Nestas condições, é possível propor um modelo de evolução do *kitsch*, assente em três grandes momentos históricos que correspondem, de resto, aos do capitalismo artístico.

Abraham Moles distinguia dois tipos de *kitsch* como «arte da felicidade» e modo de relação com as coisas: um primeiro *kitsch* ligado ao estilo de vida burguês, com o culto da acumulação, da posse, do conforto, da ênfase decorativa, do neoantigo: o estilo do grande armazém constitui aqui o modelo. Depois, um segundo *kitsch* que acompanha a sociedade de consumo, assente numa mentalidade ou num sistema de valores completamente diferentes: o seu motor é a ética consumista, o prazer de comprar e de renovar constantemente os objetos, a prescrição sistemática das coisas que funcionam como *gadgets* lúdicos. O estilo do supermercado representa o *neokitsch*([306]).

([306]) Abraham Moles, *Psychologie du kitsch. L'art du bonheur,* Paris, Denoël-Gonthier, coll. Bibliothèque Médiations, 1976.

Tudo indica que se constituiu um novo período do *kitsch* que acompanha o capitalismo criativo e a sociedade do hiperconsumo. Depois do *kitsch* do grande armazém e do supermercado – ambos orientados para o objeto – vemos desenvolver-se um *kitsch* de divertimento centrado na imagem e no espetáculo (publicidade, *videoclip*, moda, parque de diversão, turismo, *show-business*). Já não é tanto uma relação com as coisas que predomina, mas uma busca de experiências variadas e distrativas, o consumo funciona como vetor de animação e de renovação dos momentos vividos. De resto, Abraham Moles indicava já uma das orientações ao afirmar que o *kitsch* «não é nem o Belo platónico nem o Feio, é o imediato»[307]. Já não se trata de uma «arte da felicidade» centrada no conforto, mas sim de uma estética do espetáculo e do entretenimento; é mais uma arte irónica voltada para o imediatismo do prazer do que uma forma patológica de arte[308].

Algumas obras de arte mostram igualmente o novo período do *kitsch*. Kundera escreve: «O *kitsch* exclui do seu campo de visão tudo o que a existência humana tem de essencialmente inaceitável»[309]. Isto já não é inteiramente exato: existe agora um *kitsch* que não é unidimensional e que não se reduz ao espetáculo do País das Maravilhas ou à «harmonia categórica com o ser»[310]. As obras encantadas de Pierre e Gilles não eliminam nem a dimensão da morte nem a da violência e da «estranheza da vida», para utilizar as suas próprias palavras. Nas de David

---

[307] *Ibid.*, p. 21.
[308] Em qualquer caso, o *kitsch* «clássico» do objeto, como se viu, não desaparece de maneira nenhuma. Ainda que no período hipermoderno coabitem um *kitsch* do primeiro grau e um *kitsch* do segundo grau, o *bling bling* e a sua paródia, a lamecha e o escárnio.
[309] Milan Kundera, *L'Insoutenable légèreté de l'être* [1984], Paris, Gallimard, coll. Folio, p. 357.
[310] *Ibid.*, p. 356.

LaChapelle, atrás do «mundo perfeito» do cintilante, do *glamour*, das lantejoulas do *showbiz*, surge a morte, a miséria individual e social, o irrisório, os sismos, a derrelicção, a crítica social do Ocidente consumista. O rosa idílico pode aparecer num fundo de caos, de desastre, de devastação. A arte simplória, lenitiva, da felicidade e dos bons sentimentos coabita com o espetáculo do horror e do desespero. O *kitsch* sorridente e harmonioso une-se ao seu contrário: o negativo, o trágico da vida. E o *kitsch* que fora ligado, nas imagens a cores, ao *naif* cruza-se agora com o humor, com a distância, com a ironia. Perfeita união do sublime e do irrisório, do sério e do irónico, Joana Vasconcelos faz brilhar a figura estelar de Marylin ao construir um luxuoso sapato de salto alto gigante inteiramente composto por tachos, fazendo lembrar a condição doméstica da mulher. Também apresenta um imenso lustre de uma brancura virginal feito de tampões higiénicos, assim como um coração vermelho, sinónimo de paixão, com um aparelhamento de 4000 colheres e garfos de plástico. A dor e as sombras da vida diluem-se numa fantasia divertida e irónica como mostra o cúmulo do *kitsch* que é o universo de Pedro Almodóvar, um tipo de *patchwork* que desafia o bom gosto, uma mistura constante de todos os géneros – o melodrama e a comédia, masculino e feminino – de citações indiretas, de prazeres infantis, de rococó sulpiciano, de cenários multicoloridos, de sentimentalismo romântico e de sexualidade provocante. É um *kitsch* do terceiro tipo que surge, irónico, problemático, crítico. A partir de agora, o *kitsch* pode declinar-se no plural.

CAPÍTULO V

O Estado Estético do Consumo

O capitalismo artístico designa o sistema económico que trabalha para estetizar todos os elementos que compõem e organizam a vida quotidiana: objetos, *media*, cultura, alimentação, aparência individual, mas também lojas e centros comerciais, hotéis e restaurantes, centros urbanos, margens, docas e baldios industriais. Coincide com a generalização das estratégias de sedução estética, com o desenvolvimento da encenação da cidade e dos ambientes comerciais. E enquanto o universo comercial e urbano é cada vez mais estilizado por arquitetos e *designers*, desenvolve-se também um consumidor estetizado nos seus gostos e comportamentos. A este respeito, é todo o mundo material e humano, imaginário e psicológico, do consumo que abalou a ordem transestética. Estamos no estado estético do consumo.

A CIDADE PARA CONSUMIR

O homem do século XXI é um homem das cidades. E de cidades que, por toda a parte, aparecem cada vez mais com um aspeto caótico, inóspito, «monstruoso». Mas, ao mesmo tempo, a cidade industrial do capitalismo de produção tende a dar lugar à cidade-lazer, à cidade-shopping, em que as *passages* e os grandes armazéns, no século XIX, forneceram o modelo inaugural. Desde então, a lógica exponencial do espetáculo, do divertimento e do consumo comercial não para de ganhar terreno, dos bares da moda às *flagship stores*, dos restaurantes às *concept stores*, das galerias comerciais às lojas de luxo, dos *strips* aos *malls*, dos centros de lazer aos parques temáticos, dos hotéis-boutique aos bairros completamente recuperados para atrair clientes. O mundo hipermoderno, mais do que nunca, é o da estética comercial e do comércio consumista que invade e reestrutura o espaço urbano e arquitetónico.

Arquiteturas comerciais e paisagens urbanas

Na ápoca do capitalismo artístico do último período, as zonas comerciais ganharam uma importância e uma superfície social tão novas quanto excecionais. São elas agora que remodelam os centros([311]) e as entradas das cidades, que reorganizam as paisagens suburbanas, que remodelam a organização das estações de comboios, dos aeroportos ou dos museus. Agora, os locais de venda proliferam e dividem a quase totalidade dos territórios urbanos com as suas vitrinas, os seus logotipos, as suas marcas. Prolifera a «cidade concessionada»([312]), com uma grande saturação de lugares comerciais e que cria um universo

---

([311]) Na verdade, este processo está em marcha desde o surgimento dos grandes armazéns no século XIX, os quais fizeram aumentar consideravelmente a influência do comércio na organização dos centros das cidades, nomeadamente ao eliminar diferentes bairros e exigindo vias de acesso mais largas: ver sobre este ponto Jeanne Gaillard, *Paris, la ville, 1852-1870*, Paris, Honoré Champion, 1977.

([312]) David Mangin, *La ville franchisée. Formes et structures de la ville contemporaine*, Paris, Éditions de la Villette, coll. SC, 2004.

urbano e arquitetónico sob influência do mercado([313]). Com as suas marcas de prestígio, as ruas pedonais parecem-se cada vez mais com as galerias comerciais, enquanto estas tentam recriar o ambiente da cidade. Por todo o lado, as concessões comerciais invadem os centros das cidades e as suas periferias, os edifícios-marca espalham a sua identidade visual por todo o território. Mesmo as arquiteturas de prestígio têm a marca da cultura publicitária e espetacular. Os arquitetos podem desprezar o espírito do comércio: isto não os impede de utilizar os dispositivos do *shopping* para conceber museus e aeroportos, universidades e hospitais: «Do desconstrutivismo ao minimalismo, passando pelo pós-modernismo, todas estas correntes arquitetónicas são imagináveis como o *shopping* sem logotipos. A arquitetura de vanguarda mais experimental pode, hoje, imitar simplesmente os paradigmas ambíguos e não ditos do *shopping*: aspeto plano, complexidade, indecisão»([314]).

Enquanto os lugares de compras remodelam a paisagem urbana([315]), as lojas, os centros comerciais, os cafés,

---

([313]) A partir de 1971, Robert Venturi, Denise Scott Brown e Steven Izenour publicam *Learning from Las Vegas* (*L'Enseignement de Las Vegas ou le Symbolisme oublié de la forme architecturale*, Bruxelas, Éditions Mardaga, 1978), no qual se rejeita o modernismo elitista em benefício de uma arquitetura inspirada no *kitsch* comercial e de uma arquitetura comercial mais simbólica do que plástica. E o que se chamou pós-modernismo impôs-se como uma arquitetura eclética de imagem e de comunicação que transferiu a sua linguagem para o universo comercial, espetacular e publicitário.

([314]) Rem Koolhaas, «Shopping, Harvard Project on the City», em *Mutations*, Bordéus / Barcelona, Arc en rêve centre d'architecture – Actar, 2005, p. 164.

([315]) Atualmente, o parque comercial francês ultrapassa os 52 milhões de m². Em 2001, França contava com 912 centros comerciais que representavam 19 milhões de m² com 34 000 lojas: 24% encontram-se em centros urbanos e 75% nas periferias.

bares, hotéis e restaurantes são, cada vez mais, objeto de um trabalho de valorização estética. Concebida como um *medium*, a loja deve transmitir uma mensagem coerente, imediatamente legível, da montra à sinalética, da fachada à decoração, do mobiliário ao planeamento do espaço, tudo redecorado permanentemente a um ritmo que se acelera: «Antes, era necessário refazer uma loja de sete em sete anos. Na prática durava 10 anos... Hoje, ao fim de quatro anos, é necessário considerar a sua remodelação», declara o arquiteto Constantin Costoulas([316]). Uma aceleração que diz respeito tanto ao ritmo das novas vitrinas como do mobiliário modular: o universo decorativo das lojas ganhou por sua vez a temporalidade precipitada da moda. Em quase todos os setores são adotadas dimensões qualitativas e estéticas da distribuição: o capitalismo artístico vê afirmar-se o papel crescente dos arquitetos de interiores e dos *designers* – qualificados, por vezes, como os novos «mágicos do real» – na estratégia das marcas e dos selos comerciais. Trata-se da arquitetura comercial cujo objetivo é estimular a compra através de um trabalho de estilização, *cenografização*, de decoração de interiores no sentido da concretização de um conceito de loja. Arquitetura comercial que participa plenamente no formidável desenvolvimento do nosso cosmos transestético.

O comércio não remodela apenas as arquiteturas, revitaliza os centros das cidades e os antigos bairros populares. Presentemente, as grandes marcas internacionais (McDonald's, Starbucks, Nike, Zara, Virgin, H&M) dinamizam mais os bairros do que degradam as cidades. E o enobrecimento contemporâneo dos centros das cidades não significa unicamente um processo de reabilitação de casas e bairros populares e o «aburguesamento» destes, mas também novas paisagens urbanas onde florescem

---

([316]) Em *LSA*, 5 de Abril de 2001.

bares, restaurantes, galerias de arte, lojas de moda, discotecas, criando novas imagens dos bairros, de novas práticas, de novas populações que vêm consumir num ambiente atrativo e da moda. O comércio aparece como uma das alavancas do enobrecimento pós-moderno, uma das instâncias que têm levado ao desenvolvimento de novos bairros centrais estetizados, reinvestidos de categorias amiúde qualificadas como «burgueses-boémias», grupos *gays*, populações mais jovens e mais preparadas, mais abastadas, mais *cool*. O enobrecimento da cidade não pode ser separado do enobrecimento comercial transestético.

Mais amplamente, assiste-se a um longo trabalho de requalificação e de estetização dos centros urbanos que testemunha o lugar cada vez maior dado ao «deleite visual»([317]), ao *design* dos espaços públicos e do mobiliário urbano, ao *fachadismo* arquitetónico, à revalorização do património, à multiplicação dos museus, à construção de edifícios espantosos desenhados por arquitetos-estrelas. No contexto hipermoderno, em que existe uma forte concorrência entre cidades para ganhar em atração, a dimensão estética tornou-se um fator crucial destinado a estimular o turismo, atrair os investidores, os organizadores de congressos, a nova classe dos «manipuladores de símbolos». Estamos numa época em que vemos desenvolver-se a encenação da cidade e o *city marketing*, as cidades envolvem-se num trabalho de identidade visual, de imagem e comunicação para ganhar «segmentos de mercado» da mesma maneira que as marcas comerciais.

O impacto dos espaços comerciais na urbanidade não para aqui, estando na origem de novas centralidades periféricas. Por causa dos aeroportos, dos centros comerciais, dos multiplexes, dos parques de diversão e de outros

---

[317] Sharon Zukin, *The Culture of Cities*, Cambridge/Oxford, Blackwell Publishers, 1995.

megacomplexos, a era hipermoderna vê aparecer uma multitude de centralidades onde se cruzam todos os tipos de populações que, atraídas pelos equipamentos de consumo e de lazer, vêm aqui fazer as suas compras, passear, divertir-se. Desenvolve-se um policentrismo([318]) na suburbanidade cujas atividades comerciais constituem o grande vetor. Enquanto os ambientes comerciais periféricos contribuem para a emergência de novas formas de centralidade, estas aparecem como uma justaposição dos elementos estandardizados que são o hipermercado, o centro comercial, os *fast-foods*, os parques de estacionamento gigantescos, as grandes superfícies especializadas em eletrodomésticos, *bricolage* ou desporto, as grandes marcas internacionais. Símbolos da cidade difusa e brilhante, do «pós-urbanismo» que, ao uniformizar a paisagem, se tornaram agora comuns em todo o planeta: por todo o lado, tanto no Norte como no Sul, espalha-se o urbanismo comercial monótono das novas centralidades da periferia, proporcionando uma grande sensação de *déjà-vu*. Por um lado, o capitalismo artístico cria muitos pontos de venda inovadores e estéticos; por outro, produz em grande escala fealdade arquitetónica e vazio urbano, arquiteturas comerciais pobres, uniformes, totalmente submissas às exigências dos distribuidores.

Os prazeres da cidade-shopping

A lógica estético-espetacular remodelou não somente os centros comerciais, as lojas, os bares, estende agora a sua influência ao próprio espaço da cidade. O imperativo

---

([318]) Yves Chalas, «Quelle ville pour demain?», em Jean-Yves Chapuis, Évelyne Hardy e Julian Giusti (coord.), *Villes en évolution*, Paris, La Documentation française, coll. Villes et sociétés, 2005, pp. 23-25; François Ascher, *L'Âge des métapoles,* La Tour-d'Aigues, Éditions de l'Aube, coll. Monde en cours, 2009, pp. 229-230.

do divertimento consumista transformou-lhe radicalmente o estatuto e a função, ao construir uma cidade para o prazer, entretenimento e diversão. A poética da cidade, tal como a evocava Pierre Sansot[319], mudou de natureza: a cidade dos anos de 60, a dos cafés, dos jardins, das pessoas simples e dos pequenos empregos onde o sociólogo se deixava levar pelo seu imaginário, desapareceu. Surgiu uma outra cidade, com outros valores, os quais Guy Burgel, ao falar de uma nova «cultura-viva», apontava as suas primícias a partir do início dos anos 90: «Toda a civilização urbana está envolvida num *élan* cultural que a leva para o consumo e para a recriação [...]. Por todo o lado, a cidade festiva está em vias de preceder a cidade ativa»[320].

Muitos são os elementos da vida urbana que dão hoje uma manifestação sensível desta metamorfose. Evidenciam-no as transformações que implicam a requalificação dos centros das cidades e a recuperação turística dos bairros antigos. Hoje, a cidade tornou-se lugar de atividades «não produtivas», destacando essencialmente o imaterial, o lúdico e o cultural: a multiplicação dos restaurantes, bares da moda, multiplexes, museus, salas de espetáculo, galerias, *concept stores*, lugares patrimoniais restaurados, mas também espaços comerciais festivos, ilustra de uma assentada a nova ordem transestética e a importância crescente do lazer comercial na vida urbana e na cultura contemporânea.

Os terrenos baldios são recuperados, recebendo atividades culturais e comerciais; espaços antigos ligados a atividades desaparecidas são requalificados, mosteiros

---

[319] Pierre Sansot, *Poétique de la ville*, Paris, Klincksieck, coll. Collection d'esthétique, 1971; reed. Payot & Rivages, coll. Petite bibliothèque Payot, 2004.

[320] Guy Burgel, *La Ville aujourd'hui*, Paris, Hachette Littérature, coll. Pluriel, 1993, pp. 121-122.

recuperados para hotéis ou centros culturais; bairros inteiros renovados, consagrados ao *shopping* de prazer com restaurantes, cafés, lojas da moda, galerias, salas de cinema. Os urbanistas e arquitetos que concebem estes novos espaços urbanos aparecem por vezes como uma espécie de decoradores da cidade que procuram encená-la para fazer dela um espetáculo em si. E, para que a festa seja completa, criam espaços inteiramente destinados ao ócio, «terrenos de jogos urbanos», miniparques de diversão da cidade, como o Navy Pier de Chicago, um paredão de um quilómetro reconfigurado em espaço de diversão com uma roda gigante, carrocéis, museu para crianças, jardim de inverno, sala Imax, discotecas, restaurantes, *food-courts* e diversas marcas. A noção de parque de diversões é aliás por vezes claramente apresentada: em Baltimore, a Disney transforma o antigo mercado de peixe da cidade em Port Discovery, aldeia de banda desenhada com o modelo de Disneylândia.

Encontra-se aí, aplicada à urbanização, esta ideia que o marketing sensorial e o *retailtainment* desenvolveram no seio dos próprios pontos de venda: a ideia de um «reencantamento do mundo», que leva a viver a cidade, espaço meio comercial meio lúdico, como uma festa, que se consome com paixão e prazer. Ao teatralizar-se, *tematizar-se* e *espectacularizar-se*, a cidade gera experiências, provoca emoções, cria sensações: procura uma atmosfera. Responde a uma «procura de ambiente»([321]).

Nesta ótica, multiplicam-se as festas e animações programadas que se tornam uma componente essencial das políticas urbanas. A organização de festas, como a da música, que traz para a rua um público de massa, rege agora os grandes momentos da cidade, reatando frequen-

---

([321]) Alain Bourdin, *La Métropole des individus*, La Tour-d'Aigues, Éditions de l'aube, coll. Monde en cours, 2005, p. 72.

temente festas antigas que beneficiam desta renovação, remetendo-as para o gosto atual: desfiles de carnaval, mercados de Natal, festas ligadas a especialidades locais, do *ravioli* ao vinho novo *beaujolais*, mas também festas novas que traduzem uma evolução dos costumes, uma necessidade de *live*, de grandes concentrações coletivas. O enorme sucesso alcançado por todo o lado com as *Noites Brancas*, em que a iluminação dos edifícios é acompanhada por espetáculos-surpresa, música, vídeos e instalações, passeios noturnos em lugares pouco habituais, é um exemplo, como La Ruée para a arte que abre todas as grandes portas dos museus a todos os públicos. Agora, a cidade afirma-se como lugar de atração, de saída de *shopping*, de cultura: um espaço transestético.

É neste contexto que se vê florescer instalações de obras de arte contemporânea ao ar livre. Um pouco por todo o lado, os bairros renovados, as novas cidades, o *campus* universitário, os espaços verdes e até os espaços patrimoniais estão «ornados» por obras encomendadas pelos poderes públicos. Sem dúvida, desde há séculos e milénios que se põe nos espaços públicos várias obras. Mas o que nós observamos hoje nada tem a ver com os fenómenos do passado e nomeadamente com a função política que tinham os monumentos e as estátuas nas épocas gloriosas dos príncipes, dos reis e da República. Já não se trata de criar um sentimento de unidade do corpo político, de sacralizar heróis ou de simbolizar a grandeza dos soberanos. Agora, a arte na rua não tem outro objetivo senão o de estetizar ou de festejar o espaço urbano, humanizar conjuntos frios, personalizar e animar lugares neutros ou desafetados, «divertir o olhar em espaços aborrecidos»[322]. Aos políticos que tinham como objetivo

---

[322] Christian Ruby, «Art en public ou art public», *Le Débat*, n.º 98, jan./fev. de 1998, p. 56.

a educação do cidadão substituíram-se os políticos de pura sedução estética. Pode-se certamente ligar esta metamorfose ao eclipse dos grandes discursos ideológicos([323]), mas o fenómeno funciona igualmente como compensação face ao crescimento da *cidade-shopping*. Quando tudo na cidade é dinheiro, a arte pública aparece como um lazer gratuito, uma beleza não comercial, um espaço de respiração, um prazer estético que dá ao espetador uma liberdade crítica que contrasta com a passividade que acompanha o divertimento puramente comercial e formatado.

É assim que a estética e o lúdico, o festivo e o consumo hedonista se tornaram vetores de disposição de um novo quadro urbano. Agora, a própria cidade entrega-se a construir-se como cidade do lazer, do consumo e do divertimento, e isto através de um trabalho de reabilitação e de estetização da paisagem urbana, por operações que reservam apenas aos peões os centros e recuperam as margens dos rios, por diversas atividades de animação, da criação de imagens e de iluminações destinadas a proporcionar um ambiente mais atrativo e mais belo para uma clientela de turistas e de consumidores de diversão([324]).

A gestão do património

Nestas novas políticas de renovação urbana, a salvaguarda do património construído não parou de ganhar importância desde os anos 70-80. Já não se deita abaixo

---

([323]) *Ibid.*, p. 58.
([324]) Sobre a nova organização do espaço social urbano: Maria Gravari-Barbas, «Les nouveaux loisirs créent-ils un nouvel urbanisme?», em *Actes du Festival INtwernational de Géographie 2001. Géographie de l'innovation*, Saint-Dié-des-Vosges (< http://archives--fig-st-die.cndp.fr/actes/actes_2001/barbas/article.htm >).

edifícios e bairros antigos, aos quais se atribui cada vez mais um valor tanto memorial como estético: restauram--se, recuperam-se. E as reabilitações estendem-se cada vez mais a edifícios de pequena dimensão histórica assim como a locais patrimoniais mais recentes. A par das igrejas, palácios, castelos, os lugares mais comuns são agora objeto de conservação e de reconversão: terrenos industriais desativados, docas, hangares, casernas. São investidos de uma nova função, ligada à cultura, ao espetáculo, ao lazer. Em Londres, a Herzoh & de Meuron fez de uma antiga fábrica elétrica a carvão, da qual conservam a chaminé como traço de origem, a Tate Modern, um dos museus de arte moderna mais prestigiados do mundo. Vive-se uma época de valorização do património histórico. O trabalho de conservação histórica comporta inegavelmente um valor de memória e é frequentemente apresentado como um meio de salvaguardar os particularismos étnicos e locais face à uniformização planetária. A verdade é que esta valorização do passado arquitetónico e urbano, seja qual for a ressonância nostálgica, traz em si os próprios princípios da hipermodernidade comercial, estética e mediática. Com estas políticas de reconversão, o passado conservado aparece muitas vezes como uma concha vazia, um cenário de teatro, uma mera fachada exterior destituída do valor primordial dos edifícios. Os bairros e edifícios históricos são recuperados como lugares de animação destinados a estimular o comércio, o consumo estético e turístico. Sob o culto da memória desdobram-se os objetivos económicos de desenvolvimento urbano, da mesma maneira que as paixões presentistas e individualistas do consumismo experiencial e da qualidade de vida. A verdade é que este «regresso» do passado é menos pós--moderno do que hipermoderno, pois coincide com a expansão das lógicas comerciais do lazer, dos imperativos da comunicação e do turismo.

Enquanto se desenvolvem políticas de conservação dos edifícios e bairros antigos, esta época atribui uma nova importância excecional aos museus. Um pouco por todo o lado, as cidades assistem à explosão de vários museus de todo o género, de monumentos históricos para visitar, assim como de visitantes, muito particularmente estrangeiros. E hoje, mesmo a cidade mais pequena não se concebe sem um ou vários museus que possam contribuir para a sua reputação e desenvolvimento turístico. O museu, agora uma importante peça na política de investimento cultural das cidades, torna-se polo de atração por si mesmo, tanto ou mais do que pelas coleções que apresenta: vai-se ao Guggenheim de Bilbau tanto para admirar o edifício de Frank Gehry como as obras que estão expostas. Este museu tornou-se uma figura icónica da reconversão urbana e conseguiu a proeza de transformar a própria imagem da cidade. Este caso fez escola. Já se perdeu a conta aos autarcas eleitos que procuram copiar este modelo para favorecer o desenvolvimento local. E por causa da atração arquitetónica que pode constituir qualquer museu, são muitas as cidades que contratam os «arquitetos-estrela» com objetivos económicos e turísticos: a isto chama-se «turismo arquitetónico». O *star system* inventado pelo capitalismo artístico chegou agora ao domínio dos museus concebidos como fatores de atração das cidades na competição internacional, como vetores de qualidade de vida e de revalorização da imagem urbana.

Mas a cidade-museu não é somente o que aloja um grande número de museus, mas também onde cada vez mais atividades são organizadas para consumo turístico de obras do passado, do património cultural e histórico. O que não acontece sem uma grande transformação da cidade, da sua composição e da sua organização. Com a deriva para a cidade-museu, as classes populares e médias são remetidas para as periferias devido ao preço do imobiliário, cada vez mais apartamentos são comprados por estrangeiros como segunda habitação, ocupados apenas durante algumas semanas por ano, os comércios de bairro são reconvertidos em galerias de arte, lojas de *souvenirs* e restaurantes, as ruas são invadidas por turistas. Tanto as atividades tradicionais como as passeatas descontraídas e sem rumo são agora substituídas por comércios ligados ao lazer e percursos turísticos organizados pelos operadores turistícos. Neste sentido, a estetização do museu da cidade significa a total desintegração da vida de bairro, antes rica e plena de vitalidade, e a relegação das camadas populares para os subúrbios. Com a *museificação* da cidade, é um simulacro de cidade que se desenha e onde se apagam os elementos vulgares da vida urbana em comum.

Pouco a pouco, é todo o centro das cidades históricas que se transforma numa espécie de museu, em puro cenário([325]), numa vitrina destinada ao turismo cultural de massas, ao consumo nostálgico do passado. Cada vez mais, os centros das cidades antigas são tratados à maneira de telas pintadas, iluminados por jogos de projetores, moldados por urbanistas-cenógrafos, encenados segundo uma dramaturgia de objetivo turístico. Visita-se o centro de Praga, com as suas casas pintadas com cores de cinema, como se visitássemos o estúdio onde fora rodado *Amadeus*. Já não é tanto a realidade histórica autêntica que conta, com as escórias necessariamente ligadas à pátina do tempo, mas um tipo de reconstituição da aparência mais clara, mais plana, mais perfeita. Para isto, o património é reformado, reabilitado, e quando não satisfaz suficientemente as exigências da aparência, não se hesita em construir o falso antigo. A cidade-museu é uma cidade

---

([325]) São muitas também as vilas «típicas» que são transformadas em cenários de opereta para veraneantes.

limpa, maquilhada, protegida, oferenda aos prazeres estéticos das multidões turísticas: ela constitui a apoteose urbana do processo de estetização hipermoderna do mundo. Na Paris *museificada*, onde «o comércio dos mortos substitui pouco a pouco as lojas dos vivos», François Cachin viu no resultado um processo mortífero[326]: uma estetização, mas de uma beleza desvitalizada. Cidade--museu quererá dizer, portanto, cidade morta? A estética do desaparecimento, cara a Paul Virilio, não terá engendrado o desaparecimento da estética por excesso de objetivos estéticos comerciais?

Há quem assim pense, contudo, passando um pouco depressa pelas perdas e benefícios das consideráveis contribuições que a recuperação das cidades gerou: basta ver as fotos da Paris não rebocada antes de André Malraux para se perceber o que a cidade ganhou com uma visão patrimonial que lhe restituiu todo o seu brilho. De facto, podemos razoavelmente considerar que o embalsamento do museu e a exploração turística são apenas o excesso, a deriva nefasta de um processo em si positivo, que não só preserva a cidade, como também procura valorizá-la. A *museificação* da cidade, na medida em que tende a ceder unicamente à lógica turística, tem tendência para esvaziar a verdadeira vida, com as suas asperezas, para promover uma cidade-cliché. E isto é verdade sobretudo nas cidades emblemáticas como Veneza, transformadas em etapas obrigatórias nos catálogos de viagens organizadas. Resistentes justamente a esta experiência, os urbanistas e os

---

[326] «É estranho ver, em apenas um quarto de século, um centro de cidade remeter para o exterior muitas das suas atividades para se tornar rapidamente um lugar neutro, um centro sagrado, voltado para o passado, para a lembrança, para o turismo. Tornar-se qualquer coisa que apenas vive através do que está morto», François Cachin, «Paris museifié», *Le Débat*, n.º 80, maio-agosto de 1994, pp. 302-303.

paisagistas de hoje procuram precisamente preservar a vida, ao integrá-la como um parâmetro essencial, nas restaurações operadas. Sem que o resultado final seja assim assegurado.

O CONSUMIDOR TRANSESTÉTICO

Se a estetização do consumo se aplica aos objetos, às lojas, aos lugares urbanos, refere-se também ao próprio consumidor nos seus gostos, nas suas aspirações, no seu modo de vida. A este respeito, a dinâmica transestética que se emprega para pintar o quadro é um processo global que toca do mesmo modo o universo da oferta comercial como o da procura.

Nas nações onde domina o capitalismo artístico são setores inteiros do universo consumista que mobilizam um consumidor transestético na implementação das motivações hedonistas e lúdicas, emocionais e sensitivas, em camadas cada vez maiores da sociedade. Paixão pelas viagens e turismo, amor pelo património e paisagens, gosto pela decoração da casa, uso generalizado de produtos de cuidados pessoais e de maquilhagem, obsessão pela magreza, tatuagens e *piercings*, ouvir música em qualquer lugar e circunstância, *karaoke*, consumo crescente de filmes, telefilmes e séries de televisão, também práticas cada vez maiores da fotografia, do vídeo, da música: são muitos os fenómenos que assinalam a formidável expansão social das expetativas e das práticas estéticas, dos desejos de beleza, de música e de espetáculos. Vivemos o tempo da explosão democrática das aspirações, das paixões e dos comportamentos estéticos. Ao organizar uma economia na qual a lógica estética tem um papel importante, o capitalismo artístico avançado produziu ao mesmo tempo um consumidor estético de massa.

Este consumidor estético é filho do capitalismo artístico. E esta criança, ao longo do último século, não parou de «crescer». Desde o início da sua aventura histórica, o capitalismo artístico construiu-se ao estimular os gostos estéticos da maioria, através dos grandes armazéns, do cinema, da rádio, do *music-hall*, das fotos de moda, da embalagem, dos produtos cosméticos. Mas se o consumo estético nas camadas populares progride, e permanece para a maioria dos indivíduos, é porque traz, no essencial, bens de necessidade que respondem a carências de base: até à Segunda Guerra Mundial, os consumidores, na sua imensa maioria, mal tinham dinheiro para fazer face às necessidades da vida.

É ao longo daquilo a que chamamos a fase II do capitalismo moderno que se implementa o processo de estetização em massa do consumo, que conquistou amplas camadas sociais. O forte aumento do rendimento médio familiar, tornado possível pela economia fordiana, contribuiu para fazer surgir um poder de compra discricionário entre as massas. Portanto, o que noutros tempos era o consumo de luxo (bens de equipamento duráveis, renovação de objetos, moda, cosméticos, viagens, lazer, distração) já não está hoje reservado a uma pequena minoria: a maioria começa a poder participar de um modo de consumo estético outrora limitado a alguns e a poder dedicar uma parte do seu salário à aquisição do que lhe agrada e não apenas do que tinha necessidade. A rutura é maior, ela acompanha o desenvolvimento da sociedade de consumo de massa.

Ao mesmo tempo, o capitalismo de consumo desenvolve-se sob o signo dos valores hedonistas e distrativos, jovens e eróticos. O capitalismo desqualificou assim as morais ascéticas em benefício de uma *fun morality*, de uma economia centrada nas novidades constantes do bem-estar, da moda, do lazer, do divertimento. Ao tornar possível um poder de compra discricionário em camadas sociais cada vez mais amplas, o capitalismo permitiu-lhes libertar-se da urgência da necessidade estrita. O supérfluo, o *gadget*, o distrativo impõem-se como categorias importantes do novo mundo consumista. Menos sujeito ao reino da necessidade, uma boa parte do consumo tende a surgir como um domínio estético voltado para os prazeres e para a frivolidade, para as sensações e para o divertimento. Pela primeira vez, as massas acedem a um tipo de consumo mais lúdico e mais individualizado, a um modo de vida mais estético (moda, *gadgets*, lazer, jogos, música gravada, televisão, férias) antes privilégio das elites sociais. A última fase faz aumentar esta lógica consumista-estética que era dificultada pela persistência das culturas de classe. Não sem que, contudo, novas atitudes, valores e aspirações venham colorir, de maneira inédita, o *homo aestheticus* dos tempos do hiperconsumo.

A expansão social do consumo estetizado

Com a fase III, embora a um ritmo mais lento, o crescimento do rendimento das famílias continuou: em França, o poder de compra duplica entre 1973 e 2009. Este «enriquecimento» aumenta ainda a margem de manobra dos consumidores no que diz respeito às suas escolhas e arbitragens: não é surpreendente, neste contexto, que os fatores afetivos, imaginários, estéticos do consumo tenham um papel cada vez mais importante. Uma vez cobertas as necessidades básicas e adquirido o conforto material, o consumo é cada vez mais comandado pela busca de emoções, pela exigência de se pagar «pequenos prazeres», pelo desejo de viver experiências agradáveis, de desfrutar de bens de qualidade sensitiva, simbólica e estética: seis em cada dez franceses declaram economizar cada vez mais nas suas despesas quotidianas para poderem usufruir de mais lazer([327]); e as despesas com o lazer não diminuíram, apesar das inquietudes crescentes em relação ao futuro. A grande satisfação das necessidades elementares, a melhoria do nível de vida, o hedonismo cultural implementaram um tipo de consumo que privilegia cada vez mais o valor psicológico, simbólico e estético dos bens comerciais, um consumo menos voltado para o ter do que para o prazer, o bem-estar e para o desenvolvimento pessoal. Apesar da crise económica que atravessamos, a escolha dos consumidores continua a efetuar-se em detrimento das necessidades básicas e em benefício da «realização pessoal»: atualmente, estas despesas poderiam representar cerca de um terço do consumo total das famílias([328]).

Estamos num momento em que o registo funcional do consumo recua em benefício dos valores hedonistas, emocionais e estéticos. O que não impede de maneira nenhuma o sucesso do *hard discount* e do *low cost*, a atração pelos produtos biológicos, o recurso crescente aos mercados de ocasião, o declínio do valor ostentatório do carro, uma maior sensibilidade ao preço e um maior peso da «compra inteligente»: são muitos os indícios que mostram o aumento da aspiração a «consumir melhor». O que não significa «consumir menos» nem rejeição proibitiva das marcas, mas um desejo de consumir segundo a melhor relação qualidade/preço([329]). Se os consumidores privilegiam o valor funcional da oferta *low cost*, isto não é de maneira alguma um desinvestimento do registo hedonista

---

([327]) Inquérito Ifop – *Le Journal du dimanche*, fevereiro de 2009.

([328]) Pascale Hébel, Nicolas Siounandan e Frank Lehuede, *Le consommateur va-t-il changer durablement de comportement avec la crise?*, Crédoc, «Cahier de recherche», n.º 268, dezembro de 2009.

([329]) Sobre estes pontos, Philippe Moati, *La Nouvelle révolution commerciale*, Paris, Odile Jacob, 2011, pp. 146-156.

do consumo, mas uma maneira de poder continuar a oferecer-se a si mesmo, noutros domínios, o que lhe dá prazer, a desfrutar dos encantos do consumo estetizado. Quando o poder de compra é limitado e impede comprar o que se quer, as escolhas funcionais ou razoáveis impõem-se, não em nome de um ideal de austeridade, mas, pelo contrário, para se ter acesso a outras formas de consumo experiencial ou transestético.

Paralelamente, à medida que os bens de consumo se difundem por todo o corpo social, os objetos tendem a perder o seu antigo estatuto de marcador do meio social. São menos procurados em relação à consideração social do que em relação às satisfações hedonísticas, lúdicas, experienciais, ou seja, estéticas no verdadeiro e etimológico sentido do termo. Estamos numa nova época do consumo onde este funciona num registo mais emocional do que competitivo, mais experiencial do que honorífico, mais lúdico do que prestigioso. Há menos corrida ao *standing*, mas mais objetivos sensitivos, distrativos ou emocionais: é assim que o capitalismo artístico vê o triunfo de uma estética do consumo. Como já dizia Toffler, estamos numa época em que o comprador se tornou um «colecionador de experiências»([330]) que procura constantemente novas sensações e emotividades. Primazia das experiências sentidas e vividas: o neoconsumidor caracteriza-se por esta relação estética com os produtos comerciais. Amplamente liberto da obsessão de exibir o seu estatuto social, quer constantemente «rejuvenescer» a sua experiência, combate febrilmente os tempos mortos, quer conhecer infinitamente, através das novidades comerciais, novas emoções e, para dificultar a fossilização do quotidiano,

---

([330]) Alvin Toffler, *Le choc du futur*, Paris, Denoël, coll. Défi, 1971; reed. Gallimard, coll. Folio Essais, 1987, p. 258. (*Choque do Futuro*, Livros do Brasil, reed. 2001).

desfrutar da impressão de viver uma vida mais intensa e sempre nova([331]).

Se é necessário falar de estetização do consumo, é igualmente porque esta se torna diariamente um pouco mais uma questão de gostos individuais. Em vez do que determinava a rotina, as prescrições tradicionais ou os imperativos de classe, afirma-se uma estética consumista centrada na subjetividade dos gostos e das sensações de prazer. À medida que recuam o «predomínio da necessidade», as inibições e os aspetos gerais de classe, as escolhas dos indivíduos fazem-se mais em função dos seus gostos pessoais e da emoção estética suscitada pelos produtos (*design*, estilo, *look* dos objetos, tendências e modas). Presentemente, o hiperconsumidor, que dispõe de uma ampla panóplia de escolha e não está limitado por normas imperativas de classe, compra o que corresponde aos seus gostos pessoais, o que ele gosta, o que lhe agrada, o que acha que é belo ou agradável([332]). Individualização, dissolução de culturas de classe e estetização do consumo andam lado a lado.

Na sociedade industrial, os consumos eram estruturados por aspetos gerais de classe profundamente clivados,

---

([331]) Sobre a nova dimensão emocional e estética do consumo, Gilles Lipovetsky, *Le Bonheur paradoxal. Essai sur la société d'hyperconsommation,* Paris Gallimard, coll. NRF Essais, 2006, reed. Coll. Folio Essais, 2009. (*A Felicidade Paradoxal. Ensaio sobre a Sociedade do Hiperconsumo,* Edições 70, Lisboa, 2007). Também Gilles Lipovetsky e Elyette Roux, *Le Luxe éternel. De l'âge du sacre au temps des marques,* Paris, Gallimard, coll. Le Débat, 2003 (*O Luxo Eterno. Da Idade do Sagrado ao Tempo das Marcas,* trad. Luís Filipe Sarmento, Edições 70, Lisboa, 2012).

([332]) Isto não impede que os gostos se criem cada vez mais através das informações difundidas pelos *media*: é o momento em que vemos multiplicar-se as revistas de decoração e de arranjo de jardins, mas também as revistas de moda, os guias turísticos, as revistas e as rubricas culinárias, os livros de receitas e de enologia.

mas também pela oposição entre os «gostos de luxo» e os «gostos de necessidade». No que diz respeito à relação com a casa, as classes populares privilegiavam o adequado e asseado, o funcional, o que era prático, sólido, fácil de manter. No domínio da alimentação e das refeições, prevalecia a quantidade, o pesado, a gordura, o substancial, a rejeição de maneiras e de outras cerimónias burguesas. E no vestuário, roupas «simples», adequadas para tudo, baratas e duráveis, à margem das «loucuras» da moda. Os consumos das classes populares faziam-se excluindo a gratuitidade das formas e as «maneiras afetadas», nos antípodas de um estilo de vida assente no primado do parecer e do requinte estético ([333]). Mas em que se torna esta dicotomia das normas quando se propagam por todo o lado o culto da magreza, a democratização dos cosméticos, a paixão generalizada pelo turismo e pela moda, o gosto pelas marcas de luxo, pelos aparelhos *high-tech*, os últimos *smartphone* e as novas músicas? Os jovens dos bairros desfavorecidos já não querem sapatos para andar: eles querem Nike, Puma, Reebok. As análises do mestre da sociologia da distinção já não permitem, sobre este ponto, apreender o que se joga nas sociedades onde o consumo é dominado, precisamente, pela recusa dos «gostos de necessidade» e pela exigência dos prazeres estéticos de mudar, viajar, jogar, exibir um *look*, ouvir os últimos *hits* musicais nos auscultadores. Se isto é evidentemente mais estilização da vida à moda aristocrática ou burguesa, não deixa de ser uma dinâmica generalizada de estetização do consumo de um género inédito que está a ser implementado.

([333]) Pierre Bourdieu, *La Distinction. Critique sociale du jugement*, Paris, Éditions du Minuit, coll. Le Sens commun, 1979 [*A Distinção. Crítica Social da Faculdade de Julgar*, Lisboa, Edições 70, 2009].

Estetização ou empobrecimento do consumidor?

Desde o início da sociedade de consumo de massas, são muitos os teóricos que sublinham a degradação, a degenerescência da experiência estética dos indivíduos. Os objetos de série destacam-se pelo «défice de estilo» e pela redução das qualidades sensíveis([334]). Nos pequenos e grandes ecrãs proliferam a violência, o sexo, a vulgaridade, a insignificância das imagens que, longe de ser apreciadas por si mesmas, são consumidas e *zapeadas* com o único fim de matar o tempo e o tédio([335]). Bombardeados por solicitações, «indiferentes», os consumidores reagem com apatia e insensibilidade, o que conduz os atores do mercado a levar sempre mais longe a lógica do espetacular e da violência: um processo hiperbólico que agrava ainda mais a proletarização da sensibilidade contemporânea. Tudo no capitalismo de consumo trabalharia assim para empobrecer a vida de sentido e de qualidade de experiências estéticas.

E o processo amplifica-se constantemente com as novas tecnologias digitais e com a sociedade da hipervelocidade. Vivemos, diz-se, num mundo que é a negação da vida estética e sensual, o digital gera uma existência abstrata, *descorporizada,* «espectral»([336]), um tipo de pesadelo sem ligações carnais e sensuais. Comemos cada vez mais depressa pratos estandardizados, regredimos nas maneiras à mesa, visitamos em passo de corrida os museus, não temos tempo para nada e passamos mais tempo à

([334]) Jean Braudillard, *Le Système des objets* [1968], Paris, Gallimard, coll. Tel, 1978, pp. 205-208.

([335]) Michel Henry, *La Barbarie,* Paris, Grasset, 1987; reed. LGF, coll. Le Livre de poche / Biblio Essais, 1988, p. 161.

([336]) Paul Virilio, *Cybermonde, la politique du pir. Entretien mené par Philippe Petit,* Paris, Textuel, coll. Conversations pour demain, 1996.

frente dos ecrãs do que em encontros reais com os outros: cada vez mais o domínio da grande velocidade empobrece os sentidos, destrói o tempo voluptuoso e os prazeres errantes. É assim que o universo consumista e performativo surge, aos olhos dos seus detratores, como uma máquina de guerra contra a *sensorialidade* dos prazeres estéticos. Estamos contra esta visão catastrofista. Apesar das lamentações aceites, do «intragável» que é o «telelixo», das músicas ensurdecedoras, do *kitsch* turístico, as divisões estandardizadas não são sinais de um naufrágio estético generalizado. Porque não são a totalidade do nosso universo cultural: há outros fenómenos que levam a um diagnóstico claramente mais matizado. Assim, a sensibilidade pela paisagem, o culto do património, a valorização dos produtos regionais, a frequência em massa dos museus e das exposições, o turismo cultural, o gosto pela decoração de interiores, a paixão pela música e agora pela fotografia, o sucesso dos livros de arte e álbuns de luxo, o interesse pela gastronomia e pelo requinte culinário, são muitos os fenómenos que ilustram o lugar crescente das apetências estéticas nas sociedades hiperconsumistas. Assistimos não tanto à degradação maciça da sensibilidade ao belo, mas à democratização das aspirações e das experiências estéticas. Anualmente, os dias europeus do património recebem mais de 10 milhões de visitantes e as Noites Brancas organizadas em muitas cidades mobilizam um público considerável([337]); os livros de fotografias de encadernação luxuosa, como a *Terra Vista do Céu*, de Yann Arthus-Bertrand, vendem milhões de exemplares e são *best-sellers* internacionais; as grandes exposições, que

---

([337]) A 10.ª edição da Noite Branca em Paris, que teve lugar em 2011, conheceu um recorde de afluência, com cerca de 25 milhões de visitantes.

mobilizam multidões, e as transmissões televisivas da temporada do Metropolitan Opera de Nova Iorque enchem as salas dos multiplexes: todos os dias dezenas de milhões de pessoas ouvem música no metro, a passear, em suas casas; o turismo tornou-se uma prática de massas. Contrariamente às teses que afirmam a infantilização do gosto ou a «proletarização do consumidor»([338]), a verdade é que o capitalismo artístico enriqueceu as expetativas estéticas dos indivíduos, a sensibilidade ao belo, a apetência por novas sensações e experiências.

A nossa época é contemporânea de uma procura crescente de arte e de beleza, de estilos e de experiências «gratuitas» num número cada vez maior de setores: moda, decoração de interiores, jardim, cinema, música, fotografia, viagem. Quanto mais a tecnociência governa o mundo, mais a oferta comercial é artializada e mais a procura se vê marcada pelo desejo de saborear as alegrias de «impressões inúteis» que caracterizam a experiência estética. Com a época emocional do consumo aumenta inevitavelmente a busca incessante de experiências hedonistas e sensíveis, renovadas e «surpreendentes», ou seja, estéticas.

A estetização do consumo exprime-se em grande escala através da música que ouvimos, do cinema, das imagens, do design, da moda, dos artigos de luxo. Também do turismo. Identifica-se frequentemente com comportamentos estereotipados e seguidistas que obedecem a percursos sinalizados. Na verdade, é sobretudo, e cada vez mais, uma experiência estetizada na medida em que aparece como «uma grande viagem-espetáculo ao centro do universo de paisagens, monumentos, museus»([339]). Viagem

---

([338]) Bernard Stiegler, *Mécréance et discrédit*, Paris, Galilée, coll. Débats, 2004.

([339]) Edgar Morin, *L'Esprit du Temps. Essais sur la culture de masse*, Pris, Grasset, coll. La Galerie, 1962, p. 97.

separada de qualquer objetivo utilitário, orientada somente para os prazeres da descoberta, da beleza, da mudança de rotina e das sensações, o turismo é um tipo de consumo estetizado. Com o turismo, os lugares, sejam eles naturais ou culturais, transformam-se em espetáculos e em paisagens valorizados com vista a perceções ou emoções estéticas. Equipado com a sua máquina fotográfica, o turista busca constantemente imagens, lugares pitorescos, visões panorâmicas, lugares típicos; aprecia os novos lugares por eles mesmos, unicamente por prazer, com um olhar «gratuito» e «afastado», um pouco como um espetador de cinema. É o conjunto da sua experiência que tem a ver com um modo hedonista-estético em que se misturam prazeres de evasão, prazeres contemplativos, prazeres folclóricos, prazeres da novidade. O turista parece-se cada vez mais com um hiperconsumidor que procura e acumula perceções e sensações estéticas sempre renovadas.

Objetar-se-á a esta leitura a ignorância do turista, a sua vulgaridade, o seu desleixo, e até os papéis gordurentos que abandona negligentemente em locais classificados. E, depois, também a ausência de refinamento do amador de *rap*, do postura de mirone do espetador de filme pornográfico, do mau gosto do comprador de lembranças *kitsch*. Razões estéticas podem certamente ser apresentadas para negar ou desacreditar o perfil estético do consumidor contemporâneo, sublinhar a sua «grosseria» e a sua indigência cultural. Mantém-se, apesar de tudo, o facto, não despiciendo, de que a expectativa e a disponibilidade em relação às experiências estéticas, longe de qualquer utilidade, se tornaram fenómenos de massa consubstanciais ao consumo. Acrescentemos que numa época dominada pela dissonância dos gostos individuais, nada impede os amantes de porno ou de *rap* de se mostrarem curiosos em relação a espetáculos mais refinados ou a outras músicas. E o conformismo turístico não impede os veraneantes

adeptos de viagens «diferentes», menos balizados pelos guias e operadores de turismo, menos estereotipados, mais «autênticos»: é assim que o nosso tempo testemunha o advento do «pós-turista» livre e independente nas suas apreciações e marcado pela reflexividade estética([340]). Singularmente frágeis surgem a este respeito as teses da pauperização estética do consumidor.

Ao transformar a esfera dos objetos, da comunicação e da cultura, o capitalismo artístico moldou um *homo aestheticus* de um novo género, consumista e individualista, lúdico e insaciável, sempre à espreita de novas sensações mas também da encenação de si, de *design* do corpo, de qualidade e de estilo de vida. Na cena do capitalismo artístico contemporâneo, é uma nova figura paradoxal, hipermoderna de *homo aestheticus* que se afirma. O objetivo de uma vida estética era uma paixão elitista, aristocrática e burguesa associada ao luxo, tornando-se uma paixão consumista e democrática de massas.

Houve já, certamente, na história, algumas formas de sociedade estética. A sociedade de corte, descrita por Norbert Elias([341]), é um exemplo famoso, pela importância dada à arte de viver, à boa educação, às maneiras, à linguagem, à conversa; pelo gosto desenvolvido pelo espetáculo, pelo jogo, pela festa; pela preocupação com a aparência, com a moda, com a decoração. Das regras de civilidade decretadas por Erasmo para a educação das crianças ao código subtil das conveniências ao qual está

([340]) John Urry, *The Tourist Gaze. Leisure and Travel in Contemporary Societies*, Londres/Newbury Park, SAGE Publications, 1990; Yves Michaud, *L'Art à l'état gazeux. Essai sur le triomphe de l'esthétique*, Paris, Stock, coll. Les Essais, 2003; reed. Hachette Littérature, coll. Pluriel, 2004, p. 190.

([341]) Norbert Elias, *La civilisation des moeurs* [1939], Paris, Calmann-Lévy, coll. Archives des sciences sociales, 1973; *La Société de cour* [1969], Paris, coll. Archives des sciences sociales, 1974.

submisso o homem da corte([342]), das festas de Vaux-le-
-Vicomte às de Versalhes, de Madame de Sévigné à
Madame de Lambert, das academias aos salões, existiu
uma arte de viver de um refinamento extremo, numa
época que hoje se chama clássica e na qual está edificada
amplamente a cultura com o mesmo nome. Mas, nesta
sociedade, a ordem estética assentava nas lógicas de distinção para o prestígio e estatuto social: um «pequeno
mundo», elitista, limitado, estabelecido nas distinções hierárquicas e estatutárias.

Outra coisa é a sociedade transestética contemporânea
modelada pela força do mercado e na qual a estetização
se impõe como processo democrático que, ao anexar
todos os aspetos da vida quotidiana de todos os grupos
sociais, se desenvolve sob o signo da emoção direta e da
«desformalização»([343]) cultural. Enquanto na sociedade
da corte a cultura estética estava estabelecida nas normas
sociais estritas – na galanteria, na etiqueta, na moda, na
boa educação, nas boas maneiras, no fausto – que davam
um lugar central à convenção, à teatralidade, à decoração,
ao parecer social, hoje a estetização assenta na vivência
experiencial e nas emoções pessoais. Já não se trata de
uma lógica de representação social, mas de uma busca de
experiências centradas no prazer dos sentidos, das novidades, do corpo, das paisagens, da moda, esvaziadas de
formas cerimoniais e de rituais sociais formalistas.

([342]) Sobre a visão do Grande Século pela literatura: Patrick Dandrey, *Quand Versailles était conté. La cour de Louis XIV par les écrivains de son temps*, Paris, Les Belles Lettres, 2009. Sobre a máquina curial: Jacques Revel, «La Cour», em Pierre Nora (dir.), *Les Lieux de mémoire*, Paris, Gallimard, coll. Quarto, 1997, t. III, pp. 3141-3197.

([343]) Norbert Elias, «La solitude du mourant dans la société moderne», *Le Débat*, n.º 12, maio de 1981, pp. 93-94.

O QUADRO DE VIDA E AS SUAS AMBIVALÊNCIAS ESTÉTICAS

Nas sociedades marcadas pela generalização do equipamento de base das famílias, pela individualização dos modos de vida e pelo aumento dos protestos contra a destruição da natureza, surgem novas exigências estéticas, particularmente no importante domínio que constitui o quadro de vida, seja ele público ou privado. Estamos num momento em que aumenta fortemente o paradigma da qualidade de vida, ou seja, de novas prioridades menos tecnocráticas que, em nome da qualidade da realidade e do ambiente, devem contribuir para o desenvolvimento de um tipo de bem-estar e de *habitat* convivial, estético e ecológico.

Não têm conta as vozes que se fazem ouvir contra as paisagens desfiguradas pela construção do litoral; multiplicam-se as associações que denunciam o incómodo dos moinhos eólicos industriais, acusados de destruir a qualidade e a identidade das paisagens. Reforça-se diariamente o imperativo de preservar as costas e as florestas, bosques e outras paisagens típicas que fazem a identidade das regiões e que são vistas como componente essencial da qualidade de vida. Os indivíduos já não lutam apenas pelo aumento do seu poder de compra, mas também pela melhoria dos elementos constitutivos de um quadro de vida harmonioso e agradável. Se estas novas exigências têm uma dimensão ecológica e identitária, testemunham também o novo vigor do desejo de qualidade de vida, de um bem-estar pleno de valores sensoriais e estéticos. A nova sensibilidade ecológica não é dissociável das aspirações do *homo aestheticus*.

Para uma cidade sensível

A relação com a cidade obedece à mesma tendência. O gracejo de Alphonse Allais, que propunha meter as cidades no campo, concretiza-se ao contrário: o campo entra na cidade, submetida à arte da jardinagem dos paisagistas que arranjam parques e alamedas, arborizam e plantam flores em praças e ruas, integram zonas verdes no meio dos bairros, fazem reverdecer os centros transformados em zonas pedonais ou ciclísticas. Surgem jardins nos lugares mais inesperados, como em Saint-Nazaire, onde Gilles Clément cria no telhado da antiga base de submarinos um jardim em tríptico[344], Le Tiers Paysage, onde cada elemento da arquitetura permite desenvolver um jardim diferente.

Os arranjos dos espaços verdes cada vez mais sensíveis à decoração floral, à integração do mobiliário urbano, ao diálogo entre o vegetal e o mineral, tendem a fazer reverdecer a cidade, a torná-la mais viável, mais agradável. A questão hoje é a da cidade verde, da cidade sustentável, da cidade-paisagem, da cidade fértil e mesmo, inspirada pelo movimento *slowfood*, de cidade lenta[345]. Os princípios agora valorizados são os do desenvolvimento sustentável e do urbanismo ecológico, focalizados nos modos de atividade e de transportes sóbrios, sobre uma arquitetura e arranjos interiores que respondem às novas normas de economia de energia, sobre a prioridade dada à qualidade ambiental. Assim, as ecocidades e os ecobairros são rotu-

---

[344] Prevê-se que em 2020 os telhados de Paris devam alojar, em nome do desenvolvimento sustentável, cerca de 11 hectares de espaços verdes e jardins.
[345] Criado em 1999, o movimento Cittaslow promove uma gestão municipal centrada na qualidade de vida, no respeito pelas paisagens, na economia de proximidade. Em 2011, reuniu cerca de 150 cidades, de pequena ou média importância, em 21 países.

lados, submetidos a classificações nacionais ou internacionais, apresentados e analisados em exposições. Muda o sentido da cidade. Longe da cidade funcionalista imaginada por Le Corbusier, da cidade trabalhadora e atarefada da industrialização, a cidade procura voltar a ser «habitável», a exorcizar os seus sintomas de poluição e de construção intensiva, no sentido de arranjar os espaços sensíveis, proporcionar «ambiências» onde o prazer dos sentidos encontre plenamente o seu lugar. Contra a cidade uniformizada e desumanizada dominada pela ideologia maquinal, começa a afirmar-se a exigência de uma «arquitetura sensual» e de um «urbanismo sensorial» que, ao potenciar as sensações, as cores, as sinuosidades, a natureza, as surpresas, dão-se ao «diapasão dos cinco sentidos humanos»[346]. Estamos numa altura em que a estética do hiperespetáculo, que visa captar o olhar e criar imagens hipnotizantes, é desafiada por uma «estética ambiental»[347] que, suave e centrada nas experiências sensoriais, se entrega a melhorar o bem-estar na cidade.

Não é um dos menores paradoxos do capitalismo, amplamente responsável pelo horror das cidades, esta maneira de repensar a nova cidade. Longe da Metrópolis infernal esperada, a época hipermoderna sonha moldar uma Ludópolis que seja também uma Ecopolis onde será bom viver.

A miséria da paisagem urbana

O sonho, apesar disso, não gera a cidade radiosa esperada. Se o centro das cidades é o principal beneficiário

---

([346]) Thierry Paquot, *L'urbanisme c'est notre affaire!*, Nantes, L'Atalante, coll. Comme un accordeón, 2010, pp. 79-104.

([347]) Sobre esta problemática, Nathalie Blanc, *Les Nouvelles esthétiques urbaines*, Paris, Armand Colin, coll. Émergences, 2012.

destes arranjos que o estetizam, os bairros periféricos, os subúrbios, as entradas das cidades continuam amplamente tributárias de um urbanismo que, para responder ao afluxo crescente de população e, depois, ao desenvolvimento intensivo das zonas comerciais, está menos preocupado com o estilo de forma do quadro de vida do que com a eficácia. O urbanismo funcionalista dos grandes conjuntos, que foi lei durante décadas, criou tal fealdade que o seu traço está longe de ser apagado. E se hoje se constrói melhor e menos sinistramente do que as cidades-dormitórios e se os programas de recuperação suprimem os edifícios compridos para substituí-los por ecobairros mais agradáveis e conviviais, nem a arquitetura nem o urbanismo conseguiram ainda dar uma alma ao que continua a ser o grande fracasso de um sistema que gerou conjuntos tão inóspitos.

Horror urbanístico, as zonas comerciais são, na entrada e nas periferias das cidades, uma marca gritante. Cartazes espalhafatosos, publicidade agressiva, exposição de marcas, centros comerciais sem graça: o espaço urbano é devorado por esta proliferação contemporânea do frenesi do consumo([348]) e característica das entradas das cidades americanas. Da mesma maneira, e respondendo à mesma lógica do consumo aplicada ao lazer, as cidades balneares viram, nos anos de desenvolvimento do turismo de massas, um crescimento anárquico de construções: o litoral betonado, edifícios compridos junto ao mar, comercialização agressiva. E mesmo quando as construções mostram um pouco de originalidade, mesmo um luxo sensível, a sensação não é de experiência estética perante as orlas marítimas que exibem em contínuo quilómetros e

---

([348]) Daí novos programas urbanos: é em nome da luta contra a «poluição visual» que o município de São Paulo proibiu, desde 2007, toda afixação publicitária no espaço público.

quilómetros de hotéis nos quais os seus próprios *halls* são transformados em galerias comerciais: impressiona menos a fealdade do que a repetição, a monotonia formatada, apurada e internacional. Para escapar ao efeito de anonimato há uma resposta que vai surgindo e que tende, desde há algumas décadas, a substituir as arquiteturas verticais – edifícios, grandes imóveis, torres – por arquiteturas horizontais – casas individuais, pequenos condomínios. O desenvolvimento considerável dos loteamentos, a partir dos anos 70, aparece como uma resposta de rejeição aos grandes conjuntos. A própria evolução destes lotes, nomeadamente dos que são de alto nível, traduz um desejo agradável do ambiente percetível nas decorações florais e vegetais, na presença de alamedas arborizadas, na preocupação de propriedade coletiva. Alguns têm piscinas, campos de ténis, campos de jogos, só para residentes. O conjunto é desenhado com precisão, cada casa tem o seu relvado que dá para a rua, tudo respira beleza bem ordenada, mas sem alma, repetitiva, privada de pontos de referência: qualquer coisa como o sonho americano, reproduzido quase identicamente nesses espaços de moradias suburbanas para onde se vai, no fim do dia de trabalho, descansar do *stress* da cidade e também, cada vez mais, para se pôr ao abrigo das ameaças e das desordens urbanas.

Esta lógica encontra a sua expressão perfeita nas *gated communities*, nas cidades fechadas que surgiram nos Estados Unidos([349]) e que começam a espalhar-se, um pouco por toda a parte, no Brasil, em Marrocos, na Europa. *Villas* próprias, com regulamento interno, proteção, vigilância, onde não entra quem quer: enclaves seguros de

---

([349]) Em 2001, mais de 7 milhões de casas americanas, ou seja, 10 milhões de pessoas e 3,5% da população, viviam numa comunidade privada e fechada.

classe onde se vive entre si, à margem dos outros, que são julgados suspeitos e perigosos. *Villas* ideais para reformados com posses, cidades artificiais, sem crianças, sem animais nem mendigos, com os seus passeios impecáveis, as instalações muito bem cuidadas ainda que, por vezes, não muito longe dali, em zonas menos favorecidas, se possa ver ruas esburacadas, edifícios degradados, *graffiti* nas paredes e vãos de escada ocupados por pequenos traficantes.

Nestas cidades protegidas toda a fealdade está excluída: mas é uma beleza lambida, insípida, dessubstancializada, uma estética da limpeza, do conforto, da tranquilidade, num espaço privado e liofilizado: uma «*privatopia* em marcha»([350]). Mas o contrário do que é uma cidade. Não será o paradoxo último do capitalismo, em matéria de urbanismo, gerar, ao mesmo tempo, cidades tentaculares que, pela sua própria desmesura, escapam ao controlo e escoam os seus horrores, mas onde a vida fervilha, e cidades artificiais que respondem ao desejo de beleza e de prazer, mas imobilizadas na sua estética de confeção e onde a vida está ausente?

A home *personalizada*

À semelhança do espaço urbano, a relação com a casa é transformada pela sensibilidade estética hipermoderna. Estamos num momento em que o conforto doméstico definido pelos critérios funcionais e técnicos já não é suficiente: o que se procura é um conforto agradável, um sentimento de conforto que proporcione boas sensações. Já não se trata apenas de beneficiar de um «conforto total», mas de desfrutar de prazeres sensitivos e emocio-

---

([350]) David Mangin, *La Ville franchisé, op. cit.*, p. 236.

nais, de se sentir bem em casa. Estamos num momento em que todas as divisões da casa são objeto de uma procura decorativa «pelo prazer», mais personalizado do que conformista. Mobiliário, iluminação, plantas verdes, o objetivo é um espaço de bem-estar sensitivo, de prazeres estéticos e sensoriais, de convivialidade e de personalidade. São muitos os conjuntos urbanos parecidos, muitos os interiores que revelam, hoje, gostos estéticos subjetivos. O capitalismo artístico e a dinâmica de individualização são conjugados para tornar possível uma maior subjectivização da relação com a casa, uma democratização das tendências na estetização da *home*, das diligências decorativas mais personalizadas, menos estandardizadas. Cada vez mais, os consumidores gostam de comprar em feiras de velharias, encontrar *gadgets* em lojas de decoração, adquirir objetos singulares que permitam dar uma certa alma à sua casa([351]); frequentam em massa também as superfícies especializadas em *bricolage*, onde encontram ideias para eles próprios fazerem, e segundo os seus gostos, a decoração da casa, levando-os a procurar ideias nos muitos livros e revistas especializados. O gosto pela decoração tornou-se uma paixão individualista de massas. O arranjo do jardim e a decoração da casa impõem-se como *hobby* socialmente generalizado e que mobiliza tempo e dinheiro, um lazer criativo finalizado não apenas pela necessidade de fazer economias mas também pelo prazer de conceber e realizar o que envolve a sua vida.

Para um número crescente de pessoas, já não se trata de «causar impressão» ou de «fazer de rico», mas de dar um certo cunho e carácter à sua casa. O importante não

---

([351]) Ir a uma feira de antiguidades ou a um mercado de velharias (organizam-se anualmente mais de 50 000 manifestações deste tipo) é agora uma das saídas preferidas dos franceses durante o fim-de--semana.

é tanto mostrar um *standing* superior mas ter prazer, conceber um ambiente criativo e imaginativo, dar um aspeto singular à sua casa, onde nos queremos sentir bem. Neste contexto, o valor patrimonial do móvel decresce em benefício do valor estético e do prazer de mudar frequentemente de ambiente. Se hoje parte do mobiliário contemporâneo leva a melhor sobre o mobiliário de «estilo», é por uma questão de um gosto cada vez maior pelos ambientes criativos, pelas novidades e pelo prazer que se tem em renovar o nosso ambiente em função dos desejos. O valor estético sobrepôs-se ao valor estatutário tradicional: ao conformismo burguês sucede um individualismo decorativo marcado pela afirmação de gostos subjetivos, da pluralidade e do ecletismo estético. Dessacralização do móvel, deslegitimação da impessoalidade da decoração, busca de ambiências, arranjo pessoal do lugar onde se vive, primado do prazer e da singularidade decorativa: estamos num momento da psicologização, da afetivização da relação estética com a casa.

OS REQUINTES DE BOCA

A lógica estética do consumo conquistou também os universos da bebida e da comida. São múltiplos os indícios que mostram a nova importância, claramente estética, dada à cozinha na sociedade hipermoderna. O que come – e o que bebe, porque andam mais do que nunca lado a lado na maneira de praticar as artes do paladar – já não é o faminto nem o bebedolas; já não é aquele que come de maneira tradicional e ritual e que assim foi durante milénios. Comer torna-se uma atividade centrada na degustação, na informação, nas escolhas e nos gostos individuais: o que degusta está constantemente em busca de novas cozinhas, procura produtos de qualidade e adora saborear pratos originais, decide o que vai comer e come o que quer e nunca de maneira conforme a um quadro rotineiro herdado das tradições locais e religiosas([352]).

Há igualmente uma desregulamentação no consumo do vinho: já não há mais de um francês em quatro que beba vinho diariamente; mais de quatro franceses em dez são consumidores ocasionais, o vinho torna-se uma bebida agradável que marca a refeição convivial, festiva e de qualidade. E já não se bebe o «carrascão tinto» sem rótulo: escolhem-se as denominações de origem, os produtores, as colheitas, os anos de colheita que se aprecia particularmente, constitui-se a adega em função das informações recolhidas nos guias de vinhos, que não param de aparecer no mercado. Fim do consumo tradicional, aumento do gosto e da escolha individual, culturalização reflexiva dos prazeres da boca: a alimentação e a bebida participam plenamente da estetização hipermoderna dos modos de vida e do consumo individualizados.

Podemos ver, ainda, o sucesso que têm os livros e os cursos de cozinha, o aumento das reuniões enológicas, *workshops* onde se propõe a aprendizagem de pratos que, depois, se pode fazer em casa, lojas que oferecem diversos chás ou várias cervejas e que oferecem ainda uma iniciação, visitas guiadas a herdades vitícolas e degustação comentada. Em 2010, as herdades de produção vinícola em França receberam 20 milhões de visitantes, dos quais 6 milhões eram estrangeiros; contam-se mais de 10 000 adegas turísticas, que receberam 12 milhões de visitas; um em cada cinco franceses escolhe o seu lugar de férias porque é uma região vinícola e 29% dos visitantes estrangeiros só vão a França pelo vinho e pela gastronomia([353]).

([352]) François Ascher, *Le mangeur hypermoderne. Une figure de l'individu éclectique*, Paris, Odile Jacob, 2005, pp. 210-215.

([353]) Jean-Claude Ribaut, «Oenotourisme gourmand en Bourgogne», *Le Monde*, 15 de setembro de 2011.

A rubrica culinária ocupa cada vez mais espaço nos jornais generalistas enquanto as revistas especializadas se multiplicam, assim como os *sites* na internet que propõem receitas, conselhos e produtos. Aproveitando a vaga culinária, a televisão apresenta programas de cozinha e *reality shows* onde esta é a protagonista – *Top Chef, Masterchef* –, vendo as audiências subir em flecha. Cada vez mais a bebida e a comida se pensam, se exibem, se encenam nos meios de comunicação: tornaram-se objetos mediáticos ao mesmo tempo que objetos de interesse sanitário, cultural e de curiosidade estética.

O próprio aspeto da rua e da cidade traduz este aumento da relação estética com a comida. As lojas de alimentação são totalmente transformadas: o tempo das mercearias sombrias e dos talhos lúgubres acabou. A mercearia fina Fauchon apresenta um novo *look* contemporâneo, com uma decoração rosa magenta e produtos expostos como estrelas. Os próprios grandes armazéns oferecem secções *gourmet* de luxo: padarias, queijarias, peixarias, fornecedores, rivalizam em iluminação, na decoração e na valorização de produtos; os bares de vinhos, que se tornaram os locais da moda para encontros e convívio, já não têm nada a ver com as tascas e cafés à antiga; há cada vez mais lojas de alimentos exóticos. São muitos os sinais de uma cultura mais estética e qualitativa.

O ideal do bem-comer e do saber-beber ilustra-se ainda na maneira como a cozinha se tornou num lugar coletivo, um indicador social, ao mesmo tempo que um domínio próprio para favorecer os gostos individuais e a afirmação de si. Convidam-se os amigos para uma refeição preparada por nós, propondo-lhes pratos inéditos e valorizando a qualidade daquela (ou daquele, porque os homens entram cada vez mais num espaço que estava tradicionalmente reservado às mulheres) que os preparou. Escolhemos como saída privilegiada encontrar-nos com amigos em restaurantes que tenham um determinado ambiente, uma certa decoração, uma ementa original. Abrimo-nos às cozinhas do mundo, e multiplicam-se as descobertas, e vamos comer ao tailandês, ao mexicano, ao indiano, ao japonês. Propõem-se como objetivos de viagem circuitos culinários, estadias em albergues-restaurantes de charme, que oferecemos naturalmente pelo Natal, na forma de cheque-oferta, às pessoas de quem gostamos. Renuncia-se à igreja românica ou ao museu local para se visitar prioritariamente as adegas das grandes herdades, por orientação de guias que explicam a região demarcada, a variedade das castas, os processos de vinificação, as condições de envelhecimento. E oferecemo-nos o prazer supremo de um restaurante premiado. Não se trata de uma lógica de distinção social que se vem verificando, mas de uma lógica estética de afirmação individual e de degustação de prazeres.

Prazeres amplamente estéticos à luz do que se tornaram estas mesas: já não se trata de lugares reservados, guardiães de uma tradição burguesa parada no tempo, tanto na cozinha – do pato em sangue do *La Tour d'Argent* à caçarola de filetes de solha do *Lassere* – como na decoração opulenta e sobrecarregada dos salões pomposos, mas estabelecimentos que se abrem a uma nova clientela, mais ampla, transgeracional, desejosa de «experiências» e que se encontram nas decorações de *design*, no luxo sabiamente contido, concebidos pelas grandes assinaturas da arquitetura de interiores. O cerimonial, mantendo as boas maneiras, não tem nada a ver com o ritual compassado: as iguarias são descritas, explicadas, como os vinhos que propõe o escanção; e cada prato é apresentado como uma festa visual, uma arquitetura de formas, uma gama de cores, um concentrado de requintes: uma emoção estética.

Esta nova relação com a cozinha é emblemática do que é o consumo hipermoderno tal como o modelo da dinâmica de individualização dos gostos e dos comportamentos. Liberto das regras impostas pelas tradições seculares, solicitado por todas as cozinhas do mundo, magnetizado pelo ideal de qualidade de vida, dedicando-se a tornar-se um «conhecedor» informado dos referentes e diversidades apresentados nos mercados, aquele que degusta tende a tornar-se um consumidor estético e reflexivo, ou seja, apoiando-se cada vez mais no saber e na informação que não para de refletir e de arbitrar entre finalidades diversas antes de passar à mesa.

Processo de estetização bem real mas que não é menos contrariado por tendências adversas, também elas reais, e que mostra em primeiro lugar o comedor apressado de sanduíches, pizas, hambúrgueres ou *kebabs*: o tempo médio de um almoço em França passou de uma 1h30 em 1975 para 31 minutos hoje em dia. A época hipermoderna da cozinha beneficia de um reconhecimento cultural sem precedentes: em 2010, a gastronomia francesa foi inscrita no património imaterial da humanidade, ao mesmo tempo que a Ópera de Paris, a indústria de seda japonesa e o flamenco espanhol. A arte no tempo da cultura-mundo. O que não impede o formidável crescimento do *snacking*, das casas de sanduíches, do *street fooding*, da restauração de comida rápida. O homem hipermoderno está no cruzamento de duas tendências fortes: pode ao mesmo tempo comer num *fast-food* que lhe propõe um pão de borracha e um hambúrguer esponjoso e alimentar uma paixão pela cozinha criativa que cultiva como arte de viver requintada, permitindo-lhe afirmar a sua individualidade estética e tecer relações sociais. O homem apressado dos pratos cozinhados industrialmente coabita com o *gourmet* esteta do *slow-food*. Por um lado, aproximamo-nos do ideal do apreciador da boa comida transestético; por outro, afastamo-nos dele.

As contradições não ficam por aqui. O neoconsumidor denúncia a má comida, privilegia a qualidade e o «biológico», procura equilibrar as suas refeições, mostra-se obcecado pelas questões de peso, de saúde e de higiene de vida. Contudo, no momento de inatividade física, da *junk food* e das doenças nutricionais, a obesidade torna-se um flagelo mundial: dois em cada três americanos adultos sofrem de excesso de peso e 32% são considerados obesos ([354]). A grande maioria de franceses considera que comer entre as refeições não é bom, mas apenas pouco mais de uma pessoa em cinco se conforma ao princípio estrito de três refeições por dia. A época do apreciador gastronómico estético-reflexivo, que exerce a sua autonomia ao tomar cada vez mais decisões, é também a que vê aumentar os impulsos, as bulimias e a impotência para se controlar, a do homem que come muito e mal, a da «gastro-anomia»([355]).

CUIDADOS PESSOAIS

Mais ainda que a relação com a cozinha, e não sem paradoxo num tempo em que se exibe um gosto generalizado pelos prazeres do paladar e em que, na espiral da má comida, aumenta o número de obesos, a relação com a beleza do corpo e do rosto mostra o impulso social e individual dos desejos e dos comportamentos estéticos.

([354]) Esta taxa triplicou em meio século e nem mesmo as crianças são poupadas: uma em cada três tem excesso de peso ou é obesa.

([355]) Claude Fischler, *L'Homnivore. Le goût, la cuisine et le corps*, Paris, Odile Jacob, 1990; reed. Éditions du Seuil, coll. Points, 1993, pp. 212-216. Jean-Pierre Poulain observa a propósito da cacofonia hipermoderna alimentar que ela não remete unicamente para uma ausência de regras sociais, mas também «para a inflação de injunções contraditórias: higienistas, identitárias, hedonistas, estéticas...». Jean-Pierre Poulain, *Sociologies de l'alimentation. Les mangeurs et l'espace social alimentaire*, Paris, PUF, coll. Sciences sociales et sociétés, 2002, p. 53.

Durante milénios, os cuidados cosméticos mal ultrapassavam os limites do mundo da elite social. Foi apenas no século xx que se desenvolveu uma industrialização em massa dos produtos de beleza, tendo permitido a difusão social das práticas de embelezamento. Ao mesmo tempo, o cinema, a imprensa feminina, a publicidade, a moda, a fotografia propagaram em grande escala os cânones modernos da beleza, os conselhos, mas também os sonhos de beleza em todos os grupos sociais. Ao fazer cair todos os obstáculos sociais aos cuidados pessoais (classe social, idade, produtos, técnicas utilizadas, imaginário da mulher), as nossas sociedades abriram um novo capítulo da história da beleza feminina: o estado hipermoderno da beleza onde nada se opõe à sua otimização, onde a procura da beleza não pára de crescer, onde os meios estéticos constituem um mercado em expansão contínua.

Presentemente, é em todas as camadas sociais([356]) e em todas as idades([357]) que se desenvolvem as práticas cosméticas, a luta contra o peso e contra as rugas, a cirurgia estética, as dietas para emagrecer. O mercado da beleza conhece um crescimento considerável, com produtos cosméticos cada vez mais numerosos, uma cirurgia estética que se democratiza, ofertas para sessões de talassoterapia que se tornam mais acessíveis, *spas* e institutos de beleza que se multiplicam([358]). Perfumes a mais, produtos de

---

([356]) 95% dos franceses compram produtos de beleza.

([357]) 31% das jovens entre os 13 e os 15 anos utilizam o lápis para os olhos pelo menos uma vez por semana; 16% das meninas entre os 8 e os 12 anos utilizam um creme de beleza todos os dias, 11% usam verniz para as unhas, 9% colocam máscara (estudo Consojunior realizado por Kantar Media em 2010). A Wall Mart lançou em 2011 uma linha de cosméticos para meninas com idades compreendidas entre os 8 e os 12 anos.

([358]) Em França, a cirurgia estética é utilizada por cerca de 120 000 pessoas por ano; o número de institutos de beleza passou, entre 1970

maquilhagem para todos os preços, *boom* de produtos de cuidados corporais: estamos numa época de superprodução e de superconsumo estético, de declinações ao infinito dos meios destinados a aumentar a beleza dos rostos e dos corpos, dos jovens e dos menos jovens. A beleza tornou--se um novo Eldorado do capitalismo ao mesmo tempo que uma obsessão e uma prática narcísica de massa.

Este superconsumo estético liga-se manifestamente à nova cultura individualista centrada no hedonismo, no estar cada vez melhor, na personalização de si. As marcas de cosméticos fazem ostentar a sua eficácia sob o signo do prazer. O ditado «é necessário sofrer para se ser bonito» já deixou de ser válido, dando lugar à exaltação da qualidade das sensações, da voluptuosidade de se ocupar de si-mesmo. É gostar tão-somente do seu corpo, «reconciliar-se com o sensorial» ao adotar os produtos e as técnicas que convêm à sua personalidade. Os cuidados estéticos são apresentados como um prazer e o bem-estar subjetivo como um meio de embelezamento. Ao mesmo tempo, a profusão de produtos e de marcas, de regimes e atividades de manutenção e de forma permite sempre mais escolha, decisões individuais, programas *à la carte*. A hipermodernidade estética coincide com a proliferação da oferta comercial, com o supermercado de produtos e «receitas» de beleza em concordância com o impulso das exigências de individualidade e de personalização da imagem de si. Cada mulher é chamada a valorizar a sua beleza singular, a utilizar os produtos «que mais estão de acordo com ela», a adotar o regime ou as atividades correspondentes ao seu estilo de vida e à sua morfologia: o modelo da beleza diretiva, imposta de fora, é suplantado por um ideal plural,

---

e 2006, de 2 300 a 15 300; o volume de negócios nos cosméticos duplicou entre 1990 e 2000.

expressivo, subjetivizado([359]). A beleza consumada entrou plenamente na época democrático-individualista de primeira qualidade e da personalização.

Ditadura da beleza

Será, portanto, o sinal do declínio das normas estéticas coletivas e da tradicional «ditadura» da beleza? Estamos longe disso. Na verdade, quanto mais se reivindica a autonomia dos indivíduos, mais se intensificam as servidões da aparência corporal, as «tiranias» da beleza em qualquer idade, a exigência de conformidade com o modelo social do corpo jovem, esbelto e firme. Quanto mais as exigências hedonistas são legítimas, mais se afirma o mesmo ideal de beleza e mais os indivíduos procuram intervenções tecnológicas e performativas em matéria de aparência. Vê-se, assim, a cirurgia estética ter um desenvolvimento espetacular. No sentido de construir uma imagem de si jovem, musculada e esbelta, os ginásios multiplicam-se, os homens e sobretudo as mulheres fazem dieta, tornam-se consumidores bulímicos de cuidados do corpo, de cremes reestruturantes, de produtos magros e biológicos. Superconsumo de produtos estéticos que tem como contrapartida um culto inquieto, obsessivo, sempre insatisfeito com o corpo, marcado pelo desejo anti-idade, anti-peso, por um trabalho interminável de vigilância, de prevenção, de correção de si mesmo.

E amanhã? Alguns anunciam o recuo ou o desaparecimento próximo deste modelo despótico de beleza antinómica com a valorização da diferença, do pluralismo e

---

([359]) Georges Vigarello, *Histoire de la beauté. Le corps et l'art d'embellir de la Ranaissance à nous jours*, Paris, Éditions du Seuil, coll. L'Univers historique, 2004, pp. 240-249.

da singularidade individual. Enquanto aumentam as críticas contra o «dever de beleza», a marca Dove produziu campanhas publicitárias apresentando corpos menos perfeitos, mais redondos, com o objetivo de promover uma definição mais ampla da beleza e de fazer aumentar a autoestima das mulheres. Alguns costureiros fazem desfilar «verdadeiras mulheres», menos perfeitas; em 1999, apareceu a «modelo deficiente» Aimee Mullins durante um desfile de Alexander McQueen. A própria Aimee Mullins, amputada de pernas, tornou-se a diva da L'Oréal. Outras campanhas de publicidade apresentam mulheres de idade mais madura. A revista alemã *Brigitte* decidiu em 2010 nunca mais apresentar fotos de modelos profissionais e recorrer apenas a modelos amadores «de sete semanas aos 81 anos». Será necessário, portanto, falar do colapso de estereótipos da beleza ideal, do fim do culto do jovem e do voluntarismo estético? Nada é menos certo.

Deve-se recordar que esta exigência de tolerância é relativamente antiga: o *slogan* «Fat is beatiful» («gordura é formosura») afirmou-se a partir dos anos 70, mas o seu sucesso simbólico quase nada se traduziu nos factos. Meio século depois, é a magreza que, mais do que nunca, se impõe como ideal estético em todo o planeta. A culpa é dos *media*? Sim, mas só em parte. A estética da magreza não é um culto absolutamente arbitrário fomentado apenas pelas imagens publicitárias: à promoção desta norma estética estão subjacentes razões de fundo, relativas ao individualismo moderno, à cultura do domínio técnico, à valorização do princípio do autocontrolo, à ideologia da saúde. No centro da nossa cultura estética, é a razão prometaica moderna que está a ser implementada, animada pela recusa do destino e pelo seu processo de otimização infinita do adquirido e do existente. O culto contemporâneo da beleza desenvolve-se sob o signo da não-aceitação da fatalidade, da recusa do dado transmitido pelos valores de apropriação técnica do mundo e do corpo. Um dos maiores efeitos da cultura moderna é, assim, a desqualificação do espírito de resignação, da despreocupação e do deixar andar, enquanto se descobre legitimidades de vontade de autocontrolo e desafios lançados ao tempo e ao corpo. É por esta razão que o corpo estético tende a ser pensado como um objeto que se merece por um trabalho permanente sobre si e que se pode embelezar por diferentes tipos de intervenção técnica. Zsa Zsa Gabor dizia-o já à sua maneira: «Não há mulheres feias, apenas mulheres preguiçosas»([360]).

São, sem dúvida, muitas as vozes que, apelando ao pluralismo estético, protestam contra os caminhos balizados da beleza feminina traçados pelos meios de comunicação. Mas a sua força é fraca comparada com a do *demiurgismo* moderno que promete uma beleza indefinidamente perfectível. Quem poderá duvidar que amanhã as mulheres, mas também os homens, quererão ainda e sempre parecer mais belos e mais jovens do que a sua idade? É provável que nada pare a fuga para a frente ativista: cada vez mais meios, mais *high-tech*, serão utilizados para corrigir as fealdades do corpo, embelezar o rosto, lutar contra o peso e contra as rugas([361]). Um dia, talvez próximo, estas aparecerão como algo de inconveniente ou mesmo obsceno.

Hoje, já perdemos a conta às vedetas do *show-business*, homens e mulheres, que fazem rejuvenescer o seu rosto. E os progressos da medicina e da cirurgia estética abrem múltiplos horizontes, talvez ilimitados no sentido

---

([360]) Gilles Lipovetsky, *La Troisième femme, Permanence et révolution du féminin*, Paris, Gallimard, coll. NRF Essais, 1997, pp. 140--144; reed. Coll. Folio Essais, 2006, pp. 172-177.

([361]) O mercado das injeções antirrugas aumenta. Em França, foram vendidas entre 2003 e 2008 cerca de três milhões de seringas de produtos de preenchimento de rugas.

da transformação dos nossos corpos segundo desejos estéticos. Atualmente, é possível mudar a forma do nariz, reimplantar cabelo e reduzir as nádegas, as coxas ou o ventre, engrossar os lábios, conseguir seios maiores ou mais pequenos. Mesmo se por agora os resultados não sejam sempre concludentes, a verdade é que o corpo pode ser «desenhado», retocado, remodelado à maneira de uma obra de arte. A cultura da beleza-destino (a beleza como «dádiva divina» ou graça da natureza) foi substituída pelo reino da beleza voluntarista, por uma cultura ativista e performativa da beleza, expressão estética do princípio moderno de controlo ilimitado do mundo e da livre posse de si.

Além disso, a cultura técnica não é a única subjacente ao ativismo estético. Este é igualmente favorecido pela nossa cultura individualista-consumista-narcisista, onde se gosta de nós mesmos e dos outros e onde aperfeiçoarmo-nos fisicamente se tornou uma atitude e aspiração legítimas. Agora, as novas normas do corpo exacerbam as paixões narcísicas de autovigilância, de manutenção, de otimização da aparência. E os valores individualistas e consumistas levam a querer o que há de melhor para nós, pelo menos a aceitar o que se recebeu, a recusar as marcas físicas e o envelhecimento[362]. Por toda a parte, triunfa o ideal do autocontrolo e da posse de si independentemente do número cada vez maior, por outro lado, de pessoas obesas.

É certo que as mulheres denunciam hoje em dia a ditadura dos *media* e os estereótipos do belo sexo, mas é duvi-

---

[362] Além disso, nem todas as intervenções estéticas são realizadas para nos fazermos admirar por uma beleza perfeita. É, por vezes, o contrário; para passar despercebidas, algumas mulheres recorrem à cirurgia estética na esperança de verem eliminadas algumas imperfeições muito visíveis e que são fonte de complexos.

doso que sejam realmente relativistas em matéria de beleza e que adiram de futuro à ideia de uma certa negligência em relação ao corpo e de uma beleza igual de corpos e rostos. As mulheres rejeitam a beleza irreal exaltada pelas imagens mediáticas, mas como não sonhar secretamente? Tudo leva a pensar que a pressão dos estereótipos e a norma de uma beleza ideal não desaparecerão, mesmo se nas sondagens da vida quotidiana as mulheres critiquem as imagens inacessíveis de beleza. Não se conhece sociedade sem modelo ideal de beleza, sem valorização e desejo do belo. Poder-se-á ver aumentar, futuramente, os *media* que mostrem mulheres mais reais e com uma beleza menos estandardizada: isto não fará desaparecer a busca perfeccionista da beleza, o desejo de melhorar o seu aspeto, necessariamente em relação com os modelos ideais socialmente reconhecidos. As mulheres entregam-se aos modelos «publicitários» da beleza, mas ao mesmo tempo o *prometeísmo* estético não deixa de seguir o seu caminho. O relativismo tolerante vai de vento em popa nos discursos de protesto, mas é um ativismo voluntarista e tecnicista que é mobilizado para tentar não envelhecer mal. Não duvidemos: a «ditadura da beleza» e a obsessão pela aparência estão muito longe de constituir um capítulo fechado da nossa aventura estética[363].

Homens e mulheres

A sociedade estética hipermoderna destaca-se ainda pela nova relação que os homens têm com a beleza. A partir do século XIX, as práticas masculinas de embelezamento foram sistematicamente desacreditadas: o homem

---

[363] Gilles Lipovetsky: «Demain, le beau sexe», em Élisabeth Azoulay (dir.), *100 000 ans de beauté*, t. V, *Futur: projections*, Paris, Gallimard, 2009, pp. 132-135.

não tem vocação para ser belo, mas para trabalhar, ganhar dinheiro, ser cidadão. É só a partir da década de 60 que se inicia uma dinâmica de reabilitação e de celebração da beleza masculina: tanto a imprensa como algumas obras começam a dar conselhos estéticos aos homens, a beleza do sexo masculino era apresentada como um instrumento que podia favorecer o sucesso e triunfo social[364]. Neste sentido, o consumo de cosméticos pelos homens vai conhecer uma progressão significativa: entre 1965 e 1995, a secção masculina no volume total de negócios dos produtos cosméticos quase duplicou, ao passar dos 5,7% para 10%. Simultaneamente, o olhar das mulheres sobre os homens mudou notavelmente ao reconhecer, mais do que no passado, o *sex appeal* masculino.

Agora, os homens dedicam mais tempo, atenção e dinheiro à sua aparência[365]: há os que têm cuidado com a pele e fazem dieta para ficar magros e há os que recorrem a injeções de botox ou a *liftings*; outros lutam contra a calvície recorrendo a implantes capilares. A cultura gay contribuiu também para devolver uma legitimidade à preocupação masculina pela aparência, ao investimento na sua imagem pessoal, no ideal da beleza masculina. É neste contexto que se popularizou a noção de «metrossexual», que designa o novo homem na moda, um *neodandy* apaixonado pelos produtos cosméticos, que dá grande importância ao seu aspeto, que adota as técnicas de depilação, que tem cuidado com a alimentação e com o corpo. Uma rutura cultural tão manifesta que levou muitos observadores a afirmar a ideia de uma dissolução da diferença

---

[364] Arthur Marwick, *Beauty in History. Society, Politics, and Personal Apearence*, Londres, Thames & Hudson, 1988, chap. VIII.

[365] Em 2009, o orçamento anual médio dos homens para roupa era de 298 euros contra 343 euros para as mulheres: em 10 anos a diferença dos orçamentos dos dois sexos passou de 20% para 13%. E na faixa etária dos 15-24 anos é de apenas 6%.

entre as práticas estéticas dos homens e das mulheres e a defender que a nossa época está marcada por um movimento de igualização democrática de géneros em relação à beleza e à aparência[366]. Mas uma andorinha não faz a primavera. O que estamos a testemunhar não é de maneira alguma sinónimo de confluência de géneros, mas de pluralização e de desregulamentação das práticas estéticas masculinas. A partir deste momento, diferentes atitudes masculinas em relação à beleza tornaram-se socialmente legítimas em vez do estrito recalcamento masculino do aspeto. Contudo, por mais importante que seja, a dinâmica de reabilitação da beleza masculina não conseguiu de maneira nenhuma destruir a dissimetria dos papéis e posições estéticas dos dois sexos. Iniciou-se, é certo, um processo de legitimação do cuidado de si, mas isto não significa um reconhecimento do mesmo tipo para os dois sexos. Basta observar como é avaliado um homem que se «maquilha» em público, no comboio ou num avião, para perceber como ainda estamos longe de uma cultura igualitária da beleza.

Ao mesmo tempo, se é inegável que os homens mostram mais do que antes preocupação pela sua aparência, as mulheres redobraram os seus esforços: as despesas femininas em produtos de beleza e de cuidados com o corpo, as dietas para emagrecer, os recursos à cirurgia estética testemunham a persistência da cultura desigual da beleza marcada pela grande primazia do feminino. Apesar das declarações rituais sobre a explosão do consumo cosmético masculino, este dificilmente ultrapassa 10% do volume de negócios do setor, percentagem que pouco variou desde a década de 80. O eco que têm os concursos

---

[366] Susan Bordo, «Réinventer la beauté masculin», em Élisabeth Azoulay (dir.), *100 000 ans de beauté*, t. V, *Futur: projections, op. cit.*, pp. 122-123.

femininos de beleza, a proeminência das *top models* femininas, a prática quase exclusivamente feminina da maquilhagem, as páginas de «beleza» das revistas femininas, a proliferação dos desfiles de moda, assim como a sobrevalorização da beleza feminina nos discursos quotidianos e as imagens mediáticas vão no mesmo sentido: exprimem a recondução da dissemelhança dos papéis estéticos dos dois sexos em benefício do feminino.

O facto de a sociedade mostrar ambições igualitárias não elimina a necessidade de codificar, de significar de uma maneira ou de outra as identidades sexuais. Nenhuma sociedade pode escapar à exigência de simbolizar e encenar a diferença de géneros. É porque as normas igualitárias entre sexos progridem que, paradoxalmente, o ideal desigual da beleza feminina se prolonga como instrumento de inscrição social de identidade e da diferença sexuais. À medida que as mulheres podem desempenhar papéis sociais «pesados», tradicionalmente destinados aos homens, recompõe-se a dissimilaridade dos papéis «ligeiros» ou estéticos. As mulheres querem poder desfrutar dos mesmos direitos que os homens, mas não querem por esse facto assemelhar-se. Longe de ser uma sobrevivência ou um arcaísmo em vias de extinção, este processo está de acordo com as novas necessidades identitárias, com a necessidade de contrabalançar a desregulamentação hipermoderna dos papéis sexuais. Estamos num momento em que a exigência de igualdade se concilia com a reafirmação da diferença estética: atualmente, as mulheres envolvem-se na atividade profissional ou política sem que diminua de alguma maneira a sua preocupação tradicional pela beleza, moda e sedução. De facto, a vida ativa tornou-se num fator que leva as mulheres a investir na dimensão da aparência. Ao que se acrescenta a força de estimulação das indústrias da beleza assim como o impulso das normas narcísicas que legitimam a valorização estética. Nestas condições, tudo leva a crer que a dinâmica de sobrevalorização da beleza feminina vai continuar: o mundo do capitalismo artístico e da igualdade democrática não faz desaparecer a preeminência estética do «segundo sexo»[367]. A indiferenciação dos géneros neste plano é um mito.

Beleza e mundialização

Se o corpo magro e firme aparece socialmente como norma única e hegemónica da beleza, o mesmo não se passa com outros aspetos da beleza marcados por um certo pluralismo. Isto é particularmente verdade no que diz respeito ao rosto numa época em que vemos as belezas negras, asiáticas ou mestiças no cinema, na publicidade e nas *passerelles* da moda. Belezas diversas e vernaculares que são, para sermos completamente exatos, belezas «glocalizadas», uma vez que aparecem como um misto de cosmopolitismo transnacional e de beleza «étnica»[368].

Os jovens jamaicanos que recorrem à despigmentação voluntária para aclarar a cor da sua pele «não querem ser brancos, querem ser *"brown"*, morenos, mestiços»[369]. Com o capitalismo artístico mundializado triunfa o modelo «etnochique», a hibridação estética do padrão moderno e da etnicidade.

Além dos hinos à diferença, é de facto um mesmo modelo de beleza feminina que a publicidade, a moda, os manequins, as marcas de cosméticos difundem em todo o

---

[367] Gilles Lipovetsky, *La Troisième femme, op. cit.*, pp. 188-200; coll. Folio Essais, p. 231-246.

[368] Jackie Assayag, *La Mondialisation vue d'ailleurs. L'Inde désorientée*, Paris, Éditions du Seuil, coll. La couleur des idées, 2005, pp. 103-126.

[369] Carolyn Cooper, «Le clown blanc de Kingston», *Le Monde*, 28 de Janeiro de 2012.

planeta. A norma tradicional da beleza provinciana feita de robustez e de formas roliças deu lugar a uma sedução *sexy* e longilínea que exige uma dieta, exercício físico, mas também maquilhagem, produtos para o corpo, cirurgia estética. Inexoravelmente, triunfa um modelo estético internacional, que exalta a mulher esbelta, o *sex appeal*, o *glamour* resplandecente, os cuidados cosméticos do corpo. É este modelo de beleza cosmopolita que exige um consumo constante que consagram os concursos de beleza nacionais e internacionais, cujas imagens são agora transmitidas pelos *media* à escala planetária.

Na Índia, os salões de beleza e as clínicas de cirurgia estética proliferam ao mesmo tempo que os produtos cosméticos, antibulímicos, salas de *fitness*; a obsessão pela cor da pele é acompanhada por um grande consumo de cremes industriais para aclará-la. A China conhece igualmente uma explosão do consumo de produtos cosméticos, de cuidados do corpo (massagens, envernizamento e alongamento das unhas) e da cirurgia estética (em particular a dos olhos e do alongamento do nariz): organiza-se mesmo um concurso de Miss Cirurgia Estética. Em África, propaga-se o entusiasmo pelos produtos que embranquecem a pele e na Jamaica há um concurso para a jovem mais bela que embranqueceu a pele, «the finest bleacher». Esta dinâmica tem cada vez menos exceções. Assim, as mulheres iranianas não devem maquilhar-se, usam véu e roupas largas: em contrapartida, as operações estéticas (particularmente a rinoplastia), os institutos de beleza e os centros de bronzeamento proliferam. É, por todo o lado, o mesmo modelo consumista e ativista da beleza (consumo cosmético, exercício físico, cirurgia estética) que se propaga por todo o planeta.

Nestas condições, a «glocalização» da beleza não deve fazer perder de vista o domínio crescente e planetário dos padrões estéticos ocidentais relativos tanto ao rosto (olhos grandes, nariz «caucasiano») como ao corpo (esbelteza torneada, erotismo das formas). Ao glorificar um mesmo ideal de beleza, o cinema, as séries, a publicidade conseguiram criar junto das mulheres, um pouco por todo o lado, o desejo de se parecerem com os ícones destacados pelos meios de comunicação ocidentais. Quando o Ocidente deixa de ser o centro hegemónico da economia-mundo impõem-se, nos quatro cantos do mundo, os seus cânones e as suas práticas estéticas ilimitadas. E no momento em que se glorificam os particularismos, as «raízes» culturais, as etnicidades, triunfa em todo o planeta o mesmo padrão individualista-tecnicista-consumista de beleza. Com o capitalismo artístico mundializado, uniformização planetária, personalização e celebração das diferenças culturais andam juntos.

Progresso na beleza?

Nunca as mulheres tiveram ao seu dispor tantos produtos de beleza e técnicas de cuidados com o corpo como agora: nunca frequentaram tantos lugares que contribuem para realçar ou conservar a beleza (institutos de beleza, *spas*, ginásios). Para quê? Estarão o capitalismo e o sistema tecnocientífico na origem de um progresso objetivo da beleza física dos indivíduos?

É impossível, a longo prazo, subestimar tudo o que a ciência, a indústria, a medicina e a higiene fizeram em matéria de melhoramento do aspeto físico. Mais bem alimentados, mais bem cuidados, as pessoas já não apresentam o espetáculo que era o das pessoas desdentadas, disformes, enfermas, pintadas por Jerónimo Bosch. No campo e, depois, mais tarde, nos estaleiros industriais ou nas minas, as pessoas estavam alquebradas, definhadas, dilaceradas, velhas precocemente. É certo que os progressos técnico-científicos não criam «mais» beleza física, mas pelo menos corpos menos devastados pelo trabalho, pela miséria e pela doença e, sobretudo, podem conservar por mais tempo a sua sedução e juventude. Se o progresso não traz beleza, permite, no entanto, prolongá-la e reduzir o espetáculo de grandes fealdades. Foi o que levou Virginia Postrel a afirmar que os povos das nações industrializadas são os que apresentam melhor aparência de toda a história humana([370]).

Semelhante otimismo estético apela a algumas reservas. Apesar do recuo das fealdades extremas ligadas às condições de vida miseráveis, note-se que não temos de maneira alguma a sensação de viver rodeados por cada vez mais beleza. No espetáculo que a rua oferece, a beleza continua a ser mais rara do que o contrário: encontramos cada vez mais gente, mas não temos a sensação de que as belezas sejam em excesso. Menos fealdade extrema não é sinónimo de perfeição crescente da beleza. Como defender, a este respeito, a tese do progresso do género humano no plano estético, quando vemos a progressão da obesidade e que, para nós, é incompatível com a beleza? Nas nossas sociedades, a beleza física está associada ao corpo magro, mas há cada vez mais gordos. As pessoas andam bem vestidas e têm melhor saúde, mas não são mais belas. Temos cada vez mais meios capazes de melhorar a aparência física das pessoas, no entanto, a beleza continua a ser um bem raro, sempre repartido muito desigualmente. Não há mais progresso histórico da beleza do que progresso da felicidade.

A mesma conclusão se impõe quando consideramos a maneira como os indivíduos se apreciam. Segundo uma

---

([370]) Virgina Postrel, *The substance of Style. How the Rise of Aesthetic Value is Remaking Commerce, Culture, and Consciousnesse*, Nova Iorque, Harper-Collins, 2003, p. 26.

sondagem de 2011, seis em cada dez mulheres declaram achar-se mais bonitas, contra um terço de opiniões contrárias. Entre os 20 e os 24 anos, 79% das mulheres julgam-se belas. Cerca de 70% partilham este sentimento entre os 25 e os 44 anos. A partir dos 43, são apenas 56% que se veem belas e 49% com mais de 60 anos. Será este o sinal de uma marcha triunfal da beleza? Certamente que não, porque quanto mais mulheres apreciam a sua aparência, mais as suas imperfeições as obcecam. Este paradoxo exprime-se muito particularmente nas jovens: 79% das mulheres entre os 20 e os 24 anos sentem-se belas, mas 71% estão complexadas por uma parte do seu corpo e 60% gostariam de poder mudar alguma coisa na sua aparência. Quase uma mulher em duas desejaria mudar qualquer coisa no seu físico se pudesse: uma em cada duas mulheres acha-se muito gorda. Mesmo magras, as mulheres acham-se ainda um pouco gordas: uma em cada três mulheres com peso normal vê-se muito gorda e duas em três gostariam de emagrecer. A norma da magreza e a inflação de imagens superlativas da beleza levam as mulheres a ter cuidado consigo, a permitir-se continuar sedutoras durante mais tempo: muitos aspetos para inverter o facto de que a não-beleza aparece cada vez menos suportável. Quanto mais resplandecente o ideal de beleza, mais a sua falta é vivida como um drama pessoal. Quanto mais meios estéticos temos à nossa disposição, mais se aguça a consciência das nossas «imperfeições».

MODAS E *LOOKS*

O consumidor hipermoderno é um consumidor estético que se alimenta de música, de espetáculos, de viagens, de saídas culturais, de marcas, de moda. Elemento essencial da estetização de si, a moda encarrega-se hoje de

novas tendências que valorizam a dimensão hiperindividualista, ao ser o pano de fundo da sociedade hipermoderna e da vida transestética.

Até recentemente, a moda impunha uma tendência homogénea segundo princípios e uma temporalidade estritos. Ao mesmo tempo, o adorno era responsável pela classificação dos grupos sociais, pela expressão da hierarquia social. Já não é assim: estamos num tempo de moda policêntrica e balcanizada onde os valores de autonomia e a profusão dos estilos permitiram a emancipação dos sujeitos perante antigos constrangimentos de pertença de classe. Cada um pode compor à vontade o seu estilo de aparência. É um individualismo desregulado e opcional que acompanha o sistema contemporâneo da moda. Neste quadro, já não se trata tanto de ser reconhecido como membro da classe alta mas de exprimir uma personalidade singular e os gostos individuais. Através da roupa da moda, homens e mulheres entregam-se menos a estar socialmente conformes do que a sentir emoções estéticas, a estar de acordo com a imagem pessoal que têm de si mesmos e querem mostrar em público. A relação de nós com o outro é sempre fundamental e estruturante, mas a roupa está mais ao serviço da promoção da imagem pessoal do que de uma imagem ou estatuto social.

Durante séculos, para estar na moda era imperativamente necessário adotar o mais rapidamente possível os últimos modelos, copiar imediatamente a tendência unitária do momento. Este não é o caso numa época em que a moda é plural, descoordenada, desunificada e incapaz como tal de se impor uniformemente aos indivíduos. As mulheres seguem sempre as tendências, mas usam o que mais gostam, o que lhes fica bem, e não a moda pela moda, como foi sempre o caso no passado. O conformismo na moda não está morto mas recuou com o impulso dos valores de autonomia e de expressão individuais.

O consumo da moda contemporânea tornou-se de tipo emocional, psicológico e estético: a primazia da conformidade social-estética deu lugar ao *look* opcional ou *à la carte*, ao estilo «que tem a ver connosco»([371]). A individualização na moda hipermoderna significa não originalidade do parecer – de facto muito pouco difundido – mas escolha da sua aparência em função da imagem pessoal que queremos dar de nós mesmos, expressão estética de nós que se compõe ao copiar isto e não aquilo, como se quer, quando se quer, em função de gostos subjetivos, de momentos e de humores. Enquanto o regime da moda se liberta dos imperativos estéticos de classe, constitui-se um novo sistema de aparências que funcionam num registo mais subjetivo, mais dissonante, mais afetivo.

Regime subjetivo da moda que não é menos paradoxal, uma vez que é acompanhado pelo fascínio crescente pelas marcas assim como pela multiplicação dos *personal shoppers*, estilistas pessoais, conselheiros de imagem, guias e seminários de *relooking*. Quanto menos a moda impõe os seus ditames, mais os consumidores estão perdidos e desorientados por causa do excesso da oferta e da ausência de tradição de classe que outrora dotava os indivíduos de referências estéticas. Presentemente, o consumidor de moda e de produtos de beleza é um consumidor livre nas suas escolhas, mas que nem sempre sabe como orientar-se e dirigir-se. As dinâmicas de individualização e do capitalismo artísticos trabalharam de mão dada para criar um consumidor que quanto mais desorientado está mais autónomo é, quanto mais despojado está de princí-

---

([371]) Gilles Lipovetsky, *L'empire de l'éphémère. La mode et son destin dans les sociétés modernes*, Paris, Gallimard, coll. Bibliothèque des Sciences humaines, 1987; reed. Coll. Folio Essais, 1991, primeira parte, cap. III.

pios estéticos mais é reconhecido como mestre de si próprio em matéria de aparência.

Juvenilismo, androgenia e individualismo

Abstemo-nos de equiparar o hiperindividualismo na moda a um frenesi de originalidade e a uma liberdade sem normas: individualismo e conformismo andam sempre juntos. No mundo do trabalho, o vestuário é regulamentado por códigos mais ou menos obrigatórios. Fora da empresa triunfa uma estética informal e descontraída, fluida e desportiva, casual, que tem a característica de ser usada por todos, crianças, adolescentes, pais e avós e em todos os grupos sociais. Em matéria de vestuário de lazer, homens e mulheres, jovens e pessoas da terceira idade usam agora os mesmos *jeans*, as mesmas *t-shirts* e *sweat-shirts*, blusões, anoraques, calções, botas, ténis, as mesmas cores vivas, os mesmos logotipos, os mesmos grafismos e inscrições divertidas: Anne Hollander observa que o espetáculo dos adultos assim vestidos evoca a imagem de um pátio de escola([372]). O *look* jovem ou adolescente tornou-se a referência dominante do vestuário dos adultos: antes era necessário exibir os sinais honoríficos da riqueza, hoje é necessário parecer jovem, eternamente jovem. O conformismo juvenilista tomou o lugar do conformismo aristocrático ou burguês. A moda servia para diferenciar as classes: ela visa agora diferenciar as classes etárias ao celebrar o aspeto jovem em qualquer idade.

Mas se é inegável que o *look* jovem suplantou o *look* rico, isto não quer dizer que as diferenças geracionais no mundo tenham sido eliminadas. À primeira vista, jovens

---

([372]) Anne Hollander, *Sex and Suits*, Londres, Claridge Press, 1994, p. 167.

e adultos vestem-se da mesma maneira com a mesma roupa desportiva, descontraída, «fixe». Visto de perto, as coisas não são bem assim. Mesmo que as peças de roupa sejam semelhantes, a maneira de combiná-las e usá-las revela grandes diferenças ligadas à idade. Já nem contamos as modas específicas de adolescentes e jovens: *piercing*, rastas, boné usado ao contrário, ténis sem atacadores, *jeans* rasgados, calças a meio do rabo, são muitas as tendências que se apresentam como apanágio dos jovens. Num fundo de juvenilismo geral do aspeto recompõem-se as diferenças, os *looks*, estéticas que não são semelhantes segundo as idades. Não se trata da indiferenciação das idades, mas da pluralização, da fragmentação da própria cultura juvenilista.

Este juvenilismo foi interpretado como uma forma de regressão infantilizante([373]) que transforma o nosso mundo-moda num infantário, numa «babylândia generalizada». Contudo, em muitos aspetos, é um processo inverso que se desenvolve. À gravidade das questões do parecer sucederam a distância, o lúdico, a ironia ou a indiferença. Quando a moda já não anda a par do dirigismo imperativo dos modelos pode ser tomada «de ânimo leve» e ser mais divertida do que objeto de obstinação. Donde o erro de evocar um puerilismo generalizado. Usar uma *t-shirt* decorada com um desenho do Mickey não significa que se regresse à infância mas que se joga com a moda porque ela não significa nada de crucial na vida: é «engraçada» e é tudo. A maioria das pessoas veste-se «à jovem», mas a relação com a moda tornou-se, de facto, mais adulta, mais «sábia», ela é reconhecida mais pelo que é: um jogo

---

([373]) Eric de Kuyper, «If everything's fashion, what's happening to Fashion», em Jan Brand, José Teunissen e Anne Van Der Zwaag (dir.), *The Power of Fashion. About Design and Meaning*, Arnhem, ArtEZ Press, 2006, p. 121.

frívolo, uma estética das aparências sem grande importância. Não é a infantilização que ganha mas, pelo contrário, um consumidor mais distante, mais reflexivo, mais adulto, capaz de «meter a moda no seu lugar», considerando que a moda é apenas moda e não uma questão que ponha em causa a sua vida na sociedade. Da mesma maneira que não há uma puerilização da relação com a moda também não há de maneira nenhuma uma «indiferenciação transsexual» que faça triunfar o estilo andrógino e o *look* unissexo. É certamente verdade que hoje em dia, no seu vestuário quotidiano, homens e mulheres podem usar mais ou menos as mesmas calças, os mesmos calções, blusões, camisolas, *t-shirts*, ténis, roupa desportiva. É um movimento crescente para o unissexo que traduz, segundo Anne Hollander, a nossa valorização da juventude, da infância e da sua suposta androgenia[374].

Contudo, homens e mulheres estão longe de ter renunciado a todos os modelos de moda próprios do seu sexo e à vontade de mostrar a sua diferença: vários tabus associados à aparência dos sexos não mudaram em nada. «O proibido» relativo ao uso de vestidos e saias pelos homens persiste ainda com muita força apesar das propostas vanguardistas de Jean-Paul Gaultier. E o mesmo se passa com a maquilhagem. Os homens não usam bâton e não depilam as sobrancelhas: mas rapam o cabelo ou andam com barba de três dias, precisamente para parecerem mais viris. Tanto o vestuário de noite como a roupa de praia são sempre marcados por uma forte diferenciação sexual. Com o desenvolvimento do vestuário justo ao corpo, de roupa menos rígida, mais fluida e que revela a sensualidade do corpo há uma certa feminização da aparência masculina. Mas esta não elimina de maneira

---

[374] Anne Hollander, *Sex and Suits*, op. cit., pp. 167-177.

nenhuma a recondução da diferença sexual, uma codificação da aparência propriamente masculina. A «sensualização» do aspeto masculino e a adoção por parte das mulheres de certos símbolos típicos do masculino não querem dizer movimento andrógino da moda. As mulheres têm certamente uma liberdade no vestuário muito maior mas que não significa de todo uma uniformização unissexo: os cortes de vestuário, as cores, os acessórios, os penteados são marcados pelo código social da diferenciação de sexos, os produtos de maquilhagem são quase exclusivamente utilizados pelas mulheres. Os homens querem parecer-se com homens, as mulheres com mulheres: a moda continua no essencial estruturada pela partilha social das aparências de género. Mesmo que o interdito moderno que pesa sobre os sinais sedutores do masculino tenha caído, a moda na hipermodernidade não significa indeterminação de códigos nem erradicação das diferenças, mas esboroamento das referências e recondução da divisão sexual das aparências. O hiperindividualismo apenas se manifesta nos limites dos códigos socialmente legítimos do aspeto dos dois sexos.

O look *e o corpo*

A relação hipermoderna com a moda apresenta-se sob um aspeto contrastado. Por um lado, vemos crescer as revistas, os *websites* e as informações de moda. O interesse pelos *looks*, pelas marcas e pela moda exprime-se em todos os meios sociais e atinge todas as faixas etárias: é nos pátios de escola que nascem agora os *fashionistas*. E são os pais que querem ver os seus próprios filhos vestidos na moda. O medo de passar ao lado da tendência do momento já não é apenas feminino: os jovens tendem também a aumentar o número das *fashion victims*. O gosto pela moda já não tem limite social ou geracional, não deixa de envolver novos públicos.

Por outro lado, a moda perdeu a centralidade, a sua proeminência nos meios aristocráticos e burgueses. Sabe-se que as despesas com o vestuário no orçamento familiar têm vindo a cair desde há mais de 40 anos; em França passaram de 11,6% em 1959 para 6% em 1987 e para 4,7% em 2006. Na Europa dos 25 passaram para 6,8% em 1995 e para 5,8 em 2005. Obviamente, há diferenças claras no consumo de vestuário dos diferentes grupos socioprofissionais. O que não impede que surjam mudanças muito importantes até mesmo nas classes médias e altas: as despesas são tendencialmente mais dirigidas para o lazer, viagens, saúde, corpo do que para o vestuário. Tudo se passa como se este já não fosse um vetor importante de afirmação social e individual. Ele já não cristaliza tanto como outrora os desejos de estima e reconhecimento social. Num tempo em que as mulheres têm cada vez mais uma ambição e uma atividade profissionais, em que têm gostos intelectuais, políticos, culturais, desportivos que se aproximam mais ou menos dos homens, o interesse pela moda é certamente mais geral, mas menos intenso, menos crucial do que em épocas anteriores onde um conjunto de roupa era um imperativo categórico de classe. Agora, o vestuário tem a concorrência de outros vetores de afirmação individual. É uma das razões que explicam o declínio muito acentuado das despesas com o vestuário: procura-se mais realizar os desejos íntimos, manter a forma, não envelhecer, vigiar a alimentação e a linha do que seguir a última tendência.

Será o fim da «ditadura» da moda? A realidade é muito mais complexa. À medida que os ditames do vestir se enfraquecem, reforça-se o poder das normas do corpo estético, magro e jovem. O facto é digno de nota: quanto menos a moda do vestuário é homogénea mais a magreza se impõe como norma consensual que obriga a práticas e consumos difíceis (regimes alimentares, dietas, cirurgia estética). Nunca as nossas escolhas em matéria de aparência pessoal foram tão grandes, nunca o corpo esteve tão submetido a uma norma homogénea e imperativa em todos os momentos da vida. A época da moda contemporânea já não é a da sofisticação do parecer, mas a das restrições nutricionais, das atividades físicas e de manutenção. Num sistema marcado pelo pluralismo das aparências cada um é, em princípio, o seu próprio estilista: na realidade, somos impulsionados a tornar-nos o escultor permanente da nossa aparência corporal guiado por um único modelo estético.

O despotismo da moda apenas muda de cara e de território. Estava centrado na roupa, agora anexa o corpo. A moda era caprichosa, agora ordena os tratamentos regulares do corpo. Era teatral, agora torna-se «científica» e performativa. Queria a mudança perpétua, agora queremos uma juventude eterna. Acompanhava-se de rivalidades estatutárias, de invejas e de pretensões de classe, agora gera ansiedade no indivíduo narcísico hipermoderno.

Tatuagem e piercing

Mas o individualismo nas estratégias da aparência individual assinala-se com muito mais visibilidade hiperbólica nas práticas contemporâneas de tatuagem e de *piercing*. Desde a noite dos tempos, o corpo humano foi tatuado, ornado, escarificado segundo práticas mágicas e religiosas, inscrevendo a pertença social e marcando a entrada dos jovens na idade adulta. A tatuagem tem igualmente funcionado como marca de infâmia ao estigmatizar os excluídos da sociedade (criminosos, escravos, condenados, prostituídos) e também como sinal de pertença ou de filiação a uma corporação profissional (marinheiros, soldados), criando o sentimento de um mesmo destino viril e agressivo([375]). À exceção de casos em que a tatuagem era um sinal de marginalização voluntária, uma forma de resistência, uma maneira de dispor da sua pele quando toda outra possibilidade de expressão pessoal se verificava impossível (os prisioneiros, por exemplo), era a ordem comunitária que prevalecia, indivíduos que se submetiam a rituais de iniciação impostos pela sociedade, a códigos de escrita estereotipada, a regras coletivas recebidas que permitiam a integração ou que significavam a exclusão social. Aqui está a grande mudança: o que determinava lógicas holísticas, tribais ou comunitárias foi tomado como um processo de expressão, de afirmação e de teatralização de tipo radicalmente individualista.

Este não é o lugar para analisar as diversas motivações pessoais que estão no princípio da tatuagem ou do *piercing*. Sublinhamos apenas alguns grandes fatores sociais que permitiram recentemente o desenvolvimento e a dignificação social destas práticas. Entre estas, nenhuma teve um papel tão crucial como a formidável dinâmica de individualização que, aqui, se aplicou à encenação espetacular do corpo. Onde outrora a tradição fixava imperativamente a maneira em que o corpo devia estar marcado, é agora o indivíduo que escolhe decorar a sua pele em função dos seus gostos, dos seus desejos, dos seus próprios sonhos. A tatuagem tinha um sentido coletivo de iniciação, agora é tão-só um teatro individual destinado a atrair o olhar, dotar-se de um ornamento estético original, expor a memória de um acontecimento pessoal, a sua personalidade, a sua diferença. Já não se trata do sinal de poder

---

([375]) David Le Breton, *Signes d'identité. Tatouages, piercings et autres marques corporelles*, Paris, Métailié, coll. Traversées, 2002.

da sociedade sobre os seus membros, mas o dos indivíduos livres de artializarem por sua conveniência o que receberam da natureza. Com a tatuagem hipermoderna já não é a sociedade que dita a sua lei aos homens na intensidade do sofrimento para que se tornem membros de pleno direito da comunidade, é o eu que se torna senhor do seu corpo-espetáculo e segundo o seu prazer. As marcas inscritas no corpo afirmavam a subordinação das pessoas ao conjunto social e constituíam formas de dissolução das diferenças individuais: agora são, pelo contrário, subjetivas, traduzem uma livre apropriação do corpo, assim como uma vontade de singularização.

Ao mesmo tempo que a tatuagem e o *piercing* se encontram anexados pela lógica do indivíduo, tornam-se fenómenos de moda, práticas em que se celebra o valor artístico e que dão lugar a exposições nas galerias da moda em todo o mundo. Afasta-se das figuras estereotipadas do coração trespassado, de sereias, âncoras, barcos e crucifixos; presentemente, a decoração do corpo quer-se cada vez mais à medida, criação original e única à maneira de uma obra de arte e realizada por um artista tatuador especializado. Surgem por todo o lado estúdios, artistas profissionais, catálogos de motivos disponíveis na internet ou nas lojas especializadas. E já nem falamos das estrelas de cinema, da moda e do *show-business* que exibem a sua epiderme tatuada com motivos ou inscrições pessoais.

Se a tatuagem e o *piercing* simbolizavam ainda há bem pouco tempo uma certa dissidência ou marginalidade de grupo (os *punks*), tendem agora a tornar-se acessórios estéticos, um espetáculo da pessoa onde o corpo é encenado à maneira de um teatro da sedução. Sejam quais forem as razões sentimentais ou outras que levem os indivíduos a decorar o seu corpo, a tatuagem e o *piercing* surgem agora como elementos decorativos escolhidos, formas de artialização ou de estilização do eu que visam embelezar a aparência do corpo, a dar um *look* livre de toda a obrigação e de toda a escrita coletiva. Do ritual social que era, a tatuagem torna-se um sinal estético, uma maneira de fazer do corpo uma obra de arte com fins estritamente pessoais. Proteção da individualização, a tatuagem exprime um desejo de encenação personalizada do eu, uma vontade de estilização de imagem do eu e do seu corpo no sentido de não passar despercebido e de construir uma identidade visível singular. Como tal, participa plenamente do processo de estetização do mundo.

Se a razão de fundo da promoção social da tatuagem se deve ao impulso do individualismo liberal, outros fatores ligados à moda merecem ser sublinhados. A tatuagem surge agora sob um aspeto paradoxal. Por um lado, aparenta-se a um fenómeno de moda que implica o corpo. Mas, por outro, inscreve-se por vezes nos antípodas da moda pelo seu carácter indelével, permanente, «para toda a vida». Enquanto na sociedade-moda produzida pelo capitalismo artístico tudo muda constantemente, aumenta a necessidade de sinais inatingíveis que escapem à obsolescência de todas as coisas e permitam mostrar ostensivamente a singularidade do sujeito. Ao escolher decorar o meu corpo com este ou aquele motivo indelével, afirmo uma «verdadeira» singularidade, uma diferença mais marcada, mais «autêntica» mais «comprometida» do que aquela que permite o vestuário de moda.

Ao não jogar o jogo da versatilidade da moda mas, pelo contrário, o da durabilidade «para sempre», a tatuagem torna-se o instrumento da singularização pessoal, da extrema personalização da aparência individual. Esta, baseada num investimento excessivo do corpo, toma o lugar do fetichismo da moda do vestuário. À medida que a moda perde a sua antiga centralidade distintiva impõe--se o corpo como teatro primordial, meio de afirmar a sua identidade ao mostrar-se único. É quando todos os estilos da moda são legítimos e abertos a todos que se afirma a exigência de marcas invariantes e impossíveis de mudar, marcas definitivas do eu que permitem mostrar-se como nenhum outro. E é quando a moda efémera já não parece suficientemente individualizada que a tatuagem pode triunfar como estratégia ao utilizar a durabilidade como meio de hiperdiferenciação e de hiperpersonificação. Ao culto das marcas comerciais acrescenta-se agora o *branding* do eu para a pele.

Contudo, a tendência mais forte é a tatuagem com *henné* (alfena), temporária, que se pratica à vista de todos, na rua, à beira-mar, como um puro produto de consumo: hoje em dia, os jovens escolhem um *tattoo* para o Verão como uma *t-shirt* ou um saco de praia. O *tattoo* que inscrevia essa conservação num pequeno número de pessoas tende a tornar-se uma prática de massas([376]), sendo ao mesmo tempo um desenho efémero unicamente com fim decorativo e sedutor. Aqui, ainda, estetização hipermoderna significa triunfo da lógica-moda, lúdica, versátil, personalizada.

O INTERNAUTA TRANSESTÉTICO

A fase II do capitalismo foi a do triunfo do consumidor passivo e hipnotizado pela mercadoria: o que Guy Debord chamava «a sociedade do espetáculo». Com a sociedade do hiperconsumo testemunhamos, pelo contrário, o recuo deste modelo face ao formidável desenvolvimento das possibilidades de escolha e de um consumidor-

---

([376]) Segundo uma pesquisa da Universidade de Northwestern publicada no *Journal of the American Academy of Dermatology* em 2006, nos Estados Unidos, cerca de um quarto dos homens e mulheres entre os 18 e os 50 anos tinha pelo menos uma tatuagem.

-ator que deve efetuar todo um conjunto de tarefas realizadas antes por um vendedor, um empregado de balcão, um conselheiro, um técnico, um restaurador. O hiperconsumidor é, assim, cada vez mais, o que deve «trabalhar» para poder consumir: tende a tornar-se um *prosumer*, o coprodutor do que consome([377]).

O fenómeno começou com o *self service* na grande distribuição e, depois, com o *do-it-yourself*. Prolonga-se até hoje com as novas tecnologias da informação e da comunicação. Agora, é o próprio consumidor que instala os *softwares* no seu computador, que faz, em caso de avaria, todas as tarefas de reparação *on line* através dos serviços de assistência, que faz na internet as suas próprias pesquisas de informação em matéria de horários de transporte, preços e reservas de hotéis.

As redes sociais, que nasceram com a internet, desenvolveram também a interferência das funções requeridas pelos internautas, sendo estes ao mesmo tempo produtores e consumidores, utilizadores e divulgadores, autores e público dos conteúdos que se trocam *on line*. Nas plataformas virtuais, cada um é consumidor de informação partilhada pelos outros ao mesmo tempo que produtor do seu «perfil». Com o ciberespaço verifica-se uma hibridação dos papéis entre oferta e procura, entre produção, consumo e distribuição de informação.

Se alguns utilizam estas redes para fins profissionais, a grande maioria liga-se pelo prazer de trocar conteúdos, conversar com amigos, encontrar gente, trocar imagens e ligações de música. É assim que se desenvolve uma vasta utilização estética do virtual digital. Porque é um consumo de tipo emocional e estético que se desenvolve, as intera-

---

([377]) Marie-Anne Dujarier, *Le Travail du consommateur. De McDo a eBay: comment nous coproduisons ce que nous achetons*, Paris, La Découverte, coll. Cahiers libres, 2008.

ções efetuam-se para se divertir e passar o tempo, para exprimir os seus gostos, mostrar-se, produzir uma imagem de si.

Na época do individualismo hipermoderno, o eu já não é detestável e é tanto mais verdade que se assiste a uma extraordinária expansão social das práticas da exposição do eu. Desenvolve-se um novo tipo de autorretrato, de tipo hipermoderno e democrático. Primeiro porque já não é elitista e limitado a esta ou aquela faixa etária: jovens, velhos, homens, mulheres, desempregados, homens de negócios dão-se a ver na internet em todo o mundo, através de blogues e de redes sociais, de imagens *webcam* ou de telemóveis.

Seguidamente, apresentar o Eu *on line* já não é envolvermo-nos numa pesquisa paciente, voluntária, metódica do eu, mas expormo-nos no imediatismo da experiência em vias de se viver, sem recuo, sem segredo, sem pudor. Já não se trata do diário íntimo, escondido, mas a exibição em contínuo: eis o tempo da transparência do Eu colocado do mural do Facebook. Um individualismo que, ao contrário de uma construção à antiga, se dedica a libertar-se de convenções, normas sociais e religiosas, se elabora numa pesquisa obsessiva e lúdica de comunicação, de partilha, de ligação. Uma representação do eu que já não procura o que antes era um objetivo declarado – a autenticidade, a verdade profunda do sujeito – mas que valoriza a expressão direta, transitória e fugitiva das emoções: não um analítico e labiríntico mergulho no interior de si, mas a explosão imediata das suas experiências, dos seus gostos, das suas impressões variáveis. É assim que nas redes sociais se «reatualiza» constantemente o seu «perfil», que tem uma validade cada vez mais efémera. Um autorretrato *live* em revisão permanente, feito na simultaneidade do instante: mais informativo do que introspetivo que ilustra a figura do novo indivíduo em tempo real. «Solteiro há 11 horas» pode ler-se, por exemplo, no Facebook. Não é necessário dizer mais: os factos no presente, não a sua auscultação, e os factos empilhados na sua sucessão e na sua descontinuidade.

Finalmente, uma outra característica do universo do Facebook reside no lugar importante que ocupa a lógica afetiva que se efetua, em especial pelo botão «gosto». O importante já não é o ideológico ou a posição na escala social, mas o reativo, o apreciativo e o estético aparecem como polos privilegiados da expressão de identidade hiperindividualista. Assim, perante uma mensagem, uma opinião, uma foto, um trecho musical, o utilizador do Facebook ativa o botão «gosto». Não é necessário dizer por que razão «gosto»; o que conta é dizer gosto ou não gosto. No estado atual, é pelos meus gostos, pelas minhas reações emocionais, pelos meus juízos apreciativos que exprimo melhor a minha identidade singular, é isto que me posiciona junto dos outros: eu sou o que gosta disto, que não gosta, que já não gosta. Já não se trata «penso, logo existo», mas eu sou o que gosto, o que me agrada aqui e agora. É uma identidade de tipo estético, emocional e passageira, que triunfa no Facebook.

Alguns interpretam esta eflorescência de autorrepresentação como sinal da superação do individualismo, fazendo notar que o indivíduo apenas existe no olhar dos outros, que procura para existir e sem qual ele não é nada. O erro de perspetiva é completo. É exatamente uma das figuras do indivíduo hipermoderno, desenquadrado e volátil, que se desdobra, e que só é ele próprio ao comunicar-se em todos os azimutes no plano das emoções, das apreciações e das inclinações pessoais. Estamos num momento em que as referências objetivas (profissão, idade, lugar de residência, religião, orientação política) parecem muito gerais, muito impessoais, muito rígidas, incapazes de estar à altura da exigência hipermoderna de personalidade e de mobilidade. Dizer qual é a profissão que exerço, qual é a minha situação familiar, qual é a minha religião, já não é suficiente para satisfazer os nossos desejos de subjetividade e de expressividade. São os gostos pessoais e imediatos, as reações e as emoções suscetíveis de revisão que suscitam os interesses e são esses mesmos gostos que nós gostamos de partilhar com os nossos «amigos».

É assim um eu expressivo ou transestético que domina, expondo os detalhes mais ténues, por vezes os mais irrisórios da sua vida e dos seus gostos subjetivos. Uma necessidade de dizer quem se é ainda mais imperiosa pois os referenciais coletivos duradouros (nação, classe social, religião, política) perderam uma grande parte da sua antiga força reguladora. Daí esta espiral de revelações e de expressões evidentes: eu sou o que gosta ou que não gosta de tal filme ou de tal concerto, que é fã de X ou de Y, o que escolheu ou fez estas fotos... Esta é a minha singularidade, sem lei sintética, sem busca nem objetivo de coerência, mas nas múltiplas facetas de um eu difratado, que um só clique é suficiente para destacar. Se mostramos o que gostamos, não é tanto o nosso estatuto social e as nossas convicções estáveis e duradouras, mas a nossa identidade móvel e flexível, as impressões sentidas num dado momento e que podem transformar-se em qualquer situação, ou seja, um eu desinstitucionalizado e fluido, descentrado e pontual. Onde aparece a identidade, na primeira modernidade, como uma identidade estável e coerente que resulta de uma escolha individual raramente posta em causa, a identidade hipermoderna dá-se como transitória, experimental, aberta a revisões permanentes. Para falar de nós, a tónica não é sobre o que é duradouro mas sobre o que agora tem sentido, de maneira instantânea, sem projeto identitário sem ter em vista a duração ou o longo prazo. E neste contexto, os elementos periféricos da existência (marcas comerciais, grupos musicais, lojas, fotos...) são tratados com a mesma importância narrativa (ou mesmo com desdém irónico) que as dimensões mais centrais. O autorretrato do indivíduo hipermoderno já não se constrói através de uma introspeção excecional ou de grande fôlego. Afirma-se como modo de vida cada vez mais banalizado, como compulsão de comunicação e de «conexão», mas também como marketing do eu, procurando ganhar novos «amigos», valorizando o seu «perfil» e encontrando uma gratificação na sua aprovação pelos outros. Traduz um tipo de estética de si que é, por vezes, um donjuanismo e, outras, um novo Narciso ao espelho do ecrã global.

CONSUMO CULTURAL:
DO *HOMO FESTIVUS* AO *HOMO AESTHETICUS*

O advento do *homo consumans* como *homo aestheticus* deve-se igualmente ao formidável desenvolvimento nas economias e nas produções culturais e estéticas: filmes, séries de televisão, música, concertos, variedades televisivas, turismo cultural, festivais de todo o género, museus e exposições. O consumidor tornou-se, no estado atual, um hiperconsumidor que dispõe de uma oferta excessiva, com um crescimento permanente, de produtos culturais e que dedica mais tempo aos consumos audiovisuais em casa do que ao trabalho: 43 horas por semana em média para as pessoas que exercem uma atividade profissional. Em 2001, cada telespetador francês viu 72 horas de filmes de cinema e 262 horas de ficção televisiva. Os franceses, em 2009, ouviram música uma hora e dez minutos por dia e dedicaram cerca de 24 horas por semana à televisão. Graças às novas tecnologias, a experiência estética tende a infiltrar-se em todos os momentos da vida quotidiana:

ouve-se música em qualquer lugar e em qualquer situação e pode ver-se filmes um pouco por todo o lado, no comboio, no avião, no carro. Nunca os públicos tiveram tanto acesso a estilos musicais, imagens, espetáculos e música. Na época da internet, dos DVD, da música digital, o consumo cultural libertou-se dos seus antigos rituais, das formas de programação coletiva e mesmo de qualquer limite espácio-temporal: desenvolve-se a pedido num supermercado cultural que prolifera, hipertrófico, quase ilimitado. Simultaneamente, como se viu, assiste-se à multiplicação como nunca do número de museus e de centros de arte, galerias, bienais e exposições. Os palácios e catedrais, as obras-primas da arquitetura mundial são visitados por milhões de turistas: as grandes exposições de prestígio em Paris movimentam centenas de milhares de visitantes: com cerca de 900 000 visitantes, a retrospetiva de Monet no Grand Palais teve um tal sucesso que continuou aberta ao público 24 horas por dia *non-stop*, durante os últimos quatro dias. Afirma-se a cada dia que passa o lugar cada vez maior dos apetites estéticos que tocam um vastíssimo público.

A dissonância das preferências individuais

Cada vez mais oferta musical, de livros, de espetáculos, de concertos, de filmes, o que não é, como se sabe, sinónimo de redução de desigualdades sociais em relação à alta cultura (literária, teatral, musical ou pictórica). Apesar da profusão da oferta e das ações de política cultural, é sempre o capital cultural que determina as práticas e preferências estéticas dos consumidores. Além disso, o capitalismo artístico já não consegue democratizar a cultura «nobre» para homogeneizar os gostos do público de massas e mesmo os de uma mesma classe. Seja qual for a atração por *best-sellers*, pelos *hits* musicais ou pelo *box--office*, irresistivelmente as práticas e os gostos dos indivíduos particularizam-se, diversificam-se e diferenciam-se. Não só as diferenças entre indivíduos saltam à vista, como também as diferenças internas de cada pessoa, se considerarmos as práticas culturais do ângulo do seu grau de legitimidade. O que domina não é de maneira alguma a homogeneidade, mas a não coerência dos gostos culturais, a heterogeneidade das preferências e das práticas culturais individuais, os «perfis dissonantes» que se compõem de elementos altos e baixos, dignos e «grosseiros» nobres e comerciais([378]). Em todo o lado e em todas as classes sociais vemos uma maioria de consumidores que associa as escolhas culturais mais legítimas e menos legítimas, a ópera e Madonna, Shakespeare e as séries americanas, *Citizen Kane* e *Os Visitantes*, Braque e a Star Ac.

Para explicar semelhante fenómeno de dissonância cultural, Bernard Lahire destaca o carácter altamente diferenciado das nossas sociedades, assim como a concorrência que se exerce entre as normas das instâncias de socialização (família, escola, conjunto de pares, *media*) e que torna pouco provável o advento de consumidores dedicados a um único registo de cultura. Mas ao mesmo tempo ele contesta a ideia segundo a qual o ecletismo cultural teria crescido desde a década de 60 e até mesmo desde o início do século xx([379]). Ora, há todas as razões para pensar o contrário.

A privatização das práticas culturais, intensificada pelos *mass media*, transformou profundamente a relação com a oferta ao banalizar o consumo «só para ver» que

---

([378]) Bernard Lahire, *La Culture des individus. Dissonances culturelles et distintion de soi*, Paris, La Découverte, coll. Textes à l'appui, 2004.
([379]) *Ibid.*, p. 258.

permite a cada um ver, por exemplo, um filme que nunca teria tido a ideia de escolher se fosse obrigado a deslocar-se e pagar o bilhete de cinema. A possibilidade de fácil acesso, gratuito e sem o olhar do outro, graças à televisão, aos discos e à rádio, aos bens culturais, faz recuar os graus de vergonha cultural, multiplica quase «mecanicamente» as ocasiões de mistura cultural, as práticas e as preferências heterogéneas([380]). Sobretudo porque se eclipsam as socializações, os enquadramentos e o *ethos* de classe. Ao que se acrescenta ainda a diversificação da oferta cultural, a qual trabalha manifestamente no sentido da heterogeneização dos gostos intraindividuais. Não são apenas os conflitos que existem entre as instâncias socializadoras que dão razão ao aumento das dissonâncias culturais, mas também a dinâmica de individualização e a do mercado, das técnicas, dos *media*, com a profusão da oferta que os acompanha.

Presentemente, a grande maioria dos indivíduos, atraídos por bens culturais de todo o género, alterna os consumos «nobres» e os consumos «vulgares». E é inegável que muitos consumidores não deixam de apreciar a oferta cultural segundo as oposições do legítimo e do ilegítimo, do «superior» e do «inferior», mesmo que reconheçam sucumbir regularmente às tentações da facilidade e do divertimento mediático. É particularmente o caso da televisão, onde os indivíduos veem programas que ao mesmo tempo denunciam como nulos, angustiantes, estupidificantes. Na época do capitalismo artístico avançado, os indivíduos, incluindo os que fazem parte das classes mais altas, consomem regularmente e em altas doses bens culturais que eles consideram regressivos e angustiantes.

([380]) *Ibid.*, pp. 624-636. Estes pontos são bem analisados por Bernard Lahire, mas não tira as conclusões que se impõem em matéria de intensificação histórica das dissonâncias individuais culturais.

Agora, o que mais vemos não é sempre o que mais nos inspira o respeito. A explicação do fenómeno é dada pelos próprios consumidores que, sobre estes programas, declaram escolhê-los para descomprimir, relaxar depois de um dia de trabalho «stressante» e extenuante. O divertimento, a descontração, o descanso tornaram-se nas grandes molas do consumo cultural: o sucesso das comédias, na forma ecumenicamente mais popular, como *Bienvenu chez les Ch'tis* ou *Intocáveis*, vistos em salas por um em cada três franceses, mostra-o bem. A cultura clássica tinha a ambição de formar, educar, elevar o homem: agora pedimos à cultura exatamente o contrário, que nos «esvazie a cabeça».

É inegável que apesar da vaga de individualização extrema, a lógica hierárquica das legitimidades culturais não se desvaneceu de maneira nenhuma, alguns géneros foram sempre classificados como «superiores» e dotado de uma maior dignidade em função dos cânones culturais herdados. Contudo, os efeitos do impulso individualista leem-se através de novas formas de avaliação e de consagração assentes somente no prazer dos consumidores. Em matéria de música de variedades, por exemplo, os juízos articulam-se menos na oposição alto/baixo do que na diferença subjetiva: gosto/não gosto. O importante já não é classificar as obras e os géneros num eixo vertical mas apenas exprimir uma plena subjetividade estética, além dos graus oficiais de prestígio e das grelhas que opõem o nobre e o vulgar. A apreciação pessoal, e só ela, conta ao ponto de poder ignorar a ordem dominante das legitimidades culturais e atribuir o mais alto valor ou dignidade à que a Grande Cultura desqualifica ou desvaloriza: Johnny Hallyday vale mais do que Mozart. O princípio da singularidade e do *feeling* triunfa, mas não elimina por esse facto o desprezo, a aversão e outras excomunhões: os fãs do *reggae* podem detestar o *rap* ou o *house*. Quando já não há classificação simbólica institucional unanimista, os indivíduos detestam as escolhas e preferências daqueles que estão, de facto, muito próximos e já não compreendem os gostos dos outros.

Tédio e deceção

As inúmeras satisfações do *homo aestheticus* que se tornaram possíveis através de uma oferta proliferante não devem esconder a outra face do fenómeno: são muito frequentes os momentos de tédio em frente da televisão, no cinema ou no teatro. A televisão frequentemente dececiona-nos, mas ao mesmo tempo não conseguimos deixar de olhar para ela: ligamos sistematicamente o aparelho ao entrarmos em casa, seja qual for o programa. Os consumidores das sociedades desenvolvidas dedicam em média 40% a 50% do seu tempo livre – ou seja três horas por dia, na Europa – à televisão, ainda que tenham por vezes, segundo as suas próprias palavras, menos satisfação do que com a sua atividade profissional. Sabe-se que ver televisão é flutuante e distrativo, ato que é acompanhado frequentemente por mudanças de canal e, além disso, provoca um sentimento de «perda de tempo» e de vacuidade. Os consumidores fazem *zapping*, denunciam a nulidade, a estupidez dos programas, mas só 32% dos franceses declaram que a televisão não lhes faria falta se fossem privados dela. Estamos, assim, numa sociedade onde os consumidores dedicam principalmente o seu tempo livre a atividades que eles consideram que têm pouco valor e das quais nem sempre tiram grande satisfação.

Daí esta nossa situação inédita. Nas sociedades tradicionais, a vida cultural era repetitiva, marcada por gostos e práticas uniformes: contudo, era evidente e os indivíduos, adaptados a ela, não se queixavam e não a viviam na monotonia nem no tédio. Nas nossas sociedades, pelo contrário, a oferta cultural é imensa e variada, os gostos diversificam-se e singularizam-se: é por esta razão que as insatisfações culturais se tornaram tão numerosas como inevitáveis. A cultura aparece como um setor não somente de dissidência mas também muitas vezes gerador de irritação, de tédio e de deceção.

Isto é verdade para a televisão e mais ainda para a arte contemporânea: a grande maioria considera-a incompreensível, «não importa o quê», e uma grande impostura. Desde tempos imemoriais, as obras de arte suscitaram a admiração do público: temos agora o tédio, a rejeição, o sentimento de uma eterna maçada perante as desconstruções, os *happenings* e outras instalações. Nas sociedades tradicionais, o sistema cultural profundamente legítimo, incorporado e interiorizado, era fonte de satisfação, ainda que a vida material estivesse longe de permitir sempre a das necessidades elementares. Agora, é o contrário: as insatisfações culturais proliferam na mesma proporção que as satisfações materiais se multiplicam([381]).

A relação turística com a Arte

As transformações do consumo cultural leem-se também na relação com a arte dos museus e das exposições. Pois a estética consumista que domina a nossa cultura já nada tem a ver com o estetismo culto clássico que visava a elevação do espírito e se concretizava na contemplação e veneração silenciosa das obras. Nos antípodas deste ascetismo cultural, o consumidor hipermoderno é hedonista, descontraído e apressado, parando apenas alguns

---

([381]) Gilles Lipovetsky, *La Société de déception. Entretien mené par Bertrand Richard,* Paris, Textuel, coll. Conversations pour demain, pp. 47-48. (*A Sociedade da Deceção,* Edições 70, Lisboa, 2012).

segundos diante de obras-primas da arte penduradas nas paredes dos museus: é mais um *zapeador* bulímico de imagens à maneira de um turista curioso de tudo e de nada com a esperança constante de emoções sempre novas do que um amante de arte. *Desliza-se* agora pelas obras de arte como se desliza em patins pelos passeios e como se *surfa* em grande velocidade pela *web*.

Significará isto o declínio do *homo aestheticus*? Pelo contrário. Pois no estado atual, mesmo o que, nas antigas civilizações, não era «obra de arte» mas objeto mágico, máscara ritual, fetiche sagrado ou máscara guerreira, surge como arte pura admirada apenas pelas suas qualidades formais. O hiperconsumidor é aquele que só olha as coisas do passado em função dos seus gostos subjetivos e julga-os segundo critérios puramente estéticos. Desde tempos imemoriais, os objetos e edifícios tinham sentido social, mítico ou mágico e o seu peso emocional religioso era um obstáculo a uma perceção puramente visual. Deu-se uma inversão completa: desse antigo universo nós só vemos a forma pela forma, unicamente a dimensão artística destinada a satisfazer os novos consumidores estéticos apaixonados pelo exotismo e pela descontração turística. Eis o tempo da anexação de todas as obras do passado pelo puro olhar e interesse estéticos: com o capitalismo artístico «tudo é arte», visto e apreciado como arte, realizando à sua maneira a utopia das vanguardas modernistas.

Assim sendo, quanto mais os importantes lugares culturais, catedrais e museus são visitados pelas massas estéticas, mais este consumo é desculturado, os indivíduos das sociedades hipermodernas já não têm à sua disposição os códigos culturais necessários para a plena compreensão das obras. E até lhes faltam os elementos da cultura cristã. O que é que o hiperconsumidor admira e compreende na Capela Sistina numa natividade do *Quattrocento*, num quadro que represente um ou outro episódio do Antigo Testamento ou da vida de um santo? O que ele vê são tão--só admiráveis composições coloridas. De facto, a «democratização» estética de acesso às grandes obras do passado apenas se desenrola num fundo de espoliação de contextos culturais que permitem a sua inteligibilidade.

Perante semelhante futuro da relação com a arte, como impedir reconhecer uma última ilustração da famosa fórmula: «A arte continua a ser para nós, quanto ao seu destino supremo, uma coisa do passado». A tese hegeliana não significa evidentemente o desaparecimento das obras ou dos amadores de arte, mas o seu novo lugar torna-se um tipo de consumo frívolo, um mero acessório divertido da vida. Não quer dizer que a arte tenha deixado de apaixonar o público – pelo contrário, nunca tantas belezas artísticas foram apreciadas por tantos indivíduos – mas apenas toca de modo epidérmico como objeto de consumo ou como espetáculo de animação do quotidiano. Já não se trata de mistério nem de poder mágico nem de temores nem de tremores, «a arte deixou de satisfazer a necessidade mais elevada do espírito […], a admiração que sentimos perante estátuas e imagens é impotente para nos fazer ajoelhar»([382]). Liberta de toda a «necessidade objetiva», de toda a relação com o absoluto e com as potências sagradas, a relação com a arte passa a parecer-se com um jogo certamente agradável, sensível, «interessante», mas dessubstancializado, marginal, sem um desafio real. Na época hipermoderna estamos cada vez mais abertos à arte, mas esta é cada vez menos capaz de nos tocar profundamente e de criar uma «participação vital»([383]). Já não

---

([382]) Georg Wilheim Friederich Hegel, *Esthétique* [1818-1830], t. I, Flammarion, coll. Champs, 2009, p. 153.
([383]) Edgar Wind, *Arte et anarchie*, Paris, Gallimard, coll. Bibliothèque des Sciences humaines, 1988, p. 46.

estando ligada às suas antigas funções religiosas e sociais, a arte perde «o seu interesse direto para a nossa existência: torna-se num esplêndido supérfluo. Uma arte assim desligada das realidades da vida não deixa de ser ampla e intensamente apreciada([384]). Assim vai a estetização hipermoderna do mundo.

Homo festivus *como* homo aestheticus

Além do consumo cultural no estrito sentido, o *homo aestheticus* ganhou o universo da festa. Na época do capitalismo artístico, os consumidores gostam cada vez mais do *live*, de festivais, de festas que atraem um público cada vez maior. A festa da música é celebrada numa centena de países nos cinco continentes com dezenas de milhares de concertos. Tudo é ocasião para organizar festas: os jardins e as flores, os frutos, o mar, a neve, as luzes, o futebol, o património, os *gays* e lésbicas, o tecno, o ano 2000... são muitas as neofestas que, nada tendo de tradicional, ilustram o impulso hipermoderno de um consumo transestético de tipo individualista.

Philippe Muray descreveu num estilo inolvidável esta *festivização* galopante da sociedade, assim como o *homo festivus* de terceiro tipo que se desenvolve([385]). Mas como pensar o *homo festivus* quando a festa já não tem a responsabilidade de regenerar a ordem social ou cósmica, quando as suas formas se libertam dos enquadramentos da tradição, quando já não há um forte sentido coletivo? Philippe Muray bem viu que já não era possível pensar a festa à maneira de um George Bataille, que opunha o

---

[384] *Ibid.*, p. 39.
[385] Philippe Muray, *Après l'Histoire*, Paris, Les Belles Lettres, t. I, 1999, t. II, 2000; reed., Gallimard, coll. Tel, 2007.

mundo da dilapidação festiva ao do trabalho e da utilidade. Agora, a festa nada tem a ver com a transgressão ritual das proibições, uma vez que está imbricada na ordem económico-cultural, tal como também se funde com lógicas subjacentes ao universo vulgar do consumo: hedonismo individualista, *self-service*, ecletismo, mobilidade, fluidez, higiene, segurança, risco zero, procura de ambientes, de emoções estéticas, de novidades permanentes. O *homo festivus* já não viola as normas sociais, desliza no espaço-tempo da festa, *surfa*, circula como num parque de diversões, telemóvel numa mão, sanduíche na outra. As neofestas já não invertem nada, elas são apenas uma das formas de animação recreativa própria das sociedades de alegria ilimitada.

Não concluamos, no entanto, à maneira de Philippe Muray, que o *homo festivus* assinala o advento da sociedade e do homem «pós-histórico», que eliminou todas as contradições e oposições, quando apenas se trata de estetização progressiva das nossas sociedades subtendidas pelo capitalismo artístico e pelo hiperindividualismo consumista. Todas as formas de desregulação que marcavam a festa tradicional (festins, embriaguez, violência, insultos, brincadeiras escatológicas) já não são legítimas. A festa já não é «o mundo ao contrário»: chegou o tempo da festa *light*, tranquila, simpática, estruturada pelos próprios princípios da ordem consumista ([386]). Após a incandescência da transgressão, o processo de *californização* da festa, no qual arte e cultura comercial, turismo e folclore, comércio e animação veraneante, se misturam cada vez mais. De facto, o *homo festivus* nada mais é do que o turista ou o consumidor individualista dos tempos hipermodernos pendente de sensações, de experiências, de divertimentos

---

([386]) Gilles Lipovetsky, *Le Bonheur paradoxal, op. cit.*, pp. 233--236: coll Folio Essais, pp. 290-293.

que não desestabilizam o curso normal da vida. É necessário pensar o *homo festivus* como uma declinação ou uma extensão do *homo consumans*, como uma das figuras do *homo aestheticus* na época do hiperconsumismo.

CAPÍTULO VI

A Sociedade Transestética:
Até onde?

A sociedade estética hipermoderna não se reduz a um sistema dominado por uma produção em massa de bens carregados de valor estilístico e emocional, bem como por um consumo hedonista de produtos culturais. Caracteriza-se também pela promoção de uma cultura, de um ideal de vida, de uma ética específica. Esta, assente nos prazeres do presente, na renovação das experiências vividas, no divertimento constante, constitui em si uma ética estetizada da vida. Se o capitalismo artístico inventou e desenvolveu as artes de consumo de massas, contribuiu ao mesmo tempo para promover um modo de vida estético de massas. Estetização da economia e estetização da ética andam lado a lado. A sociedade estética hipermoderna designa este estado social que celebra no quotidiano e difunde à escala das massas um ideal de vida estético (no sentido etimológico de *aisthésis*, ou seja, de sensação e de perceção): uma *est-ética*.

UMA ÉTICA ESTÉTICA DE MASSAS

Ideal estético em que este modelo se identifica com uma vida voltada para o prazer dos sentidos e das imagens, para o prazer da música e da natureza, das sensações do corpo, do jogo das aparências, da frivolidade da moda, das viagens e dos jogos, da multiplicação das experiências sensitivas. A sociedade transestética coincide com a desqualificação das morais ascéticas em benefício de um modelo estético de existência centrado nas satisfações sensíveis, imediatas e renovadas: em suma, uma estética hedonista da realização do eu. A salvação já não reside na moral religiosa nem na História, nem na política, ela está no desenvolvimento pessoal e na qualidade de vida experiencial. Agora é esta ética estética da vida([387]) que nos rege. Faz parte do desenvolvimento do individualismo hipermoderno.

A ética estetizada que se propagou ao longo da segunda metade do século passado deve muito aos combates conduzidos pela contracultura romântica dos anos 60 que denunciavam a alienação, o conformismo da vida burguesa, assim como as obrigações tradicionais da moralidade. Em nome da libertação individual e coletiva, os referenciais do desejo, da espontaneidade, do prazer sexual foram substituídos pelos mandamentos rigoristas da moral. Toda uma época e uma geração resistiram contra as morais burguesas e familiares, sexistas e virtuosas, equiparadas à antiliberdade e à antivida. Nada é mais importante do que cortar as grades da jaula moral para «viver sem tempos mortos» e «desfrutar sem grilhetas». Movimento antimoralista que simultaneamente dirigiu violentas críticas contra a sociedade de consumo, acusada de anestesiar as existências. Ao agitar a chama da liberdade absoluta e do valor do sonho, do prazer, da vida criativa

---

([387]) Sobre a abordagem filosófica da estetização contemporânea da ética, ver Richard Shusternam, *L'Art à l'état vif. La pensée progmatiste et l'esthétique populaire*, Paris, Éditions de Minuit, coll. Le sens commun, 1991, pp. 233-268.

A Sociedade Transestética: Até onde? | 449

construiu-se a utopia contestatária e transpolítica na qual o ideológico e o poético, o político e o existencial, o coletivo e o individual, a luta coletiva e o prazer estão intimamente misturados. Em vez de prescrições intransigentes da moralidade e das religiões políticas desenvolveu-se um ideal de vida especificamente estético, ou seja, assente no culto da experiência, do prazer, da realização individual. «Mudar a vida» de Rimbaud tornou no «*Be yourself*».

Mas a estetização hipermoderna da cultura quotidiana não tem como única origem as críticas que emanaram da rebelião contracultural. Foi igualmente o materialismo consumista do capitalismo artístico que permitiu a legitimação social dos valores românticos da realização pessoal e das sensações potenciadas. Pois o que é o ideal de vida lisonjeado pelo capitalismo artístico, senão uma vida sem tempos mortos, constantemente enriquecida por sensações diversas, por viagens, por novidades, por espetáculos, por decibéis? Uma vida estética. Sucedeu ao culto dos santos e dos heróis a sacralização do prazer e das sensações excitantes. «Viver mais», «sentir mais», «ficar eufórico»: estamos numa cultura que exibe incessantemente o prazer e promete a todos uma satisfação perfeita e imediata, «uma sociedade hiperfestiva» que glorifica em todos os cantos da rua os princípios consubstanciais ao «estado estético da existência» (Kierkegaard) marcado pela busca de prazeres do instante, pelo gosto de experiências efémeras e sensitivas, pela descoberta de climas inebriantes.

Para além dos conformismos que o consumo de massas implicou, também gerou ao mesmo tempo uma nova valorização do eixo presentista da vida e da felicidade privada. É a partir deste pano de fundo destradicionalizado e individualista que se pôde «pegar» nos hinos em honra da vida «artística» onde a experiência é afirmada como valor supremo de um estilo de vida liberto das convenções e das diferentes obrigações tradicionalistas. A este respeito, o capitalismo de consumo está na origem de uma profunda revolução cultural que é tão-só a deslegitimação das morais autoritárias em benefício dos ideais da autorrealização, da liberdade privada, do prazer. Ao difundir em grande escala semelhante sistema de normas, o capitalismo artístico conseguiu impor socialmente os princípios da cultura artística moderna, o estilo «liberto» (antitradicionalismo, anticonvencionalismo, antiburguesismo, antipuritanismo), de que o dandismo, o estetismo, os pequenos cenáculos da boémia foram, a partir do século XIX, os primeiros elos.

Não é, com efeito, a primeira vez que a vida estética (prazer, beleza, autenticidade, sensações) é colocada como o grande objetivo da existência. As chamadas correntes do estetismo no século XIX e no início do século XX afirmaram que a vida boa não consistia na obediência nem nos mandamentos da religião e da moral e nem sequer nos combates para aperfeiçoar a sociedade, mas numa tentativa que visasse a autorrealização, a acumulação máxima de prazer, a prestação de um culto à beleza erigida em novo absoluto, substituindo-se à religião. A bela vida confunde-se a partir de então com a rejeição das convenções sociais ao criar um obstáculo à existência autêntica, com a plena afirmação do seu ser profundo na coincidência perfeita de si consigo. «Vou fazer da minha vida uma obra de arte», dizia Oscar Wilde, uma vida tão perfeita, tão autónoma e independente de fins transcendentes como uma obra de arte que só obedece a si mesma([388]).

Como é evidente, já não estamos aí. A ética estética hipermoderna é uma coisa completamente diferente, que já não se constrói na oposição às normas da moral tradicional e já não se desenvolve em nome da verdade ou da

---

([388]) Estes pontos são desenvolvidos por Tzvetan Todorov, *Les Aventuriers de l'absolu*, Paris, Robert Laffont, 2005.

autenticidade do eu. É o espontaneísmo e o imediatismo dos desejos que ganham, muito mais do que o «construtivismo» individualista da primeira modernidade. Já não há grandes combates, mais inimigos a abater, mais objetivos de emancipação em relação aos antigos constrangimentos morais: apenas o «ideal» de uma satisfação diversificada, «sempre recomeçada». Assim sendo, estas diferenças não devem impedir reconhecer o ponto em que se encontra o ideal estético da modernidade heróica e o dos nossos dias, a saber, a celebração de um mesmo modelo individualista que convida a fruir dos sentidos, a não deixar escapar os prazeres do instante, a multiplicar as experiências sensitivas, a realizar-se ao voltar as costas às morais ascéticas. O capitalismo artístico, neste sentido, persegue a obra moderna da valorização do indivíduo e da experiência como valor supremo. Já não se entrega através da negação transgressiva das normas coletivas morais e religiosas, mas no convite para «aproveitar a vida» ao escolher-se a si mesmo e ao seu próprio estilo de existência na oferta proliferante dos bens de consumo.

UMA HIPERMODERNIDADE DESUNIFICADA

Muitos analistas insistiram na importante rutura cultural que constitui o advento desta ética estética de massas que acompanha a sociedade de consumo. Ao exaltar o hedonismo e a vida sem constrangimentos, impôs-se uma nova lógica cultural, destruindo a conceção puritana do mundo e opondo-se às regras convencionais da vida burguesa. As consequências não são pequenas: resultam das formações sociais que se caracterizam não somente pela ausência de justificações transcendentes, mas também pela destruição de tudo o que era unificação da sociedade e a discordância entre as grandes esferas da vida social.

É nestas condições que se impõe, nomeadamente aos olhos de Daniel Bell, um neocapitalismo regido por princípios antinómicos, por novas contradições e mais precisamente pelas disjunções entre as normas exigidas na economia (disciplina, esforço, eficácia, rentabilidade), no domínio político (igualdade) e na cultura (hedonismo, realização pessoal)([389]). Lógica económica, lógica política e lógica cultural já não constituem um universo coerente: tornaram-se antagónicas. Destas tensões estruturais resultam as diversas contradições das nossas sociedades.

Podem e devem ser feitas correções a este modelo. Se é inegável que as normas da ética estética da autorrealização se opõem às que exige o empreendimento performativo, não é menos verdade que é impossível apresentar uma oposição absoluta entre cultura e economia hipermoderna. Porque, como se sabe, agora é o consumo das famílias que estimula o crescimento das nações desenvolvidas: ponto de desenvolvimento económico sem hedonismo consumista. Na época do capitalismo criativo, a ética estética não é estruturalmente antinómica com a vida económica: é em grande parte o resultado, ao mesmo tempo que a condição de desenvolvimento. A partir de um certo momento, sem dúvida, o processo pode descarrilar e provocar sismos, como se viu recentemente com a crise do *subprimes* de 2008. Já não se trata simplesmente de «contradições culturais do capitalismo» mas de consequências ligadas ao excesso de um sistema financeiro desregulado, à excrescência do crédito imobiliário, à desregulamentação do sistema bancário que ignora o respeito das regras da prudência.

Por outro lado, se é verdade que, por um lado, o ideal de vida estética vai contra os princípios organizadores da

---

([389]) Daniel Bell, *Les Contradictions culturelles du capitalisme*, Paris, PUF, coll. Sociologies, 1979.

esfera económica, não é menos verdade, por outro, que contribuiu para expandir a lógica liberal-individualista à ordem dos costumes. No seguimento da contracultura, constituiu-se uma civilização liberal geral, o liberalismo político e económico que é completado por um liberalismo cultural assente no hedonismo individualista, antitradicionalista, antiautoritário. Da mesma maneira que a política se emancipou do religioso e o económico do político, o cultural (os modos de vida) libertou-se dos costumes e tradições em nome do princípio de liberdade individual. Para além da nova disjunção das ordens, combinou-se, assim, uma esfera cultural liberal-individualista em concordância de princípio com o que funda o sistema económico do mercado livre.

Resta a ideia de que a «cultura antinómica» ligada à nova ética estetizada constitui um modelo teórico essencial para analisar o que se joga de complexo nas sociedades contemporâneas. Devemos apenas ampliar o sentido ao não limitá-la só às contradições existentes entre a economia e o cultural. Com efeito, já não são apenas as normas da vida económica que estão em contradição com a cultura, é esta, na sua própria ordem, que se combina segundo normas antinómicas. O hedonismo não é toda a cultura hipermoderna, a qual faz justiça a outros sistemas de valor: o trabalho, a eficácia, os valores humanistas, o ambiente, a saúde, a educação. São muitos os referenciais que não só não se reduzem a um ideal estético, mas que amiúde chocam frontalmente com a exigência de satisfação imediata dos indivíduos.

Houve certamente no passado diferentes tipos de antagonismos culturais. Mas estes opunham religiões entre elas (conflitos interreligiosos) ou, mais tarde, os princípios modernos à ordem tradicional persistente (a laicidade contra a influência institucional da religião, a liberdade individualista dos modernos contra as imposições coletivas tradicionais, os movimentos progressistas contra os adversários da modernização, a arte moderna contra o academismo). Hoje já não é assim, mesmo se todas as formas de conflito comunitário e interreligioso estejam longe de ter desaparecido. Muitos dos antagonistas culturais que presenciamos já não põem em causa os valores herdados de sistemas radicalmente antinómicos (modernidade contra tradição): são, pelo contrário, basicamente *intramodernos*. Já não se trata da primeira modernidade no seu combate prometeico contra a ordem tradicionalista, mas da hipermodernidade onde os sistemas de valor que se chocam são também de essência moderna. A hipermodernidade não é apenas o momento histórico onde a modernidade se torna reflexiva ou autorreferencial([390]), é também onde as normas constitutivas da modernidade cultural nos orientam em direções diametralmente opostas. Com o aprofundamento da secularização e o desaparecimento da ordem tradicionalista, não é uma cultura unificada, em plena coincidência consigo própria, que se combina, mas, pelo contrário, um pluralismo normativo feito de contradições intraculturais.

E, ao mesmo tempo, já não são conflitos geracionais de culpabilidade moral, como analisava Freud, que dominam, mas antagonismos que geram novos tipos de mal-estar e de drama na vida dos indivíduos: a ansiedade, a sensação de vazio, a depressão, o vício, a perda de autoconfiança, a autodepreciação. Se a ética estetizada se edifica em nome da felicidade e do livre domínio de si mesmo, deve-se observar que apenas se desenvolve acompanhada de novas formas de espoliação subjetiva.

([390]) Ulrich Beck, *La société du risque. Sur la voie d'une autre modernité*, Paris, Aubier, 2001.

AS CONTRADIÇÕES DA CULTURA HIPERMODERNA

A ética estética hipermoderna confunde-se com o ideal hedonista e lúdico que dá ao presente vivido dos indivíduos e à busca dos prazeres uma legitimidade de massas. Mas este hedonismo cultural, tão fundamental como é, não está só a competir: outros tipos de normas afirmam-se e vêm chocar de frente com os ideais de prazer e de autorrealização imediata. Entre eles, a saúde, mas também a ecologia, a educação, o trabalho, a *performance* ocupam um lugar crucial. Valores hedonistas contra injunções sanitárias, ecológicas, educativas e performativas: estas tensões são o centro da cultura antinomiana hipermoderna. Vivemos constantemente os seus efeitos no quotidiano.

Valores hedonistas e medicamentação da vida

A nossa época já não se pode pensar fora do culto prestado à saúde, de que é testemunha ostensiva a expansão das despesas médicas, a multiplicação das consultas, dos exames e das análises. Cada vez mais, o referencial da saúde associa-se a múltiplas esferas da oferta comercial: o *habitat*, a casa, o lazer, o desporto, a cosmética, a alimentação: todos estes domínios são mais ou menos redefinidos por promessas sanitárias. Já não basta estar de boa saúde, trata-se de identificar os fatores de risco, de nos submetermos a consultas de despistagem, de mudar os nossos hábitos de vida em benefício de modelos saudáveis e higiénicos. Estamos num momento de medidas de prevenção através de todo um conjunto de práticas desportivas, alimentares, higiénicas (evitar a alimentação rica em gordura, comer fruta e legumes, fazer exercício físico, não fumar). Enquanto os *media* alertam permanentemente as populações para os riscos e dão muitos conselhos médicos, as conversas quotidianas são invadidas pelo tema da saúde, da alimentação saudável, da forma. Ao hedonismo libertacionista sucedeu um hedonismo higiénico, ansioso e medicamentado sob a égide da preocupação crescente com a saúde. Se os nossos valores são hedonistas, na verdade não paramos de nos afastar constantemente das delícias do *carpe diem* com o aumento da ansiedade sanitária reforçada por um trabalho interminável de informação, de precaução e de controlo. O *homo aestheticus* desliza cada vez mais para o *homo medicus*, vigiando-se e transformando os seus «maus» hábitos de vida. Prazer, saúde: estamos manifestamente num momento em que o modelo estético da existência assente no primado dos prazeres do instante recua perante o grande crescimento de um modelo preventivo e sanitário guiado pelo medo.

A esta contradição de princípio acrescentam-se outras, particularmente no domínio da alimentação. O que comer tornou-se numa questão cada vez mais complexa, o consumidor está preso entre os estímulos gastronómicos e o medo de ingerir muito açúcar, gordura, corantes[391]; medo também de ganhar peso numa sociedade que estabelece a magreza como modelo. Ao que se acrescenta o medo dos eventuais perigos ligados ao consumo de produtos geneticamente modificados. A proliferação de ordens contraditórias (higienistas, hedonistas, identitárias, estéticas), as pressões da publicidade, os fluxos de informação médica difundidos diariamente criaram um novo

---

[391] O que o *packaging* dos produtos alimentares traduz: por um lado, cores, formas, tipografia aliciantes, incitando ao prazer de consumir; por outro, designação de componentes do produto, corantes, excipientes e quadro com a informação de lípidos, glúcidos, sais, açúcares, instando à vigilância higienista e sanitária.

estado de insegurança do indivíduo que gosta de comer[392]. Está a chegar o tempo do consumidor hedonista e ao mesmo tempo ansioso, muito afastado do deleite despreocupado de prazeres: ainda que estética, a nossa ética liberta-se cada vez mais do espírito do *carpe diem*[393].

Foi neste contexto que alguns observadores falaram de um «consumidor empreendedor» ou de um consumidor «especialista»[394]. Mas é apenas meia verdade. Pois em simultâneo vive-se um momento de desregramento das condutas alimentares, na cacofonia de referências e critérios, no advento de uma verdadeira «gastro-anomia»[395]. Enquanto aumenta a atenção pela saúde e pela qualidade de vida, multiplicam-se os consumos anómicos marcado pelas compras compulsivas, pelas toxicomanias e práticas viciantes de todo o género. Por um lado, a obsessão da higiene e da magreza, com indivíduos que se informam e têm cada vez mais comportamentos de prevenção; por outro, a anarquia dos comportamentos alimentares, as bulimias e as obesidades que crescem por todo o mundo. Tanto um consumidor desestruturado ou anómico como um consumidor prudente e conhecedor que progride.

O excesso de oferta alimentar, a cultura hedonista, a erosão das imposições de grupo favoreceram o desenvolvimento de um tipo de personalidade destradicionalizado que apresenta dificuldades acrescidas para resistir às sedu-

---

[392] Jean-Pierre Poulain, *Sociologies de l'alimentation. Les mangeurs et l'espace social alimentaire*, Paris, PUF, coll. Sciences sociales et sociétés, 2002, p. 53.

[393] Gilles Lipovetsky, *Le Bonheur paradoxal. Essai sur la société d'hyperconsommation*, Paris Gallimard, coll. NRF Essais, 2006, pp. 216-220; reed. Coll. Folio Essais, 2009, pp. 268-273.

[394] Robert Rochefort, *Le consommateur entrepreneur. Les nouveaux modes de vie*, Paris, Odile Jacob, 1997.

[395] Claude Fischler, *L'Homnívore. Le goût, la cuisine et le corps*, Paris, Odile Jacob, 1999; reed. Éditions du Seuil, coll. Points, 1993.

ções do mercado assim como aos desejos impulsivos. Daí todo um conjunto de comportamentos excessivos, de consumos compulsivos, de desregramentos patológicos. A par do indivíduo autocontrolado, que privilegia a qualidade e a saúde, progride um indivíduo caótico que exprime o seu desregramento e a impotência subjetiva[396]. Esta é a face negativa da ética estética que, longe de criar uma arte de viver harmoniosa, gera novas patologias da existência.

Valores ecológicos contra a ética estética?

A saúde e a beleza do corpo não são as únicas a lançar um desafio ao ideal presentista da vida estética. O mesmo se passa com os valores ecológicos que, em nome da proteção da Terra ameaçada pela loucura tecnocomercial, apelam para que se trave a festa consumista irresponsável. Face aos perigos e catástrofes que se anunciam, aumenta uma ética do futuro que afirma a obrigação de não comprometer as condições de vida das gerações futuras. É assim que a primazia dos prazeres consumistas do presente se vê estigmatizada em nome de uma ética da responsabilidade a longo prazo[397]. Contra o esbanjamento orquestrado pelo capitalismo de consumo, trata-se de economizar as energias fósseis, descarbonizar a economia, desenvolver as energias sustentáveis, reduzir a pegada ecológica. E, na mesma linha, responsabilizar os consumidores na sua maneira de se alimentar, de se vestir, de se aquecer, de se deslocar, de comprar, de deitar fora. É neste

---

[396] Sobre estes pontos, Gilles Lipovetsky, *A Felicidade Paradoxal*, op. cit.

[397] Se os valores ecológicos podem opor-se à ética estética, o recíproco é igualmente verdade. Veem-se, assim, constituir-se associações contra os projetos de construção dos parques eólicos em nome precisamente da defesa da estética das paisagens.

A Sociedade Transestética: Até onde? | 459

contexto que os mais radicais vão até preconizar o decrescimento, o pós-desenvolvimento, a «simplicidade voluntária», considerando que o desenvolvimento sustentável está num impasse, incapaz de resolver os problemas colocados pela inadequação absoluta entre uma Terra de recursos limitados e um desenvolvimento infinito.

A cultura ecológica e a crise económica que atravessamos levaram muitos observadores a defenderem a ideia de que o hiperconsumo, a indiferença e a frivolidade próprios da ética estética estão inevitavelmente condenados a desaparecer proximamente. Será realmente inevitável, como sugerem estas vozes? Evidentemente que não. Mais exatamente – começámos a assistir ao fim da época do hiperconsumo devorador de energia não renovável e poluente – não ao hedonismo consumista. De facto, as inevitáveis transformações que se anunciam (menos esbanjamento, redução das emissões de CO_2, energias limpas, ecoconsumo) não significam de maneira alguma o advento de uma cultura pós-consumista. É certo que os comportamentos que integram as exigências ecológicas evoluem. Contudo, não nos iludamos, isto não fará nascer uma cultura de abstinência, antes um hiperconsumo sustentável. Vai-se parar de desejar novidades, armazenar música, viajar, ir a um concerto, frequentar parques de atrações, ver os últimos filmes e os novos jogos de vídeo? Nada disto irá acontecer. Teremos menos produtos consumidores de energia mas mais consumo de serviços e produtos culturais baseados no imaterial.

Nada parará a nossa neofilia frenética porque ela radica nos fenómenos de fundo que são a destradicionalização dos cultos e o advento de economias assentes em inovação constante. Estas estruturas «condenam-nos» a viver em culturas dominadas pelo «amor do movimento por si mesmo». Não é uma contingência, é uma estrutura mental consubstancial às sociedades de mobilidade destradicionalizada. O que vemos? O gosto pelas viagens, pelos jogos de vídeo, pelas marcas de luxo não é de maneira nenhuma um recuo, antes pelo contrário. Além disso, num universo de desorientação generalizada em que se acentua o isolamento das pessoas e o mal-estar, o consumo é o que vem compensar o sentimento de incompletude; é também o que permite combater uma certa fossilização do quotidiano através de pequenas excitações e minifestas de compras. Na sociedade estética dominada pelo capitalismo artístico tornou-se insuportável não «se dar a si mesmo um prazer». O hiperconsumidor é o que luta contra os tempos mortos da vida, procura «rejuvenescer» a sua experiência do tempo, revivificá-lo pela novidade que lhe dá, sem riscos, o perfume da aventura. Nestas condições, o advento de uma nova cultura de frugalidade e o fim da febre compradora sustentam-se no mito. O apetite de prazeres e novidades consubstancial à ética estética está muito longe de se consumar. E por isso a discordância existente entre normas hedonistas e injunções ecológicas não está em condições de desaparecer.

A educação contra a permissividade

Um outro sistema de normas inscreve-se na contracorrente da cultura dos prazeres imediatos: trata-se da educação. Até aos anos 60, o funcionamento social da educação assentava em valores tradicionais e autoritários: educar as crianças «rigidamente» beneficiava de uma forte legitimidade, sendo considerado o melhor meio de as preparar para a dura realidade da vida. Este tipo de valores sofreu diferentes críticas a partir do início do século xx por parte das correntes reformadoras, mas é só após os anos 60 que o tipo de educação compreensiva, psicológica, por vezes permissiva, se difundiu realmente pelo corpo social. É assim que os valores educativos são alinhados com a cultura individualista-hedonista estimulada pela era do consumismo.

Esta reviravolta apresenta inegavelmente lados positivos mas, levada ao extremo, os seus efeitos mostram-se desastrosos. Do lado dos pais, vemos alguns deles completamente desamparados, incapazes de dizer não aos filhos, assustados ante a ideia de perder o seu amor e sentindo-se culpabilizados por não lhes darem tempo suficiente. Do lado dos filhos, a educação sem restrições favorece o desenvolvimento de seres agitados, hiperativos, ansiosos, frágeis, porque são educados sem regras nem limites, ou seja, na omnipotência e no prazer total. Assistimos ao forte aumento de crianças seguidas por psicólogos e pelos serviços públicos de psiquiatria. Este modo de educar priva as crianças, e mais tarde os adultos, de recursos psíquicos necessários para suster o confronto com o real, suportar o princípio da realidade, o fracasso e a adversidade.

Ainda assim, a cultura hedonista-permissiva não ocupa todo o terreno. Felizmente não destruiu a ideia de que educar implica mostrar autoridade ao fixar limites aos desejos. Não há educação digna desse nome sem enquadramento, sem imposição de normas e regras, sem frustração, única maneira de aprender a diferir a satisfação e adequar-se às diferentes restrições do mundo. Daí a multitude de conselhos, livros, artigos e até programas de televisão que alertam para as derivas do laxismo educativo. Muitos pais resistem às sereias do hedonismo total e obrigam as crianças a frequentar aulas particulares e a iniciar-se em práticas diversas que implicam a aquisição de disciplina. E os professores são amiúde confrontados com dificuldades crescentes da sua profissão por não exigirem novas orientações.

Evidentemente, as tensões e as contradições existem: nem tudo está decidido. Perante os impasses e os danos psicológicos provocados pela ética estética radical, surge um outro tipo de exigências necessárias para estar à altura da formação de seres capazes de se cultivarem, de se autocontrolarem, de se organizarem, de se adaptarem a um mundo instável e inconstante.

Hedonismo e performance

O dado é pouco questionável: assistimos num número cada vez maior de setores a um impulso dos princípios de competição e de *performance* que lançam um terrível desafio à ética estética na sua busca da vida boa. O que acontece mais ou menos em todos os domínios. Primeiro, na empresa, a qual, apanhada no aperto da intensificação da concorrência, das exigências de ganhos de produtividade, de resultados a curto prazo, reduz os seus efetivos, flexibiliza os empregos, introduz práticas de avaliação individualizada das *performances* e fixa objetivos sempre mais altos. O *stress* ligado ao trabalho aumenta cada vez mais por todo o lado, já não poupando nenhum setor nem categoria social. Devido às novas tecnologias da informação e da globalização, o fosso com a cultura estética da existência continua a aumentar: é um clima de medo e de urgência gerado por uma cultura de competição desenfreada que se espalha por todo o lado.

Reciclar-se, atualizar continuamente as suas competências, fazer sempre mais em menos tempo e com menos pessoal: a empresa hipermoderna obriga a viver sob pressão permanente, obrigando os atores a agir sem demora, a estarem disponíveis para a mobilidade constante, a ter respostas instantâneas, hiperreativas([398]). Estes novos méto-

---

([398]) Nicole Aubert, *Le Culte de l'urgence. La société malade du temps*, Paris, Fammarion, 2003; reed., coll. Champs, 2004.

dos de gestão adulteram o bem-estar no trabalho e a qualidade de vida na empresa, tornam cada vez mais difícil conciliar a vida familiar e a vida profissional([399]) e provocam patologias de esgotamento (*burn-out*), medo de não atingir os objetivos, autodesvalorização, depressões, por vezes o suicídio. É neste contexto ultraperformativo que se difunde «o sofrimento no trabalho», o sentimento de ser mal tratado, «acossado», mal considerado no seu trabalho.

O desporto constitui uma outra área particularmente significativa do universo concorrencial hipermoderno onde é necessário estar no *top* otimizando as *performances*: testemunha-o, exemplarmente, o crescimento da dopagem, não somente nos profissionais mas também nos mais jovens em todos os níveis das práticas desportivas. Enquanto se fundem as fronteiras da saúde e da alimentação, da medicina e da dopagem, o mercado regista o sucesso de produtos tonificantes e estimulantes, de produtos enriquecidos em vitaminas e minerais e outras «pílulas da *performance*»: já não se trata de uma saúde assegurada pela via estética mas pelo consumo farmacológico e pelos «comprimidos químicos da felicidade», para estar à altura dos imperativos da *performance*.

A mesma lógica performativa se apresenta no domínio da aparência física no momento da «tirania» da magreza, da juventude e das medidas perfeitas. Estamos num momento em que se vê desenvolver uma beleza ativista ou prometeica que exige sempre mais esforço (atividades físicas), sempre mais restrições (regimes dietéticos) e de

---

([399]) O computador portátil e os *smartphones* têm um papel importante nesta deterioração, pois criam condições para uma disponibilidade a qualquer momento, levando a uma invasão crescente do trabalho na vida privada: um quarto dos empregados afirma que o equilíbrio entre a sua vida familiar e a sua vida profissional não é satisfatório (*Le Monde*, 7 abril de 2012).

manutenção (alimentação saudável), sempre mais correções (cirurgia estética) e de prevenção (hidratação e regeneração da pele). Já não se trata da primazia da estética do presente e dos prazeres gastronómicos, mas uma ordem marcada pelos regimes alimentares, pelos imperativos do autocontrolo, pela observação contínua do corpo. A estética normativa da otimização da aparência funciona em oposição muitas vezes frontal com a ética estética da existência.

OS PARADOXOS DA SOCIEDADE TRANSESTÉTICA

Perante o futuro do mundo tecnocomercial há a tendência de propor uma leitura de tipo apocalíptico. Conhecem-se os termos. A técnica desenfreada faz pesar ameaças assustadoras sobre a ecosfera. O neoliberalismo gera sucessivas crises financeiras e económicas, ao mesmo tempo que insegurança permanente, *stress*, ansiedade e depressão a muitos assalariados. As megalópoles tornam-se inabitáveis, irrespiráveis, ingovernáveis. O digital gera uma existência abstrata, descorporizada, sem ligação táctil com o outro. São muitos os aspetos que levaram alguns teóricos a defender a ideia de que a nossa época trabalha profundamente para aniquilar o *ethos* estético e a arte de viver em benefício de uma nova barbárie, a da velocidade e da hiperatividade. Em vez das delícias sensualistas do *homo aestheticus*, aumenta a desrealização do mundo, as ansiedades e doenças do «homem pressionado».

O juízo é inequívoco: no ponto de encontro dos universos da racionalidade instrumental, da hipervelocidade e da rentabilidade económica, o que se combina tem mais a ver com um mundo frenético e dopado do que com uma vida semelhante a uma obra de arte. Não é apenas a experiência vivida que vai contra a vida estetizada, mas as referências que nos governam: a competitividade, a velocidade, a eficácia, a virtualidade. Neste mundo desaparecem a grande velocidade as qualidades e as disposições estéticas, as volúpias carnais, o tempo apreciado por si próprio. O que domina não é outra coisa que o ativismo obcecado, o poder pelo poder, a corrida ao êxito e ao dinheiro. O que resta da dimensão carnal da existência e da «apreciação do mundo»? Estamos num momento em que o agir por agir substitui as voluptuosidades sensoriais, a velocidade do devaneio, o virtual sensível, a dopagem das atividades despreocupadas. Alguns proclamam-no: os diletantismos do prazer estão atrás de nós e o hedonismo já não é assinalado como uma «antropologia ultrapassada»([400]). A civilização que vem é a da desencarnação dos prazeres, da atividade febril, da exploração máxima dos potenciais nos antípodas do sensualismo estético. Tudo isto compõe um *requiem* para o *homo aestheticus*.

Estas análises comportam aspetos inegavelmente justos. Não são suficientes, no entanto, para acreditar na ideia de uma vitória do homem hiperativo sobre o *homo aestheticus*. Insuficientemente atentas à cultura antinómica da nossa época, estas interpretações pecam por um radicalismo sistemático amiúde no limite da caricatura. Propomos aqui uma outra leitura de conjunto: uma leitura em termos de tensões paradoxais, não em termos nostálgicos e catastróficos.

Qualidade de vida e ativismo

A época hipermoderna é inegavelmente testemunha da expansão social da norma da eficiência máxima. Mas é,

---

[400] Anne Godignon e Jean-Louis Thiriet, «De la servitude volontaire. Réflexions sur l'agir moderne», *Le Débat*, n.º 59, março-abril de 1990, p. 150.

paralelamente, contemporânea da extraordinária dilatação de uma exigência com o ideal de harmonia e de boa vida: trata-se da *qualidade de vida*. Este ideal intromete-se agora em todos os setores, não apenas no domínio do ambiente, mas também nos do *habitat*, do transporte, do trabalho, da alimentação, do corpo, do lazer, dos ritmos de vida e até do hospital. É por isso que se recompõe a ética estética da nossa época e ao mesmo tempo da sua dimensão paradoxal.

Até meados da década de 70, o conforto concretizava-se pelo essencial do equipamento de base das famílias: o carro, o frigorífico, a televisão, a casa de banho, a máquina de lavar roupa, o transístor... Era um conforto técnico, de tipo quantitativo, funcional e higienista, que estava no centro da sociedade de consumo de massa emergente. Isto mudou. Na nova cultura de uma vida melhor, os indivíduos já não procuram unicamente um conforto mínimo, querem um ambiente natural de qualidade, espaço de bem-estar sentido e estetizado, paisagens respeitadas, cidades agradáveis para viver que valorizem o património histórico. Tudo se passa como se o equipamento de base do conforto material já não fosse suficiente. As pessoas já não querem apenas uma casa para se abrigarem; querem sentir-se bem nas suas casas. A época hipermoderna da qualidade de vida coincide com uma demanda sensitiva, cultural, de uma vida melhor, de um ambiente natural, de património: tudo salvo o desaparecimento dos universos hedonistas, estéticos e sensualistas. Impõe-se uma nova época do bem-estar, marcada pela busca qualitativa, cultural e natural, de um ambiente sensível e harmonioso.

A expectativa da qualidade de vida não se limita à natureza, ao *habitat* e ao património. Chegou à relação com o corpo. Testemunhamos, em primeiro lugar, a multiplicação das atividades de forma, de cuidados pessoais, de ginástica suave e aquática, mas também o desenvolvimento das talassoterapias, dos *spas*, das massagens, das saunas, dos banhos turcos, dos banhos californianos, que fazem com que nos sintamos melhor a experimentar sensações íntimas, o bem-estar do corpo. A sociedade contemporânea vê igualmente o sucesso do *zen*, do ioga, das técnicas de meditação, todo um conjunto de técnicas de orientação e de introspeção. Enquanto se difunde o universo da eficiência e da hiperatividade, desenvolve-se a valorização da qualidade de vida, que significa psicologização e sensualização do bem-estar, das experiências sensitivas e emocionais. Uma estética das qualidades sensíveis ao contrário da tendência para a desmaterialização e descorporização do mundo.

Busca da qualidade de vida que se exprime até na esfera do trabalho([401]) e das suas relações com o tempo livre. De facto, os hinos à *performance* apenas conseguiram transformar em vencedores frenéticos uma minoria de empregados. A maioria, e particularmente as mulheres, aspira a encontrar um equilíbrio entre a vida profissional e a vida familiar. É mais um desejo de conciliação ou de harmonia entre vida empresarial e vida privada do que a religião dos recordes que marca os indivíduos no trabalho. Testemunha igualmente desta busca da qualidade de vida é a nova importância dada ao bom ambiente na empresa, o que se chama a *ambiência* no trabalho, que figura entre as principais aspirações dos empregados. O indivíduo hipermoderno deseja agora «sentir-se bem», não somente em sua casa, mas também no seu universo profissional, trabalhar num contexto simpático. A qualidade de vida tem alargado consideravelmente o seu perímetro: engloba

---

([401]) Para melhorar o bem-estar dos empregados, as empresas instalam agora pequenos ginásios, desenvolvem atividades desportivas e culturais no próprio lugar de trabalho. É em nome deste ideal que são estipulados horários flexíveis e, muito raramente, infantários.

agora a relação de si com o outro, a valorização e o seu reconhecimento no trabalho.

A exigência de qualidade de vida constitui uma figura da ética estética no centro do universo da eficácia e do curto prazo: evidentemente, o *homo aestheticus* não foi esmagado pelas mandíbulas do mundo do ativismo desenfreado.

O *virtual* e o *sensual*

Não faltam as análises que mostraram de que maneira o mundo virtual das grandes velocidades representava um banho ácido para a vida estética. Na sociedade das redes informáticas, os indivíduos passam o seu tempo em frente dos ecrãs em vez de se encontrarem e viverem uma vida em conjunto. Comunicamos através do digital em vez de falarmos diretamente. Com o cibersexo, as pessoas já não fazem amor, o companheiro «a fazer o que eu quero», num tipo de onanização da sexualidade. Numa palavra, vivemos cada vez mais uma existência abstrata, digitalizada, sem qualquer ligação táctil: seria assim o mundo sensível e inter-humano numa via de desrealização avançada. Enquanto o corpo deixa de ser a ancoragem real da vida, dirigimo-nos para um universo descorporizado, verdadeiro pesadelo, que não é o de Orwell mas o de um mundo que faz desaparecer o universo carnal, hedonista e sensual: é a «estética da desaparição» de que fala Paul Virilio. Será verdadeiramente esta lógica abstrata e desencarnada que nos rege? Na verdade, à medida que tudo acelera e que uma parte notável das nossas vidas se passa em frente aos ecrãs, vemos aumentar novas valorizações da dimensão sensorial ou sensível. Assim, o *design* contemporâneo, expressivo e emocional, favorece as impressões sensíveis, o polissensorial, nos antípodas do *design* funcionalista frio e abstrato. Observa-se igualmente o gosto crescente pelos prazeres sensitivos da decoração, dos jardins da natureza, mas também do luxo, da gastronomia, dos produtos e vinhos de qualidade. E também paixões turísticas, o desejo de ver, descobrir, sentir as belezas do mundo. A tudo isto se acrescenta a erotização da vida sexual. Não há um adeus ao corpo, não se verifica a desaparição trágica dos referenciais tácteis, estéticos e sensualistas, tanto mais que o mundo virtual gera uma forte necessidade de contrapeso que seja veículo de tactilidade e do sensorial. É a ironia desta época: quanto mais o nosso mundo se torna imaterial e virtual, mais se assiste ao crescimento de uma cultura que valoriza a sensualização, a erotização, o hedonismo da existência([402]).

Interpretou-se frequentemente o universo consumista como um agente de fragmentação da sociedade que gera o narcisismo, que afasta os indivíduos uns dos outros. E, hoje, a internet apenas amplifica este processo. Mas é um narcisismo paradoxal que se desenvolve, uma vez que se mostra dependente da relação com os outros. Enquanto se desenvolvem os jogos de vídeo e as comunicações virtuais, os indivíduos têm cada vez mais o gosto de sair à noite, encontram-se em casa dos amigos, vão ao restaurante, participam em festivais e em festas. O indivíduo hipermoderno não quer apenas o virtual, plebiscita o *live*. É inexato equiparar a vida hiperindividualizada ao encapsulamento, ao ensimesmamento. Finalmente, quanto mais ferramentas de comunicação virtual e de ecrãs *high-tech* há, mais os indivíduos procuram encontrar-se uns com os outros, ver o mundo, sentir uma ambiência([403]).

([402]) Gilles Lipovetsky, *Le Bonheur paradoxal, op. cit.*, pp. 197--212; coll. Folio Essais, pp. 244-263.

([403]) François Ascher, *Métapolis ou l'avenir des villes*, Paris, Odile Jacob, 1995, pp. 138-140.

O falso e o autêntico

Enquanto triunfam o culto do novo e a lógica generalizada da moda (imagem, espetáculo, sedução mediática, jogos e lazer) desenvolve-se, ao contrário desta espécie de frivolidade estrutural, todo um imaginário social do «autêntico». Nomeadamente, através da busca das «raízes», da celebração das regiões, da proliferação de museus e de ecomuseus. É o culto do património, com os seus bairros recuperados, os seus imóveis rebocados, os armazéns reconvertidos. É também a moda do *vintage*. A lógica do autêntico estimula muitos sectores, incluindo o alimentar, com as famosas denominações de origem controlada e protegida que asseguram ao consumidor a autenticidade dos produtos.

O impulso deste imaginário é relacionar a ansiedade, que está ligada à modernização desenfreada das nossas sociedades, com o excesso tecnocientífico, com os novos perigos que ameaçam o planeta. Traduz a nostalgia de um passado que se idealiza, de um tempo que não se devorou a si mesmo e em que, julga-se, os indivíduos sabiam viver melhor. Uma ilusão, sem dúvida, que é acompanhada por um olhar crítico sobre o nosso universo insípido, estereotipado, onde a sociabilidade é maltratada e onde reina a ditadura do mercado e das marcas. O autêntico compensa para o seu comprador esta ausência de raízes e de impersonalidade. É um imaginário protetor que evoca um mundo ao abrigo destes acidentes. O autêntico é tão-só a hipermodernidade: é apenas uma das suas faces, uma das suas manifestações do novo rosto do bem-estar, o bem-estar emocional pleno de expectativas sensitivas, de ressonâncias culturais e psicológicas.

Assim, o gosto do verdadeiro, a busca ao mesmo tempo nostálgica e hedonista do autêntico, é também, paradoxalmente, o do império crescente do falso e do inautêntico. A sociedade hipermoderna é também a da artificialidade, da contrafação, do falso luxo e da verdadeira fancaria, do falso verdadeiro e do verdadeiro virtual. Gosta-se, e não apenas por preocupações económicas, de usar joias falsas, de exibir uma carteira Vuitton falsa, de usar uns Ray Ban falsos: uma estética «Canada Dry» que tem o aroma, a cor, a mesma etiqueta do produto original, mas que não é o produto original. Estranho prazer da mentira e do proibido? Jogo social com os sinais de distinção e de elegância? Liberdade de um bem-estar que preconiza o seu prazer antes de tudo, sem preocupação com as normas morais tradicionais? Há tudo isto ao mesmo tempo neste comportamento que se tem, da mesma maneira que se procura a autenticidade dos produtos, de encontrar também a sua satisfação no adulterado, no artificial, no contrafeito.

E há mais: o deleite é também o da duplicação, da cópia, através dos quais se vive uma vida como se fosse desdobrada. Revelador a este respeito é a força do universo virtual que dá a impressão da verdade da vida ainda que seja apenas uma projeção sem realidade concreta. O avatar da *Second Life* é como se fosse um outro eu, que se carrega com os seus sonhos, com os seus fantasmas, com os seus desejos e que os realiza virtualmente ao ter sensações e sentimentos que teríamos gostado de realizar na vida real: uma satisfação por procuração, uma transferência para um outro virtual da realidade do próprio eu. É o mesmo prazer que se tem com os jogos de vídeo, que se instala em quem se entrega a um mundo inventado no qual se projeta. Uma projeção imaginária que não é sentida como uma vida menor, uma restrição, uma amputação, mas mais como uma exaltação, uma maneira de se nos projetarmos além de nós num universo em que a falsidade acrescenta beleza à realidade. «Oh! Que fraude simpática, oh! Capricho da natureza!/É uma verdade?

É apenas uma pintura?»([404]) já gostava de dizer o poeta Desmarets de Saint-Sorlin perante o reflexo imaterial do palácio de Richelieu a projetar-se duplamente na sua sombra e na água de um canal. Nas vertigens enganadoras da ilusão e do inautêntico, o eu hipermoderno, levado pela busca do autêntico, gosta da mesma maneira de jogar com a ilusão do real e do verdadeiro.

Todos criativos

Tal paradoxo surge na maneira como, inteiramente dedicados a uma vida atarefada onde se trata de ser, antes de mais, eficiente, um número crescente de indivíduos testemunha, pelo contrário, um gosto gratuito pela criação ou expressão estética. Longe da visão tradicional do consumidor passivo, cada vez mais os indivíduos se querem criadores, tocam música, fazem fotografia, praticam a dança, se entregam à pintura, participam num coro, fazem cursos de teatro, exercem a gastronomia, escrevem memórias, têm um blogue([405]).

O desenvolvimento da Teia(*) e dos equipamentos *high-tech* constituiu um formidável acelerador desta tendência para a prática artística ao proporcionar uma ferramenta inédita e «simples» para o desejo de expressão individual. Agora, os indivíduos fotografam e filmam de qualquer maneira, graças ao seu telemóvel, iPhone, à sua

---

([404]) Jean Desmarets de Saint-Sorlin, *Promenades de Richelieu ou Les vertus chrestiennes dédiées à Madame la duchesse de Richelieu*, Paris, H. Le Gras, 1653.

([405]) Presentemente, três em cada dez franceses têm uma atividade artística, contra 1,5 na década de 70. A prática amadora de um instrumento e do teatro duplicou; a da dança triplicou.

(*) Tradução de *toile*, o termo francês que os autores usaram em vez de *web* [teia], para se referirem à rede mundial (N. R.).

A Sociedade Transestética: Até onde? | 473

câmara, os lugares que visitam, mas também os eventos desportivos, as exposições, a publicidade, cenas de rua, eventos insólitos: filma-se tudo, a toda a hora. As imagens são publicadas e trocadas na net através das redes sociais. O YouTube e o Facebook tornam-se numa mediateca planetária em constante movimento e crescimento onde centenas de milhares de filmes e de *clips* são vistos diariamente. Tudo se passa como se em cada um dormitasse um desejo artístico, uma paixão para pôr o mundo e si mesmo em música, em imagem e em cena.

Onde se vê que o hedonismo individualista não é sinónimo de consumismo: coincide também com a vontade de realizar algo pessoal, inteiramente escolhido, um mundo que se parece comigo e responde à minha própria subjetividade. Não para ter esses quinze minutos de fama e de reconhecimento como disse Warhol, mas mais profundamente para sermos nós mesmos sem constrangimentos impostos de fora. Desta forma não se procura tanto ganhar dinheiro mas fazer qualquer coisa que seja enriquecedora, divertida, original e de que se goste. Um desejo que é encorajado e exacerbado indo ver obras de arte, *sites*, grandes exposições. Também por um grau de formação escolar superior. O gosto de se exprimir democratizou-se sob o impulso da cultura individualista-hedonista--psicológica: leva os indivíduos a realizar atividades mais ricas que permitem manifestar um Eu singular: uma maneira de se desenvolver, de se realizar, de sermos nós mesmos. Há aqui a necessidade de dizermos e de nos exprimirmos tanto mais forte porque os grandes combates coletivos deixaram de dar um sentido pesado à existência. A atividade expressiva é o campo livre e aberto que permite encontrarmo-nos, fugir à rotina de todos os dias e do trabalho, construir uma singularidade sob o signo da criatividade pessoal. Se o capitalismo artístico produz um consumo cultural de massas, favorece também o impulso das ambições expressivas individuais. O artista, agora, já não é o outro: nos meus sonhos e um pouco no quotidiano, sou eu.

Amenidade e violência

Os paradoxos não param aqui. Vivemos num tempo marcado pela ligeireza feliz dos sinais de consumo, da publicidade e do lazer, assim como pelo psicologismo e a ideologia da comunicação. Um clima cultural ameno que, no entanto, anda a par da violência redobrada das imagens. Com efeito, consumimos cada vez mais violência através das imagens televisivas dos conflitos armados, dos confrontos sociais, do terrorismo, da criminalidade. No grande ecrã, os filmes de guerra não são os únicos a difundir imagens sangrentas: filmes de artes marciais, filmes de terror, *gore*, *thrillers* de ação, filmes de ficção-científica elevam a violência a um espetáculo cujos efeitos especiais a transformam em hiperespetáculo. O sangue corre livremente pelos ecrãs, como corre em parte da arte contemporânea que gosta de exibir corpos mutilados e desmembrados, cenas de horror que inspiram repugnância.

Esta proliferação da violência, cujo lado exacerbado e repetitivo faz com que o espectador se habitue e que, de certa maneira, veja mais um tipo de estilo estético do que um reflexo naturalista da realidade, destaca-se paradoxalmente num fundo de enfraquecimento da violência coletiva nas sociedades que já não têm a experiência da guerra e onde os confrontos sociais já não fazem vítimas de sangue. É verdade que, ao mesmo tempo, continuam os massacres e as guerras em todo o planeta, não mais do que as violências dos indivíduos e dos gangues, dos fundamentalismos, das máfias internacionais. Assim sendo, a avalanche de imagens extremas exprime menos a violência do real social do que a lógica da economia cultural, levando os criativos a ir sempre mais longe, com cada vez mais força, para se impor no mercado, cativar um público de hiperconsumidores «indiferentes» que já «viram tudo», procurando sensações e emoções fortes. É mais a dinâmica do capitalismo artístico que está na base da exacerbação das imagens extremas de violência do que as guerras e assassinatos sanguinários dos quais somos testemunhas.

VIA ESTÉTICA E VALORES MORAIS

O capitalismo artístico e o individualismo erigiram a ética estética num ideal de vida dominante. Mas isto não significa ideal hegemónico. Uma categoria de valores fundamentais impede o advento de todo o estetismo na vida social e individual: trata-se de valores superiores constitutivos da vida moral e da ordem democrática. É necessário, com efeito, sublinhá-lo: a erosão das grandes obrigações morais é acompanhada por um amplo consenso de apoio aos princípios éticos e políticos da modernidade liberal. Os protestos e os envolvimentos éticos multiplicam-se, os gestos de solidariedade e os donativos a favor das vítimas nunca foram tão elevados; os direitos do homem beneficiam de uma adesão generalizada. O fenómeno é tanto mais notável porque se desenvolve numa época em que predominam os valores do prazer individual. Note-se que o culto hedonista que se desenvolve não impede de maneira alguma a indignação perante as misérias e as injustiças nem o interesse pelos danos da fome em todo o mundo, pelas crianças vítimas de violência, pela defesa da igualdade dos direitos entre homens e mulheres, pela exigência de justiça e de partilha, pelos grandes combates ecológicos, pela preocupação em preservar um futuro para as gerações futuras. Crescem, assim, as associações, os movimentos humanitários, as ONG transnacionais (contam-se hoje 40 000), o voluntariado: este, em diversos países, nunca mobilizou tanta gente (12 milhões em França) e continua muito dinâmico nos Estados Unidos (93 milhões de pessoas), ainda que tenha baixado ligeiramente nos últimos anos. Evidentemente, a ética estética individualista não se desenvolve num deserto de valores. Os valores primordiais de um humanismo moral, os referenciais de grande significado (a justiça, o amor, a amizade), terão sido volatilizados? Não teremos nenhuma bússola, nenhum sentido moral? Na verdade, não desapareceram nem os ideais de solidariedade nem de entreajuda([406]), nem o altruísmo, nem a indignação, nem o valor do amor([407]). Não se pode equiparar pura e simplesmente a sociedade transestética ao reino do mercado e dos prazeres egocêntricos, uma vez que é inseparável do reforço do tronco comum dos valores humanistas democráticos. O universalismo não é apenas o do mercado: é também o dos direitos do indivíduo, que beneficiam de um excecional consenso. Nem tudo foi devorado pelo valor de troca e pelo reino hipertrofiado do consumo estético. O individualismo que triunfa não é o grau zero dos

---

([406]) A net ilustra à sua maneira a persistência do ideal de entreajuda através de fóruns, jornais, dos wiki (como a Wikipédia) realizados por contribuidores voluntários e anónimos que não esperam remuneração nem uma gratificação particular.

([407]) Assim, há que recusar as leituras que, sem qualquer preocupação com as tensões contraditórias implementadas na cultura hipermoderna, afirmam, sem rodeios, que é necessário substituir o «egoísmo» por um «individualismo» pretensamente impossível: «abaixo o individualismo, bem vindo o egoísmo». Sob o pretexto de grandeza filosófica é apenas a aceção mais trivial do fenómeno veiculado pela *doxa* que ressurge: ver Dany-Robert Dufour, *Le Divin Marché. La révolution culturelle libérale*, Paris, Denoël, coll. Bibliothèque Médiations, 2008; reed. Gallimard, coll. Follio Essais, 2012, p. 29 para a citação.

valores nem a negação do valor da relação afetiva com o outro. A nova cultura estética não encerra os indivíduos em si mesmos e não nos condena a um niilismo exponencial. Apesar das muitas injustiças do mundo presente e do hiperindividualismo por vezes cúpido, os princípios morais superiores não estão de maneira alguma caducos. Não perdemos a nossa alma: o decadentismo moral é um mito. Não estamos dedicados ao niilismo nem a um relativismo absoluto afirmando que vale tudo. Allan Bloom escrevia que «já não se é capaz de falar com a mínima convicção do bem e do mal»[408]. O diagnóstico é tão caricatural como inexato. A consciência moral mostra-se sempre vigilante, pois condena inteiramente as práticas discriminatórias, as diversas formas de escravidão, as violações da dignidade das crianças, as violências cometidas contra as mulheres, os atentados terroristas. Estaremos nós abertos a todas as diferenças culturais? O multiculturalismo é denunciado e frequentemente apresentado como um fracasso, como um instrumento de encerramento dos indivíduos na sua comunidade de origem.

Já perdemos a conta às questões morais que suscitam debates apaixonados. A linha divisória entre o bem e o mal já não é fixada pela Igreja, mas debatida nos *media* e no seio de instâncias civis, de comités de ética, de comissões de deontologia. As controvérsias não param de aumentar: casamento homossexual, direito de adoção pelos homossexuais, barrigas de aluguer, liberalização da droga, manipulações genéticas, castração química para criminosos sexuais. De todos os lados, a nossa época testemunha confrontos entre sistemas de valores cuja intensidade exprime, não um declínio, mas uma dinâmica de

---

[408] Allan David Bloom, *L'Âme desarmée*, Paris, Julliard, 1987, p. 159.

pluralização e de democratização do domínio ético; a lei moral já não é ditada aos indivíduos a partir do exterior. O que nós pensamos ser uma decadência dos valores é, antes de mais, o sinal do avanço da destradicionalização e da secularização da esfera moral. Enquanto se afirma a ética estética, as antigas regulações familiares e religiosas desagregam-se favorecendo o enfraquecimento das obrigações consubstanciais à vida moral. E num universo de competição em que o dinheiro é rei, o egocentrismo individualista leva a uma maior preocupação pelos seus interesses privados do que à observação de princípios superiores. Assim, esta é apenas uma das faces do individualismo que se pode chamar extremo ou irresponsável porque voltado exclusivamente para o Ego. Há outra que, menos egotista, mais responsável, traduz a preocupação pelo outro e o respeito pelo direito: o que impede equiparar a sociedade transestética a um estado de barbárie moral([409]).

Não é necessário equiparar esta consciência moral a uma sobrevivência em vias de extinção, um «resíduo» que vem de outra época. É da própria dinâmica da individualização e da sociedade transestética que recompõe em parte o valor da vida moral. O vazio criado pelo desinvestimento em projetos de transformação revolucionária foi substituído pelo envolvimento, mais imediato e mais direto, a favor da proteção da vida humana e da sua dignidade. Daí impôs-se a prioridade da entreajuda urgente, da generosidade e da intervenção humanitária.

Por outro lado, há que sublinhar o que pode ter de positivo o desenvolvimento do hiperindividualismo contemporâneo na medida em que trabalha para reforçar a

---

([409]) Sobre estas duas figuras do individualismo, Gilles Lipovetsky, *Le Crépuscule du devoir. L'éthiqe indolore des nouveaux temps démocratiques,* Paris, Gallimard, coll. NRF Essais, 1992; reed. Coll. Folio, 2000.

tendência para a identificação com o outro. Nas suas belas páginas, Tocqueville sublinhou como a «compaixão geral por todos os membros da espécie humana» foi impelida pela cultura individualista democrática, a qual tem por efeito criar uma participação imaginária nos infortúnios do outro([410]). Isto continua. Numa época em que as imagens mediáticas difundem pelos quatro cantos do mundo o espetáculo da miséria humana, criou-se no próprio seio de um universo marcado pelo individualismo hipertrofiado uma grande empatia por aqueles que sofrem. A emoção é extremamente sentida por cada um de nós perante os horrores que ocorrem no outro lado do planeta e cujas imagens são recebidas em tempo real. As fronteiras entre o aqui e o longínquo foram como que abolidas, as barreiras entre nós e os outros corroem-se: a igualdade de condições, a espiral de individualização e a força dos *media* funcionam como agentes de sensibilização para o sofrimento daqueles que nos são desconhecidos. Ainda que fugazes ou epidérmicas, tais emoções revelam uma inegável abertura ao desespero do outro: o indivíduo hipermoderno não está fechado sobre si mesmo. Como não reconhecer nesta sentimentalização da relação com os valores morais e com os comportamentos solidários, favorecida pela sociedade transestética, uma nova inscrição social da vida ética?

SOCIEDADE DE ACELERAÇÃO E ESTÉTICA DA VIDA

Se o capitalismo é denunciado como máquina destruidora de valores, também o é, cada vez mais, como se viu, sistema de aceleração que aniquila as formas da qualidade

---

[410] Alexis de Tocqueville, *De la démocratie en Amérique* [1835], t. II, Paris, Gallimard, coll. Folio Histoire, p. 234.

de vida. O *fast-food*, os SMS, o *zapping*, os telemóveis, os jogos de vídeo, o *speed dating*, as mensagens eletrónicas são alguns dos exemplos desta cultura onde tudo tem de ir sempre mais rápido, onde cada vez mais os momentos são vividos num regime de urgência. Que se tornam estilo de vida propriamente estético quando a velocidade e a urgência comandam o ritmo do quotidiano, quando os visitantes dos museus ficam menos de dez segundos em média em frente de um quadro, quando tudo deve ser dito em 140 caracteres no máximo (Twitter), quando o telemóvel, ligado permanentemente, vem interromper os prazeres sensíveis do face a face ou da paisagem? E mais amplamente, onde encontrar a existência estética quando se intensifica sempre mais a exigência de ganhar tempo, sentimentos de urgência e de *stress*, assim como a impressão de já não termos um minuto sequer para nós, de falta de tempo([411]). O homem apressado, caro a Paul Morand, que podia representar na euforia da descoberta da velocidade uma forma de romantismo da modernidade, apenas traduz, num mundo de aceleração contínua, a imagem de um indivíduo na perseguição impossível de si mesmo, esgotando-se na corrida sem fim que lhe impõe a mecânica embalada do sistema.

Donde o sucesso das celebrações da lentidão por oposição às formas e ditames da sociedade hiperacelerada. Exprime-se um pouco por todo o lado a necessidade de salvaguardas qualitativas, de uma «respiração» para que o ideal de vida estética não seja uma caricatura de si mesma. Porque se os prazeres ligados à velocidade são bem reais, têm também a própria negação da vida estética em benefício da corrida obsessiva aos resultados, da aceleração pela aceleração, de um *zapping* permanente espa-

---

([411]) Lothar Baier, *Pas le temps! Traité sur accélération*, Actes du Sud, coll. Lettres allemandes, 2002.

lhado por todas as atividades. Face à estética da velocidade e do imediatismo que se enraíza no universo do mercado, afirma-se a exigência de poder apreciar outras belezas, outras experiências, outras temporalidades. Não é uma estética contra a política mas estética contra estética, estética de uma existência qualitativa e rica contra estética compulsiva do consumo, para que a existência não se reduza a uma corrida às compras, a uma febre consumista inconsistente. Enquanto se amplifica o turbilhão do quantitativo, do tempo cronometrado, da mudança a qualquer preço, aumenta a preocupação de uma estética da qualidade de vida que redescubra os prazeres da plenitude sensorial, de um novo equilíbrio entre velocidade e lentidão.

Com o movimento Slow Food lançado em 1986, o rótulo Slow difundiu-se através de diversos *best-sellers* e de todo um conjunto de correntes e associações que apelavam, em muitas áreas, a que se desacelerasse o ritmo de vida e a «demorar o seu tempo» para saborear os momentos vividos: *slow money, slow management, slow city, slow sex, slow tourism*, um pouco por todo o lado difunde-se o desejo de apreciar o sabor da vida e das coisas graças a uma estética da desaceleração. Quanto mais se aceleram os ritmos de vida, mais o ideal de qualidade de vida se associa a uma desaceleração escolhida. Quanto mais a hipermodernidade impõe pressões de velocidade, mais se exprime a necessidade de abrandar o ritmo de vida para que se possa sensualizar as experiências vividas e apreciar melhor os prazeres da existência. «Demorar o seu tempo» para «habitar o tempo»: a estética da lentidão tornou-se uma exigência para reequilibrar os modos de existência, avançar na via de uma maior qualidade de vida.

Que seja *slow life*. Mas até onde? E esta aspiração poderá ser considerada ponto de partida de uma nova arte de viver de alcance geral? Há razões para duvidar, esta aspiração à lentidão é acompanhada muito frequentemente por aspirações contrárias. Protesta-se contra o frenesi do ritmo de trabalho, mas não se suporta a espera nas caixas dos supermercados ou a lentidão do computador. Gosta-se de passear ou de andar de bicicleta, mas quem estará preparado para renunciar ao avião para descobrir o mundo? Quem está preparado para renunciar ao imediatismo dos *e-mails*? Como sempre, falta mais tempo, a necessidade de ganhar tempo e de ir mais depressa vai continuar enquanto se construirão «ilhas de desaceleração», tal como momentos de felicidade para saborear o instante, mas também para «recarregar baterias» e, portanto, ser mais eficaz e reativo[412]. Em elementos isolados da vida, o modelo de desaceleração não constitui um contramodelo à sociedade da hipervelocidade. Deve ser considerado um meio que permita abrir mais a panóplia da vida *à la carte*, de diversificar os ritmos e os modos de vida, de ganhar momentos de qualidade de vida.

A desaceleração generalizada tem também poucas possibilidades de emergir como o decrescimento e a simplicidade voluntária. Porque toda a modernidade é velocidade, aceleração, ganhos de produtividade, e mesmo as expressões culturais veem o seu ritmo acelerar-se (cinema, *spots* publicitários, criações musicais). No mundo que aí vem continuará a aceleração e, pontualmente, os processos de desaceleração em resposta à necessidade de experiências de qualidade, de contemplação, de tranquilidade, de silêncios, de prazeres estéticos mais requintados. O que está em jogo é a diversificação-dualização da própria ética estética hipermoderna.

Pode-se assim distinguir duas formas da ética estética contemporânea. Uma remete para a *fun morality* do diver-

---

[412] Hartmut Rosa, *Accélération. Une critique sociale du temps*, Paris, La Découverte, coll. Théorie critique, 2010, pp. 113-114.

timento e do consumo de massa, para as atividades lúdicas sem memória que, ocupando o tempo, são prolongadas para a novidade pela novidade. Uma ética estética *kitsch* em que a arte da felicidade([413]) exaltada no quotidiano aparece na forma da facilidade e do imediatismo, da heterogeneidade e da fragmentação consumista. A outra corresponde às experiências de prazeres mais dominados e seletivos, mais requintados e raros, às buscas hedonistas de qualidade sensitiva e emocional. Uma não repelirá a outra: as duas são chamadas a desenvolver-se simultaneamente.

Nesta ótica, no entanto, o reino da velocidade não é acusado enquanto tal. Não via nela Marinetti a nova forma moderna da vida estética? Mas é sobretudo pelo aumento da velocidade (a produtividade) que melhoraremos as condições de vida da maioria, que viveremos mais tempo e com mais saúde, que se libertará tempo livre para ocupá-lo eventualmente a viver melhor. O mundo da tecnociência cria *stress*, mas é também a condição material para melhorar a qualidade de vida (saúde, ambiente, *habitat*). No futuro teremos mais *stress* nas nossas vidas (em especial os profissionais), mas também mais bolsas de qualidade de vida.

O capitalismo artístico encontra a sua legitimidade na realização de uma vida boa, sinónimo de vida livre sob o signo de uma ética de valorização de si. A ambiguidade é que a vida estética, tal como o capitalismo artístico a desenvolveu, liga intimamente este ideal da existência à cultura consumista. Mas é ter uma visão particularmente pobre da vida estética encerrá-la nos limites das satisfações adquiridas pelas ofertas do mercado: a vida bela e

---

([413]) Sobre o *kitsch* como «arte da felicidade», estado de espírito e maneira de viver, Abraham Moles, *Psychologie du kitsch. L'art du bonheur*, Paris, Denoël-Gonthier, coll. Bibliothèque Médiations, 1976.

boa apela a outros valores, a outros objetivos do que apenas ao consumo comercial. O ideal a perseguir não pode resumir-se a aumentar indefinidamente as compras, a maximizar o consumo: tal cultura reduz abusivamente o homem ao *homo consumericus*. Neste modelo, a vida estética já não é tanto uma criação de si mas uma existência heterónoma votada à insignificância. Se a vida estética implica a criação de si, ela deve encontrar-se num estilo de vida não limitado aos ideais do mercado; deve visar construir-se por certo através dos prazeres distrativos, sensitivos e corporais, mas também e sobretudo através dos processos que abrem às diversas satisfações uma melhoria do pensamento e da harmonia da existência, do *aperfeiçoamento* e do *enriquecimento de si*.

Não se trata de diabolizar o capitalismo artístico e o mundo do consumo: enquanto sistema gerador de emancipação individual e que faculta constantemente diversos e novos prazeres, os seus méritos estéticos são tudo menos secundários. E que outro sistema é capaz de assegurar o bem-estar aos milhares de milhões de indivíduos no planeta? A vida estetizada a construir não pode consistir numa saída utópica do sistema consumista: tal perspetiva radical não é credível nem desejável. Há um outro objetivo a perseguir e que, por não ser propriamente revolucionário, é uma tarefa quase hercúlea se registarmos a força hiperbólica do processo de comercialização dos modos de vida: como aligeirar o peso do consumo nas existências dos indivíduos, descentrá-lo, apresentar novas perspetivas de vida com mais qualidade. O consumo é bom como meio, detestável como fim. Neste sentido, o desejável está na invenção ou no reforço de todos os dispositivos que possam permitir aos homens apreciar mais os prazeres não comerciais e, sobretudo, sem perder as satisfações da civilização do bem-estar, viver por outra coisa que não sejam as compras e as marcas.

Se queremos valorizar um outro modelo de existência estética além daquele que é proposto pelo mercado, a Escola, a formação, a cultura humanista clássica mantêm toda a sua importância, desde que não os contraponhamos ao mundo tal como é hoje e tal como será, mas que, pelo contrário, os tentemos conciliar. Ainda que seja eminentemente desejável, a aprendizagem das artes é manifestamente insuficiente. Como partilhar ainda a fé de Schiller, que baseava o progresso do homem, da moralidade e da sociedade na educação estética? O Belo não é o Bem e a arte não é condição da moralidade nem da liberdade política, nem da qualidade de vida. Há muita ilusão em crer-se que a formação estética possa ser a via moderna da salvação. Não esperemos da educação cultural e estética uma reviravolta do mundo e muito menos uma qualquer regeneração do homem.

Como se viu, a estetização do mundo impulsionado pelo capitalismo artístico não é, apesar das suas lacunas e ameaças, um impasse nem um parêntesis episódico. Inscreve-se na própria aventura da humanidade que nunca deixou de criar estilos e narrativas e de procurar tornar a vida mais bela. As leis do mercado e do lucro não aboliram de maneira alguma esta dimensão. Mas no curso da história da arte e das formas sensíveis, a idade moderna trouxe uma nova dimensão, particularmente ao impulsionar a estetização da economia, ao criar artes de massa, ao fazer da vida estética e dos seus prazeres um ideal para todos. É assim que o capitalismo artístico não criou apenas uma economia estética, deu início a uma sociedade, uma cultura, um indivíduo estético de tipo inédito. A estética tornou-se um objeto de consumo de massas ao mesmo tempo que um modo de vida democrático. Para o melhor e para o pior. O melhor tem a ver com um universo quotidiano cada vez mais remodelado pela operatividade da arte, pela abertura a todos os prazeres do belo e das narrações emocionais; o pior, uma cultura degradada em *show* comercial sem consistência, uma vida engolida por um consumismo hipertrofiado. Assim, a sociedade transestética não é para lisonjear nem para diabolizar: é necessário fazer com que evolua no sentido do nobre e do melhor para deter a febre do «sempre mais». A hibridação hipermoderna da economia e da arte leva a não se apostar já na «alta cultura» que durante muito tempo apareceu como viático supremo. É uma exigência transversal que convoca a nossa época e que é o imperativo de qualidade aplicada às artes de massas, à vida quotidiana e não apenas à «grande» cultura. Por todo o lado aumenta a exigência de qualidade, sendo necessário promovê-la tanto no que diz respeito ao comercial como à vida. A modernidade ganhou o desafio da quantidade, a hipermodernidade deve relançar o da qualidade na relação com as coisas, com a cultura, com o tempo vivido. A tarefa é enorme. Mas não é impossível.

Índice Onomástico

ADORNO, Theodor Wiesengrund, 233, 238
AI WEI WEI, 273
AKHMADULLINA, Alena, 274
ALAÏA, Azzedine, 211
ALBERTI, Leon Battista, 22
ALI, Cassius Clay, alterou o nome para Mohammed, 321
ALLAIS, Alphonse, 391
ALMODÓVAR, Pedro, 94, 349, 361
ANDERSON, Chris, 116
ANDREU, Paul, 272, 315
ANTONIONI, Michelangelo, 229
APOLLINAIRE, Wilhelm Apollinaris de Kostrowitzky, dito Guillaume, 28, 253
ARAD, Ron, 277, 297
ARAGON, Louis, 217, 254
ARDENNE, Paul, 99, 323
ARENDT, Hannah, 241
ARENS, Egmont, 142

ARMANI, Giorgio, 91, 92, 101, 102, 211, 267, 337
ARP, Jean ou Hans, 131
ARRAULT, Valérie, 353
ARTAUD, Antoine Marie--Joseph Artaud, dito Antonin, 100
ARTHUS-BERTRAND, Yann, 385
ASCHER, François, 368, 398, 469
ASSAYAG, Jackie, 413
ASSOULY, Olivier, 152
AUBERT, Nicole, 462
AULENTI, Gaetana Aulenti, dita Gae, 206
AZOULAY, Élisabeth, 409, 411

BAAS, Maarten, 298
BAIER, Lothar, 480
BALZAC, Honoré de, 159, 217
BAQUÉ, Dominique, 99
BARBER, Benjamin, 357
BASQUIAT, Jean-Michel, 267

BATAILLE, Georges, 64, 443
BAUDELAIRE, Charles, 83, 180, 228, 239
BAUDRILLARD, Jean, 145
BAUM, Lyman Frank, 162, 165
BAUSCH, Philippina Bauseh, dita Pina, 282
BECK, Ulrich, 18, 454
BECKER, Howard S., 74, 133
BEETHOVEN, Ludwig van, 84
BEHRENS, Peter, 142, 192, 193
BEINEIX, Jean-Jacques, 327
BELL, Daniel, 452
BELLINI, Mario, 200
BELTRAMI, Giovanni, 29
BENGHOZI, Pierre-Jean, 116
BENHAMOU, Françoise, 63, 116, 309
BENJAMIN, Walter, 152, 156, 161, 171, 217, 244, 245
BERGMAN, Ingmar, 230
BERKELEY, William Berkeley Enos, dito Busby, 231
BERNARD, Christian, 340
BERNHARDT, Rosine Bernard, dita Sarah, 228
BERTOIA, Arieto Bertoia, dito Harry, 200
BEY, Jurgen, 298
BEYONCÉ, Beyoneé Giselle Knowles, dita, 343
BICH, Mareel, 205
BIDGOOD, James, 351
BILL, Max, 198, 200
BLANC, Nathalie, 392
BLANCHARD, Gilles, 351, 360
BLANCKAERT, Christian, 177

BLOOM, Allan David, 477
BOHAS, Alexandre, 50, 82, 311
BOILEAU, Louis-Charles, 158, 170
BOLTANSKI, Luc, 71, 138, 143, 146
BOMSEL, Olivier, 48
BONETTI, Mattia, 267, 287
BONNARD, Pierre, 248
BONY, Anne, 212
BOORSTIN, Daniel Joseph, 307
BORDO, Susan, 411
BORROMINI, Francesco Castelli, dito Francesco, 159
BORZAGE, Frank, 231
BOSCH, Hieronymus Van Aken, dito Jerónimo, 415
BOUCICAUT, Aristide, 141, 153, 158, 171
BOURDIEU, Pierre, 52, 383
BOURDIN, Alain, 370
BRAND, Jan, 90, 338, 421
BRANDT, Marianne, 190
BRANZI, Andrea, 282, 287
BRAQUE, Georges, 173, 436
BREDENDIEK, Hin, 190
BRETON, André, 28
BREUER, Mareel Lajos, 189
BROCH, Hermann, 348, 359
BROOKS, Louise, 236, 240
BROWN, Denise Scott, 365
BUÑUEL, Luis, 229
BURDEN, Chris, 323
BURGEL, Guy, 369
BURNHAM, Daniel H., 142

Índice Onomástico | 489

CACHIN, Françoise, 376
CAGE, John, 282
CALATRAVA, Santiago, 315
CALKINS, Elmo, 142
CAMERON, James Francis, 118
CAMPANA, Fernando, 276, 287
CAMPANA, Humberto, 276, 287
CANUDO, Ricciotto, 229
CAPETO, Isabela, 274
CAPPIELLO, Leonetto, 248, 250
CARAVAGGIO, Michelangelo Merisi, dito, 86, 332
CARLO, Ron, 319
CARROLL, Noël, 79
CARSEN, Robert, 332
CARUSO, Errico Caruso, dito Enrico, 242
CASSANDRE, Adolphe Mouron, dito, 249, 250
CASTELBAJAC, Jean-Charles de, 92
CASTELLI, Leo Krauss, dito Leo, 100
CASTELLS, Manuel, 75
CASTIGLIONI, Achille, 289
CASTORIADIS, Cornelius, 145
CAUMON, Céline, 291
CAUSSE, Vanessa, 299
CAVES, Richard E., 118, 132
CAYATTE, André, 231
CÉLINE, Louis-Ferdinand Destouches, dito Louis-Ferdinand, 230, 253
CENDRARS, Frédéric Sauser, dito Blaise, 250, 253

CHAGALL, Moïshe Zakharovitch Chagalov, dito Marc, 66
CHALAS, Yves, 368
CHALAYAN, Hussein, 92, 102, 274, 337
CHAMBON, Michael, 86
CHANDLER, Alfred D., 140, 151
CHANEL, Gabrielle Chasnel, dita Coco, 175, 177, 321
CHANGY, Florence de, 66
CHANTEPIE, Philippe, 116
CHAPLIN, Charles Spencer, dito Charlie, 229
CHAPMAN, Dinos, 323
CHAPMAN, Jake, 323
CHAPUIS, Jean-Yves, 368
CHATILIEZ, Étienne, 258
CHÉRET, Jules, 248
CHESKIN, Louis, 203
CHEUNG LAAM, Shirley, 274
CHIAPELLO, Ève, 71, 138, 143, 146
CHOAY, Françoise, 316
CHOO, Zhou Yangjié, dito Jimmy, 92
CHUNG, Chuihua Judy, 218
CIBIC, Aldo, 281
CLAIR, Jean, 331
CLÉMENT, Gilles, 391
CLEÓPATRA VII, 321
COCHOY, Franck, 152
COCTEAU, Jean, 176
COHEN, Daniel, 48
COLE, Henry, 188
COLIN, Christine, 289

COLIN, Paul, 250
COLOMBO, Cesare Joe, 206
COLONNA, Vincent, 25
COMMOY, Pierre, 251, 360
COOPER, Carolyn, 413
COPPOLA, Francis Ford, 318, 349
COPPOLA, Sofia Carmina, 358
CORDES, August Wilhelm, 160
CORNEILLE, Pierre, 133, 354
COSTOULAS, Constantin, 366
CRAWFORD, Lucille Fay LeSueur, dita Joan, 237
CURTIZ, Manó Kertész Kaminer, dito Michael, 231

DALI, Salvador, 95
DALIDA, Iolanda Cristina Gigliotti, dita, 358
DANDREY, Patrick, 389
DANTO, Arthur, 58, 327,
DAVIS, Mike, 16, 313
DEBORD, Guy, 303, 306, 307, 429
DECOUFLÉ, Philippe, 335
DEITCH, Jeffrey, 98
DEJANOV, Plamen, 98
DELACROIX, Eugène, 228
DELAUNAY, Robert, 162
DELAUNAY, Sonia, 177
DE LEMOS, Theodore Wilhelm Emile, 160
DELVOYE, Wim, 351
DEMILLE, Cecil B., 232
DENISOFF, Serge R., 117
DE RUDDER, Nora, 298
DESGRANDCHAMPS, Guy, 340

DESMARETS DE SAINT-SORLIN, Jean, 472
DION, Céline, 352
DIOR, Christian, 91, 101, 178, 337, 343
DISNEY, Walter Elias Disney, dito Walt, 82, 113
DIXON, Tom, 297
DOLLÉ, Jean-Paul, 15
DORMER, Peter, 201
DORS, Diana Mary Fluck, dita Diana, 237
DOS PASSOS, John Rodrigo, 162
DOUEIHI, Milad, 77
DREYFUSS, Henry, 194
DROCCO, Guido, 206
DRU, Jean-Marie, 257
DUBOSSARSKY, Vladimir, 351
DUBUISSON, Paul, 169
DUCHAMP, Marcel, 327
DUFOUR, Dany-Robert, 476
DUFY, Raoul, 176
DUGGAN, Ginger Gregg, 338
DUJARIER, Marie-Anne, 430
DUMAS, Alexandre Dumas Davy de La Pailleterie, dito Alexandre, 87
DUMONT, Louis, 23
DURANT, William Crapo, 185
DYER, Richard, 235

EARL, Harley J., 204
ECEIZA NEBREDA, Laura, 274
ECO, Umberto, 354
EDISON, Thomas Alva, 224, 241, 242

Índice Onomástico

EHRENBOURG, Ilya, 234
EIFFEL, Gustave, 158
EISENSTEIN, Serguei Mikhailovitch Aizenehtain, dito Serge, 230
EKBERG, Anita, 237
ELIAS, Norbert, 24, 388, 389
ENGELS, Peter, 98
ERASMO, Didier, 388
ESSLINGER, Hartmut, 269, 288, 289
EWEN, Stuart, 142

FAIRBANKS, Douglas Elton Ulman, dito Douglas, 236
FARINELLI, Gian Luca, 236
FARMER, Mylène Gautier, dita Mylène, 352
FASSBINDER, Rainer Werner, 229
FAUSTINO, Didier, 96
FAYOLLE, Denise, 210
FEATHERSTONE, Mike, 57
FELLINI, Federico, 230
FISCHLER, Claude, 402, 457
FLEURY, Sylvie, 351
FLICHY, Patrice, 127
FLINDT, Christian, 297
FLOCH, Jean-Marie, 177
FLORIDA, Richard L., 132
FORAIN, Jean-Louis, 248
FORD, Henry, 183
FORD, Sean Aloysius O'Fearna, dito John, 232
FORD, Thomas Carlyle Ford, dito Tom, 93
FOSTER, Norman, 267

FOWLES, Jib, 235
FRANCIS, Samuel Lewis Francis, dito Sam, 94
FRANCK, Claude, 340
FRANÇOIS, Claude, 321
FRANJU, Georges, 231
FRASER, Arthur, 162
FRÈCHES, José, 72
FREUD, Sigmund, 454
FROMENT, Pascale, 354

GABLE, Clark, 237
GABOR, Sári Gábor, dita Zsa Zsa, 407
GAGNÈRE, Olivier, 297
GAILLARD, Jeanne, 364
GAINSBOURG, Lucien Ginsburg, dito Serge, 321
GALBRAITH, John Kenneth, 206
GALLIANO, Juan Carlos Antonio Galliano Guillén, dito John, 102, 337
GARBO, Greta Lovisa Gustafsson, dita Greta, 240
GARNIER, Charles, 163
GAROUSTE, Élisabeth, 267, 287
GASPARINA, Jill, 89
GAULTIER, Jean Paul, 93, 101, 276, 282, 349, 422
GAUMONT, Léon, 224
GAYNOR, Gloria Fowles, dita Gloria, 352
GEHRY, Frank Owen Goldberg, dito Frank, 34, 282, 315, 316, 374

GENESTIER, Philippe, 316
GIBSON, Mel, 319
GIEDION, Siegfried, 181, 188
GILMORE, James H., 73, 307, 313
GIUSTI, Julien, 368
GODARD, Jean-Luc, 229, 230
GODIGNON, Anne, 465
GONZALES, Paule, 120
GORZ, André, 49, 125
GOUDE, Jean-Paul, 258
GRAVARI-BARBAS, Maria, 372
GRAVES, Michael, 287
GREENBERG, Clement, 296, 348
GRIFFITH, David Wark, 229
GROPIUS, Walter, 188, 189, 191
GRUEN, Viktor David Grünbaum, dito Victor, 218
GRUMBACH, Didier, 174, 179
GUARINI, Camillo-Guarino, 159
GUNDLE, Stephen, 237
GURSKY, Andreas, 66

HÄBERLI, Alfredo, 297
HABIB, Laurent, 342
HADID, Zaha, 96, 277, 297
HALLIDAY, Jean-Philippe Smet, dito Johnny, 133, 352
HANKS, Thomas Jeffrey Hanks, dito Tom, 302
HARDY, Évelyne, 368
HARDY, Pierre, 92
HARLOW, Harlean Harlow Carpenter, dita Jean, 237
HARRING, Keith, 94

HAWKS, Howard, 232
HAYWORTH, Margarita Carmen Cansino, dita Rita, 235, 240
HÉBEL, Pascale, 380
HECHTER, Daniel, 211
HEDIGER, Vinzenz, 236
HEGEL, Georg Wilhelm Friedrich, 130, 442
HEGER, Swetlana, 98
HEIDEGGER, Martin, 17
HEINICH, Nathalie, 129, 237, 245
HEIZER, Michael, 314
HENRY, Michel, 384
HERCHCOVITCH, Alexandre, 274
HERZOG, Jacques, 273
HETZEL, Patrick, 313
HICHENS, Robert Smythe, 166
HIRST, Damien, 66, 95, 138, 267, 323, 351
HOLLANDER, Anne, 420, 422
HONERT, Martin, 351
HOPPER, Elda, dita Hedda (nascida Furry), 236
HORKHEIMER, Max, 233
HORSTING, Viktor, 338
HOUSSARD-ANDRIEUX, Frédérique, 291
HUGO, Victor, 26
HUISMAN, Denis, 194
HYBER, Fabrice Hybert, dito Fabrice, 98

IVE, Jonathan, 76, 269
IZENOUR, Steven, 365

Índice Onomástico

Jacobs, Marc, 93
Jakobson, Roman, 251
James, Henry, 162
Joana d'Arc (Santa), 162
Jencks, Charles, 283
Jobs, Steven Paul Jobs, dito Steve, 34, 76, 77, 269
Jones, Grace, 342, 352
Joplin, Janis, 321
Jordan, Michael, 321
Josefina (Marie-Josèphe Rose Tascher de La Pagerie), 166
Josse, Christophe, 101
Jost, François, 327, 330
Jouin, Patrick, 267
Jouvenel, Bertrand de, 14

Kamitsis, Lydia, 338
Kamprad, Ingvar Feodor, 200
Kandinsky, Wassily, 131
Kant, Immanuel, 20
Kapoor, Anish, 314
Karpik, Lucien, 76
Katzenberg, Jeffrey, 82
Kawakubo, Rei, 274
Kennedy, Jacqueline Lee, dita Jackie (nascida Bouvier), 101, 331
Khazem, Jean-Pierre, 102
Kidman, Nicole, 123
Kierkegaard, Seren Aabye, 449
Kiki Picasso, Christian Chapiron, dito, 94
King, Stephen, 86
Klein, Naomi, 125

Kojève, Alexandre (Aleksandr Vladimirovitch Kojevnikov), 70
Kokosalaki, Sofia, 274
Koolhaas, Remment Lucas Koolhaas, dito Rem, 96, 272, 315, 365
Koons, Jeff, 66, 95, 98, 135, 333, 351
Kowinski, William Severini, 218, 221
Kubrick, Stanley, 230
Kumar, Ritu, 274
Kundera, Milan, 360
Kurosawa, Akira, 230
Kuyper, Eric de, 421

Lachapelle, David, 351, 361
Lacroix, Christian, 92, 349
Lady Gaga, Stefani Germanotta, dita, 352
Lafayette, Marie-Madeleine Pioche de la Vergne, condessa de, 24
Lafitte, Léon, 228
Lafitte, Paul, 228
Lagerfeld, Karl Otto Lagerfeldt, dito Karl, 92, 281, 337
Lahire, Bernard, 436, 437
Lalo, Charles, 18
Lambert, Anne Thérese de Marguenat de Courcelles, marquesa de, 389
Lane, Danny, 297
Lang, Fritz, 230
Lanvin, Jeanne, 120, 177

LASH, Scott, 233
LA TOUR, Georges de, 86
LAUPER, Cynthia Ann Stephanie Lauper, dita Cyndi, 352
LAUREN, Ralph Lifschitz, dito Ralph, 211
LAURENT, Stéphane, 194
LAUTRÉAMONT, Isidore Ducasse, dito conde de, 333
LAVIANI, Ferruccio, 298
LEACH, William R., 161, 164, 167
LE BRETON, David, 42, 426
LE CORBUSIER, Charles-Édouard Jeanneret, dito, 29, 191, 271, 284, 392
LÉGER, Fernand, 162, 254, 327
LEHUEDE, Franck, 380
LE LAY, Patrick, 14
LEMAÎTRE, Jules, 228
LENNON, John Winston, 247
LEONARDO DA VINCI, 97
LEONG, Sze Tsun, 218
LEVY, Emmanuel, 135
LIBESKIND, Daniel, 315
LIE SANG Bong, 274
LIESHOUT, Joep van, 98
LIPOVETSKY, Gilles, 38, 86, 90, 131, 154, 172, 175, 207, 208, 237, 304, 382, 407, 409, 413, 419, 440, 444, 457, 458, 469, 478
LISSITZKY, Eliezer ou Lazar Markovitch, dito El, 131
LIU XIAODONG, 66
LOANA, Loana Petrucciani, dito, 329

LOEWY, Raymond, 142, 194, 200, 275
LOOS, Adolf, 190, 204
LORENZ, Christopher, 199
LOSEY, Joseph, 229
LOUPOT, Charles, 250
LUHRMANN, Mark Anthony, dito Baz, 349
LUÍS XIV, 333
LUTTWAK, Edward N., 121
LYNCH, David, 94

MABILLE, Alexis, 101
MCCARTNEY, Stella, 92
MCDERMOTT, Catherine, 297
MACKE, August, 162
MCQUEEN, Alexander, 406
MADONNA, Madonna Louise Ciccone, dita, 92, 119, 277, 436
MALEVITCH, Kazimir Severinovitch, 131
MALRAUX, André, 376
MANDELA, Nelson, 321
MANET, Édouard, 248
MANGIN, David, 364, 395
MANSFIELD, Vera Jane Palmer, dita Jayne, 237, 238
MANZINI, Ezio, 284
MARCUSE, Herbert, 245
MARGIELA, Martin, 93, 102
MARI, Enzo, 213
MARINETTI, Filippo Tommaso, 27, 28, 57, 483
MARLEY, Robert Nesta Marley, dito Bob, 246
MARSEILLE, Jacques, 176

Índice Onomástico

MARTINI, Francesco di Giorgio, 22
MARWICK, Arthur, 410
MARX, Karl, 17, 18, 104
MATTHIEUSSENT, Brice, 354
MAUSS, Marcel, 19, 20
MÉLIÈS, Georges, 322
MELLO, Franco, 206
MENDINI, Alessandro, 287
MENGER, Pierre-Michel, 72, 127, 136
MENNOUR, Kamel, 102
MESRINE, Jacques, 321
MEURON, Pierre de, 273, 373
MEYER, Hannes, 191, 200
MICHAUD, Yves, 60, 87, 388
MIES VAN DER ROHE, Ludwig Mies, dito Ludwig, 190, 200, 204, 284
MILLER, Michael B., 160, 167
MILLER, R. Craig, 297
MINNELLI, Lester Anthony Minnelli, dito Vincente, 231
MIR, Ana, 298
MIRÓ, Joan, 66
MISES, Ludwig von, 180
MISSIKA, Jean-Louis, 328
MITTAL, Megha, 120
MITTERRAND, François, 275, 315
MIYAKE, Issey, 94, 274
MOATI, Philippe, 48, 380
MOLES, Abraham, 359, 360, 483
MOLIÈRE, Jean-Baptiste Poquelin, dito, 354
MONDRIAN, Pie ter Cornelis Mondriaan, dito Piet, 131
MONET, Claude, 435
MONROE, Norma Jean Baker, dita Marilyn, 100, 236, 238, 321
MONROE, Steven R., 319
MONTANA, Claude, 211
MORAND, Paul, 183, 480
MORIN, Edgar Nahoum, dito Edgar, 237, 240, 386
MORIN, Violette, 256
MORRIS, Robert, 314
MORRIS, William, 29, 140, 187-189, 192
MORRISON, Jasper, 297
MOSS, Kate, 345
MOTTE, Joseph-André, 294
MOULIN, Raymonde, 63, 67
MOULIN, Xavier, 281
MOUREAU, Nathalie, 63, 126
MOURGUE, Olivier, 206
MOZART, Wolfgang Amadeus, 352, 438
MUCHA, Alfons, 248
MUGLER, Thierry, 211
MULDER, Monika, 297
MÜLLER, Florence, 101
MULLER, Michael B., 160
MULLINS, Aimee, 406,
MUNKÁCSY, Mihály Lieb, dito Mihály, 165
MURAKAMI, Takashi, 94, 95, 99, 135, 333
MURAY, Philippe, 443, 444
MURDOCH, Peter, 205, 206
MUTHESIUS, Hermann, 192

NAPOLEÃO I (Napoleão Bonaparte), 166
NÈGRE, Pascal, 61, 124
NEWSON, Marc, 275, 277, 297
NORA, Pierre, 389
NORTH, Dawn Shirley Crang Bethel, dito Sheree, 237
NOUVEL, Jean, 272
NOVALIS, Friedrich, barão von Hardenberg, dito, 130, 131

OFILI, Christopher, 323
OLIVIER, Geneviève, 239
OMNÈS, Catherine, 176
ORWELL, Eric Arthur Blair, dito George, 468
OZBEK, Rifat, 274

PACKARD, Vance, 203, 206
PAKHALÉ, Satyendra, 297
PANTON, Verner, 206, 212
PAPANEK, Victor J., 207, 298
PAQUIN, Jeanne, 166
PAQUOT, Thierry, 392
PARKER, Thomas Andrew Parker, dito Tom (nascido Andreas Cornelis van Kuijk), 246
PARSONS, Louella Rose (nascido Oettinger), 235
PASSEK, Jean-Loup, 236
PASSMAN, Donald S., 119
PATHÉ, Charles, 224, 242
PATOU, Jean, 173, 178
PATRIX, Georges, 194
PAUL, Satya, 274

PEREC, Georges, 197
PERKAL, Nestor, 297
PÉRON, René, 216
PERRIAND, Charlotte, 284
PERWANI, Deepak, 274
PESCE, Gaetano, 206
PHILIP, André, 243
PIAF, Édith Giovanna Gassion, dita Édith, 321
PICASSO, Pablo Ruiz y Picasso, dito Pablo, 87, 95, 96, 173
PICASSO, Paloma, 96
PICKFORD, Gladys Louise Smith, dita Mary, 236
PILLET, Christophe, 288, 297
PINAULT, François, 98
PINE II, B. Joseph, 307, 313
PINK, Alecia Beth Moore, 343
POCHNA, Marie-France, 177
POIRET, Paul, 166, 176-178
POLANYI, Karl, 149
PONTI, Gio, 200, 213
POSTMAN, Neil, 310
POSTREL, Virginia, 56, 416
POUIVET, Roger, 81
POULAIN, Jean-Pierre, 402, 457
POULOT, Dominique, 62
POUSSIN, Nicolas, 86
PRESLEY, Elvis Aaron, 100, 246, 320
PRINCE, Richard, 67
PROUVÉ, Jean, 277
PUGET, Yves, 265

RATHENAU, Walther, 142, 192
REBOUL, Olivier, 251

Índice Onomástico | 497

REICH, Robert B., 132
REMAURY, Bruno, 252
REMY, Téjo, 298
RENAN, Ernest, 21
RENOIR, Jean, 229
RENON, G., 254
REVEL, Jacques, 389
RHEYS, Christine, 217
RIBAUT, Jean-Claude, 398
RICCI, Robert, 177
RIETVELD, Gerrit Thomas, 271
RIFKIN, Jeremy, 74, 221
RIMBAUD, Arthur, 449
RIOU, Nicolas, 343
RIOUX, Jean-Pierre, 244
ROBERTS, Kevin, 346
ROBINSON, Boardman, 165
ROCHEFORT, Robert, 457
ROGER, Alain, 18, 239
ROQUE, Georges, 106
ROSA, Hartmut, 60, 482
ROSENBERG, Harold, 87, 325
ROSS, Diana, 352
ROUX, Elyette, 177, 382
RUBY, Christian, 371
RUSHDIE, Salman, 86
RUSKIN, John, 29, 140, 180, 187, 188
RYKIEL, Sonia, 211

SAARINEN, Eero, 200, 201
SAATCHI, Charles, 98, 110, 323
SAFDIE, Moshe, 315
SAGOT-DUVAUROUX, Dominique, 63, 98
SAHLINS, Marshall, 145
SAINT-AIGNAN, François Honorat de Beauvilliers, conde de, 354
SAINT-SAËNS, Camille, 228
SANDER, Heidemarie Jiline Sander, dita Jil, 92, 109, 120
SANDLER, Irving, 101, 102
SANS, Jérôme, 102
SANSOT, Pierre, 369
SARDOU, Victorien, 228
SARKOZY, Nicolas, 321
SARTRE, Jean-Paul, 87
SCHAEFFER, Jean-Marie, 130
SCHIAPARELLI, Elsa, 173, 176
SCHILLER, Friedrich von, 25, 485
SEGRÉ, Gabriel, 246, 330
SÉGUÉLA, Jacques, 258, 342
SELBACH, Gérard, 331
SERGE III, Serge Oldenbourg, dito, 323
SERRA, Richard, 314, 324
SERROY, Jean, 86
SÉVIGNÉ, Marie de Rabutin--Chantal, marquesa de, 389
SEYMOUR, Jerszy, 297
SHAKESPEARE, William, 436
SHAW-LAN WANG, 120
SHELDON, Roy, 142
SHEPPARD, Eugenia, 101
SHERMAN, Cindy, 67
SHIGERU BAN, 315
SHUSTERMAN, Richard, 85
SIEGEL, Henry, 160
SIMACHEV, Denis, 274

SIMON, David, 86
SIOUNANDAN, Nicolas, 380
SÍPEK, Borek, 289
SIRINELLI, Jean-François, 244
SLOAN, Alfred Pritchard, 179, 185
SNOEREN, Rolf, 338
SOMERS, Gregory, 298
SONTAG, Susan, 358
SPARKE, Penny, 297
SPEARS, Britney, 343
SPEER, Albert, 313
SPIELBERG, Steven, 82, 302
SPROUSE, Stephen, 94
STARCK, Philippe, 267, 272, 275, 276, 288, 297, 298, 349
STEINLEN, Théophile Alexandre, 248
STEWART, Alexander Turney, 159
STIEGLER, Bernard, 386
SULLIVAN, Louis Henry, 190
SZEKELY, Martin, 267, 297

TATLINE, Vladimir, 28
TAYLOR, Elizabeth, 100
TAYLOR, Frederick Winslow, 30, 197
TEAGUE, Walter Dorwin, 194
TEDLOW, Richard S., 184
TEUNISSEN, José, 90, 338, 421
THATCHER, Margaret, 321
THIRIET, Jean-Louis, 465
THOMASS, Chantal Genty, dita Chantal, 211
TOBELEM, Jean-Michel, 332
TOCQUEVILLE, Charles Alexis Clérel de, 279, 479
TODOROV, Tzvetan, 27, 450
TOFFLER, Alvin, 381
TORELLI, Giacomo, 354
TOSCANI, Oliviero, 317
TOTÓ, Antonio Focas Flavio Angelo Ducas Comneno de Curtis di Bisanzio Gagliardi, dito, 231
TOULOUSE-LAUTREC, Henri de, 248
TOURNES, Ludovic, 243, 244
TRUFFAUT, François, 229
TUSQUETS, Oscar, 287
TWORKOV, Jack, 102

URRY, John, 233, 388

VALENTINO, Rodolfo Alfonso Raffaello Piero Filiberto Guglielmi di Valentina d'Antoguolla, Dito Rudolf, 236
VALENTINO, Valentino Clemente Ludovico Garavani, dito, 120, 179
VALÉRY, Paul, 70, 79, 254
VALLOTTON, Félix, 248
VAN DER ZWAAG, Anne, 90, 338, 421
VAN DE VELDE, Henry Clemens, 29, 190, 192, 249
VAN DOREN, Joan Lucille Olander, dita Mamie, 237
VAN LAER, Pie ter (dito Bamboccio), 86

VAN SEVEREN, Maarten, 297
VASARELY, Gyözö Vásárhelyi, dito Victor, 94
VASCONCELOS, Joana, 333, 361
VENTURI, Robert, 283, 365
VERDI, Giuseppe, 354
VEZZOLI, Francesco, 351
VIENNOT, Jacques, 198
VIGARANI, Carlo, 354
VIGARELLO, Georges, 405
VINCENT-RICARD, Françoise, 210
VINOGRADOV, Alexander, 351
VIONNET, Madeleine, 175
VIRILIO, Paul, 376, 384, 468
VISCONTI, Luchino, 229
VOGEL, Harold L., 117
VULSER, Nicole, 117
WAGENER, Gorden, 95
WALKER, Alexander, 237
WALSH, Raoul, 232
WANAMAKER, John, 159, 163--166
WANAMAKER, Lewis Rodman, 166
WANDERS, Marcel, 298
WARHOL, Andrew Warhola, dito Andy, 44, 95, 96, 98, 100, 103, 206, 327, 329, 330, 473
WATTS, Steven, 52
WEBER, Max, 48, 143, 144
WEIL, Benjamin, 96
WEIL, Pascale, 104
WEISS, Srdjan Jovanovic, 218
WELLES, Orson, 229
WEST, Mary Jane West, dita Mae, 236
WESTWOOD, Vivienne, 282
WILDE, Oscar, 239, 250
WILLETTE, Adolphe, 248
WILLIAMS, Pharrell, 281
WILLIS, Bruce, 136
WILMOTTE, Jean-Michel, 332
WILSON, Robert, dito Bob, 102, 282
WIND, Edgar, 442
WOLF, Michael J., 302
WORTH, Charles Frédéric, 166, 172-175, 177, 178
WRIGHT, Frank Lloyd, 271

YAMAMOTO, Yohji, 101, 274
YRAN, Knut Otto, 201

ZAJDENWEBER, Daniel, 115
ZHANG XIAOGANG, 66
ZHANG YIMOU, 335
ZIDANE, Zinédine, 134, 319
ZOLA, Émile, 87, 157, 158, 168, 169, 217, 223
ZUCKERBERG, Mark, 321
ZUKIN, Sharon, 367
ZUKOR, Adolph, 224, 234